〖明文 中國正史 大系〗

原文 註釋 國譯

# 漢書(十一)

## 八表

後漢 班　固 著

清　王先謙 補注

陳起煥 譯註

明文堂

# 머리말

　後漢(東漢) 班固(반고, 字 孟堅, 맹견. 서기 32-92년)의《漢書》는 紀傳體(기전체) 斷代史의 典範이다.《漢書》는 〈12紀〉와 〈8表〉, 그리고 〈10志〉와 〈70傳〉, 총 100권, 80여만 자의 大作으로 前漢 高祖 원년(前 206)부터 王莽(왕망) 新朝의 멸망과(서기 23), 後漢 光武帝 즉위(서기 25) 이전까지 230년의 역사를 서술하였다.

　《漢書 八表》는 司馬遷《史記 十二表》의 체계를 모방하였지만,《한서》가 斷代史이기에 단대사에서 필요한 여러 표를 만들어 황실의 권위를 높일 수 있는 근거를 마련하였다.
　〈八表〉에는 왜 이런 표를 만들었는가를 설명하는 班固의 서문이 있고, 이어 많은 분량의 本 表가 있다. 따라서 각 表에서는 반고의 서문을 원문과 함께 국역하며 상세한 주석을 달았다.
　그리고 表의 내용은 그 원문을 수록하고 원문 이해에 필요한 주석에 공을 들였다. 사실 표의 내용 전부를 제한된 지면에 수록하는 것도 쉬운 작업이 아니지만, 표 내용은 短文(단문)이고 또 국명과 지명과 작위나 관직, 人名과 연도 등은 이해를 위한 주석이 필요할 뿐 굳이 국역할 필요성을 느끼지 못한다.
　사실 이런 표는《漢書》의 12紀나 70傳 서술 내용의 근거를 확신할 수 있는 보조 자료이면서 동시에 전체의 흐름과 전개를 이해할 수 있는 소중한 자료이다. 이런 표를 하나 제작하려면 엄청난 자료가 필요하며, 그것을 요약 발췌하여 단순화, 또 명료화 시켜야 한다. 따라서 八表의 작업에서는 원 자료의 수집과 정리, 그리고 體系化(체계화)와 함께 縮約(축약)의 과정을 거쳐야 하는데, 그 작업량은 정말 尨大(방대)하고도 至難(지난)했을 것이다.

이 <八表>의 작업을 班固가 구상, 설계를 했고, 또는 일부 착수하거나 정리했겠지만, 매듭짓지 못하고 獄死(옥사)했다. 결국 그 여동생 班昭의(반소, 49?-120년?, 字는 惠班) 손으로 완성된다.

이 <八表>의 중대한 의의와 가치, 그리고 저술의 어려움을 생각한다면,《漢書》를 처음 착안하고 착수한 그 부친 班彪(반표)는 그만두더라도, 班固와 班昭 두 남매의 공동 저술로 표기해야 할 것이다.

《史記》의 <漢興以來將相名臣年表>에 해당하는 표가《漢書》의 <百官公卿表>인데, 여기 上卷에는 秦, 漢의 관제와 그 변천, 그리고 관리의 秩祿(질록)까지 상세히 수록하였다. 그리고 하권에는 주요 관직의 임명과 면직에 관한 내용을 月表의 형식으로 소상히 수록하였다. 漢代 관직에 대한 설명은 중국의 다른 正史나 문학 작품의 독해에 꼭 필요하다고 생각하여 本書에서 다시 특별히 강조한다.

譯者는 明文堂 中國正史大系의 일환으로《漢書》의 紀傳 부분 원문을 수록하고 주석, 국역하여 全 10권으로 2016-2017년에 걸쳐 출간하였다. 이후 南朝 劉宋 范曄(범엽)의《後漢書》(全 10권), 그리고 西晉 陳壽의 正史《三國志》(全 6권)을 완역 출간하였다. 이러한 中

國 正史의 완역은 文史哲을 공부하고 연구하는 후학을 위한 필수 과 업이라고 생각했다.

그렇지만 출판사는 손실을 각오한 出血 經營이었다. 明文堂의 中 國正史大系가 간행되는 기간에 전국에서 《漢書》〈八表〉와 〈十志〉 의 완역을 바라는 많은 요청이 있었다. 역자는 明文堂 金東求 社長 의 열성과 사명감을 외면할 수 없었다. '中國正史大系'의 3종 26권의 출간 자체가 이미 경영에서 분명한 손실이었다. 그런 출혈을 감당하 고서도 《漢書》〈八表〉와 〈十志〉를 출간해야 한다며 필자에게 요 청했다. 이는 그분의 숭고한 召命(소명)이며 직업의식이라 생각했다.

역자는 능력을 완비했다고 생각하여 이 완역에 착수하지는 않았 다. 다만 다른 분이 나서지 않기에, 後學을 위해서라면, 나의 신념과 정력을 모두 쏟을만한 畢生(필생)의 과업이라 생각했다.

그래서 시작은 했지만, 그 어려운 작업에 한편으론 후회하면서 그 래도 끝까지 도전해야만 했다. 오로지 나의 최선을 다할 뿐이었다.

精神一到하고, 專心全力해야만 했다!

江湖 諸賢의 叱責과 輔導를 기다릴 뿐이다.

2021년 3월

陶硯(도연) 陳起煥 識

# 일러두기

1. 明文堂 中國正史大系로 이미 《漢書》의 紀傳 부분 全 10권과 南朝 劉宋 范曄(범엽)의 《後漢書》 全 10권과 西晉 陳壽의 正史 《三國志》는 역자의 完譯으로 이미 출간되었다. 그간 미루었던 《漢書 八表》와 《漢書 十志》는 이번에 《漢書》11권~15권으로 출간한다.

2. 《漢書》 11권은 《漢書 八表》이다. 각 표의 서문과 도표이다. 《漢書 百官公卿表》 全文은 漢代이 관직과 이후 중국 왕조의 여러 관직을 이해하는 기초이다.

   《漢書》 12권은 《漢書 十志》 중, 〈律曆志 上, 下〉와 〈禮樂志〉, 〈刑法志〉 그리고 〈食貨志 上, 下〉를 완역했다.

   《漢書》 13권은 〈郊祀志〉와 〈天文志〉, 그리고 〈五行志〉 上, 中卷을 완역했다. 〈五行志〉는 五行에 의거 분류한, 春秋시대와 漢代 自然 災異(재이)의 기록이다.

   《漢書》 14권은 〈五行志〉 下卷과 〈地理志 上, 下〉이다. 또 漢代의 治水 사업에 대한 기록인 〈溝洫志(구혁지)〉를 수록했다. 많은 독자가 《漢書 地理志》의 書名을 알고 있어 출간에 대한 문의가 많았다.

   《漢書》 15권은 漢代 학문의 總結이라 할 수 있는 〈藝文志〉이다. 〈藝文志〉는 漢代까지 존재했던 여러 도서의 목록인데 六藝와 諸子百家, 詩歌와 兵書, 占卜과 天文, 醫書 등 중국 학술의 始原을 파악할 수 있는 중요한 기록이다.

3. 본서의 기본 텍스트는 淸 王先謙(왕선겸)이 주석한 《漢書補注》(全 12 卷)이다. 이는 上海師範大學 古籍整理研究所에서 교정을 보아 2008년 上海古籍出版社에서 간행한 책이다.

4. 《漢書》는 〈八表〉나 〈十志〉는 전문 분야에 관한 그 당시 학문 수준을 증명하는 중요한 史料이다. 물론 그 용어나 내용에 관한 이해 또한 쉽지 않다.

   〈八表〉나 〈十志〉의 번역에서 필자는 중국에서 나온 각종 사료를 종합하여, 우리 독자가 번역 내용을 읽으면서 '무슨 말인지 모르겠다.'는 말을 하지 않도록, 곧 文理가 통하도록 번역하며 이해를 돕기 위한 상세한 주석을 달았다.

   그러다 보니 쉬운 한자는 音訓없이 그대로 기록했다. 인명, 지명, 書名, 황제 묘호나 연호는 한자로 표기하였고, 전문 용어 또한 한자를 그대로 표기하였다. 이런 전문 분야에서 한글 표기는 내용 이해에 아무런 도움이 되지 않을 것이다.

5. 이 외의 일러두기 내용은 이미 출간된 明文堂 中國正史大系《漢書》(一卷)과 같다.

参고도서

《漢書補注》全 12卷: 漢 班固 撰, 清 王先謙 補注. 上海師範大學古籍整
理研究所 整理. 上海古籍出版社. 2008.

《漢書今注》: 漢 班固 撰. 王繼如 主編. 鳳凰出版社. 2013.

《漢書辭典》: 倉修良 主編, 山東教育出版社. 1996.

《漢書》全 12卷: 漢 班固 撰, 唐 顏師古 註, 中華書局. 1992.

《中國歷史地圖集》2册(秦,西漢,後漢): 中國社會科學院, 譚其讓 主編,
中國地圖出版社. 1982.

《史記 漢書 比較研究》: 朴宰雨 著, 中國文學出版社. 1994. (저자, 한국
외국어대학교 교수).

《漢書 研究》: 陳其泰, 張愛芳 分卷 主編, 中國大百科全書出版社.

《漢書地理志匯釋》: 譚其驤 著. 安徽教育出版社. 2006.

《漢書藝文志注釋匯篇》: 陳國慶 編. 中華書局. 1983 (2011 3刷).

《漢書藝文志 註解》: 오만종 외, 전남대학교. 2005.

《漢書地理志 / 溝洫志》: 李容遠 解譯. 자유문고. 2007.

# 차례

# 王子侯表(上)

# 王子侯表(下)

# 高惠高后文功臣表

## 景武昭宣元成功臣表

## 外戚恩澤侯表

# 百官公卿表 (上)

# 百官公卿表 (下)

# 古今人表

# 《漢書》八表 概觀

 《漢書》의 表는 모두 8편인데,《史記》의 12表를 기본 형식으로 삼고, 武帝 이후의 내용을 새롭게 보완하였다.《漢書》가 斷代史이기에 《史記》에 보이는,

 〈三代世表〉나 〈十二諸侯年表〉, 〈六國年表〉, 〈秦楚之際月表〉 등은 수록할 수 없었다. 그러나 반고는《史記》의 이러한 표에 등장하는 인물을 〈古今人表〉로 만들었고 동시에 儒家사상과 도덕을 기준으로 인물을 9등급으로 평가하여 수록하였다.

 《漢書》의 〈諸侯王表〉는 同姓(劉氏) 제후의 册封과 (建國) 소멸을 표로 만들었고, 劉氏가 아닌 異姓의 諸王은 〈異姓諸侯王表〉로, 그리고 高祖에서 成帝에 이르는 공신들의 기록은 〈高惠高后文功臣表〉와 〈景武昭宣元成功臣表〉로 정리했다. 〈王子侯表 上, 下〉는 통치 계급의 권위를 확립하고 尊漢의 기풍을 조성할 근거를 다지는 데 그 目的을 두었다고 할 수 있다.

 전한에서는 황제의 외척이 강성했고 그만큼 정치적 파장도 많았다. 특히 成帝 이후 외척으로서 王氏의 극성과 정사 관여는 결국 王莽(왕망)에 의한 멸망으로 직결되었다. 반고는 이러한 현상의 전말을 비교적 잘 알았기에 《漢書》에 〈外戚恩澤侯表〉를 작성 수록하였다.

　《史記》의 〈漢興以來將相名臣年表〉에 해당하는 표가 《한서》의 〈百官公卿表〉인데, 여기 上卷에는 秦, 漢의 中央 官制(官名과 직위)의 연원과 그 변천, 그리고 관리의 印綬(인수)와 秩祿(질록)까지 또 지방관에 관한 내용까지 상세히 수록하였다. 그리고 하권에는 漢朝 中央 職官의 역임 현황으로 임명과 면직에 관한 내용을 月表의 형식으로 소상히 수록하였다.

　사실상 漢代 중앙관제는 秦 법제를 거의 그대로 답습했고, 이후 역대 왕조에서도 그 명칭이야 일부 변경되더라도 국가 통치체제와 권한이나 직무 내용은 대동소이했다. 그래서 이는 중국 고대 官制史와 政治制度史 연구에 珍貴한 史料이다.

　〈古今人表〉는 歷史 人物에 대한 총 정리인 동시에 고대 인물에 대한 班固의 主觀的 평가인데, 이는 斷代史인 《漢書》에 부족한 '通古今'의 의미를 보완할 수 있는 史料라고 평가할 수 있다.

　역자는 〈古今人表〉에 수록된 인물 중 中國史나 文學史에 등장하는 잘 알려진 인물에 대하여 상세한 주석을 달았다. 어려운 작업이었지만 보람을 느꼈다.

# 이성제후왕표

## 異姓諸侯王表

# 一. 異姓諸侯王表
## 〈이성제후왕표〉 (1)[1] 《漢書》 13卷 (表 1)[2]

原文

昔《詩》,《書》述虞,夏之際, 舜禹受禪. 積德累功, 洽於百
姓, 攝位行政, 考之于天, 經數十年, 然後在位. 殷周之王, 乃
繇卨稷, 修仁行義, 歷十餘世, 至於湯武, 然後放殺. 秦起襄
公, 章文, 繆,獻,孝,昭,嚴, 稍蠶食六國, 百有餘載, 至始皇, 乃
並天下. 以德若彼, 用力如此其艱難也.

〖국역〗

　예전의 《詩經》과 《書經》에서는 虞(우, 舜)와 夏(하) 禹王(우왕)의 교

---

1　逸書 〈異姓諸侯王表〉의 異姓諸侯王은 고조 劉邦(유방)의 개국을 도와
　　王에 피봉된 劉氏가 아닌 8명을 말한다. 諸侯王(제후왕)은 분봉된 國을 통
　　치했는데, 楚王 韓信(淮陰侯), 梁王 彭越(팽월), 淮南王 英布(영포, 黥布), 趙
　　王 張耳(장이), 燕王 臧荼(장도, 후에 盧綰(노관)), 長沙王 吳芮(오예). 韓王 信
　　을 지칭한다. 가장 늦게까지 존속했던 나라는 吳芮(오예)의 長沙國이다.

2　班固의 《漢書》 1권부터 12권까지는 12本紀이고, 13권부터 20권까지 8表
　　를 수록했다.

체기에 舜(순)과 禹의 禪讓(선양)을[3] 서술하였다. 舜은 禹에게 선양했고, 禹는 덕업과 공적을 쌓아 백성을 화목케 하고 舜을 대신하여 백성을 다스리면서 하늘의 검증(考驗)을 수십 년 겪은 뒤에야 제위에 올랐다.

殷(은, 約 前1600－1046년)과 周(주)나라의 왕은 卨(설)과[4] 稷(직, 后稷)에서[5] 시작하여 仁義을 修行하기 10여 대를 거친 뒤, 殷의 湯王(탕왕, 約 前16세기)과 周 武王(名 發) 代에 와서야 (夏와 殷의) 폭군을 죽였다.[6]

秦(진)나라는 襄公(양공, 재위 前 778－766) 때 흥기한 이후, 文公(재위 前 766－716)과 繆公(목공, 穆公. 재위 前 660－621), 獻公(헌공, 재위 前 385－362)을 지나며 점차 강성해졌고, 孝公(재위 前 362－338), 昭襄王(소양왕, 재위 前 307－251), 嚴王(엄왕, 莊襄王, 前 250－247, 秦始皇의 父)에[7] 이르도록 (戰國의) 六國을 蠶食(잠식)하기[8] 1백여 년을 지나, 始皇(秦

---

**3** 원문 舜禹受禮의 禮은 禪(봉선할 선, 사양할 선)의 古字. 舜禹－禹는 夏의 건국자. 치수의 공적이 있어 舜의 禪讓(선양)을 받았다.

**4** 원문 '乃繇卨稷'의 繇(부역 요, 말미암을 유)는 由(말미암을 유)와 同, 시작하다. 卨(사람 이름 설)은 契(사람 이름 설, xie, 생졸년 미상, 맺을 계), 子는 姓, 名은 契. 帝嚳(제곡)의 아들, 唐堯의 異母弟, 生母는 簡狄(간적), 殷朝의 조상.

**5** 稷(직)은 后稷(후직)은 姬姓(희성), 名은 棄(버릴 기), 有邰氏(유태씨)의 딸 姜嫄(강원)이 거인의 발자국을 밟아 임신하여 출산. 들에 버렸다 하여 이름을 棄(기)라고 했다. 기는 각종 농작물을 잘 길렀고, 堯舜(요순) 시대에 農官으로 백성에게 농사를 가르쳤다. 역사상 周 부족 姬姓의 시조.

**6** 원문의 然後放殺－殺는 윗사람을 죽일 시(殺讀曰弑, 죽일 시). 죽일 살.

**7** 嚴王(엄왕, 莊襄王)－《漢書》의 姓이나 諱(휘)에 莊은 後漢 明帝의 이름을 諱하여 모두 嚴으로 표기하였다.

**8** 蠶食(잠식)－누에가 뽕잎을 먹듯 병탄하여 없애버리다.

始皇, 재위 前 247－210)에 이르러 마침내 천하를 병합하였다(前 221
년, 秦王 政 26年). 이렇게 큰 功德을 베풀거나 이 같은 어려움을⁹ 겪
어야만 대업을 성취할 수 있었다.


原文

　秦旣稱帝, 患周之敗, 以爲起於處士橫議, 諸侯力爭, 四夷
交侵, 以弱見奪. 於是削去五等, 墮城銷刃, 箝語燒書. 內鋤
雄俊, 外攘胡粤, 用壹威權, 爲萬世安. 然十餘年間, 猛敵橫
發乎不虞, 適成彊於五伯, 閭閻偪於戎狄, 嚮應瘉於謗議, 奮
臂威於甲兵. 鄕秦之禁, 適所以資豪桀而速自斃也. 是以漢
亡尺土之階, 繇一劍之任, 五載而成帝業. 書傳所記, 未嘗有
焉. 何則? 古世相革, 皆承聖王之烈, 今漢獨收孤秦之弊. 鐫
金石者難爲功, 摧枯朽者易爲力, 其勢然也. 故據漢受命, 譜
十八王, 月而列之, 天下一統, 乃以年數. 訖於孝文, 異姓盡
矣.


〔국역〕
　秦(진)은 稱帝(칭제)하고서는¹⁰ 周室과 같은 敗亡을 우려했고, (패

---

**9** 원문 '用力如此其艱難也'의 艱難(간난, 어려울 간)은 몹시 어려움. 가난.

**10** 稱帝(칭제) ― 진시황 嬴政(영정)은 그 功業이 三皇五帝를 뛰어 넘었다 하
여 皇帝라는 호칭을 사용했다. 반포한 律令은 制書, 천하에 대한 포고는
詔書, 황제의 인장은 璽(새), 담화는 諭(유)라 하고, 陛下(폐하), 朕(짐) 등의
용어를 전용하였다.

망 원인이) 處士(처사)들의[11] 橫議(횡의)와 제후들의 세력 다툼, 四夷들의 잇따른 침범과 약소국에 대한 침탈 때문이라고 생각하였다.

이에 五等의 작위제도를[12] 폐지하고 성곽을 허물었으며, 무기를 거둬 녹여버렸고[13] 백성들의 정치에 대한 의논을 금지시켰으며[14] 서적을 소각하였다. 對內的으로는 영웅호걸을 죽였고 외부의 흉노족과 粤人(월인, 越)을 물리쳤으며,[15] 황제 一人의 권위를 강화하여 萬世에 이르도록 안정을 추구하였다.

그러나 10여 년 만에 사나운 세력이 예상하지 못한 곳에서[16] 봉기하였고, 防戍(방수)에 동원된 무리는[17] 五霸(오패)보다도[18] 강대했으며, 백성의 (秦에 대한) 逼迫(핍박)은[19] 戎狄(융적)보다 더 했고, (농민

---

**11** 處士(처사)는 조정의 관직에 나가지 않고 민간에 거처하는 자.(不官於朝而居家者也)

**12** 五等爵 - 周制의 公, 侯, 伯, 子, 男의 五等 작위.

**13** 天下의 兵器를 모아 녹여서 거대한 銅人 12개를 주조하였다.

**14** 원문의 箝語燒書(겸어소서) - 국정에 대한 비방을 없애기 위해 백성들이 모여서 담론하는 것조차 금지하였다. 箝은 재갈 물릴 겸. 집게로 찍어 입을 봉하다(緘也). 鉗(칼을 씌울 겸)과 同. 燒書는 焚書(분서).

**15** 원문의 外攘胡粤 - 攘은 물리칠 양(卻은 물리칠 각). 胡는 胡人, 일반적으로 흉노족을 지칭. 粤(월)은 越의 古字. 今 福建省, 廣東, 廣西省 일대의 越人.

**16** 원문 猛敵橫發乎不虞 - 虞는 헤아릴 우(度也). 不虞는 미처 생각하지 못한 곳.

**17** 원문 適戍彊於五伯 - 適(갈 적)은 謫(귀양 갈 적). 謫戍(적수)의 무리, 곧 陳勝(陳涉), 吳廣. 陳勝(진승)과 吳廣(오광)의 최초 봉기는 秦 2세 원년(前 209) 가을인 7월이었다. 《漢書》31卷, 〈陳勝項籍傳〉에 立傳.

**18** 원문은 五伯은 五霸(오패). 伯는 우두머리 패. 霸와 同. 맏 백.

**19** 원문 閭閻偪於戎狄 - 閭閻(여염, 閭, 里門也. 閻은 里中門也)의 백성은 곧 마을의 일반 백성. 偪은 바짝 다가올 핍. 逼(닥칠 핍)과 同. 戎狄(융적)은 중국 서쪽과 북쪽의 이민족.

의) 嚮應(향응)은 정치 비방보다 더 따끔했으며[20] 분노의 위력은 군사력보다 더 위협적이었다.

이전 秦나라의 엄격한 禁法은 모두가 호걸이 일어날 수 있는 힘의 바탕이 되었고 (그래서) 秦은 신속하게 스스로 무너졌다. 이에 漢은 한 자의(1尺) 땅도 없이 칼 한 자루에 의지하여[21] 5년 만에 帝業을 성취하였다.

이 같은 선례는 여러 서책에 기록된 바가 없었다. 왜 그러했는가? 고대의 변혁은 모두가 聖人과 王者의 餘風을 따라 이루어졌지만,[22] 금번 漢朝의 성립은 오로지 秦朝의 弊端(폐단) 때문이었다. 이에 金石에 새길만한[23] 큰 공을 성취한 자들은 마른 나뭇가지를 꺾는 것보다 더 쉽게 功業을 성취하였는데, 이는 그 형세(形勢 = 狀況)가 그러했기 때문이었다. 그래서 漢이 천명을 받은 이후 (項羽에 의해 봉해진) 王으로 이름을 올린 자가 18명이나 되었는데,[24] 이들을 月別로 열거하였고, 천하가 통일된 이후로는 年數로 기록하였다. 그리하여 孝文帝(재위 前 179 – 157)에 이르러 異姓의 諸侯로 王은 모두 없어졌다.[25]

---

**20** 원문 嚮應瘤於謗議 – 嚮(향할 향)은 響(울림 향)과 同. 響應은 響之應聲. 瘤은 아플 참(音은 慘). 秦法에 국정을 비방하는 자는 멸족시켰다.

**21** 원문 繇一劍之任 – 繇(부릴 요, 徭役) 말미암을 유(由와 同). 任은 用也, 事也.

**22** 원문 古世相革, 皆承聖王之烈 – 革(가죽 혁)은 變也. 變革. 烈은 餘烈(여열). 유풍.

**23** 鑴은 새길 전. 琢石也.

**24** 원문 譜十八王 – 譜는 補. 項羽(항우)는 西楚霸王(서초패왕)으로 천하의 주군이 되어 18명을 제후 왕에 봉했다. 한 고조는 蜀漢의 왕이 되어 漢元年(前 202년)에 封國에 취임했다.

**25** 孝文帝 後元 7년(前 157), 長沙 靖王(정왕)이 죽고 후사가 단절되어 나라를 없앴다.

# 1. 異姓諸侯王表

| 前 206[26] | | | | | |
|---|---|---|---|---|---|
| 漢 | 元年 一月[27] | 二月 | 三月 | 四月 | 五月 |
| 楚 | 西楚霸王項籍始, 爲天下主, 命立十八王.[28] | 二 都彭城.[29] | 三 | 四 | 五 |
| 分爲衡山 | 王吳芮始, 故番君.[30] | 二 都邾(주) | 三 | 四 | 五 |
| 分爲臨江 | 王共敖始, 故楚柱國. | 二 都江陵. | 三 | 四 | 五 |

---

**26** 異姓諸侯王表는 사실상 前 206년부터 漢의 통일제국 수립기와 惠帝(前 194-188년), 高后 기간을(前 187-180) 거치면서 혼란이 수습되는 27년 간의 기록이다. 文帝 재위 기간에는(前 179-157) 長沙國만이 유일하게 異姓諸侯國으로 존속했다. 이 복잡한 시기에 그 많은 나라의 건국과 소멸은 표로 요약하는 자체가 쉬운 일은 아니었다. 표의 내용이 紀나 傳과 相異한 內容이 매우 많고, 그에 따른 상세한 주석이 있지만, 여기서는 그 주석을 다 수록할 수 없어, 다만 전체적 전개에 주력하여 설명했다.

**27** 여기 月은 諸王이 처음 受封한 달이며, 이는 月表이다. 項羽(項籍)에 의해 책봉된 왕은 모두 첫달이기에 1월이라 했다. 秦은 10월이 歲首였기에, 실제로는 그 해의 4번째 달이었다. 趙歇(조헐)은 이미 趙王으로 자립한 지 27개월이었는데, 항우에 의해 代王으로 옮겨 封해졌기에 27월로 표기했다. 膠東王인 田市(전불), 魏王 魏豹(위표) 역시 그러했다.

**28** 命立十八王 - 2월, 항우는 自立하여 西楚霸王이 되어, 梁과 楚 일대 九郡의 왕으로 彭城(팽성)에 定都하였다. 항우는 약조를 어겨 沛公을 漢王으로 삼아 巴郡, 蜀郡, 漢中郡의 41개 현의 왕으로 南鄭에 도읍케 하였다. 關中을 3분하여 秦의 三將을 분립하였는데, 章邯(장한)을 雍王(옹왕)으로 삼아 廢丘(폐구)에 도읍케 하고, 司馬欣(사마흔)은 塞王(새왕)으로 櫟陽(역양)에, 董翳(동예)는 翟王(적왕, 책왕)으로 도읍은 高奴縣이다. 楚將인 申陽(신양)은 河南王에, 도읍은 洛陽縣이다. 趙將인 司馬卬(사마앙)은 殷王, 朝歌縣에 도읍. 當陽君인 英布는 九江王으로 도읍은 六縣이다. 懷王의 柱國인 共敖(공오)는 臨江王으로 도읍은 江陵縣이다. 番君(파군) 吳芮(오예)는 衡山王으로 도읍은 邾縣(주현)이다. 옛 齊王 田建의 손자인 田安을 濟北王으로 삼았다. 魏王 魏豹(위표)를 西魏王으로 봉했는데 도

| | | | | | |
|---|---|---|---|---|---|
| 分爲九江 | 王英布始,故楚將. | 二 都六縣[31] | 三 | 四 | 五 |
| 常山 | 王張耳始,故趙將. | 二 都襄國. | 三 | 四 | 五 |
| 分爲代 | 廿七(27) 王趙歇始,故趙王. | 二十八 都代. | 二十九 | 三十 | 三十一 |
| 齊 臨淄 | 王田都始,故齊將. | 二 都臨淄. | 三 | 四 田榮擊都,降楚 | 五 王田榮始,故齊相 |
| 分爲濟北 | 王田安始,故齊將. | 二 都博陽. | 三 | 四 | 五 |
| 分爲膠東 | 二十. 王田市始,故齊王.[32] | 二十一 都卽墨. | 二十二 | 二十三 | 二十四 |
| 雍 分關中 | 王章邯始,故秦將.[33] | 二 都廢丘. | 三 | 四 | 五 |

읍은 平陽縣이다. 燕王 韓廣을 옮겨 遼東王으로 봉했다. 燕將인 臧荼(장도)는 燕王(연왕)으로 도읍은 薊縣(계현)이다. 齊王 田市(전불)을 옮겨 膠東王(교동왕)으로 봉했다. 齊將인 田都(전도)는 齊王으로 도읍은 臨菑(임치)이다. 趙王 趙歇(조헐)을 옮겨 代王에 봉하였다. 趙相인 張耳(장이)를 常山王으로 봉했다.

**29** 도읍을 두 번째 달에 기록한 것은 표 작성의 편의를 위한 것이다. 항우 西楚의 도읍인 彭城(팽성)은, 今 江蘇省 북부 徐州市이다.

**30** 王吳芮始,故番君 - 吳芮(오예, ?-前 202)는 秦朝에서 番陽令(파양령)이 되었는데, 보통 番君(파군)이라 불렸다. 秦 二世 원년에(前 209) 오예는 사위 英布와 함께 陳勝의 起義에 호응하였고, 前 206년에 項羽가 咸陽에 입성할 때 百粤(백월)의 무리를 거느리고 항우를 도와 衡山王에 피봉되었다. 오예는 뒷날 高祖에 협조하여 長沙王에 봉해졌다. 4권, 〈韓彭英盧吳傳〉에 입전.

**31** 縣 이름이 六이다. 六縣은, 今 安徽省 서부 六安市.

**32** 田市(전불, 市 音 fú, 巾部 1畫). 市(저자 시, 巾部 2획)가 아니다. - 前 208 - 206년, 齊王으로 재위. 田榮에게 피살.

**33** 章邯(장한, ?-前 205) - 秦의 장군, 前 207년 鉅鹿(거록)의 싸움에서 項羽에게 패한 뒤 秦軍의 주력을 거느리고 항우에게 투항하였다. 항우에 의해 雍王에 봉해졌다가 나중에 韓信에 패해 자살했다. 董翳(동예, ?-前

| | | | | | |
|---|---|---|---|---|---|
| **塞** 分關中 | 王司馬欣始,<br>故秦長史. | 二 都櫟陽.[34] | 三 | 四 | 五 |
| **翟** 分關中 | 王董翳始,故秦都尉.[35] | 二 都高奴 | 三 | 四 | 五 |
| **燕** | 王臧荼始,故燕將. | 二 薊(계) | 三 | 四 | 五 |
| 分爲遼東 | 三十<br>王韓廣始,故燕王. | 三十一<br>都無終. | 三十二 | 三十三 | 三十四 |
| **魏** | 十九<br>王魏豹始,故魏王. | 二十<br>都平陽. | 二十一 | 二十二 | 二十三 |
| 分爲殷 | 王司馬卬始,故趙將. | 二 都朝歌. | 三 | 四 | 五 |
| **韓** | 二十二<br>王韓成始,故韓王. | 二十三<br>都陽翟. | 二十四 | 二十五 | 二十六 |
| 分爲河南 | 王申陽始,故楚將. | 二 都雒陽. | 三 | 四 | 五 |

※ 表 읽기

| | | | | | 四 | 五 |
|---|---|---|---|---|---|---|
| **齊** | 臨淄 | 王田都始,故齊將. | 二 都臨淄 | 三 | 田榮擊都,<br>降楚 | 王田榮始,<br>故齊相 |

○ 齊는 제후국의 이름이다. 漢의 건국이 기준이 되지만, 또 漢의 통
  일 이후로도 齊는 제후국으로 존재했다.

○ 臨淄 – 臨淄(임치)는 제후국 齊의 都邑. 齊王의 居所. '都臨淄'에서

---

204)는 章邯의 副將, 楚軍에 투항한 뒤 翟王(적왕, 책왕)에 봉해졌고, 나
  중에 劉邦에게 패전해 전사했다.

**34** 櫟陽(역양)은 현명. 今 陝西省 西安市 臨潼區에 해당. 秦始皇兵馬俑 무
  덤, 華淸池가 있는 곳.

**35** 雍王(옹왕), 塞王(새왕) 翟王(적왕)은 모두 과거 秦의 장수였고, 이들 관할
  지역은 秦의 중심부인 關中 땅이며, 漢王의 關中 진출을 막으려는 뜻이
  었다. 이를 보통 三秦이라 통칭하였다.

都는 도읍하다. 동사로 쓰였다.

○田榮擊都,降楚 – 西周와 춘추시대 齊의 국성은 姜(강)이었다. 秦에 멸망할 때, 齊의 國姓은 田氏였다. 齊의 왕족인 田榮(전영)이 도읍을 (都) 공격하자(擊) (제후왕인 田都는) 楚(초, 項籍)에 투항했다(降).

○王田都始,故齊將 – 王인 田都(전도, 姓 田, 名 都), 始는 시작하다. 田都는 옛(故) 齊의 장군이다(將).

| 燕 | 王臧荼始,故燕將. | 二 薊(계) | 三 | 四 | 五 |
|---|---|---|---|---|---|
| 分爲遼東 | 三十 王韓廣始,故燕王. | 三十一 都無終. | 三十二 | 三十三 | 三十四 |

○分爲遼東 – 燕의 땅을 나누어(分) 遼東國(요동국)을 설치했다(爲).

○王韓廣始,故燕王 – 韓廣(한광)을 王으로 삼아(王) 건국했다(始). (王인 韓廣은) 옛(故) 燕王이었다.

○三十一 – 韓廣은 項籍에게 王으로 피봉되기 전에, 王으로 30개월을 재위했기에 첫 달이 韓廣에게는 31개월째이다.

○都無終 – 都는 도읍하다. 無終은 遼東國의 縣名.

| 趙 | 六 | 七 | 八 | 九 張耳降漢 | 代王歇,還王趙 | 二 | 三 |
|---|---|---|---|---|---|---|---|
| 代 | 卅二 | 卅三 | 卅四 | 歇復趙王 | 歇以陳餘爲代王,號成安君 | 卅七 | 卅八 |
| 齊 | 二 | 三 | 四 | 五 | 六 | 七 | 項籍擊榮,走平原,民殺之. |
| 濟北 | 六.榮擊殺田安,屬齊 | | | | | | |

○歇復趙王 – 趙歇(조헐, 人名)이 다시 趙王이 되다(復).

○項籍擊榮,走平原,民殺之 – 項籍이 田榮을 공격하자(擊), (田榮은)
平原(郡名)으로 달아났는데(走) 그곳 백성이(民) 田榮(之)을죽여
버렸다(殺).

○濟北 – 項籍이 封한 제후국.

○榮擊殺田安 – 田榮이 (濟北의) 田安을 공격하여 살해하자(擊殺),
(濟北國 영역은) 齊에 속하였다(屬). (이후 本表에서 濟北國은 표
기하지 않았다.)

| 塞 | 六 | 七,<br>欣降漢, 屬漢爲河上郡 | |

○欣降漢, 屬漢爲河上郡 – 司馬欣(사마흔, 欣)이 (七은 왕이 된지 7
개월) 漢에 투항했고, 그 땅은 漢에 속하여(屬漢) (漢의) 河上郡
이 되었다.

| 趙 | 復趙,王張<br>耳,漢立之 | 二 | 三 | 四 | 五 | 六 | 七 | 八 | 九 | 十 | 十一 |

○復趙,王張耳,漢立之 – 趙를 다시 세우다(復趙). 張耳(장이)를 왕
으로 삼았는데(王), 漢이 張耳(之)를 책립했다(立).

※그 밖에 본 표에서 자주 보이는 글자.

薨은 죽을 훙. 제후의 죽음. 보통 관리의 죽음은 卒.

嗣는 이을 사. 제후의 지위를 계승하다.

奔은 달아나다. 망명하다. 歸는 귀부하다. 畔은 반역하다. 反과 通.

虜는 포로로 잡다.

誅는 벨 주. 죽이다. 刑을 받아 죽다.

| 前 206 | | | | | 前 205 | | |
|---|---|---|---|---|---|---|---|
| 漢 | 六月 | 七月 | 八月 | 九月 | 十月 | 十一月 | 十二月 |
| 楚 | 六 | 七 | 八 | 九 | 十 | 十一 | 十二 |
| 衡山 | 六 | 七 | 八 | 九 | 十 | 十一 | 十二 |
| 臨江 | 六 | 七 | 八 | 九 | 十 | 十一 | 十二 |
| 九江 | 六 | 七 | 八 | 九 | 十 | 十一 | 十二 |
| 趙 | 六 | 七 | 八 | 九 張耳降漢 | 代王歇, 還王趙36 | 二 | 三 |
| 代 | 卅二 | 卅三 | 卅四 | 歇復趙王 | 歇以陳餘爲代王, 號成安君37 | 卅七 | 卅八 |
| 齊 | 二 | 三 | 四 | 五 | 六 | 七 | 項籍擊榮, 走平原, 民殺之. |
| 濟北 | 六. 榮擊殺田安, 屬齊 | | | | | | |
| 雍 | 六 | 七. 邯守廢丘, 漢圍之 | 八 | 九 | 十. 漢拔隴西 | 十一 | 十二. 漢拔北地 |
| 塞 | 六 | 七,欣降漢, 屬漢爲河上郡 | | | | | |
| 翟 | 六 | 七. 翳降漢, 屬漢爲上郡 | | | | | |

**36** 趙歇(조헐, ? - 前 205, 歇은 쉴 헐) - 秦朝 말년 趙國의 宗室. 陳勝이 세웠던 趙王 武臣(姓 武, 名은 臣)이 죽은 뒤에 張耳, 陳餘 등이 趙歇을 옹립하고 信都縣에 도읍했다.

**37** 成安君 陳餘(진여, ? - 前 205) - 大梁 사람인데 儒學을 좋아했다. 趙의 苦陘(고형)을 떠돌았는데 公乘氏라는 부자가 그 딸을 진여에게 아내로 주었다. 진여는 나이가 어려 張耳(장이)를 아버지처럼 섬겼고 두 사람은 刎頸之交(문경지교)를 맺었다. 高祖가 포의였을 때 자주 장이를 따라다니기도 했다. 秦末 漢初의 代王.

| 燕 | 六 | 七 | 八 | 九 | 十 | 十一 | 十二 |
|---|---|---|---|---|---|---|---|
| 遼東 | 卅五 | 卅五. 臧荼擊殺韓廣, 屬燕 | | | | | |
| 魏 | 廿四 | 廿五 | 廿六 | 廿七 | 廿八 | 廿九 | 三十 |
| 殷 | 六 | 七 | 八 | 九 | 十 | 十一 | 十二 |
| 韓 | 廿七. 項籍誅成 | 王鄭昌始, 項王立之 | 二 | 三 | 王韓信始, 漢立之 | 二 | 三 |
| 河南 | 六 | 七 | 八 | 九. 申陽降漢屬漢爲河南郡38 | | | |

| 前205 | | | | | |
|---|---|---|---|---|---|
| 漢 | 二年一月 | 二月 | 三月. 項王三萬人,破漢兵五十六萬 | 四月 | 五月 |
| 楚 | 二年一月 | 二 | 三 | 四 | 五 |
| 衡山 | 二年一月 | 二 | 三 | 四 | 五 |
| 臨江 | 十三 | 十四 | 十五 | 十六 | 十七 |
| 九江 | 二年一月 | 二 | 三 | 四 | 五 |
| 趙 | 四 | 五 | 六 | 七 | 八 |
| 代 | 卅九 | 四十 | 四十一 | 四十二 | 四十三 |
| 齊 | 二. 項籍復立故齊王田假爲王 | 田榮弟橫叛城陽擊假, 假奔楚, 殺假. | 王田廣始,故田榮子,橫立之.39 | 二 | 三 |

38 河南王 申陽은 뒷날 項籍을 격파하고 漢王을 따라 楚 都邑 팽성에 입성했었다. 제후는 常山王 張耳, 韓王 鄭昌, 魏王 豹, 殷王 司馬卬(사마앙) 등도 함께 했다.

39 齊王 田榮(전영)의 동생 田橫(전횡)은 齊의 흩어진 병력을 수습하여 수만 명을 모아 城陽에서 항우를 반격했다. 그리고 漢王은 여러 諸侯를 거느리고 楚軍을 격파하고 彭城(팽성)을 차지했다. 항우는 이를 알고 바로 齊를 방치하고 돌아가 팽성에서 漢軍을 격파했다. 이어 漢과 계속 싸우며

| | | | | | |
|---|---|---|---|---|---|
| 雍 | 二年一月 | 二 | 三 | 四 | 五. 漢殺邯. 屬漢, 爲中地, 隴西, 北地郡. 40 |
| 燕 | 二年一月 | 二 | 三 | 四 | 五 |
| 魏 | 卅一 | 卅二, 豹降爲王 | 卅三, 從漢伐楚 | 卅四, 豹歸畔漢. 41 | 卅五 |
| 殷 | 十三 | 十四. 降漢42 屬漢爲河內郡 | | | |
| 韓 | 四 | 五 | 六. 從漢伐楚 | 七 | 八 |

| 前205 | | | | | 前204 | | |
|---|---|---|---|---|---|---|---|
| 漢 | 六月 | 七月 | 八月 | 九月 | 十月 | 十一月 | 十二月 |
| 楚 | 六 | 七 | 八 | 九 | 十 | 十一 | 十二 |
| 衡山 | 六 | 七 | 八 | 九 | 十 | 十一 | 十二 |
| 臨江 | 十八 | 十九 | 二十 | 廿一 | 廿二 | 廿三 | 十四 |

榮陽(형양)에서 대치하였다. 이 때문에 전횡은 齊의 城邑을 다시 회복할 수 있었고, 전영의 아들 田廣(전광)을 내세워 왕으로 옹립하고, 전횡은 재상이 되어 크고 작은 모든 정사를 결단하였다.

40 漢王은 櫟陽(역양, 장안)으로 돌아왔다. 壬午日에 太子를 책립하고 죄인을 사면하였다. 제후의 支屬 子弟로 관중에 있는 자들을 衛士(위사)에 임명했다. 물을 끌어들여 廢丘(폐구)를 공격하자, 폐구현은 투항했고 章邯(장한)은 자살하였다. 雍地 81개 현이 평정되자 河上, 渭南, 中地, 隴西, 上郡을 설치하였다.

41 魏豹(위표, ?-前 204) - 전국 말기 魏國 종실, 魏咎(위구)의 아우, 뒷날 項羽에 의해 魏王에 봉해졌다. 漢王에 귀부하는 등 叛服이 무상하여 漢將 周苛(주가)에 의해 살해되었다. 魏豹의 妻가 薄姬(박희)로 나중에 高祖를 모셨고, 文帝(劉恒)의 생모이다. 33권, 〈魏豹田儋韓王信傳〉에 입전.

42 司馬卬(사마앙, ?-前 205) - 본래 趙의 將軍, 鉅鹿之戰 이후 항우를 따라 入關했었다. 나중에 漢王 劉邦에게 투항했다가 楚軍에 패해 죽었다.

| | | | | | | | | | |
|---|---|---|---|---|---|---|---|---|---|
| 九江 | 六 | 七 | 八 | 九 | 十 | 十一 英布降漢.[43] | | | |
| 趙 | 九 | 十 | 十一 | 十二 | 十三, 屬漢爲太原郡 | | | | |
| 代 | 四十四 | 四十五 | 四十六 | 四十七 | 四十八, 漢滅趙歇[44] | | | | |
| 齊 | 四 | 五 | 六 | 七 | 八 | 九 | 十 | | |
| 燕 | 六 | 七 | 八 | 九 | 十 | 十一 | 十二 | | |
| 魏 | 卅六 | 卅七 | 卅八 漢將韓信擊虜魏豹, 屬漢爲河東, 上黨郡 | | | | | | |
| 韓 | 九 | 十 | 十一 | 十二 | 二年一月 | 二 | 三 | | |

| 前 204 漢 三年 | | | | | | | | | | 前 203 |
|---|---|---|---|---|---|---|---|---|---|---|
| 漢 | 一月 | 二月 | 三月 | 四月 | 五月 | 六月 | 七月 | 八月 | 九月 | 十月 |
| 楚 | 三年一月 | 二 | 三 | 圍漢滎陽[45] | 五 | 六 | 七 | 八 | 九 | 十 |

**43** 英布〔?-前 195, 黥布(경포)〕-六縣 사람인데, 성은 英氏이다. 젊었을 적에 지나는 사람이 英布의 관상을 보고 '형을 받고 왕이 된다.'고 하였다. 장년이 되어 법에 걸려 黥刑(경형)을 받게 되자, 영포는 기뻐 웃으며 말했다. "어떤 사람이 내 관상을 보고 형을 받은 뒤 왕이 된다 하였으니 아마 이것인가?" 이 말을 들은 사람들은 모두 영포를 조롱하며 웃었다. 영포는 驪山(여산)에 보내졌는데 여산에는 수십 만이 있었고, 영포는 그 무리의 우두머리나 호걸들과 왕래하다가 그 무리들을 이끌고 長江으로 도망나와 도적 떼가 되었다. 영포는 항우에 협조하여 九江王에 봉해졌다가 항우와 사이가 벌어졌고, 漢王이 보낸 說客 隨何(수하)의 유세에 의해 漢王에 귀부하였다. 漢이 건국된 뒤에는 淮南王이 되었다가 前 196년 反漢, 실패 후 피살. 34권, 〈韓彭英盧吳傳〉에 立傳.

**44** 趙歇(조헐, ?-前 205)-秦朝末年 趙國의 宗室. 陳勝이 세웠던 趙王 武臣이 죽은 뒤에 張耳, 陳餘 등이 趙歇을 옹립하고 信都에 도읍했다. 漢王 3년(前 204) 겨울인 10월, 韓信과 張耳는 동쪽 井陘(정형)으로 나아가 趙를 공격하여 陳餘(진여)를 죽이고 趙王 趙歇(조헐)을 생포하였다.

**45** 滎陽(형양)-현명. 今 河南省 중부 鄭州市 근처의 滎陽市. 漢楚의 激戰地.

| | | | | | | | | | | |
|---|---|---|---|---|---|---|---|---|---|---|
| 衡山 | 三年一月 | 二 | 三 | 四 | 五 | 六 | 七 | 八 | 九 | 十 |
| 臨江 | 廿五 | 廿六 | 廿七 | 廿八 | 廿九 | 三十 | 卅一 | 子共尉嗣爲王 | 二 | 三 |
| 趙 | | | | | | | | | | |
| 齊 | 十一 | 十二 | 十三 | 十四 | 十五 | 十六 | 十七 | 十八 | 十九 | 二十 |
| 燕 | 三年一月 | 二 | 三 | 四 | 五 | 六 | 七 | 八 | 九 | 十 |
| 魏 | | | | | | | | | | |
| 韓 | 四 | 五 | 六 | 七 | 八 | 九 | 十 | 十一 | 十二 | 三年一月 |

| 前 203 | 漢 四年 | | | | | | | | | | |
|---|---|---|---|---|---|---|---|---|---|---|---|
| 漢 | 十一月 | 十二月 | 一月 | 二月 | 三月 | 四月 | 五月 | 六月 | 七月 | 八月 | 九月 |
| 楚 | 漢將韓信擊殺龍且46 | 十二 | 四年一月 | 二 | 三 | 四 | 五 | 六 | 七 | 八 | 九 |
| 衡山 | 十一 | 十二 | 四年一月 | 二 | 三 | 四 | 五 | 六 | 七 | 八 | 九 |
| 臨江 | 四 | 五 | 六 | 七 | 八 | 九 | 十 | 十一 | 十二 | 十三 | 十四 |

46 龍且(용저, ?-前 203) - 項羽의 부장 龍且. 且는 '또 차', '머뭇거릴 저', '도마 조'에서 《漢書辭典》에 讀音이 (jū 居)로 표기되어 있고, '子魚切'이라는 설명에 의거 龍且(용저)로 표기하였다. 한신과 대치할 때 용저가 장수들에게 말했다. "나는 전에도 韓信이란 사람을 알고 있는데 쉬운 상대일 뿐이요. 漂母(표모)의 밥을 얻어먹을 정도로 제 몸을 챙기지도 못했고 사타구니 아래를 기어갈 정도로 다른 사람보다 나은 용기도 없으니 두려워할 것이 없소." 한신은 강물을 막았다가 터서 용저의 군사를 공격했다.

| | | | | | | | | | | | |
|---|---|---|---|---|---|---|---|---|---|---|---|
| 九江 | | | | | | | | 更爲淮南 | 王英布始漢立之 | 二 | 三 |
| 趙 | 復趙,王張耳,漢立之 | 二 | 三 | 四 | 五 | 六 | 七 | 八 | 九 | 十 | 十一 |
| 齊 | 廿一,漢將韓信擊殺田廣,屬漢爲郡 | | | | | | | | | | |
| | 齊國,王韓信始,漢立之 | | 二 | 三 | 四 | 五 | 六 | 七 | 八 | | |
| 燕 | 十一 | 十二 | 四年一月 | 二 | 三 | 四 | 五 | 六 | 七 | 八 | 九,反,漢誅47 |
| 魏 | | | | | | | | | | | 置梁國 |
| 韓 | 二 | 三 | 四 | 五 | 六 | 七 | 八 | 九 | 十 | 十一 | 十二 |
| | | | | | | | | | | | 初置長沙國48 |

| | 前 202 | 前 201 | 前 200 | 前 199 | 前 198 | 前 197 |
|---|---|---|---|---|---|---|
| 漢 | 五年 皇帝卽位 | 六年 | 七年 | 八年 | 九年 | 十年 |
| 楚 | 正月. 漢誅籍 王韓信始 | 十一月 信廢爲侯 | | | | |

---

**47** 臧荼(장도, ?－前 202)－燕王 韓廣의 部將, 項羽에 협력하여 燕王에 봉해졌다가 나중에 遼東王 韓廣을 치고 옛 燕國을 통일했다. 漢에 반기를 들었으나 고조에게 패망하였다.

**48** 吳芮(오예, ?－前 202)는 秦朝에서 番陽令(파양령)이 되었는데 보통 番君(파군)이라 불렀다. 秦 二世 원년(前 209)은 오예는 사위 英布와 함께 陳勝의 起義에 호응하였고 前 206년에 項羽가 咸陽에 입성할 때 百粵(백월)의 무리를 거느리고 항우를 도와 衡山王에 피봉되었다. 오예는 나중에 漢 高祖에 협조하여 長沙王에 봉해졌다. 4권, 〈韓彭英盧吳傳〉에 입전.

| | | | | | | |
|---|---|---|---|---|---|---|
| 衡山 | 十, 芮徙長沙. | | | | | |
| 臨江 | 十二月, 漢虜尉 | | | | | |
| 淮南 | (英布) 二年 | 三 | 四 | 五 | 六 | 七 |
| 趙 | 十二月乙丑, 張耳薨 | 一. 子敖嗣爲王 | 二 | 三 敖廢爲侯 | | |
| | (代) 以太原爲國 | 九月, 王韓信始 | | | | |
| 齊 | 徙韓信王楚[49] | | | | | |
| 燕 | 後九月, 王盧綰始, 故太尉 | 二 | 三 | 四 | 五 | 六 |
| 魏 | 王彭越始 | 二 | 三 | 四 | 五 | 六 越反誅 |
| 韓 | (韓王信) 四年 | 五. 信徙太原[50] | | | | |
| 長沙 | 二月乙未,王吳芮始,六月,薨 | 成王臣嗣[51] | 二 | 三 | 四 | 五 |

| | 前 196 | 前 195 | 前 194 | 前 193 | 前 192 | 前 191 | 前 190 | 前 189 | 前 188 |
|---|---|---|---|---|---|---|---|---|---|
| 漢 | 十一年 | 十二年 | 孝惠元年 | 二年 | 三年 | 四年 | 五年 | 六年 | 七年 |
| 楚 | | | | | | | | | 初置魯國 |
| | | | | | | | | | 初置淮陽國 |
| | 淮南 八月, 布. 反誅 | | | | | | | | |

---

**49** 徙韓信王楚 - 韓信을 옮겨 楚王에 봉하다. 강대해진 韓信의 세력을 약화시키려는 뜻이었다.

**50** 信徙太原 - 韓王 信이 (도읍을) 太原(今 山西省, 省會)으로 옮기다.

**51** 成王臣嗣 - 長沙國王 吳芮(오예)가 죽고 成王인 臣(신, 王의 名)이 왕위를 이어받았다(嗣).

| | | | | | | | | |
|---|---|---|---|---|---|---|---|---|
| 趙 | | | | | | | | |
| 齊 | | | | | | | | 初置<br>呂國 |
| 燕 | 盧綰降<br>匈奴 | | | | | | | |
| 長沙 | 六 | 七 | 八 | 哀王<br>回嗣 | 二 | 三 | 四 | 五 | 六 |

| | 前 187 | 前 186 | 前 185 | 前 184 | 前 183 | 前 182 | 前 181 | 前 180 |
|---|---|---|---|---|---|---|---|---|
| 漢 | 高后<br>元年 | 二年 | 三年 | 四年 | 五年 | 六年 | 七年 | 八年 |
| 魯國 | 四月,<br>王張偃始,<br>高后外孫 | 二 | 三 | 四 | 五 | 六 | 七 | 八<br>偃廢爲侯 |
| 淮陽國 | 四月辛卯,<br>王強始,高<br>后所詐立<br>孝惠子 | 二 | 三 | 四 | 五. 強薨<br>諡曰懷<br>無子 | 王武始,<br>故壺關<br>侯 | 二 | 三<br>武 以非<br>子誅. |
| 趙 | 四 月 辛<br>卯, 王不<br>疑 始, 高<br>后所詐立<br>孝惠子 | 不疑薨, 諡<br>曰哀, 無子.<br>十月癸丑,<br>王義始, 故<br>襄城侯 | 二 | 義立爲<br>帝.五月<br>丙辰, 王<br>朝始.故<br>軹侯 | 二 | 三 | 四 | 五.<br>朝 以非<br>子誅. |
| | | | | | | | 趙 王 呂<br>祿始.高<br>后兄子[52] | 八 月, 漢<br>大 臣 共<br>誅祿 |
| 呂國 | 四 月 辛<br>卯, 王呂<br>台始, 高<br>后兄子. | 台薨, 諡曰<br>肅. 子嘉<br>嗣爲王, | 二 | 三 | 四 | 嘉坐驕<br>廢. 十一<br>月, 王呂<br>產始 | 產徙梁.<br>十 一 月<br>丁巳, 王<br>大始, 故<br>平昌侯. | |

---

52 趙王呂祿始. 高后兄子 – 呂祿(여록)은 人名. 高后 兄(오빠)의 子(아들).
친정 조카.

| | | | | | | | | |
|---|---|---|---|---|---|---|---|---|
| 燕 | | | | | | | 初置燕國 | 七月癸丑, 王呂通. 八月, 漢大臣共誅通 |
| 梁 | | | | | | 初置梁國 | 二月王呂產始 | 二. 漢大臣共滅產 |
| 長沙 | 七 | 共王若嗣 | 二 | 三 | 四 | 五 | 六 | 七[53] |

---

**53** 長沙國은 이후 孝文 後元 7년(前 157)까지 유일한 異姓 제후국으로 존속했다. 孝文帝 2년에(前 178) 靖王 吳產(오산)이 계위한 뒤, 문제 後元 7년(前 157) 재위 22년에 入朝했고, 그 해에 죽었는데(薨) 無子하여 나라를 없앴다.

# 제후왕표

## 諸侯王表

# 二. 諸侯王表
## 〈제후왕표〉[54] 《漢書》14卷(表 2)

原文

昔周監於二代, 三聖制法, 立爵五等, 封國八百, 同姓五十有餘. 周公,康叔 建於魯,衛, 各數百里, 太公於齊, 亦五侯九伯之地. 《詩》載其制曰, '介人惟藩, 大師惟垣. 大邦惟屛, 大宗惟翰. 懷德惟寧, 宗子惟城. 毋俾城壞, 毋獨斯畏.' 所以親親賢賢, 褒表功德, 關諸盛衰, 深根固本, 爲不可拔者也. 故盛則周,邵相其治, 致刑錯, 衰則五伯扶其弱, 與共守. 自幽,平之後, 日以陵夷, 至虖阨陿河洛之間, 分爲二周, 有逃責之臺, 被竊鈇之言. 然天下謂之共主, 彊大弗之敢傾. 歷載八百餘年, 數極德盡, 旣於王赧, 降爲庶人, 用天年終. 號

54 班固는《漢書》100권, 敍傳(上)에서「太祖의 元勳을 보필했던 신하를 封하고 여러 支孫을 울타리로 삼아 侯王을 모두 높였다. 이에 〈諸侯王表〉第二를 서술하였다(太祖元勳, 啓立輔臣, 支庶藩屛, 侯王并尊. 述 〈諸侯王表〉 第二.」고 기록하였다.
〈諸侯王表〉는 1) 高祖係諸王表, 2) 孝文帝係諸王表, 3) 孝景帝係諸王表, 4) 孝武帝係諸王表, 5) 宣帝係諸王表, 6) 孝元帝係諸王表로 구성되었다.

位已絶於天下, 尙猶枝葉相持, 莫得居其虛位, 海內無主,
三十餘年.


**〖국역〗**

　옛날 周나라에서는 二代(夏, 殷)를 교훈으로 삼아[55] 三聖[56]이 법제
를 마련하였고, 5등의 작위를 시행하며 8백 제후를 封했는데 그중 同
姓 제후국은 50여 國이었다.

　周公(名은 旦)과 康叔(강숙, 名은 封, 周 武王의 同母弟)을 魯와 衛(위)
에 봉했는데 강역의 둘레가 각각 수백 리였고, 太公(呂尙)[57]을 齊에
봉했는데, 역시 5등 제후와 9州의 지역이었다.[58]

　《詩經》에 그 법제를 노래하였는데,[59]

　「介人(개인, 善人)을 울타리 삼고, 大師는 담장이 되었다.

　큰 제후국은 나라의 병풍이고, 大宗은 기둥이다.

　德政으로 나라가 평안하고, 종실은 나라의 城이다.

　성벽을 허물 수 없나니, 종실을 두렵게 하지 말라.」라 하였다.[60]

---

55 원문 周監於二代－監은 視也. 교훈으로 삼다. 二代는 夏와 殷(은).

56 三聖은 文王(昌), 아들 武王(發)과 무왕의 아우 周公(旦, 아침 단).

57 周 文王과 武王의 軍師, 姜姓의 呂氏. 名은 尙, 字는 子牙, 史册에는 '姜
尙', '姜望', '姜子牙', '呂尙', '呂望' 등으로 기록. 보통 '姜太公', '呂太公', '齊
太公', '太公', '太公望'으로 불리며 '武成王'에 追封되었다. 姜齊의 始祖,
그 戰功으로 후세에 武聖, 또는 '兵家之聖'으로 추앙받고 있다.

58 원문 五侯九伯之地－五侯는 五等 諸侯也. 九伯(구백)은 九州의 행정 책
임자. 伯은 長也.

59 《詩經 大雅 板》의 詩.

60 介人은 善人也. 藩은 울타리 번(籬也). 屛은 가릴 병. (蔽也). 병풍. 垣은

그래서 친척을 가까이하고 현인을 우대하며 그 공덕을 포상, 표창
하였으니, 이는 나라의 성쇠와 관련되고 천하 안정의 근본이기에 결
코 폐지할 수 없었다.

周室이 강성했던 시기에는 周公과 邵公(소공)이 통치에 참여하였
고 나라의 법도를 어기는 자가 없었으나, (周室이) 쇠약해진 시기에
는 五伯(五霸)[61]가 쇠약한 왕실을 도와 함께 나라를 보존하였다.

그러다가 幽王(유왕)과 平王(평왕) 때에[62] 이르러 날마다 쇠약해져
서,[63] 강대한 제후국 사이에서 河水의 西周와 洛水의 東周로 小國이
되었으며,[64] 천자가 빚 독촉을 피해 숨었던 누대도 있었고, 천자 권
위를 상징하는 斧鉞(부월)을 빼앗기는 일도 있었다.[65]

---

담 원(牆也). 翰(날개 한)은 기둥(幹也). 懷, 和也. 俾는 시킬 비(使也). 善
人으로 울타리를 삼는다는 말은, 周公과 康叔을 魯와 衛에 봉했다는 뜻.
大師를 담장으로 삼았다는 뜻은, 太公을 齊에 봉했다는 뜻.

**61** 五伯의 伯은 讀曰 霸. 五霸는 齊 桓公(환공), 宋 襄公, 晉 文公, 秦 穆公,
吳王 夫差(부차) – 史書에 따라 약간의 차이가 있다.

**62** 원문 自幽,平之後 – 西周 12대 幽王(유왕) 재위 前 782 – 771年. 서주가
犬戎(견융)의 침입을 받아 멸망. 美女 褒姒(포사)에 현혹되어 烽火를 올
려 제후의 군대를 출동케 하여 포사를 웃게 만들었다는 왕. 平王은 幽王
의 아들, 名은 宜臼(의구), 東周 첫 번째 왕. 재위 前 770 – 720년.

**63** 원문의 陵夷(능이)는 山陵이 점차 평평해지다. 夷는 평평한 이. (頹替也).

**64** 원문 至虖阨隘河洛之間 – 阨은 막힐 액. 사이에 끼다. (狹也). 隘는 울퉁
불퉁한 모양 구. 서주는 당시에 서쪽에 강력한 秦, 동쪽으로는 韓과 魏
사이에 끼어 자주 침략 당했다.

**65** 원문의 逃責之臺, 被竊鈇之 – 周 赧王(난왕, 얼굴 붉힐 난. 재위 전 314 –
256년, 周朝 최장 재위, 동주 마지막 왕)은 富人에게 빌린 戰費를 갚을 수 없
어 빚 독촉을 피해 누각에 올라 숨어 있었다. (債臺高築). 난왕이 죽자 秦
昭襄王은 천자 권위의 상징인 九鼎(9정)을 옮겨갔고 王畿(洛陽)을 점거

그렇지만, 천하에서는 여전히 모두의 主君이었고 강대한 제후국일지라도 감히 멸망시킬 수가 없었다. 그러나 周室은 8백 년을 거치면서 命運이 다했고, 공덕도 잃어 赧王(난왕)은 서인으로 강등되었으며 천명도 끝이 났다. 그러면서 천하에 帝號도 단절되었는데, 천자를 받들겠다는 지엽적인 명분이 있었지만 그런 虛位(허위)에 오르려는 사람도 없어, 천하에는 30여 년간 천자가 존재하지 않았다.[66]

秦據勢勝之地, 騁狙詐之兵, 蠶食山東, 壹切取勝. 因矜其所習, 自任私知, 姍笑三代, 盪滅古法, 竊自號爲皇帝, 而子弟爲匹夫, 內亡骨肉本根之輔, 外亡尺土藩翼之衛. 陳,吳奮其白挺, 劉,項隨而斃之. 故曰, 周過其曆, 秦不及期, 國勢然也.

---

하여 東周는 멸망했다.

鈇鉞(부월)은 王者의 권위로 斬戮(참륙)할 수 있지만, 周室이 쇠약하여 정령을 시해할 수 없었으며 누군가가 천자의 부월을 훔쳐가 숨겼다고 하였다.

**66** 원문 海內無主, 三十餘年 – 周 난왕이 죽은 뒤(前 256년) 진시황의 황제라는 용어 사용까지(前 221년) 약 35년. 천명을 받았다고 자칭하는 王者도 없었다.

〖국역〗

秦은 유리한 지세를 바탕으로 빈틈을 노려, 군사를 몰아[67] 山東의 〔崤山(효산) 동쪽〕六國을 잠식하여[68] 철저하게 승리하였다.

(秦은) 익숙한 전술을 뽐내고 奸智(간지)를 써서 三代를 비방하고[69] 옛 법도를 쓸어내며 외람되이 황제라 자칭하면서 황족의 자제라도 匹夫(필부)로 삼았으니, 안으로는 나라의 근본을 보필한 혈육이 없었고, 밖으로는 나라의 울타리가 될 만한 一尺의 땅도 없었다. 陳勝과 吳廣이 나무 몽둥이를[70] 들고 일어났으며, 劉邦(유방)과 項羽(항우)가[71] 그 뒤를 따라 일어나 秦을 멸망시켰다.

그래서 周는 예상보다 더 오래 존속했고, 秦은 기대에 못 미쳤다고 말하는 까닭은[72] 나라의 형세가 그러했기 때문이다.

---

67 원문 騁狙詐之兵 - 騁은 달릴 빙. 狙는 원숭이 저. 엿보다(伺也). 상대의 빈틈을 엿보아 출병하다.

68 원문 蠶食山東 - 蠶은 누에 잠. 山東은 지금의 山東省 일대가 아님. 關中 땅에서 동쪽으로 진출하는 관문이 函谷關(함곡관)이고, 함곡관은 陝西省 동부 崤山(효산, 殽山)에 있다. 따라서 산동은 효산의 동쪽을 의미한다.

69 원문 姍笑三代 - 姍(산)은 訕(헐뜯을 산)의 古字. 비방하다(謗也).

70 원문 陳,吳奮其白挺 - 白挺(백정)은 큰 장대(大杖也). 挺은 뺄 정. 빼내다.

71 項羽 - 項籍(항적, 前 232 - 202) - 字는 羽, 項羽라 통칭. 前 207년 秦朝 멸망의 결정적 전투인 鉅鹿(거록)의 싸움에서 秦軍을 격파하고 스스로 西楚霸王이 되었다. 楚漢戰爭 중 垓下(해하)의 전투에서 漢王 劉邦에게 패하자 長江의 북쪽 지류인 烏江(오강)에서 자결하였다. 그의 용기와 무예 힘은 천고에 최고였으며('羽之神勇 千古無二'), 霸王(패왕)은 곧 항우를 지칭하는 고유명사로 통한다. 《史記 項羽本紀》참고. 《漢書 陳勝項籍傳》에 立傳.

72 원문 周過其曆, 秦不及期 - 武王이 殷을 정벌할 때 점을 치니 周는 30世에 7백 년을 존속한다고 했다. 그러나 周는 36世에 867년을 존속했다고

漢興之初, 海內新定, 同姓寡少, 懲戒亡秦孤立之敗, 於是
剖裂疆土, 立二等之爵. 功臣侯者百有餘邑, 尊王子弟, 大
啓九國.

自鴈門以東, 盡遼陽, 爲燕, 代. 常山以南, 太行左轉, 度河,
濟, 漸于海, 爲齊, 趙. 穀, 泗以往, 奄有龜, 蒙, 爲梁, 楚. 東帶
江, 湖, 薄會稽, 爲荊, 吳. 北界淮瀨, 略廬, 衡, 爲淮南. 波漢
之陽, 亘九嶷, 爲長沙. 諸侯北境, 周市三垂, 外接胡越.

天子自有三河, 東郡, 潁川, 南陽, 自江陵以西至巴蜀, 北自
雲中至隴西, 與京師內史凡十五郡, 公主, 列侯頗邑其中. 而
藩國大者夸州兼郡, 連城數十, 宮室百官同制京師, 可謂撟
扛過其正矣.

雖然, 高祖創業, 日不暇給, 孝惠享國又淺, 高后女主攝位,
而海內晏如, 亡狂狡之憂, 卒折諸呂之難, 成太宗之業者, 亦
賴之於諸侯也.

〖국역〗

漢이 건국된 초기에 海內를 겨우 안정시켰지만 同姓은 너무 적었
으며, 秦이 孤立無援(고립무원)으로 패망한 사실을 거울삼아서, 疆土
(강토)를 분할하여 (王과 侯) 2등급의 작위제도를[73] 마련하였다. 功臣

---

알려졌다. 秦은 始皇帝로부터 萬世 존속을 기대했지만, 진시황의 아들
代에 망했으니 예상에 훨씬 못 미쳤다.

**73** 二等 – 漢은 功臣을 봉하면서 공적이 크면 王, 작은 자는 侯(후)에 봉했다.

은 1백여 성읍에 제후로 책봉되었고, 왕과 그 자제는 더 높은 대우로 9개 큰 나라에 책봉하였다.

鴈門郡(안문군)[74] 동쪽에서부터 遼陽(요양)까지 燕(연)과[75] 代(대)를[76] 분봉하였다. 常山郡[77] 남쪽에서 太行山(태항산)을 끼고 좌측으로 돌아(동쪽으로) 河水와 濟水를 지나 大海까지[78] 齊(제)와[79] 趙(조)를 분봉하였다.

穀水(곡수)와[80] 泗水(사수)를 지나 龜山(구산)과 蒙山(몽산) 일대를 포함한 지역에 梁(양)과 楚(초)를 분봉하였다.

동쪽으로 長江과 洞庭湖(동정호)와 會稽郡(회계군) 일대에는 荊吳(형오, 吳國)를 봉했다.[81] 북쪽으로 淮水(회수)를 경계로 廬山(여산)과 衡山(형산)을 포함한 지역에[82] 淮南國을[83] 분봉하였다. 漢水의 남쪽

---

**74** 鴈門郡(안문군, 雁)은, 今 山西省 중북부 忻州市(흔주시) 일대.

**75** 燕 靈王 劉建(유건)은 高帝의 아들로 漢 12년 책봉되었다. 高后 7년에, 유건이 죽자 呂太后는 그 아들을 죽였고 燕을 없앴다.

**76** 代王 劉喜(유희)는 고조의 작은 형인데 그야말로 순박한 농부였다. 代王에 피봉된 뒤에 漢 7년 흉노가 침입하자 두려워 나라를 버리고 장안으로 돌아왔다. 郃陽侯(흡양후)로 강등되었다가 孝惠帝 2년에 죽었다.

**77** 常山國(郡)의 治所는 元氏縣, 今 河北省 남서부 石家莊市 관할 元氏縣.

**78** 원문 漸于海 – 漸(차츰 나아갈 점)은 入也, 浸也.

**79** 齊 悼惠王 劉肥(유비)는 고조의 서자로 장남이었다.

**80** 穀水(곡수) – 穀은 彭城(팽성), 泗水(사수)의 下流를 穀水라 하였다.

**81** 荊吳(형오) – 卽今 吳也. 高帝 6년 荊國을 봉했고 나중에 吳로 국명을 변경.

**82** 瀕은 물가 빈(水涯也). 廬는 廬山. 衡은 형산. 남악.

**83** 淮南國 – 淮南 厲王 劉長(유장, 前 198 – 174, 고조의 막내아들)은 前 196년에 회남왕(시호 厲王)이 되었다. 劉長은 高祖와 趙姬 사이에 출생한 제

에서 九嶷山(구의산)까지 長沙國을 분봉했다. 諸侯國은 서로 연접하였고 북쪽과 동, 남쪽은 흉노와 越(월)과 접경하였다.

天子는 三河와[84] 東郡, 潁川郡(영천군), 南陽郡(남양군)을 직할하였고, 또 江陵(강릉)에서 서쪽으로 巴蜀(파촉)에 이르렀으며, 북쪽으로는 雲中郡에서 隴西郡(농서군)까지 京師와 內史 지역을[85] 포함한 총 15개 군이었고, 公主의 食邑과 列侯(열후, 關內侯)의 식읍도 그 안에 들어있었다. 큰 藩國(번국)은 州와 郡에 걸쳐서 수십 개의 성읍을 관할하였으며, (제후국의) 宮室이나 百官은 京師(長安)의 법제와 같았으니 가히 (秦의) 폐단을 바로잡으려는 방책이 그 正道를 지나쳤다고[86]

───────

7자인데, 呂后와 審食其(심이기)가 趙姬를 돌봐주지 않아 죽게 한 것에 대한 복수로 文帝 3년에 審食其를 직접 죽였다. 회남국 國都는 壽春(今 安徽省 淮南市 관할의 壽縣). 영지는 九江郡, 衡山郡, 廬江郡(여강군), 豫章郡의 四郡으로 광대하였다. 孝文帝 6년에, 어설픈 모반이 발각되어 폐위되어 蜀으로 이주하는 도중에 죽었다. 회남왕 劉長의 長子가 바로《淮南子》의 저자인 劉安이다.

84 三河는 河東郡, 河南郡, 河內郡.

85 內史 – 內史는 수도의 치안 담당관. 京兆尹(경조윤)과 좌, 우내사가 있었다. 제후국의 相 아래 행정 담당관도 내사라 칭했다. 장안을 에워싼 내사의 관할 구역은 뒷날 삼보라 칭했다. 곧 삼보는 京師의 행정관이면서 그 관할 지역. 京兆尹, 右扶風, 左馮翊(좌풍익)을 말함. 이들은 행정구역 등급으로는 太守와 동급이지만 질록도 많고 직위가 높아 9卿의 반열에 들었다.

86 원문 可謂撟扝過其正矣. – 撟(들어 올릴 교)는 矯(바로잡을 교, 正曲曰矯)와 同. 扝(어지러운 모양 광)은 曲也. 秦이 제후국을 봉하지 않았기에 고립무원으로 패망하였다 하여 그 폐단을 바로잡는다는 정책이 오히려 제후국의 강성을 초래했다는 뜻. 이러한 제후국의 강성은 결국 景帝 때, 吳楚七國의 난(前 154)으로 이어졌다.

말할 수 있었다.

그러했지만, 高祖의 創業 이후 편안한 나날이 없었으며 孝惠帝의 통치 역시 짧았고, 高后가 女主로서 攝位(섭위)하면서[87] 천하가 겨우 안정되었으며, 나라를 어지럽히는 걱정거리야 없었지만, 끝내 呂氏(여씨) 患難(환난)이 있었고, 太宗(孝文帝, 재위 前 179 - 157)의 帝業은 여러 제후의 도움으로 성취될 수 있었다.

原文

然諸侯原本以大, 末流濫以致溢, 小者淫荒越法, 大者睽孤橫逆, 以害身喪國. 故文帝采賈生之議分齊,趙, 景帝用鼂錯之計削吳,楚. 武帝施主父之册, 下推恩之令, 使諸侯王得分戶邑以封子弟, 不行黜陟, 而藩國自析.

自此以來, 齊分爲七, 趙分爲六, 梁分爲五, 淮南分爲三. 皇子始立者, 大國不過十餘城. 長沙,燕,代雖有舊名, 皆亡南北邊矣. 景遭七國之難, 抑損諸侯, 減黜其官. 武有衡山,淮南之謀, 作左官之律, 設附益之法, 諸侯惟得衣食稅租, 不與政事.

〖국역〗

그렇지만 諸侯國은 처음부터 강대하였고, 後代를 지나면서(末流)

---

**87** 원문 高后女主攝位 - 高后(呂雉, 여치)가 女主로서 臨朝 稱帝했다(前 187 - 180).

사방으로 넘쳐 범람하였으니, 작은 제후는 荒淫(황음)하거나 법도를 어겼고, 큰 제후국은 틈을 엿보아[88] 무도한 반역을(橫逆) 꾀하여 자신을 해치고 나라를 잃었다.

그래서 文帝는 賈生(가생, 賈誼)[89]의 건의를 받아들여 齊와 趙를 分國하였고, 景帝(재위 前 156 - 141)는 鼂錯(조조)의[90] 계책을 채용하여 吳와 楚의 영역을 삭감하였다. 武帝(재위 前 140 - 87)는 主父偃(주보언)의[91] 방책에 의거 推恩令(추은령)을[92] 시행하여, 諸侯 王으로 하여금 侯國의 民戶나 城邑을 자제에게 나눠 분봉할 수 있게 하였고, 실행하지 않으면 黜陟(출척, 내쫓다)하여 藩國을 스스로 나누게(自析) 하였다.

이런 조치 이후로 齊는 7국으로,[93] 趙는 6국,[94] 梁은 5국,[95] 淮南은

---

88 원문의 睽孤橫逆(규고횡역) – 틈을 엿보아 거역하다. 睽는 사팔눈 규. 노려보다.

89 賈誼(가의, 前 200 - 168) – 長沙王 太傅, 政論文으로는 〈過秦論〉, 〈論積貯疏〉, 〈論治安策〉이 유명하다. 辭賦로는 〈弔屈原賦〉, 〈鵩鳥賦〉, 〈惜誓〉등이 잘 알려졌다. 《漢書 賈誼傳》에 立傳.

90 鼂錯(조조, 前 200 - 154) – '晁錯', '朝錯'으로도 표기. 鼂는 아침 조. 《史記》와 《漢書》에는 鼂錯로 기록되었다. 晁(아침 조)는 朝의 古字. 조조는 法家의 학문을 하였고 太子家令으로 근무하였기에 景帝의 신임이 두터웠다. 〈削藩策〉을 주장하여 吳楚七國의 亂의 원인을 제공하였다. 《史記 袁盎鼂錯列傳》 참고. 《한서》49권, 〈爰盎鼂錯傳〉에 입전.

91 主父偃(주보언, ? - 前 126) – 主父(주보)는 복성. 偃은 쓰러질 언. 武帝의 대신. 뇌물을 즐겨 받았다. 《漢書》64권, 〈嚴朱吾丘主父徐嚴終王賈傳〉에 입전.

92 武帝는 主父偃의 推恩令을 채택하여 제후들이 그 자제를 분봉하고 땅을 나누어줄 수 있게 하였는데 결과적으로 제후왕의 세력을 크게 약화시켰다.

93 齊, 城陽, 濟北, 濟南, 淄川(치천), 膠西(교서), 膠東國으로 分國.

3국으로[96] 갈라졌다. 皇子로서 처음 책립될 경우 大國일지라도 10여 성읍에 불과하였다. 長沙, 燕, 代國이 비록 옛 봉국 명칭을 그대로 사용하였지만 모두 남북의 변경으로 이동시켰다.

景帝는 吳楚七國의 반란을[97] 겪으면서 제후국을 억압하며 그 관원을 축소시켰다.[98] 武帝 때 衡山國(형산국)과 淮南國(회남국)의 역모가 일어나자, 左官律(좌관율)과 附益法(부익법)을 시행하여,[99] 諸侯는 봉국의 조세로 衣食만 해결할 뿐 정사에는 관여하지 못하게 하였다.

────────

**94** 趙國, 平原, 真定, 中山, 廣川, 河間國으로 分國. 후손이 없어 폐국되면 郡을 설치하였다.

**95** 梁國 外에 濟川國, 濟東, 山陽, 濟陰國으로 분할하였다.

**96** 淮南, 衡山, 廬江國(여강국)의 3국.

**97** 吳楚七國의 亂 - 七國之亂 또는 七王之亂. 吳王 劉濞(유비)를 中心으로 조정의 削藩政策에 반가를 들었으나(경제 3년, 前 154년). 竇嬰(두영)과 周亞夫(주아부)에 의거 3개월 만에 진압되었다.
반란에 가담한 七王은 吳王 劉濞, 楚王 劉戊(유무), 膠西王(교서왕) 劉卬(유앙), 膠東王 劉雄渠(유웅거), 淄川王(치천왕) 劉賢, 濟南王 劉辟光(유벽광), 趙王 劉遂(유수) 등이다.
반란에 가담하지 않은 왕. - 濟北王(劉志), 城陽 共王(劉喜), 齊 孝王(劉將閭), 燕 康王(劉嘉), 廬江王(劉賜), 淮南王(劉安), 衡山王〔劉勃(유발)〕, 梁孝王(劉武), 代共王〔劉登(유등)〕.

**98** 漢初에 제후국에도 승상과 內史를 두고 독자적인 행정을 할 수 있었으나 吳楚七國의 난 이후 제후 왕의 자치권을 박탈하고 승상을 相이라 불렀다. 제후국의 御史大夫, 廷尉, 少府, 宗正, 博士 등을 폐지하였고, 大夫, 謁者(알자) 등의 숫자도 줄였다. 이후 成帝 때부터는 제후국의 內史를 없앴다. 그리하여 相이 각 郡의 太守처럼 제후국의 행정을 담당하였다.

**99** 左官律 - 漢 조정을 편들지 않고 제후를 편드는 관리를 좌관이라 하였고, 그런 관리는 처벌하겠다는 법(左官律). 附益은 더 보태다. 侯國의 승상은 제후 편이 되어 그 혜택을 더 많이 주자고 주장할 수 없게 하는

## 原文

至於哀,平之際, 皆繼體苗裔, 親屬疏遠, 生於帷牆之中,
不爲士民所尊, 勢與富室亡異. 而本朝短世, 國統三絶, 是故
王莽知漢中外殫微, 本末俱弱, 亡所忌憚, 生其姦心, 因母后
之權, 假伊周之稱, 顓作威福廟堂之上, 不降階序而運天下.

詐謀旣成, 遂據南面之尊, 分遣五威之吏, 馳傳天下, 班行
符命. 漢諸侯王厥角稽首, 奉上璽韍, 惟恐在後, 或乃稱美
頌德, 以求容媚, 豈不哀哉! 是以究其終始彊弱之變, 明監
戒焉.

## 국역

哀帝와[100] 平帝 재위 기간에,[101] 제후는 모두 먼 후손들이 계승하

<hr />

법을 附益法이라 하였다. 또 阿黨之法(아당지법)도 시행하였는데, 이 법
은 제후의 비리를 감추고 조정에 보고하지 않는 太傅(태부)나 相國을 阿
黨(아당)이라 하여 처벌하겠다는 법이다. 결국 제후로서 경제적 특권만
누렸고 통치에 관한 권한은 약화되거나 폐지되었다.

**100** 哀帝 - 孝哀皇帝는 名은 欣(흔), 재위 前 6 - 前 1년. 諡法에 '恭仁短折曰
哀'라 하였다. 定陶恭王은 劉康, 元帝와 傅昭儀의 子. 成帝의 태자로 책
립되었다가 綏和(수화) 2년(前 7년)에 성제가 붕어하자, 21세에 제위에
올랐다. 孝哀帝는 藩王(번왕)에서 태자가 되었는데 文辭에 博學하고
총명하여 어려서부터 좋은 평판이 있었다. 孝成帝 때 작록을 수여하는
권한이 황실에서 떠났고 권력이 외척에게 넘어간 것을 보았기에 조회
에서 여러 번 대신을 주살하면서 군주 권한을 키워 武帝나 宣帝를 본
받으려 했다. 평소 성격이 풍류나 여색을 좋아하지 않았고 가끔 맨손
겨루기나 활쏘기를 구경하였다. 즉위 후에 사지 마비가 왔고 말년에
더욱 심하여 재위가 길지 않았다!

면서 종실의 親屬(친속)은 소원해졌고,[102] 궁중에서 생활하면서 士民
의 존경을 받지도 못하여 그 형세는 부잣집과 다름없었다. 거기다가
황제가 단명했고(本朝短世), 國統이 3번이나 끊겼기에,[103] 王莽(왕망)
은[104] 漢室이 안팎으로 끊겨 쇠약해졌으며[105] 本末이 모두 미약하다
고 생각하여 아무런 거리낌도 없이 간악한 마음을 품고 母后의[106] 권
위를 근거로 (西周) 伊尹(이윤)과 周公(주공)의 소임을[107] 사칭하면서,
황제의 권위를 마음대로 행사하였고[108] 제위를 攝政(섭정)하며 천하
를 다스리려 했다. 왕망의 사악한 책모가 완성되며 왕망은 南面하는
제위에 올랐고, 사자를 五方에 보내 천하에 알리며 황제의 명령을 반
포 시행하였다.

漢의 모든 侯王들은 왕망에게 머리를 숙이고[109] 璽書(새서)와 인수

---

**101** 孝平皇帝(재위 서기 1 - 5년) - 名은 衎(즐길 간), 元帝의 庶孫으로 中山
孝王(名은 興)의 아들이다. 모친은 衛姬(위희)이었다. 나이 3세에 孝王
의 뒤를 이어 왕이 되었다. 諡法에 '布綱治紀曰平'이라 했다.

**102** 처음 봉할 때는 황제의 형제나 아들이지만 그 후손들이 계승하면서 漢
室의 황제와는 자연적으로 관계가 소원해졌다

**103** 원문 國統三絶 - 成帝, 哀帝, 平帝가 모두 후사가 없이 죽었다.

**104** 王莽(왕망, 前 45 - 서기 23년) - 漢朝를 찬탈하여 '新' 건국. 서기 8 - 23년
재위. 中國 傳統 歷史學의 忠君 이념에서 볼 때 일반적으로 '僞君子'이
며, '逆臣' 또는 '佞邪之材'라는 평가를 받는다. 莽은 풀 우거질 망.

**105** 원문 中外殫微 - 殫은 다할 탄(盡也). 단절되다.

**106** 원문의 母后 - 元帝의 王皇后(名은 政君, 前 71 - 서기 13년).

**107** 周公(주공)의 소임 - 주공은 武王이 죽은 뒤, 어린 成王을 보필하여 西
周를 안정시켰다.

**108** 원문 顓作威福 - 顓은 마음대로 할 전. 專斷하다. 顓은 專.

**109** 원문 漢諸侯王厥角稽首 - 厥은 다할 궐. 머리를 조아리다(頓也). 角은

를 받았고[110] 혹 뒤에 처질까 걱정하면서 왕망의 성덕을 칭송하며 아부하였으니 이 어찌 슬프지 않겠는가! 이로써 제후왕의 시작과 끝, 강약의 변화를 탐구하여 후대에 본보기로 삼고자 한다.


※ 表 읽기

| 號諡 | 屬 始封 | 子 | 孫 | 曾孫 | 玄孫 | 六世 |
|---|---|---|---|---|---|---|
| 楚元王交 | 高帝弟. 六年正月丙午立,二十三年薨 | 孝文二年夷王郢客嗣 | 六年王戊嗣,二十一年,孝景三年反,誅 | | | |
| | | 孝景四年文王禮,以元王子平陸侯紹封,三年薨. | 七年安王道嗣,二十二年薨. | 元朔元年襄王注嗣,十二年薨. | 元鼎元年節王純嗣,十六年薨. | 天漢元年王延壽嗣,三十二年地節元年,謀叛.誅. |

1. 號諡(호시) - 왕호. 諡號 楚는 王號이고, 元王은 시호이다. 交는 劉交. 楚 元王의 이름이다.

2. 屬 始封 - 屬은 황제와의 親屬 관계. 楚 元王은 高帝의 弟이다. 始封은 처음 왕으로 책봉된 연월일이다. 조정의 계획에 의거 여러 제후를 한 날에 책봉을 받기도 한다. 楚 원왕은 (高祖) 六年(前 201) 正月 丙午日에 책립되었다. 楚 元王은 책립되어 二十三年

---

이마(額角). 稽는 머리를 땅에 대다. 제후들은 왕망의 찬탈을 보고서도 아무런 항의도 없었으며 오히려 왕망에게 머리를 조아리며 왕망의 작위와 하사를 애걸하였다.

110 원문 奉上璽韍 - 璽는 도장 새. 國璽(국새)가 찍힌 문서. 임명장. 韍은 인끈 불(璽之組也).

을 재위하고 죽었다(薨). 책봉된 왕이 임지에 부임하여 통치 여부는 불문하고 책봉된 이후 죽을 때까지 在位 年數이다.

3. 子 - 孝文二年夷王郢客嗣 - 孝文帝 二年(前 178)에 (楚의) 夷王(이왕) 郢客(영객, 名)이 (제후왕 작위를) 계승했다(嗣는 이을 사).

(楚 元王의) 孫 - 六年王戊嗣, 二十一年, 孝景三年反, 誅 - (文帝) 六年(前 174)에 王인 劉戊(유무)가 계승했다(嗣). 재위 二十一年인 孝景帝 三年(前 154)에 叛逆(反, 吳楚 七國의 난)하여 誅殺되었다.

4. 子 - 孝景四年文王禮, 以元王子平陸侯紹封, 三年薨. - 孝景帝 四年(前 153)에 (楚) 文王인 劉禮(유례)가 元王의 子로 平陸侯(평륙후)에 紹封(소봉, 단절된 작위를 다시 이어 책봉하다)되었다. (紹封 이후) 三年에 죽었다(薨).

孫 - (孝景帝) 七年(前 150)에 安王인 劉道(유도)가 계승하여, (재위) 二十二年에 죽었다(薨).

曾孫 - 元朔元年襄王注嗣, 十二年薨. - (武帝) 元朔(원삭) 元年(前 128) 襄王(양왕)인 注(劉注)가 계승했고, (재위) 12년에 죽었다(薨).
(楚 元王의) 玄孫 - 元鼎元年節王純嗣十六年薨. - (武帝) 元鼎(원정) 元年(前 116) 節王인 純(劉純)이 계승하여(嗣) (재위) 十六年에 죽었다(薨).

(六世) - (武帝) 天漢 元年(前 100)에 王 延壽(연수)가 계승했다. 재위 32년인 (宣帝) 地節 元年(前 69)에 謀叛하여 誅殺되었다.

# 1. 高祖系諸王表

| 號諡 | 屬 始封 | 子 | 孫 | 曾孫 | 玄孫 | 六世 |
|---|---|---|---|---|---|---|
| 楚 元王 交[111] | 高帝弟. 六年正月 丙午立, 二 十三年薨 | 孝文二年 夷王郢客 嗣 | 六年王戊 嗣, 二十一 年, 孝景三 年反, 誅 | | | |
| | | 孝景四年 文王禮, 以 元王子平 陸侯紹封, 三年薨.[112] | 七年安王 道嗣, 二十 二年薨. | 元朔元年 襄王注嗣, 十二年薨. | 元鼎元年 節王純嗣, 十六年薨. | 天漢元年 王延壽嗣, 三十二年 地節元年, 謀叛. 誅. |
| 代王喜 | 高帝兄. 正月壬子 立, 七月爲 匈奴所攻, 棄國自歸, 廢位郃陽 侯, 孝惠二 年薨. | 吳 高祖十二 年十月辛 丑, 王濞以 故代王子 沛侯立, 四 十二年, 孝 景三年, 叛, 誅. | | | | |

---

**111** 楚 元王 劉交(?‐前 178)‐高祖의 同父少弟이다. 글을 좋아하고 재주
가 많았다. 젊어서 魯의 穆生(목생)과 白生, 그리고 申公과 함께 浮丘
伯(부구백)으로부터 《詩》를 배웠다. 부구백은 孫卿[荀卿(순경)]의 문인
이었다. 秦이 焚書(분서)할 때 각자 헤어졌었다. 漢 6년에, 楚王에 봉해
졌다. 36권, 〈楚元王傳〉에 입전.

**112** 원문 孝景四年文王禮, 以元王子平陸侯紹封, 三年薨. ‐ 이를 국역하면 아
래와 같다. 孝景帝 四年(前 153)에 (楚의) 文王인 劉禮(유례)가 元王의
아들로 平陸侯로 紹封(소봉)을 받았고, 三年을 재위하고 죽었다(薨).
이하 표의 기록은 대개 이런 형태의 서술이다. 紹封은 나중에 제후의
작위에 봉한다는 뜻. 紹는 이을 소. 皇族은 공식 문서에 姓인 劉를 표
기하지 않는다. 당연히 모두가 다 알고 있어야 하니 기록할 필요가 없
다는 의미일 것이다.

| 齊悼惠王肥 | 高帝子正月壬子立.十三年薨 | | | | |
|---|---|---|---|---|---|
| | | 孝惠七年,哀王襄嗣,十二年薨 | 孝文二年文王則嗣,十四年薨,亡後. | | |
| | | 孝文十六年,孝王將閭以悼惠王者楊虛侯紹封,十一年薨. | 孝景四年,懿王壽嗣,二十三年薨. | 元光四年,厲王次昌嗣,五年薨,亡後. | |
| | | 城陽 孝文二年二月乙卯,景王章以悼惠王子,朱虛侯立,二年薨 | 四年,共王喜嗣,八年徙淮南,四年復還,凡三十三年薨. | 孝景後元年,景王延嗣,二十六年薨. | 元狩六年,敬王義嗣,九年薨. | 元封三年,惠王武嗣,十二年薨. |
| | | | 七世 天漢四年荒王順嗣,四十六年薨 | 八世 甘露三年,戴王恢嗣,八年薨. | 九世 永光元年,孝王景嗣,二十四年薨. | 十世 鴻嘉二年哀王云嗣,一年薨.亡後.元始元年,王俚以云弟紹封,二十五年,王莽篡位,貶爲公,明年薨. |
| | | 濟北 二月乙卯,王興居以悼惠王子東牟後立,二年謀叛誅. | | | | |
| | | 菑川(치천) 十六年四月丙寅懿王志以悼惠王子立爲濟北王.十一年孝景四年徙菑川,三十五年薨 | 元光六年,靖王建嗣.二十年薨. | 元封二年,頃王遺嗣,三十五年薨. | 元平元年恩王終古嗣,二十八年薨. | 初元三年考王尙嗣,六年薨. |
| | | | 七世 永光四年孝王橫嗣,三十一年薨. | 八世 元延四年,懷王友嗣,六年薨. | 九世 建平四年,王永嗣十二年,王莽篡位貶爲公,廢. | |

| | | | | | | |
|---|---|---|---|---|---|---|
| 齊<br>悼惠王<br>肥[113] | | 濟南<br>四月丙寅王辟光<br>以悼惠王子扐侯<br>(늑후)立,十一年<br>叛,誅. | | | | |
| | | 菑川<br>四月丙寅王賢以<br>悼惠王子武城侯<br>立,十一年叛,誅 | | | | |
| | | 膠西<br>四月丙寅王卬以<br>悼惠王子平昌侯<br>立,十一年叛誅. | | | | |
| | | 膠東<br>四月丙寅王熊渠<br>以悼惠王子白石<br>侯立,十一年叛誅. | | | | |
| 荊王<br>賈[114] | 高帝從父弟<br>六年正月丙<br>午立,六年十<br>二月,爲英布<br>所攻,亡後. | | | | | |

**113** 悼惠王(도혜왕, 前 221－189) － 高祖의 庶長子 劉肥(유비). 高祖 布衣 때 情婦 曹氏 소생. 高皇帝는 모두 八男을 두었는데, 呂后는 孝惠帝를, (情婦) 曹夫人은 齊 悼惠王 劉肥를, 薄姬(박희)는 孝文帝를, 戚夫人(척부인) 은 趙의 隱王 如意를, 趙姬는 淮南 厲王인 劉長을 그 밖의 부인들이 趙 幽王 劉友, 趙 共王 劉恢(유회), 燕 靈王 劉建(유건)을 낳았다.

**114** 荊王 劉賈(유가)는 고조의 사촌 형인데 그 최초의 흥기는 알 수 없다. 漢 원년(前 206), 고조가 漢中에서 나와 三秦을 평정할 때 유가는 장군 이 되어 塞王(새왕)의 땅을 평정하고 고조를 따라 동쪽으로 나아가 項籍 과 싸웠다. (유가가) 왕이 된 지 6년에 회남왕 黥布(경포, 英布)가 반란을 일으켜 동쪽으로 荊王(형왕)을 공격하였다. 유가는 경포와 싸웠으나 이 기지 못하고 부릉현으로 달아났으나 경포의 군사에게 살해되었다.

| 淮南厲王長[115] | 高帝子十一年十月庚午立.二十三年, 孝文六年, 謀叛,廢徙蜀, 死雍. | 十六年四月丙寅,王安以屬王子,阜陵侯紹封,四十二年元狩元年謀叛,自殺 | | | | |
|---|---|---|---|---|---|---|
| | | 衡山王 四月丙寅王賜以屬王子陽周侯立爲廬江王,十二年徙衡山,三十三年謀叛,自殺. | | | | |
| | | 濟北王 四月丙寅,王勃以屬王子安陽侯立爲衡山王,十二年,徙濟北,一年薨,謚曰貞王. | 孝景六年,成王胡嗣,五十四年薨. | 天漢四年,王寬嗣,十一年,後二年,謀反,自殺. | | |

---

**115** 淮南 厲王 長 – 최초의 淮南王은 九江王이었던 英布. 淮南國(도읍은 壽春)의 영역은 당시 九江郡, 衡山郡, 廬江郡(여강군), 豫章郡으로 지금의 安徽省과 河南省의 淮水 이남, 湖北省의 동남부와 江西省 전부를 포함하는 아주 광대한 지역이었다.

淮南 厲王(여왕) 劉長(前 198 – 174)은 고조의 막내아들이었다. 고조 8년, 고조는 동원현에서 돌아오며 趙國에 들렀고 조왕은 미인을 바쳤고, 고조의 은총을 받아 劉長을 출산했지만 고조의 인정을 받지 못하자 출산한 뒤에 분노로 곧 자살하였다. 관리가 여왕을 고조에게 데려가자 고조는 후회하면서 呂后에게 어머니가 되라 하였다. 고조 11년, 淮南王 영포가 반역하자 고조는 직접 토벌에 나서 영포를 없애고 바로 아들 劉長을 회남왕에 봉했다. 회남왕은 태어나며 일찍 어머니를 여의고 늘 呂后와 함께 생활했고 혜제와 呂后 시기에 총애를 받아 두려움이 없었으며, 효문제가 즉위하자 회남왕은 스스로 가장 가까운 형제라 생각하여 교만하고 법을 자주 어겼다. 유장은 나중에 모반이 발각되었고, 유배지로 옮겨가던 중 자살하였다(굶어죽었다).

| | | | | | |
|---|---|---|---|---|---|
| 趙<br>隱王<br>如意[116] | 高帝子 | 九年四月立,十二<br>年,爲呂太后所殺,<br>亡後 | | | |
| 代王[117] | 高帝<br>子.<br>十一年正月<br>丙子立,十七<br>年,高后八年,<br>爲皇帝.（文<br>帝) | | | | |
| 趙<br>共王<br>恢[118] | 高帝子<br>十一年三月<br>丙午,爲梁王,<br>十六年,高后<br>七年,徙趙,其<br>年自殺,亡後. | | | | |

---

**116** 趙 隱王 如意(前 208 – 194) – 戚夫人(척부인, ? – 前 194) 소생. 如意는
고조 9년(前 198)에 책봉되었다. 趙王 4년 고조가 붕어하자 呂太后는
조왕을 장안으로 불러 독살하였다. 아들이 없어 단절되었다. 戚夫人은
今 山東省 서남부 菏澤市 定陶縣 출생. 漢王 4년부터 漢王을 시종. 高
祖 死後에 비참한 최후. 중국 북방 일부 지역에서는 廁神(측신, 화장실
의 신)으로 숭배되고 있다. 九年立 – 고조 9년 책봉. 四年은 趙王으로
책봉되고 4년.

**117** 孝文皇帝 – 고조 4子. 母는 薄姬(박희) – 〈外戚傳〉(上)에 입전. 名은
恒(항)을 피휘할 때는 常. 재위 前 180 – 157년. 高祖 11년에, 陳豨(진희)
의 반란을 토벌하여 代地를 평정한 다음 代王에 봉해졌으며 中都縣에
도읍했다. 대왕 17년 가을에 高后가 붕어하자 呂氏들이 반란하며 劉氏
를 위기로 몰았다. 그러나 승상 진평과 태위 주발, 朱虛侯 劉章(유장)
등이 함께 여씨를 제거한 뒤에 의논하여 代王을 옹립하였다. 이는 〈高
后紀〉와 〈高五王傳〉에 실려 있다.

**118** 共王 恢. 趙 共王 劉恢(유회, ? – 前 181)는 고조 11년, 梁王인 彭越(팽월)
을 죽이고 유회를 梁王에 봉했다. (왕이 된 뒤) 16년 趙 幽王 劉友가 죽
자, 呂后는 유회를 옮겨 趙의 왕으로 삼았는데 유회는 마음속으로

| | | | | | |
|---|---|---|---|---|---|
| 趙<br>幽王<br>友[119] | 高帝子.<br>十一年三月<br>丙寅,立爲淮<br>陽王,二年,徙<br>趙,十四年,高<br>后七年,自殺. | 孝文元年,王遂以<br>幽王子紹封,二十<br>六年,孝景三年,反,<br>誅. | | | |
| | | 河間王<br>孝文二年三月乙<br>卯,文王辟彊以幽<br>王子立,十三年薨. | 十五年,哀<br>王福嗣,一<br>年薨,亡後. | | |
| 燕<br>靈王<br>建[120] | 高帝子.<br>十二年二月<br>甲午立,十五<br>年,高后七年,<br>薨.呂太后殺<br>其子. | | | | |

좋아하지 않았다. 그전에 太后는 呂產의 딸을 趙王의 왕비가 되게 했
는데, 왕후에서 관리까지 모두를 呂氏로 채워 안으로는 국정을 마음대
로 하고 조왕의 사소한 행동까지 염탐하였기에 조왕이 마음대로 할 수
있는 것이 없었다. 조왕이 사랑하는 여인을 왕비가 독살하였다. 조왕
은 이에 노래 4장을 지어 樂人이 부르게 하였다. 조왕은 슬픔으로 6월
에 자살하였다. 여태후가 이를 알고서 여인 때문에 자살하였다는 이유
로 종묘에 제사하지 못하게 하고 그 사당도 없애버렸다. 38권, 〈高五
王傳〉에 입전.

**119** 幽王 友(? - 前 181) - 생모 미상. 趙 幽王 劉友는 고조 11년에 淮陽王으
로 책봉되었다. 趙 隱王 如意가 죽은 뒤 孝惠帝 원년에 유우를 조왕으
로 옮겨 봉했고 모두 14년을 재위했다. 유우는 여씨의 딸을 왕비로 맞
이했으나 사랑하지 않고 다른 여인을 사랑했다. 여씨 여인이 화를 내
며 떠나가서 여태후에게 참소했다. 태후가 노하여 고의로 趙王을 소환
하였다. 조왕이 장안에 왔으나 사저에 머물게 하고 알현하지 않으면서
衛兵(위병)을 시켜 지키게 하고 식사를 못하게 하여 결국 굶어죽었다.

**120** 燕 靈王 建(연 영왕 유건, ? - 前 181) - 고조의 八子. 高祖 11년(前 196)
에, 燕王 盧綰(노관)이 흉노로 도망가자 다음 해 劉建을 燕王에 봉했다.
왕이 되고 15년에 죽었는데 후궁의 아들이 있었으나 여태후가 사람을
시켜 죽였기에 후사가 단절되었다.

| 燕<br>敬王<br>澤[121] | 高帝從祖昆<br>弟.<br>高后七年,以<br>營陵侯立爲<br>琅邪王,二年,<br>孝文元年,徙<br>燕,二年薨. | 三年,康王嘉嗣,二<br>十六年薨. | 孝景六年,<br>王定國嗣,<br>二十四年,<br>坐禽獸行,<br>自殺 | | | |

右高祖十一人. 吳隨父, 凡十二人.

이상 高祖 후손 왕은 11人이다. 吳王(濞. 비)는 부친 작위를 계승했으니, 총 12인이다.[122]

## 2. 孝文系諸王表

| 號諡 | 屬 始封 | 子 | 孫 | 曾孫 | 玄孫 | 六世 |
|---|---|---|---|---|---|---|
| 懷王<br>揖[123] | 文帝子.二年<br>二月乙卯立,<br>十年薨,亡後 | | | | | |

---

**121** 燕王 劉澤(유택, ?-前 178) - 從祖昆弟也 - 고조 종조부의 손자. 곧 高祖의 再從(6촌) 형제. 文帝 때 燕王에 被封. 劉澤이 燕의 왕이 되어 2년에 죽으니, 시호를 敬王이라 하였다. 아들 康王 劉嘉가 뒤를 이었고 즉위 9년에 죽었다. 35권, 〈荊燕吳傳〉에 입전.

**122** 도표에 수록된 王은 十一人이다. 吳王 劉濞(유비)는 부친 代王(劉喜)의 작위를 계승하여 吳王이 되었다. 곧 隨父(수부)하였다. 이를 포함하면 고조 때 제후 王이 된 자는 모두 12명이다.

**123** 懷王揖 - 梁 懷王(회왕) 劉揖(유읍)은 文帝의 막내아들이다. 《詩》,《書》를 좋아하여 문제의 총애가 다른 아들과 달랐다. 왕이 되어 5年에 一朝하는데 모두 2번 입조하였다. 賈誼(가의)의 보필을 받았다. 책봉되고 10년에 말을 타다가 추락하여 죽었는데, 가의가 자책하며 심히 통곡했

| 梁孝王武 124 | 文帝子.二月乙卯,立爲代王,三年,徙爲淮陽王,十年,徙梁,三十五年薨. | | 建元五年,平王襄嗣,四十年薨. | 太始元年,貞王毋傷嗣,十一年薨. | 始元二年,敬王定國嗣,四十年薨 | 初元四年,夷王遂嗣,六年薨. |
|---|---|---|---|---|---|---|
| | | 孝景後元年,恭王買嗣,七年薨.125 | | (七世)永光五年,荒王嘉嗣,十五年薨. | (八世)陽朔元年,王立嗣,二十七年,元始三年,有罪,廢,徙漢中,自殺.元始五年二月丁酉,王音以孝王玄孫之曾孫紹封,五年,王莽篡位,貶爲公,明年廢. | |
| | | 濟川孝景中六年五月丙戌,王明以孝王子桓邑侯立,七年,建元三年,坐殺中傅,廢遷房陵.126 | | | | |

다. 아들이 없어 나라가 없어졌다. 그 다음 해에 梁 孝王 劉武(代國의 왕)를 옮겨 梁의 왕으로 삼았다.

124 孝文皇帝는 4명의 아들이 있는데, 竇皇后(두황후)는 孝景帝와 梁孝王 武를 낳고, 諸姬가 代國 孝王 參과 梁國 懷王(회왕) 揖(읍)을 낳았다. 梁 孝王 劉武는 文帝 2년에 太原王 劉參, 梁王 劉揖(유읍)과 한날에 책봉 되었다. 劉武는 代王에 봉해졌는데, 문제 4년에 淮陽王으로 옮겨졌다 가 문제 12년(前 168)에 梁王이 되었으니 처음 왕이 된지 합산하면 11 년이었다. 母后의 사랑을 믿고 한때 景帝의 후계자를 꿈꾸기도 했다. 사치가 극에 달했다. 47권, 〈文三王傳〉에 입전.

125 梁 孝王의 아들 5명이 왕이 되었다. 太子 劉買가 梁의 共王이고, 次子 劉明은 濟川王, 劉彭離는 濟東王, 劉定은 山陽王, 劉不識은 濟陰王이 되었는데, 모두 孝景帝 中元 6년 같은 날에 책봉되었다.

126 房陵(방릉) - 縣名. 今 湖北省 서북부 南河 상류, 十堰市(십언시) 관할 房

| | | | | | | |
|---|---|---|---|---|---|---|
| 梁孝王武 | | 濟東<br>五月丙戌,王彭離以孝王子立,二十九年,坐殺人,廢遷上庸. | | | | |
| | | 山陽<br>五月丙戌,哀王定以孝王子立,九年薨,亡後. | | | | |
| | | 濟陰<br>五月丙戌,哀王不識以孝王子立,二年薨,亡後. | | | | |
| 代孝王參127 | 文帝子二月乙卯,立爲太原王,三年,更爲代王,七年薨 | 孝文後三年,恭王登嗣,二十九年薨. | 清河元光三年,剛王義嗣,十九年,元鼎三年,徙清河,三十八年薨. | 太始三年,頃王陽嗣,二十五年薨. | 地節元年,王年嗣,四年,坐與同產妹姦,廢遷房陵,與邑百家. | 廣宗元始二年四月丁酉,王如意以孝王玄孫之子紹封,七年,王莽篡位,貶爲公,明年廢. |

右孝文三人. 齊, 城陽, 兩濟北, 濟南, 菑川, 膠西, 膠東, 趙, 河閒, 淮南, 衡山十二人隨父, 凡十五人

이상 孝文의 아들은 3명이다. 齊王, 城陽, 2명(兩)의 濟北, 濟南, 菑川(치천), 膠西(교서), 膠東, 趙, 河閒, 淮南, 衡山王 등 12명은 부친 작위를 이었으니 모두 15명이다.

---

陵縣. 漢代 죄 지은 제후들의 유배지로 알려졌다.

**127** 代國의 孝王 劉參(?-162)은 처음에 太原王으로 봉해졌다. 4년에, 代王 劉武를 옮겨 淮陽王으로 봉하고 劉參은 代王으로 옮겼는데, 다시 太原郡 지역을 차지하고 예전처럼 晉陽에 도읍하였다.

## 3. 孝景系諸王表[128]

| 號諡 | 屬 始封 | 子 | 孫 | 曾孫 | 玄孫 | 六世 |
|---|---|---|---|---|---|---|
| 河間獻王德.[129] | 景帝子二年三月甲寅立,二十六年薨.[130] | 元光六年,共王不周嗣,四年薨. | 元朔四年,剛王基嗣,十二年薨. | 元鼎四年,頃王緩嗣,十七年薨. | 天漢四年,孝王慶嗣,四十三年薨. | 五鳳四年,王元嗣,十七年,建昭元年,坐殺人,廢遷房陵. |
|  |  |  |  |  | (六世)建始元年正月丁亥,惠王良以孝王子紹封,二十七年薨. | (六世惠王子)建平二年,王尙嗣,十四年,王莽簒位,貶爲公,明年廢. |

**128** 孝景皇帝는 14명의 아들을 두었다. 王皇后는 孝武皇帝를 낳았다. 栗姬(율희)는 臨江閔王 劉榮과 河間 獻王 劉德, 臨江 哀王 劉閼(유알)을 낳았다. 程姬는 魯 共王 劉餘와 江都 易王(역왕) 劉非(유비), 그리고 膠西 于王(교서 우왕) 劉端(유단)을 낳았다. 賈夫人은 趙 敬肅王 劉彭祖(유팽조)와 中山 靖王 劉勝을 낳았다. 唐姬는 長沙 定王 劉發을 낳았다. 王夫人은 廣川 惠王 劉越(유월)과 膠東 康王 劉寄, 그리고 清河 哀王 劉乘, 常山 憲王 劉舜을 낳았다.

**129** 河間 獻王 劉德(유덕, ?–前 130) – 字는 君道. 河間國은 河間郡, 渤海郡, 廣川郡 지역에 해당. 今 河北省 남부 石家莊市 일원, 국도는 樂成縣(今 河北省 남부 滄州市 관할의 獻縣). 獻王은 諡號(시호)이다.

**130** 河間國 獻王 劉德은 경제 前元 2년에 책봉되었는데 修學하고 好古하며 실사구시를 추구하였다. 세상에서 좋은 책을 얻으면 잘 필사하여 주고 진본을 남겼는데 금이나 비단을 주면서 책을 구했다. 이 때문에 사방에서 학술을 하는 사람들이 불원천리하고 또는 조상의 옛 책을 가지고 헌왕에게 증정하는 자가 많아 많은 책을 구할 수 있었고 漢 조정과 비슷하게 책이 많았다. 이때 淮南王 劉安도 역시 책을 좋아하였지만 그가 모은 책은 대개 浮華한 책이 많았다. 獻王이 구한 책들은 대개 古文으로 쓰인 先秦의 옛 책이었는데《周官》,《尙書》,《禮》,《禮記》,《孟子》,

| | | | | | | |
|---|---|---|---|---|---|---|
| 臨江<br>哀王<br>閼131 | 景帝子.<br>三月甲寅<br>立, 三年薨,<br>亡後 | | | | | |
| 魯<br>共王<br>餘 | 景帝子.<br>三月甲寅,<br>立爲淮陽<br>王, 二年,<br>徙魯, 二<br>十八年薨. | 元朔元年,<br>安王光嗣,<br>四十年薨. | 後元元年,<br>孝王慶忌嗣,<br>三十七年薨 | 甘露三年,<br>頃王封嗣,<br>二十八年薨.<br><br>建平三年六<br>月辛卯, 王閔<br>以頃王子郚<br>鄉侯紹封, 十<br>三年, 王莽篡<br>位, 貶爲公,<br>明年, 獻神書<br>言莽德, 封列<br>侯, 賜姓王. | 陽朔二年,<br>文王睃嗣,<br>十九年薨,<br>亡後. | |
| 江都<br>易王<br>非132 | 景帝子<br>三月甲寅,<br>立爲汝南<br>王, 二年,<br>徙江都, 二<br>十八年薨. | 元朔二年,<br>王建嗣, 六<br>年, 元狩二<br>年, 謀反, 自<br>殺. | 廣世<br>元始二年四<br>月丁酉, 王宮<br>以易王庶孫<br>盱眙侯子紹<br>封, 五年, 王<br>莽篡位, 貶爲<br>公, 明年廢. | | | |

《老子》같은 책으로 대개 경전과 그 해설, 공자 70제자들의 책이었다. 그 학문은 거의 六藝(六經)에 관한 것이었으며, 《毛氏詩》와 《左氏春秋》의 博士를 두었다. 禮樂을 연구하고 유학자의 옷을 입었으며 다급한 순간일지라도 儒家의 법도를 지켰다. 山東의 여러 유생들이 그를 따라 많이 모였다. 53권, 〈景十三王傳〉에 입전.

**131** 臨江王國의 國都는, 江陵縣(今 湖北省 荊州市 江陵縣). 臨江 哀王 劉閼 (유알)은 景帝 前 2년에 책봉되어 3년 만에 죽었다. 아들이 없기에 나라를 없애 南郡으로 만들었다.

**132** 諡法(시법)에 옛 제도 바꾸기를 좋아하면(好更故舊) 易(역)이라 했다.

| | | | | | |
|---|---|---|---|---|---|
| **趙 敬肅 王 彭祖**[133] | 景帝子. 二月甲寅, 立爲廣川王, 四年, 徙趙, 六十三年薨. | 征和元年, 頃王昌嗣, 十九年薨. | 本始元年, 懷王尊嗣, 五年薨. | | |
| | | 地節四年二月甲子, 哀王高以頃王子紹封, 四月薨. | 元康元年, 共王充嗣, 五十六年薨. | 元延三年, 王隱嗣, 十九年, 王莽簒位, 貶爲公, 明年廢. | |
| | | 平干 征和二年, 頃王偃以敬肅王小子立, 十一年薨. | 元鳳元年, 繆王元嗣, 二十四年, 五鳳二年, 坐殺謁者, 會薨, 不得代. | | |
| **長沙定王發**[134] | 景帝子. 三月甲寅立, 二十八年薨. | 元朔二年, 戴王庸嗣, 二十七年薨. | 天漢元年, 頃王胊嗣, 十七年薨. | 始元四年, 剌王建德嗣, 三十四年薨.[135] | 黃龍元年, 煬王旦嗣, 二年薨, 亡後 |
| | | | | 初元四年, 孝王宗以剌王子紹封, 三年薨. | 永光二年, 繆王魯人嗣, 四十八年薨. |
| | | | | | (七世) 居攝二年, 舜嗣, 二年, 王莽簒位, 貶爲公, 明年廢. |

**133** 趙 敬肅王 彭祖 − 敬肅王 劉彭祖(유팽조, ?−前 92) − 趙王으로 前 154 − 92년 재위. 彭祖란 이름은 전설상 800년을 살았다는 신선이다. 廣川王 治所는 信都縣, 今 河北省 衡水市 관할의 冀州市. 관할 지역은 河北省 남부와 山東省 일부. 信都國이라고도 한다. 한마디로 희한하고 괴팍한 사람. 53권, 〈景十三王傳〉에 입전.

**134** 長沙國 定王 劉發(유발)의 모친은 唐姬인데 그전에 程姬의 시녀였다.

| | | | | | | |
|---|---|---|---|---|---|---|
| 膠西于王端[136] | 景帝子. 三年六月乙巳立, 四十七年, 元封三年薨, 亡後. | | | | | |
| 中山靖王勝[137] | 景帝子六月乙巳立, 四十二年薨 | 元鼎五年, 哀王昌嗣, 二年薨. | 元封元年, 穅王昆侈嗣, 二十一年薨. [138] | 征和四年, 頃王輔嗣, 三年薨 | 始元元年, 憲王福嗣, 十七年薨. | 地節元年, 懷王脩嗣, 十五年薨, 亡後 |
| | | | | | (七世)廣德侯 鴻嘉二年八月, 夷王雲客以懷王從父弟子紹封, 一年薨, 亡後. | (七世)廣平 建平三年正月壬寅, 王漢以夷王弟紹封, 十三年, 王莽篡位, 貶爲公, 明年廢. |

景帝가 程姬를 불렀지만 程姬가 月事가 있어 자리를 같이 할 수 없어 시녀인 唐兒를 꾸며서 밤에 모시게 하였다. 경제는 취해서 모르고 程姬인줄 알고 사랑을 주어 임신이 되었다. 곧 程姬가 아니라는 것을 알았다. 아들을 낳게 되자, 이름을 發이라 하였다. 孝景 前元 2년에 책봉되었다. 그 모친이 미천하고 총애도 없어 땅이 낮고 습한 長沙의 왕이 되었다. 재위 28년에 죽었다. 53권, 〈景十三王傳〉에 입전.

**135** 剌王(날왕) 劉建德 – 宣帝 때 사냥하다가 실화하여 민가 96호를 태우고 백성 2명을 불타 죽게 한 죄와 또 縣官과의 일로 內史를 미워하여 사람을 시켜 무고한 죄로 기시형에 해당되었으나 8개 현을 삭지 당했고 (장사국의) 中尉官도 파면되었다. 재위 34년에 죽었다.

**136** 膠西 于王 劉端(교서 우왕 유단, ?–前 108) – 膠西國은 今 山東省 靑島市, 高密市, 濰坊市(유방시) 일대. 유단의 행적에 대해서는 56권, 〈董仲舒傳〉에도 있다. 사람이 모질고 괴팍하였으며 성기가 위축되어 한 번 여인을 가까이 하면 몇 달씩 앓았다. 법을 자주 어겼는데 漢의 公卿이 유단을 죽여야 한다고 여러 번 주청하였지만 천자가 차마 죽이지 못했기에 유단의 소행은 더욱 심했다. 담당자가 재청하자 그 영지를 태반이나 삭감하였다. 유단은 마음으로 화가 나 결국 아무 일도 하지 않았다.

| | | | | | | |
|---|---|---|---|---|---|---|
| 膠東<br>王<br>徹[139] | 景帝子<br>四年四月乙<br>巳立, 四年<br>爲皇太子. | | | | | |
| 臨江<br>閔王<br>榮[140] | 景帝子<br>七年十一月<br>己酉, 以故<br>皇太子立,<br>三年, 坐侵<br>廟壖地爲宮,<br>自殺. | | | | | |

나라의 창고가 무너지고 물이 새어 수만의 재물이 모두 썩어도 끝까지
수습하거나 옮기지도 않았다. 관리에게는 조세를 걷지 못하게 하였다.
유단은 衛士(위사)들을 모두 내보내고 궁문을 모두 봉하고 문 하나로
만 출입하였다. 성명을 바꾸고 보통 백성 차림으로 다른 나라를 자주
돌아다녔다. 책봉 47년에 죽었으나 아들이 없어 나라를 없앴다. 그 영
지는 膠西郡이 되었다.

**137** 中山靖王勝 - 中山國 영역은 常山郡의 동부 지역. 치소는 盧奴縣(今 河
北省 定州市). 劉勝(? - 前 113)은 武帝의 이복형. 趙王 劉彭祖의 同母弟.
劉勝은 사람됨이 술을 즐기고 여색을 좋아하여 자녀가 120여 명이었
다. 늘 趙王 劉彭祖(유팽조)를 비난하였다.

"兄은 왕이 되어 겨우 관리가 할 일이나 대신하고 있다. 王者라면 당연
히 매일 음악을 듣고 歌妓나 미인을 거느려야 한다."

趙王도 마찬가지로 말했다. "中山王은 사치하며 음탕하여 천자를 도와
백성을 어루만져 주지도 못하니 어찌 藩臣(번신)이라 할 수 있겠나!"

蜀漢 건국자 劉備(유비, 161 - 223년, 字는 玄德)는 中山靖王 勝의 후손이
라 칭했다.

**138** 稦은 겨 강. 곡식의 껍질. 왕겨. 惡諡(악시). 好樂怠政曰稦.

**139** 뒷날 武帝.

**140** 臨江 閔王 劉榮(유영, ? - 前 148) - 景帝의 長子. 景帝 前元 4년(前 153)
황태자에 책봉. 모친 栗姬(율희)에 대한 경제의 애정이 식자, 율희는 질
투하게 되고 결국 태자 폐위로 이어졌다. 壖은 空地 연. 묘당의 공터.

| | | | | | | |
|---|---|---|---|---|---|---|
| 廣川惠王越[141] | 景帝子. 中二年四月乙巳立, 十二年薨. | 建元五年, 繆王齊嗣, 四十五年薨. | 征和二年, 王去嗣, 二十二年, 本始四年, 坐亨姬不道, 廢徙上庸, 予邑百戶.[142] | | | |
| | | | 地節四年五月庚午, 戴王文以繆王子紹封, 二年薨. | 元康二年, 王汝陽嗣, 十五年, 甘露四年, 殺人, 廢徙房陵. | | |
| | | | 廣德 元始二年四月丁酉, 靜王楡以惠王曾孫戴王子紹封, 四年薨. | 居攝元年, 王赤嗣, 三年, 王莽篡位, 貶爲公, 明年廢. | | |
| 膠東康王寄[143] | 景帝子 四月乙巳立, 二十八年薨 | 元狩三年, 哀王賢嗣, 十四年薨. | 元封五年, 戴王通平嗣, 二十四年薨. | 始元五年, 頃王音嗣, 五十四年薨. | 河平元年, 恭王授嗣, 十四年薨. | 永始三年, 王殷嗣, 二十三年, 王莽篡位, 貶爲公, 明年廢. |
| | | 六安侯 元狩二年七月壬子, 恭王慶以康王少子立, 三十八年薨. | 始元四年, 夷王祿嗣, 十年薨. | 本始元年, 繆王定嗣, 二十三年薨. | 甘露四年, 頃王光嗣, 二十七年薨. | 陽朔二年, 王育嗣, 三十三年, 王莽篡位, 貶爲公, 明年廢. |

---

**141** 廣川國의 治所는 信都縣, 今 河北省 衡水市 관할의 冀州市. 관할 지역은 河北省 남부와 山東省 일부. 信都國이라고도 한다. 劉越(유월, ?-前 135) - 경제의 아들. 母는 王夫人, 武帝의 이복兄.

**142** 劉去(유거, ?-前 70) - 一名 劉吉. 잔인무도하여 本始 4년(前 70)에 탄

| | | | | | | |
|---|---|---|---|---|---|---|
| 清河哀王乘[144] | 景帝子. 中三年三月丁酉立, 十二年薨. 亡後. | | | | | |
| 常山憲王舜[145] | 景帝子. 中五年三月丁巳立, 三十二年薨. | 元鼎三年, 王勃嗣, 坐憲王喪服姦, 廢徙房陵. | | | | |
| | | 真定侯 元鼎三年, 頃王平以憲王子紹封, 二十五年薨. | 征和四年, 烈王偃嗣, 十八年薨. | 本始三年, 孝王申嗣, 三十三年薨. | 建昭元年, 安王雍嗣, 十六年薨. | 陽朔三年, 共王普嗣, 十五年薨. |
| | | 泗水侯 元鼎二年, 思王商以憲王少子立, 十五年薨. 亡後. | 太初二年, 哀王安世嗣, 一年薨, 亡後. | | | (七世, 共王子) 綏和二年, 王楊嗣, 十六年, 王莽篡位, 貶爲公, 明年廢. |
| | | | 三年, 戴王賀以思王子紹封, 二十年薨. | 元鳳元年三月丙子, 勤王綜嗣, 三十九年薨. | 永光三年, 戾王駿嗣, 三十一年薨. | 元廷三年, 王靖嗣, 十九年, 王莽篡位, 貶爲公, 明年廢. |

右孝景十四人. 楚, 濟川, 濟東, 山陽, 濟陰五人隨父, 凡十九人

이상 孝景帝子 14王이다. 楚, 濟川, 濟東, 山陽, 濟陰王 5인은 父親系 작위를 계승하였으니, 총 19인이다.[146]

핵을 받아 왕위에서 쫓겨나 上庸縣으로 이송 도중에 자살하였다. 亨은 烹. 삶아죽이다(煮而殺).

**143** 膠東 康王 寄 – 武帝의 생모인 王皇后의 친동생인 王夫人 소생. 앞의 廣川 혜왕과 다음 2王이 모두 왕부인 소생으로 武帝의 異腹형제이다.

**144** 淸河(청하) – 郡國名. 치소는 淸陽縣, 今 河北省 邢台市 淸河縣, 山東省 접경.

**145** 常山國은, 今 河北省 石家莊市, 邢台市 일대. 본래 常山은 오악 중 北嶽

# 4. 孝武系諸王表[147]

| 號諡 | 屬 始封 | 子 | 孫 | 曾孫 | 玄孫 |
|---|---|---|---|---|---|
| 齊懷王閎[148] | 武帝子. 元狩六年四月乙巳立, 八年, 元封元年薨, 亡後. | | | | |
| 燕剌王旦[149] | 武帝子. 四月乙巳立, 三十七年, 元鳳元年, 坐謀反, 自殺. | 廣陽 本始元年五月, 頃王建以剌王子紹封, 二十九年薨. | 初元五年, 穆王舜嗣, 二十一年薨. | 陽朔二年, 思王璜嗣, 二十一年薨. | 建平四年, 王嘉嗣, 十二年, 王莽篡位, 貶爲公, 明年廢. |

인 恒山(항산). 국도는 元氏縣, 今 河北省 石家莊市 관할의 元氏縣. 常山國 憲王 劉舜(유순)은 景帝 中元 5년에(前 145) 책봉되었다. 유순은 景帝의 막내로 교만하고 제멋대로 놀며 자주 법금을 위반하였으나 경제가 늘 너그럽게 대하였다. 재위 31년에 죽었고, 아들 劉勃(유발)이 뒤를 이어 왕이 되었다.

146 班固의 論贊 – ~漢이 흥기한 이후 平帝 때까지 제후의 왕은 수백 명이었는데, 많은 사람이 교만하고 음란하며 도덕을 따르지 못했다. 왜 그러했는가? 방자한 생활에 탐닉하였고 처한 상황이 그럴 수밖에 없었다. 보통 사람들도 일상생활에 젖어 타락하는데, 하물며 魯 哀公 같은 사람이야! 다만 높은 덕과 재주를 가지고 탁월하여 다른 사람과 달랐던 사람이라면 河間 獻王(劉德)만이 이에 가까웠을 것이다.

147 孝武皇帝는 六男을 두었다. 衛皇后는 戾(려)太子를 낳았고, 趙婕妤는 孝昭帝를, 王夫人은 齊 懷王 劉閎(유굉)을, 李姬는 燕 剌王(날왕) 劉旦(유단)과 廣陵 厲王 劉胥(유서)를, 李夫人은 昌邑 哀王 劉髆(유박)을 낳았다. 63권, 〈武五子傳〉에 입전. 〈武五子傳〉은 衛皇后 소생의 戾太子(여태자) 劉據(유거)부터 서술했다. 劉據(유거)는 태자였다가 巫蠱(무고)의 禍를 당했고(前 91년) 王에 책봉되지 않았기에 본 표에는 들어갈 수가 없다. 劉據(유거)는 宣帝의 祖父이다.

| 廣陵厲王胥150 | | | | | |
|---|---|---|---|---|---|
| 武帝子.四月乙巳立,六十三年,五鳳四年,坐祝詛上,自殺. | 初元二年三月壬申,孝王霸以厲王子紹封,十三年薨. | 建昭五年,共王意嗣,十三年薨. | 建始二年,哀王護嗣,十五年薨,亡後. | | |
| | | | 元延二年,靖王守以孝王子紹封,十七年薨. | 居攝二年,王宏嗣,三年,王莽篡位,貶爲公,明年廢. | |
| | 高密 本始元年十月,哀王弘以厲王子立,八年薨. | 元康元年,頃王章嗣,三十四年薨. | 建始二年,懷王寬嗣,十一年薨. | 鴻嘉元年,王慎嗣,二十九年,王莽篡位,貶爲公,明年廢. | |

**148** 齊 懷王 劉閎(유굉) - 武帝의 二子. 前 117 - 110 任職. 紘은 갓끈 굉. 굵은 밧줄. 燕王 劉旦(유단), 廣陵王 劉胥(유서)는 같은 날 册立되어 모두 策書를 받았다.

**149** 燕 剌王 劉旦(유단, 前 117 - 80년 在任) - 李姬 소생, 昭帝의 이복 형. 劉旦은 성인이 되어 封國에 취임하였다. 經書와 雜說을 두루 공부했고 星歷과 占卜, 광대놀음과 사냥도 좋아하였으며 유랑하는 才士를 끌어들였다. 衛太子가 죽고 이어 齊 懷王도 죽자, 유단은 응당 즉위할 차례라 생각하고 입궁하여 숙위하겠다고 上書하였다. 武帝는 화를 내며 사자를 옥에 가두게 하였다. 뒤에 도망자를 숨겨준 일에 연좌되어 良鄉, 安次, 文安 三縣을 삭감 당했다. 武帝는 이 때문에 유단을 더 미워하였고, 그 뒤에 막내아들(昭帝)을 태자로 봉했다. 昭帝 때 모반이 발각되어 자살했다.

**150** 廣陵 厲王 劉胥(유서, ? - 前 54) - 武帝의 六男, 生母 李姬. 元狩 6년(前 117)에 책봉. 廣陵은 제후국 이름. 今 江蘇省 揚州市 일대. 劉胥는 신체가 장대하고 唱優나 樂工과 놀기를 좋아하였고 힘은 솥을 들어 올릴 정도였으며 맨손으로 곰이나 멧돼지를 때려잡았다. 그 행동에 절도가 없었기에 끝내 漢의 계승자가 될 수 없었다.

| 號諡 | 屬 始封 | 子 | 孫 | 曾孫 | 玄孫 |
|---|---|---|---|---|---|
| 昌邑哀王髆[151] | 武帝子. 天漢四年六月乙丑立,十一年薨. | 始元元年,王賀嗣,十二年,徵爲昭帝後,立二十七日,以行淫亂,廢歸故國,予邑三千戶.[152] |  |  |  |
| 右孝武四人. 六安, 真定, 泗水, 平干 四人隨父, 凡八人.<br><br>이상 孝武帝系 王은 4人이다. 六安, 真定, 泗水, 平干王 등 4人은 부친 작위를 이었으니, 총 八人이다. | | | | | |

## 5. 孝宣系諸王表[153]

| 號諡 | 屬 始封 | 子 | 孫 | 曾孫 | 玄孫 |
|---|---|---|---|---|---|
| 淮陽憲王欽[154] | 宣帝子. 元康三年四月丙子立,三十六年薨 | 河平二年,文王玄嗣,二十六年薨. | 元壽二年,王縝嗣,十九年,[155] 王莽簒位,貶爲公,明年廢. |  |  |

**151** 昌邑哀王髆昌邑 哀王 劉髆(유박, ?-前 87) - 武帝 五子, 李夫人所生. 天漢 4年(前 97)에 昌邑王에 책립. 창읍국은 山陽郡을 개명한 나라. 치소 昌邑縣, 今 山東省 菏澤市 관할의 鉅野縣. 昌邑 哀王 劉髆(유박)은 天漢 4년에 책립, 재위 11년에 죽었다. 아들 劉賀(유하)가 계승하였다.

**152** 劉賀(유하, 前 92-59) - 5살에 창읍왕이 되었고, 19세인 前 74년, 재위 13년에 昭帝가 붕어하며 후사가 없자, 霍光(곽광) 등에 의해 황제에 옹립되어 27일간 재위. 곽광 등에 의거 축출. 前 63년 宣帝에 의해 海昏侯에 피봉되었다.

**153** 孝宣皇帝는 五男을 두었다. 許皇后가 孝元帝를 낳았고, 張婕妤(장첩여)는 淮陽憲王 劉欽(유흠)을 낳았으며, 衛婕妤(위첩여)는 楚孝王 劉囂(유효)를, 公孫婕妤(공손첩여)는 東平思王 劉宇(유우)를, 戎婕妤(융첩여)는

| | | | | | |
|---|---|---|---|---|---|
| 東平思王宇 | 宣帝子.甘露二年十月乙亥立,三十二年薨. | 鴻嘉元年,煬王雲嗣,十六年,建平三年,坐祝詛上,自殺. | 元始元年二月丙辰,王開明嗣,立五年薨,亡後. | | |
| | | | 中山<br>元始元年二月丙辰,王成都以思王孫桃鄉頃侯宣子立,奉中山孝王後,八年,王莽篡位,貶爲公,明年,獻書言莽德,封列侯,賜姓王. | 居攝元年,嚴鄉侯子匡爲東平王. | |
| 楚孝王囂156 | 宣帝子.十月乙亥,立爲定陶王,四年,徙楚,二十八年薨 | 陽朔元年,懷王芳嗣,一年薨,亡後 | | | |
| | | 陽朔二年,思王衍以孝王子紹封,二十一年薨.157 | 元壽元年,王紆嗣,十年,王莽篡位,貶爲公,明年廢. | | |
| | | | 信都<br>綏和元年十一月壬子,王景以孝王孫立爲定陶王,奉恭王後,三年,建平二年,徙信都,十三年,王莽篡位,貶爲公,明年廢. | | |

中山哀王 劉竟(유경)을 낳았다. 80권, 〈宣元六王傳〉에 입전.

154 淮陽憲王 劉欽(유흠)은 선제 元康 3년에 책립되었는데 모친 張婕妤(장첩여)는 宣帝의 총애를 받았다. 憲王은 장성하면서 경서와 법률을 좋아했고 총명하며 재주가 있어 선제가 매우 사랑하였다. 태자도(元帝) 관대하고 인자하며 유학을 좋아하였는데, 선제는 여러 번 헌왕을 보며 "정말 내 아들이로다!"라고 감탄하였다. 선제는 늘 장첩여와 헌왕을 책립할 생각이 있었으나 태자가 미천한 생활을 겪었고 선제 자신도 젊어 허씨에게 의지했으며 즉위 뒤에 허황후가 살해당해 태자가 어미를 일찍 여의었기에 차마 폐할 수가 없었다.

155 王續嗣,十九年 - 19년이 아니라 9년이다. 元壽 2년(서기 前 1년)에서 왕망 칭제까지는(서기 8년) 9년이다.

| 中山哀王竟[158] | 宣帝子.<br>初元二年二月丁巳,立爲清河王,五年,徙中山王,十三年薨,亡後. | | | | |
|---|---|---|---|---|---|

右孝宣四人. 燕王繼絶, 高密隨父, 凡六人.

이상 孝宣帝 系 王은 4人이다. 燕王은 絶世를 계승했고, 高密王을 父親 작위를 이었으니, 모두 6명이다.

## 6. 孝元系諸王表

| 號諡 | 屬 始封 | 子 | 孫 | 曾孫 | 玄孫 | 六世 |
|---|---|---|---|---|---|---|
| 定陶共王康[159] | 元帝子.<br>永光三年三月,立爲濟陽王,八年,徙山陽,八年,河平四年四月,徙定陶,凡十九年薨. | 陽朔三年,王欣嗣,十四年,綏和元年,爲皇太子.[160] | | | | |

**156** 楚孝王囂 — 楚의 국도는 彭城縣(今 江蘇省 徐州市). 劉囂(유효). 囂는 시끄러울 효. 많을 오(音 áo). 많이 통용되는 音에 따른다.

**157** 유효가 병사하자, 아들 懷王(회왕) 劉文이 뒤를 이었으나 1년 만에 죽었다. 아들이 없어 단절되었다. 다음 해 成帝가 다시 유문의 동생 平陸侯 劉衍(유연)을 책봉하니, 이가 思王이다. 재위 21년에 죽었다. 아들 劉紆(유우)가 계승했다가 왕망 때 단절되었다.

**158** 中山哀王竟 — 宣帝와 戎婕妤(융첩여)의 소생. 中山國都는 盧奴縣, 今 河北省 중부 定州市. 中山哀王 劉竟(유경)은 初元 2년 淸河王에 책립되었다. 初元 3년에, 中山王으로 옮겼으나 나이가 어려 封國에 가지 못했다. 建昭 4년(前 35), 저택에서 죽어 杜陵(두릉, 선제의 능)에 묻혔고 아들이 없어 단절되었다.

**159** 孝元皇帝는 三男을 두었다. 王皇后가 孝成帝를 낳고, 傅昭儀(부소의)가

| | | | | | |
|---|---|---|---|---|---|
| 中山<br>孝王<br>興161 | 元帝子<br>建昭二年六月乙亥,立<br>爲信都王,十五年,陽<br>朔二年,徙中山,凡三<br>十年薨. | 綏和二年,王箕子<br>嗣,六年,元壽二年,<br>立爲皇帝.162 | | | |

右孝元二人. 廣陵繼絶, 凡三人. 孝成時河間, 廣德, 定陶三國, 孝哀時廣平一國, 孝平時東平, 中山, 廣德, 廣世, 廣宗五國, 皆繼絶.

이상 孝元帝系 王은 2명이다. 대를 이은 廣陵王을 포함하면 3명이다. 孝成帝 재위 중에 河間國, 廣德, 定陶의 三國, 孝哀帝 재위 중 廣平國, 孝平帝 재위 중의 東平, 中山, 廣德, 廣世, 廣宗의 五國은 모두 絶孫을 이어주었다.

---

定陶共王 劉康을 馮昭儀가 中山孝王 劉興을 출산했다. 定陶 共王인 劉康은 원제 永光 3년에 濟陽王으로 책립되었다. 책립되고 6년에 山陽王으로 옮겼다. 재위 8년에 다시 定陶王이 되었다. 왕은 어려 원제의 사랑을 받았고 장성하며 재능이 뛰어났고 음악을 잘 알아 원제가 기이하게 생각하며 중히 여겼다. 모친 부소의도 총애를 받아 거의 황후와 태자를 대신할 뻔하였다.

**160** 定陶共王 劉康은 책립 19년에 죽었는데, 아들 劉欣(유흔)이 계승하였다. 유흔이 책립 15년에, 성제가 아들이 없기에 불려 들어가 황태자가 되었다. 成帝가 붕어하고 태자가 즉위하니, 이가 孝哀帝이다.

**161** 中山孝王興 - 中山孝王 劉興은 元帝 建昭 2년에 信都王으로 책립되었다. 책립 14년에 中山王으로 옮겼다. 中山孝王은 책립 30년에 죽었는데, 아들 劉衎(유간)이 계승하였다.

**162** 劉衎(유간)이 계승한지 7년에 애제가 붕어했고 아들이 없자 中山王 劉衎이 後嗣로 즉위하니, 이가 平帝이다.

# 왕자후표 (상)

## 王子侯表 (上)

# 三. 王子侯表 (上)
## 〈왕자후표〉(상)[163] 《漢書》15卷(表 3)

原文

　大哉, 聖祖之建業也! 後嗣承序, 以廣親親.

　至於孝武, 以諸侯王疆土過制, 或替差失軌, 而子弟爲匹夫, 輕重不相準. 於是制詔御史,「諸侯王或欲推私恩分子弟邑者, 令各條上, 朕且臨定其號名.」

　自是支庶畢侯矣.《詩》云「文王孫子, 本支百世.」信矣哉!

【국역】

　위대하도다! 聖明하신 고조의 建業이여! 후손이 대를 이어 계승하

---

**163** 반고는《漢書》100권, 敍傳(上)에서「侯王의 지위는 宗子에게 이어져 公族이 蕃滋(번자)하고 支孫도 많이 번성하였다. 이에〈王子侯表〉第三을 서술하였다.(侯王之祉, 祚及宗子, 公族蕃滋, 支葉碩茂. 述〈王子侯表〉第三).」고 기록하였다.
　表 上에는 高祖系王子侯表, 高后系王子侯表, 孝文系王子侯表, 孝景系王子侯表. 孝武系王子侯表를 수록했다.
　表 下에는 孝昭系王子侯表, 孝宣系王子侯表, 孝元系王子侯表, 孝成系王子侯表, 孝哀系王子侯表, 孝平系王子侯表를 수록하였다.

면서 친속을 친근하게 하는 도리를 넓혀 나갔도다.

孝武帝에 이르러 제후의 강역이 법제를 벗어났거나, 혹은 법도를 어겨,[164] 그 자제가 평민이 되는 경우가 있었는데, 그 처벌의 輕重(경중)이 일정하지가 않았다. 이에 어사대부에게 조서를 내렸다.

「諸侯王이 私的인 은택을 베풀어 자제에게 식읍을 나눠주겠다면서 각자 그 내역을 보고한다면 짐이 그 칭호나 성읍 이름을 정해 주겠다.」[165]

이로부터 (侯王의) 支子나 서자도 모두 제후가 될 수 있었다.

《詩經》에[166] 「文王의 자손으로 嫡子(적자)나 支孫이 백세에 이어진다.」는 말은 사실이로다!

---

**164** 원문 以諸侯王疆土過制, 或替差失軌 – 疆은 疆域(강역). 영토. 替(버릴 체, 바꿀 체)는 僭(참람할 참). 분수에 어긋나다. 軌(길 궤)는 법도.

**165** 이를 推恩令(추은령)이라고 한다. 이는 長子만이, 또는 제후 王 아들 중한 명만 지위를 계승할 수 있는 제도를 고쳐 식읍의 범위 내에서 여러 아들에게 분배할 수 있게 하였다. 황제가 베풀 수 있는 은택의 범위를 넓힌다는 뜻이다. 그러나 실제는 제후의 세력을 소국으로 약화시켜 중앙정부에 종속시키는 역할을 했다. 이제 吳楚七國의 亂처럼 연합한 제후들의 중앙정부에 대한 항거는 있을 수 없고 오로지 황제의 전제권만 강화되었다.

**166** 《詩經 大雅 文王之詩》. 本은 本宗也. 大宗. 支는 支子也. 文王에게 明德있어 하늘이 복을 내려 적자는 천자가 되고 지손은 제후에 되어 百代에 이어진다는 뜻.

## 1. 高祖系王子侯表

| 號諡<br>姓名 | 屬<br>始封/位次 | 子 | 孫 | 曾孫 | 玄孫 |
|---|---|---|---|---|---|
| 羹頡侯<br>信[167] | 帝兄子.<br>七年中封,十三年,高后元年,有罪,削爵一級,爲關內侯. | | | | |
| 合陽侯<br>喜.[168] | 帝兄,<br>爲代王.匈奴攻代,棄國,廢爲侯. | 八年九月丙午封,七年,孝惠二年薨,以子爲王,諡曰頃王. | 沛侯<br>十一年十二月癸巳,侯濞以帝兄子封,十二年,爲吳王. | | |
| 德哀侯<br>廣[169] | 十二年十一月庚辰,以兄子封,七年八月薨.<br>/一百二十七 | 高后三年,頃侯通嗣,二十四年薨. | 孝景六年,康侯齕嗣,二十四年薨. | 元鼎四年,侯何嗣.五年,坐酎金免.<br><br>(七世)<br>元壽二年五月甲子,侯勳以廣玄孫之孫長安公乘紹封,千戶,九年,王莽篡位,絶.[171] | 元康四年,廣玄孫長安大夫猛,詔復家.[170] |
| 右 高祖.<br>이상 高祖 재위 중 王子로 侯가 된 자이다. | | | | | |

---

**167** 羹頡侯信 – 羹頡侯(갱갈후). 羹은 국 갱. 頡은 곧은 목 힐, 날아오를 힐. 긁을 갈. 羹頡(갱갈)은 縣名이 아니고, 그 봉지는 今 河北省 涿鹿縣이라는 주석이 있다. 갱갈은 '국솥을 긁는다'는 뜻인데, 여기에는 고조의 형수에 대한 원망의 뜻이 들어 있다. 高祖가 미천할 적에 피신해 돌아다니면서 때때로 벗들과 함께 큰 형수 집에 들려 식사를 하였다. 그 형수는 시동생이 손님을 데리고 오는 것이 싫어서 거짓으로 식사가 없다는 뜻으로 국솥을 긁어댔고 손님들은 그냥 돌아가곤 했다. 나중엔 항아리에 국이 있는 것을 보았고 이 때문에 형수를 미워하였다. 齊王과 代王을 책봉할 때에 큰형의 아들은 열후가 되지 못했다. 태상황이 이를 고

## ※ 표 읽기의 例

| 號諡<br>姓名 | 屬<br>始封/位次 | 子 | 孫 | 曾孫 | 玄孫 |
|---|---|---|---|---|---|
| 德哀侯<br>廣 | 十二年十一月<br>庚辰,以兄子<br>封,七年八月<br>薨.<br>/一百二十七 | 高后三年,頃<br>侯通嗣,二十<br>四年薨. | 孝景六年,康<br>侯齗嗣,二十<br>四年薨. | 元鼎四年,侯<br>何嗣.五年,坐<br>酎金免.<br><br>(七世)<br>元壽二年五月甲子,侯勳以廣<br>玄孫之孫長安公乘紹封,千戶.<br>九年,王莽篡位,絶. | 元康四年,廣<br>玄孫長安大夫<br>猛,詔復家. |

○德哀侯 廣 – 德侯(덕후)는 제후 명칭. 哀는 시호. 廣은 名. 고조 작
은형(喜)의 둘째 아들이니, 고조의 조카이다.

○屬 始封/位次 – 屬에 '帝兄子'라는 기록이 누락. 고조 十二年(前
195) 十一月 庚辰日, 兄의 子로 封해졌다. 재위 七年 八月에 죽었

---

조에게 말하자, 고조가 말했다. "제가 그 애를 封해야 하는 것을 알고
있습니다만, 그 어미가 후덕한 사람이 아니기 때문입니다."

**168** 合陽侯 喜(희) – 合陽은 左馮翊의 縣名. 고조의 작은형. 그저 순박한 농
부였다. 代王으로 있을 때, 흉노가 쳐들어오자 나라를 버려두고 장안
으로 도망 나왔기에 강등되었다.

**169** 德哀侯 劉廣(유광) – 漢 高祖 劉邦의 조카(姪). 고조의 작은형인 劉仲의
아들, 吳王 劉濞(유비)의 동생, 德侯에 被封. 死後 諡號는 德哀侯. 七國
之亂이 평정된 뒤에 조정에서는 유광을 楚 영내의 제후로 보류시켰고,
吳에 가서 劉濞(유비)의 뒤를 계승하도록 허용하지 않았다. 때문에 吳
國은 완전히 소멸되었다.

**170** 大夫(대부)는 漢代 20작위 중 下, 第五爵也. 復家는 그 家戶의 요역이나
賦稅를 면제하다.(復, 蠲賦役也).

**171** 侯勳以廣玄孫之孫長安公乘紹封 – 公乘(공승)은 20작위 중 (下位) 第八
爵也.

다. (고조) 공신의 서열은 一百二十七位이다.

○子 – 高后 三年(前 185) 頃侯(경후)인 通(劉通)이 계승했고(嗣), (재위) 二十四年에 죽었다(薨).

○孫 – 孝景 六年(前 151) 康侯인 齕(흘, 劉齕, 깨물 흘)이 계승하여, 二十四年에 죽었다(薨).

○曾孫 – (무제) 元鼎(원정) 四年(前 113) 侯인 何(劉何)가 계승했다. (원정) 五年에, 酎金令(주금령)을 위반하여(坐) 작위를 제외했다(免). – 보통 평민이 되었다.

○玄孫 – (宣帝) 元康 四年(前 62) 劉廣의 玄孫인 長安縣의 大夫인 (평민의 작위, 下에서 5급) 劉猛(유맹)에게 詔書로 그 家戶의 賦稅를 면제하였다(復家).

○七世 – (哀帝) 元壽 二年(前 1년) 五月 甲子日, 劉廣 玄孫의 孫子인 長安縣에 사는 公乘(공승, 8급 작위)인 勳(劉勳, 名)을 제후로 紹封(소봉)하였는데, 식읍은 1千戶였다. 九年 뒤에(서기 8년), 王莽(왕망)이 簒位(찬위)하며 단절되었다(絶).

## 2. 高后系王子侯表

| 號諡<br>姓名 | 屬<br>始封/位次 | 子 | 孫 | 曾孫 | 玄孫 |
|---|---|---|---|---|---|
| 上邳侯<br>郢客[172] | 楚元王子<br>二年五月丙申封,七年爲楚王<br>/ 128[173] | | | | |
| 朱虛侯<br>章[174] | 齊悼惠王子<br>五月丙申封. 八年,爲城陽王<br>/ 129 | | | | |
| 東牟侯<br>興居[175] | 齊悼惠王子<br>六年四月丁酉封. 四年,爲齊<br>北王 | | | | |
| 右 高后<br><br>이상 高后 時의 王子 侯이다. | | | | | |

## 3. 孝文系王子侯表

| 號諡<br>姓名 | 屬<br>始封/位次 | 子 | 孫 | 曾孫 | 玄孫 |
|---|---|---|---|---|---|
| 管共侯<br>罷軍[176] | 齊悼惠王子<br>四年五月甲寅封.<br>二年 薨. | 六年,侯戎奴嗣. 二十年.<br>孝景三年,反誅 | | | |

---

172 上邳侯 郢客(상비후 영객) – 上邳는 邳縣. 魯國 薛縣(설현). 郢客은 名.

173 七年爲楚王 – 高后 2년에서 文帝 2년(前 178년)은 7년이 아니고 8년
이다.

174 朱虛侯 – 朱虛는 琅邪郡(낭야군)의 縣名.

175 東牟侯 – 東牟(동모)는 東萊郡의 縣名.

176 管共侯 罷軍 – 管共侯 罷軍(파군 / 피군)이 名.

| | | | | |
|---|---|---|---|---|
| 斥丘共侯<br>寧國[177] | 齊悼惠王子<br>五月甲申封,<br>十一年薨. | 十五年,侯偃嗣,十年,孝景<br>三年,叛,誅. | | |
| 營平侯<br>信都 | 齊悼惠王子<br>五月甲寅封<br>十年薨 | 十四年,侯廣嗣,十一年,孝<br>景三年,叛,誅. | | |
| 楊丘共侯<br>安 | 齊悼惠王子<br>五月甲寅封<br>十二年薨. | 十六年,侯偃嗣.十一年,孝<br>景四年,坐出國界,耐爲司<br>寇.[178] | | |
| 楊虛侯<br>將閭 | 齊悼惠王子<br>五月甲寅封<br>十二年爲齊王. | | | |
| 朸侯<br>辟廣[179] | 齊悼惠王子<br>五月甲寅封<br>十二年爲濟南王. | | | |
| 安都侯<br>志 | 齊悼惠王子<br>五月甲寅封.十二年爲<br>濟北王 | | | |
| 平昌侯<br>卬[180] | 齊悼惠王子<br>五月甲寅封,十二年爲<br>膠西王. | | | |
| 武成侯<br>縣 | 齊悼惠王子<br>五月甲寅封,十二年爲<br>菑川王 | | | |
| 白石侯<br>雄渠 | 齊悼惠王子<br>五月甲寅封,十二年爲<br>膠東王 | | | |

---

**177** 斥丘共侯 寧國 – 斥丘(척구)는 魏郡의 縣名. 寧國은 名.

**178** 坐出國界,耐爲司寇 – 國界를 벗어난 죄에 해당. 수염을 깎고(耐, 견딜 내) 변방 초소에서 적을 감시하다(司寇).

**179** 朸侯 辟廣 – 朸은 平原郡의 縣名. 나이테 력. 辟廣은 人名. 劉辟廣.

**180** 平昌 – 琅邪郡(낭야군)의 縣名. 卬은 나 앙, 바랄 앙.

| 阜陵侯安181 | 淮南屬王子<br>八年五月丙午封, 八年<br>爲淮南王 | | | | |
|---|---|---|---|---|---|
| 安陽侯勃182 | 淮南屬王子五月丙午封,<br>八年爲衡山王 | | | | |
| 陽周侯賜 | 淮南屬王子五月丙午封,<br>八年爲廬江王 | | | | |
| 東城哀侯良 | 淮南屬王子五月丙午封,<br>七年薨,亡後. | | | | |
| 右孝文<br>이상 孝文帝 時 王子 侯이다. | | | | | |

## 4. 孝景系王子侯表

| 號諡<br>姓名 | 屬<br>始封 | 子 | 孫 | 曾孫 | 玄孫 |
|---|---|---|---|---|---|
| 平陸侯禮183 | 楚元王子.<br>元年四月乙巳封,<br>三年, 爲楚王. | | | | |
| 休侯富184 | 楚元王子.<br>四月乙巳封,三年,<br>以兄子楚王戌反<br>免.三年,侯富更封<br>紅侯,六年薨,諡曰<br>懿. | 七年,懷侯登嗣,<br>一年薨. | 中元年,敬侯嘉<br>嗣,二十四年薨. | 元朔四年,哀侯<br>章嗣,一年薨,亡<br>後. | |

---

181 阜陵(부릉) – 九江郡의 현명.

182 安陽侯 勃 – 安陽은 汝南郡의 현명. 勃은 갑자기 일어날 발.

183 平陸 元年~ – 平陸은 위치 미상. 景帝 元年. 前 156년.

| | | | | |
|---|---|---|---|---|
| 沈猷<br>夷侯<br>歲 | 楚元王子.<br>四月乙巳封,二十<br>年薨. | 建元五年,侯受<br>嗣,十八年,元狩<br>五年,坐爲宗正<br>聽請,不具宗室,<br>削爲司寇.185 | | |
| 宛朐侯<br>埶186 | 楚元王子.<br>四月乙巳封,三年,<br>反,誅. | | | |
| 棘樂<br>敬侯<br>調 | 楚元王子.<br>三年八月壬子封,<br>十六年薨. | 建元三年,恭侯<br>應嗣,十五年薨. | 元朔元年,侯慶<br>嗣,十六年,元鼎<br>五年,坐酎金免. | |
| 乘氏侯<br>買187 | 梁孝王子.<br>中五年五月丁卯<br>封,一年,爲梁王 | | | |
| 桓邑侯<br>明 | 梁孝王子.五月丁<br>卯封,一年,爲濟<br>川王. | | | |
| 右孝景<br>이상 孝景帝 時 王子 侯이다. | | | | |

---

**184** 休侯 富 – 休侯는 紅侯. 紅은 沛郡의 縣名.

**185** 受는 劉受. 宗正이 되었는데 타인의 청탁을 들어주었지만 일이 제대로
처리되지 않아, 법에 걸려 변방 초소에서 적을 감시하는 노역에 종사
했다.

**186** 宛朐侯 埶 – 宛朐(완구)는 濟陰郡의 현명. 埶는 심을 예(藝와 通).

**187** 乘氏侯 買 – 乘氏는 濟陰郡의 현명. 劉買. 孝景帝의 아들. 梁 孝王은 아
들이 5명이었다. 太子 劉買가 뒷날 梁의 共王이고, 次子 劉明은 濟川王,
劉彭離는 濟東王, 劉定은 山陽王, 劉不識은 濟陰王이 되었는데, 모두
孝景帝 中元 6年 같은 날에 책봉되었다.

## 5. 孝武系王子侯表

| 號諡<br>姓名 | 屬<br>始封 | 子 | 孫 | 曾孫 | 玄孫 |
|---|---|---|---|---|---|
| 兹侯<br>明 | 河間獻王子.<br>元光五年正月壬子封,<br>四年,元朔三年,坐殺人,<br>自殺. | | | | |
| 安城<br>思侯<br>蒼 | 長沙定王子.<br>六年七月乙巳封,十三<br>年薨. | 元鼎元年,節<br>侯自當嗣. | 侯壽光嗣,五<br>鳳二年,坐與<br>姊亂,下獄病<br>死. | | 豫章[188] |
| 宜春侯<br>成 | 長沙定王子.<br>七月乙巳封,十七年,元<br>鼎五年,坐酎金免.[189] | | | | |
| 句容<br>哀侯<br>黨 | 長沙定王子.<br>七月乙巳封,二年薨,亡<br>後. | | | | 會稽[190] |
| 容陵侯<br>福 | 長沙定王子.<br>七月乙巳封,十七年,元<br>鼎五年,坐酎金免. | | | | |
| 杏山侯<br>成 | 楚安王子.<br>後九月壬戌封,十七年,<br>元鼎五年,坐酎金免. | | | | |

---

**188** 이는 食邑(封地)의 소속 군현을 말한다. 豫章郡은 착오이고 長沙郡에 속했다는 주석이 있다.

**189** 酎金(주금) – 酎는 진한 술 주. 종묘대제에 바치는 술. 漢 天子는 8월에 宗廟에 大祭를 지내는데, 侯王이나 列侯는 그 戶口에 따라 차등을 두어(인구 1千名에 金 4兩) 비용을 분담했다. 그 분량이 부족하거나 품질이 나쁘면 처벌받았다.

**190** 會稽 – 착오. 丹陽郡에 속했다.

| | | | | | |
|---|---|---|---|---|---|
| 浮丘<br>節侯<br>不害 | 楚安王子.<br>後九月壬戌封, 十一年<br>薨. | 元狩五年, 侯<br>霸嗣, 六年, 元<br>鼎五年, 坐酎<br>金免. | | | 沛 |
| 廣戚<br>節侯<br>將 | 魯共王子.<br>元朔元年十月丁酉封,<br>薨. | 侯始嗣, 元鼎<br>五年, 坐酎金<br>免. | | | |
| 丹陽<br>哀侯<br>敢 | 江都易王子.<br>十二月甲辰封, 六年, 元<br>狩元年薨, 亡後. | | | | 無湖191 |
| 盱台侯<br>蒙之 | 江都易王子.<br>十二月甲辰封, 十六年,<br>元鼎五年, 坐酎金免. | | | | |
| 胡孰<br>頃侯<br>胥行 | 江都易王子.<br>正月丁卯封, 十六年薨. | 元鼎五年, 侯<br>聖嗣, 坐知人脫亡<br>名數, 以爲保,<br>殺人, 免.192 | | | 丹陽 |
| 秣陵<br>終侯<br>纏193 | 江都易王子.<br>正月丁卯封, 元鼎四年<br>薨, 亡後. | | | | |
| 淮陵侯<br>定國 | 江都易王子.<br>正月丁卯封, 十六年, 元<br>鼎五年, 坐酎金免. | | | | 淮陵194 |
| 張梁<br>哀侯<br>仁 | 梁共王子.<br>二年五月乙巳封, 十三<br>年薨. | 元鼎三年, 侯<br>順嗣, 二十三<br>年, 征和三年,<br>爲奴所殺. | | | |

---

191 無湖는 蕪湖(무호).

192 脫亡名數는 戶籍에 오르지 않은 자. 떠돌이 백성을 소유하고 일을 시<br>켰다(庸保). 그 외에 살인죄도 범했기에 작위를 박탈당했다.

193 秣陵 終侯 纏 – 秣陵(말릉)은, 今 江蘇省 서남부 南京市. 纏은 얽어맬<br>전.

194 淮陵은 睢陵(수릉)의 착오.

| | | | | | |
|---|---|---|---|---|---|
| 龍丘侯代 | 菑川懿王子.五月乙巳封,十五年,元鼎五年,坐酎金免. | | | | 琅邪 |
| 劇原侯錯 | 菑川懿王子.五月乙巳封,十七年薨. | 元鼎二年,孝侯廣昌嗣. | 戴侯骨嗣. | 質侯吉嗣. | 節侯囂嗣. |
| 懷昌夷侯高遂 | 菑川懿王子.五月乙巳封,二年薨. | 四年,胡侯延年嗣. | 節侯勝時嗣. | 侯可置嗣. | |
| 平望夷侯賞 | 菑川懿王子.五年乙巳封,七年薨. | 元狩三年,原侯楚人嗣,二十六年薨. | 太始三年,敬侯光嗣,十四年薨. | 神爵四年,頃侯起嗣. | 孝侯均嗣.<br>(六世)侯旦嗣. |
| 臨衆敬侯始昌 | 菑川懿王子.五月乙巳封,三十一年薨. | 太始元年,康侯革生嗣,十八年薨. | 元鳳三年,頃侯廣平嗣,薨. | 原侯農嗣.<br>(六世)釐侯賢嗣. | 節侯理嗣.<br>(七世)侯商嗣,王莽篡位,絶. |
| 葛魁節侯寬 | 菑川懿王子.五月乙巳封,八年薨. | 元狩四年,侯戚嗣,五年,元鼎三年,坐縛家吏恐猲受賕,棄市.195 | | | |
| 益都敬侯胡 | 菑川懿王子.五月乙巳封,薨. | 原侯廣嗣. | 侯嘉嗣,元鳳三年,坐非廣子免 | | |
| 平侯强 | 菑川懿王子.五月乙巳封,十七年薨. | 元狩元年,思侯中時嗣,三十年薨. | 太始三年,節侯福嗣,十三年薨. | 神爵四年,頃侯鼻嗣. | 釐侯利親嗣.<br>(六世)侯宣嗣. |
| 劇魁夷侯黑 | 菑川懿王子.五月乙巳封,十七年薨. | 元狩元年,思侯招嗣,三年薨 | 四年,康侯德嗣. | 孝侯利親嗣. | 釐侯嬰嗣.<br>(六世)侯向嗣. |

195 縛家吏恐猲受賕,棄市. – 縛은 묶을 박. 恐猲(공갈)은 威力(위력)으로 남을 脅迫(협박)하다. 猲은 개 갈. 큰 이리. 으르렁거리다. 賕는 뇌물 구.

| | | | | | |
|---|---|---|---|---|---|
| 壽梁侯守 | 菑川懿王子五月乙巳封,十五年,元鼎五年,坐酎金免. | | | | |
| 平度康侯行 | 菑川懿王子五月乙巳封,四十七年薨. | 元鳳元年,節侯慶忌嗣,三年薨. | 四年,質侯帥軍嗣. | 頃侯欽嗣. | 孝侯宗嗣.(六世)侯嘉嗣. |
| 宜成康侯偃 | 菑川懿王子五月乙巳封,十一年薨. | 元鼎元年,侯福嗣,十二年,太初元年,坐殺弟棄市. | | | 平原196 |
| 臨朐夷侯奴 | 菑川懿王子五月乙巳封,四十一年薨. | 戴侯乘嗣. | 節侯賞嗣. | 孝侯信嗣. | 安侯禕嗣.(六世)侯岑嗣. |
| 雷侯豨 | 城陽共王子 | 五月甲戌封,十五年,元鼎五年,坐酎金免. | | | |
| 東莞侯.吉 | 城陽共王子 | 五月甲戌封,五年,瘤病不任朝,免. | | | |
| 辟土節侯壯 | 城陽共王子. | 五月甲戌封,三年薨. | 五年,侯明嗣,十二年,元鼎五年,坐酎金免 | | 東海 |
| 尉文節侯丙 | 趙敬肅王子.六月甲午封,五年薨. | 元狩元年,侯犢嗣,十年,元鼎五年薨. | | | 南郡 |
| 封斯戴侯胡傷 | 趙敬肅王子.六月甲午封,二十五年薨. | 太初三年,原侯如意嗣,五十二年薨. | 甘露四年,孝侯宮嗣. | 侯仁嗣. | |
| 榆丘侯受福 | 趙敬肅王子.六月甲午封,十五年,元鼎五年,坐酎金免. | | | | |

---

196 平原 – 宜成(의성)은 平原郡이 아닌 濟南의 縣.

| | | | | | |
|---|---|---|---|---|---|
| 襄嚵侯<br>建197 | 趙敬肅王子.<br>六月甲午封,十<br>五年,元鼎五<br>年,坐酎金免. | | | | 廣平 |
| 邯會<br>衍侯<br>仁 | 趙敬肅王子.<br>六月甲午封,<br>薨. | 哀侯慧嗣. | 後元年,勤侯<br>賀嗣,三十五<br>年薨. | 甘露元年,<br>原侯張嗣<br><br>(六世)<br>節侯重嗣. | 鰲侯康嗣.<br><br>(七世)<br>懷侯蒼嗣,<br>薨,亡後. |
| 朝節侯<br>義 | 趙敬肅王子.<br>六月甲午封,十<br>三年薨. | 元鼎三年,戴侯<br>祿嗣. | 侯固城嗣,<br>五鳳四年,坐<br>酎金少四兩<br>免. | | |
| 東城侯<br>遺 | 趙敬肅王子.<br>六月甲午封,十<br>一年,元鼎元<br>年,爲孺子所<br>殺.198 | | | | |
| 陰城<br>思侯<br>蒼 | 趙敬肅王子.<br>六月甲午封,<br>十七年,<br>太初元年薨.<br>嗣子有罪,<br>不得代.199 | | | | |
| 廣望<br>節侯<br>忠 | 中山靖王子.<br>六月甲午封,三<br>十年薨. | 天漢四年,頃侯<br>中嗣,十三年薨. | 始元三年,思侯<br>何齊嗣 | 恭侯逯嗣. | 侯閣嗣. |
| 將梁侯<br>朝平 | 中山靖王子.<br>六月甲午封,十<br>五年,元鼎五<br>年,坐酎金免 | | | | 涿 |

---

**197** 襄嚵侯 建 – 襄嚵侯(양참후). 襄은 도울 양. 嚵은 부리 참.

**198** 孺子 – 妾을 부르는 호칭.

**199** 不得代 – 代를 잇지 못하다.

| | | | | | |
|---|---|---|---|---|---|
| 薪館侯<br>未央 | 中山靖王子<br>六月甲午封,十<br>五年,元鼎五<br>年,坐酎金免. | | | | |
| 陸城侯<br>貞 | 中山靖王子<br>六月甲午封,十<br>五年,元鼎五<br>年,坐酎金免. | | | | |
| 薪處侯<br>嘉 | 中山靖王子<br>六月甲午封,十<br>五年,元鼎五<br>年,坐酎金免. | | | | |
| 蒲領侯<br>嘉 | 廣川惠王子.<br>三年十月癸酉<br>封,有罪,絶. | | | | |
| 西熊侯<br>明 | 廣川惠王子.<br>十月癸酉封,<br>薨,亡後. | | | | |
| 棗彊侯<br>晏 | 廣川惠王子.<br>十月癸酉封,<br>薨,亡後. | | | | |
| 畢梁侯<br>嬰 | 廣川惠王子.<br>十月癸酉封,十<br>九年,元封四<br>年,坐首匿罪<br>人,爲鬼薪.200 | | | | |
| 旁光侯<br>殷 | 河間獻王子.<br>十月癸酉封,十<br>年,元鼎元年,<br>坐貸子錢不占<br>租,取息過律,<br>會赦,免.201 | | | | |

---

**200** 爲鬼薪 – 종묘에 쓸 나무를 하는 노역 죄수가 되다.

**201** 貸子錢不占租,取息過律 – 다른 사람에게 대출해 준 돈을 숨겼고, 또 이<br>자를 비싸게 받아 법을 위반했다는 뜻.

| | | | | | |
|---|---|---|---|---|---|
| 距陽憲侯勾202 | 河間獻王子.十月癸酉封,十四年薨. | 元鼎五年,侯淒嗣,坐酎金免. | | | |
| 蔞節侯退203 | 河間獻王子.十月癸酉封,十六年薨. | 元封元年,釐侯嬰嗣,二十二年薨. | 後元年,原侯益壽嗣,三十一年薨. | 五鳳元年,安侯充世嗣,三年薨. | 四年,侯遺嗣,二十年,建始四年薨,亡後. |
| 阿武戴侯豫 | 河間獻王子.十月癸酉封,二十四年薨. | 太初三年,敬侯宣嗣,二十年薨. | 始元三年,節侯信嗣,二十三年薨. | 神爵元年,釐侯嬰齊嗣.<br>(六世)<br>侯長久嗣,王莽篡位,絶. | 頃侯黃嗣. |
| 參戶節侯免 | 河間獻王子.十月癸酉封,四十六年薨. | 元鳳元年,敬侯嚴嗣. | 頃侯元嗣. | 孝侯利親嗣. | 侯度嗣. |
| 州鄉節侯禁204 | 河間獻王子.十月癸酉封,十一年薨. | 元鼎二年,思侯齊嗣. | 元封六年,憲侯惠嗣. | 釐侯商嗣.<br>(六世)<br>侯禹嗣,王莽篡位,絶. | 恭侯伯嗣 |
| 平城侯禮 | 河間獻王子.十月癸酉封,六年,元狩三年,坐恐猲取雞以令買償免,復謾,完爲城旦.205 | | | | |
| 廣侯順 | 河間獻王子.十月癸酉封,十四年,元鼎五年,坐酎金免. | | | 勃海 | |
| 蓋胥侯讓 | 河間獻王子.十月癸酉封,十四年,元鼎五年,坐酎金免. | | | 魏 | |

---

**202** 距陽憲侯勾 - 距陽(거양) 憲侯 勾는 빌 갈(개). 匃와 同. 丐(빌 개, 거지 개)와 同.

**203** 蔞節侯 退 - 蔞節侯(누절후). 退가 名.

**204** 州鄉 - 涿郡의 縣名.

**205** 恐猲(공갈)로 남의 닭을 빼앗고, 백성을 속인〔欺謾(기만)〕 죄. 머리를 깎고 변방 城에서 노역에 종사. 完은 去髮刑. 髡(머리 깎을 곤)과 同.

| | | | | | |
|---|---|---|---|---|---|
| 陰安康侯不害 | 濟北貞王子<br>十月癸酉封,十一年薨. | 元鼎三年,<br>哀侯秦客嗣,<br>三年薨,亡後 | | | 魏 |
| 滎關侯蹇 | 濟北貞王子.<br>十月癸酉封,坐謀殺人,會赦免. | | | | 茌平 |
| 周望康侯何 | 濟北貞王子.<br>十月癸酉封,八年薨. | 元狩五年,<br>侯當時嗣,<br>六年,元鼎<br>五年,坐酎<br>金免 | | | |
| 陪繆侯則 | 濟北貞王子.<br>十月癸酉封,十一年薨. | 元鼎二年,<br>侯邑嗣,五<br>年,坐酎金<br>免. | | | 平原 |
| 前侯信 | 濟北貞王子.十月癸酉<br>封,十<br>四年,元鼎五年,坐酎金<br>免. | | | | |
| 安陽侯樂 | 濟北貞王子.<br>十月癸酉封,三十八年<br>薨 | 後元元年,<br>穅侯延年<br>嗣,十六年<br>薨. | 本始二年,<br>康侯記嗣,<br>十五年薨. | 五鳳元年,<br>安侯戚嗣. | 哀侯得嗣,<br>薨,亡後. |
| 五據侯曜丘 | 濟北式王子.<br>十月癸酉封,十四年,元<br>鼎五年,坐酎金免 | | | | 泰山 |
| 富侯龍 | 濟北式王子.<br>十月癸酉封,十六年,元<br>康元年,坐使奴殺人,下<br>獄瘐死 | | | | |
| 平侯遂 | 濟北式王子.<br>十月癸酉封,四年,元狩<br>元年,坐知人盜官母馬<br>爲臧,會赦,復作.[206] | | | | |

---

206 말을 훔친 자가 있었는데 범인을 은닉했다가 (나라의) 사면을 받았다.
그러나 또 같은 죄를 지어 노역형을 받았다.

| | | | | | |
|---|---|---|---|---|---|
| 羽康侯成 | 濟北式王子.<br>十月癸酉封,六十年薨. | 地節三年,恭侯係嗣. | 侯棄嗣,王莽篡位,絶. | | |
| 胡母侯楚 | 濟北式王子. | 二月癸酉封,十四年,元鼎五年,坐酎金免. | | | 泰山 |
| 離石侯縮 | 代共王子<br>正月壬戌封,後更爲涉侯,坐上書謾,耐爲鬼薪.[207] | | | | |
| 邵侯順 | 代共王子.<br>正月壬戌封,二十六年,天漢元年,坐殺人及奴凡十六人,以捕匈奴千騎,免.[208] | | | | |
| 利昌康侯嘉 | 代共王子.<br>正月壬戌封, 五十一年薨 | 元鳳五年, 戴侯樂嗣, 十二年薨. | 元康二年,頃侯萬世嗣. | 節侯光祿嗣.<br>(六世)<br>侯換嗣,王莽篡位,絶 | 剌侯殷嗣. |
| 藺侯罷軍 | 代共王子.<br>正月壬戌封, 後更爲武原侯,坐盜賊免. | | | | 西河 |
| 臨河侯賢 | 代共王子<br>正月壬戌封, 後更爲高兪侯,坐酎金免. | | | | |
| 濕成侯忠 | 代共王子.<br>正月壬戌封, 後更爲端氏侯, 薨, 亡後 | | | | |

---

**207** 謾은 속일 만(欺誑也). 耐爲鬼薪 – 수염을 깎고, 종묘에서 사용할 나무를 하는 노역.

**208** 거짓으로 匈奴 騎兵을 생포했다면서 살인죄를 면하려 한 죄에 해당하여 제후의 작위를 박탈당하다.

| | | | | | |
|---|---|---|---|---|---|
| 土軍侯 郚客209 | 代共王子.<br>正月壬戌封,後更爲鉅乘侯,坐酎金免. | | | | |
| 皋琅侯 遷 | 代共王子.<br>正月壬戌封,薨,亡後. | | | | 臨淮 |
| 千章侯 遇 | 代共王子.<br>正月壬戌封,後更爲夏丘侯,坐酎金免. | | | | 平原 |
| 博陽 頃侯 就 | 齊孝王子.<br>三月乙卯封,薨. | 侯終古嗣,元鼎五年,坐酎金免 | | | 濟南 |
| 寧陽 節侯 恬 | 魯共王子<br>三月乙卯封,五十二年薨. | 元鳳六年,安侯慶忌嗣,十八年薨. | 五鳳元年,康侯信嗣. | 孝侯扈嗣. | 侯方嗣. |
| 瑕丘 節侯 政 | 魯共王子.<br>三月乙卯封,五十三年薨 | 元平元年,思侯國嗣,四年薨 | 本始四年,孝侯湯嗣,十年薨. | 神爵二年,煬侯奉義嗣 | 釐侯遂成嗣.<br>(六世)侯禹嗣. |
| 公丘 夷侯 順 | 魯共王子.<br>三月乙卯封,三十年薨. | 太始元年,康侯置嗣. | 地節四年,煬侯延壽嗣,九年薨. | 五鳳元年,思侯賞嗣. | 侯元嗣,王莽篡位,絶 |
| 郁桹侯 驕 | 魯共王子.<br>三月乙卯封,十四年,元鼎五年,坐酎金免. | | | | |
| 西昌侯 敬 | 魯共王子.<br>三月乙卯封,十四年,元鼎五年,坐酎金免. | | | | |
| 陸地侯 義 | 中山靖王子.<br>三月乙卯封,十四年,元鼎五年,坐酎金免. | | | | |

---

209 土軍은 西河郡의 縣名.

| | | | | | |
|---|---|---|---|---|---|
| 邯平侯順 | 趙敬肅王子.<br>三月乙卯封,十四年,元鼎五年,坐酎金免. | | | | |
| 武始侯昌 | 趙敬肅王子.<br>四月甲辰封,三十四年,爲趙王. | | | | |
| 象氏節侯賀 | 趙敬肅王子.<br>四月甲辰封,十八年薨. | 元封三年,思侯安意嗣,二十七年薨. | 始元六年,康侯千秋嗣,十六年薨. | 元康元年,孝侯漢强嗣. | 侯酆嗣,王莽簒位,絶. |
| 易安侯平 | 趙敬肅王子.<br>四月甲辰封,二十年薨. | 元封五年,康侯種嗣. | 侯德嗣,始元元年,坐殺人免. | | |
| 路陵侯童 | 長沙定王子.<br>四年三月乙丑封,四年,元狩二年,坐殺人,自殺. | | | | |
| 攸輿侯則 | 長沙定王子.<br>三月乙丑封,二十二年,太初元年,坐簒死罪囚,棄市. | | | | |
| 茶陵節侯訢 | 長沙定王子.<br>三月乙丑封,十年薨. | 元鼎二年,哀侯湯嗣,十一年,太初元年薨,亡後. | | | |
| 建成侯拾 | 長沙定王子.<br>三月乙丑封,元鼎二年,坐使行人奉璧皮薦,賀元年十月不會,免.[210] | | | | |

---

210 坐使行人奉璧皮薦,賀元年十月不會 – 璧을 사슴 가죽에 싸서 사람을 시켜 보냈지만, 10월 歲首 賀禮에 불참한 죄로 작위 박탈되다.

| | | | | | |
|---|---|---|---|---|---|
| 安衆康侯丹 | 長沙定王子.三月乙丑封,三十年薨. | 元封六年,節侯山栿嗣,三十八年薨. | 地節三年,繆侯毋妨嗣. | 釐侯褒嗣. | 侯歁嗣.[211] |
| | | | (侯歁의 子).侯崇嗣,居攝元年舉兵,爲王莽所滅. | | |
| | | | 侯寵,建武二年以崇從父弟紹封. | 建武十三年,侯松嗣. | 今見[212] |
| 葉平侯喜 | 長沙定王子.三月乙丑封,十三年,元鼎五年,坐酎金免. | | | | |
| 利鄕侯嬰 | 城陽共王子.三月乙丑封,五年,元狩三年,有罪免. | | | | |
| 有利侯釘 | 城陽共王子.三月乙丑封,三年,元狩元年,坐遺淮南王書稱臣棄市. | | | | 東海 |
| 東平侯慶 | 城陽共王子.三月乙丑封,五年,元狩三年,坐與姊姦,下獄瘐死.[213] | | | | 東海 |
| 運平侯記 | 城陽共王子.三月乙丑封,十三年,元鼎五年,坐酎金免. | | | | 東海 |

---

**211** 釐侯褒嗣 - 釐는 다스릴 리(희). 褒는 기릴 포. 歁은 사람 이름 금.

**212** 班氏가 本表를 作成할 때 그 후손 劉松이 살아있었다.

**213** 下獄瘐死 - 추위나 굶주림(飢寒, 기한)으로 옥사하다. 瘐는 근심하여 앓을 유.

| | | | | | |
|---|---|---|---|---|---|
| 山州侯齒 | 城陽共王子.三月乙丑封,十三年,元鼎五年,坐酎金免. | | | | |
| 海常侯福 | 城陽共王子.三月乙丑封,十三年,元鼎五年,坐酎金免. | | | | 琅邪 |
| 騶丘敬侯寬 | 城陽共王子.三月乙丑封,六年薨. | 元狩四年,原侯報德嗣. | 侯毋害嗣,本始二年,坐使人殺兄棄市. | | |
| 南城節侯貞 | 城陽共王子.三月乙丑封,四十二年薨. | 始元四年,戴侯猛嗣,二十二年薨. | 神爵元年,元侯尊嗣,二年薨. | 四年,釐侯充國嗣. | 頃侯逯嗣. |
| | | | | (六世)侯友嗣,王莽篡位,絕. | |
| 廣陵虒侯裘214 | 城陽共王子三月乙丑封,七年薨. | 元狩五年,侯成嗣,六年,元鼎五年,坐酎金免. | | | |
| 杜原侯皋 | 城陽共王子.三月乙丑封,十三年,元鼎五年,坐酎金免. | | | | |
| 臨樂敦侯光 | 中山靖王子.四月甲午封,二十年薨. | 元封六年,憲侯建嗣. | 列侯固嗣. | 五鳳三年,節侯萬年嗣. | 侯廣都嗣,王莽篡位,絕. |
| 東野戴侯章 | 中山靖王子.四月甲午封,薨. | 侯中時嗣,太初四年薨,亡後. | | | |
| 高平侯喜 | 中山靖王子.四月甲午封,十三年,元鼎五年,坐酎金免. | | | | 平原 |

---

214 廣陵虒侯裘 – 虒는 뿔범 사. 裘는 갓옷 구. 가죽 옷.

| | | | | | |
|---|---|---|---|---|---|
| 廣川侯 頎 | 中山靖王子. 四月甲午封,十三年,元鼎五年,坐酎金免. | | | | |
| 重侯 擔 | 河間獻王子. 四月甲午封,四年,元狩二年,坐不使人爲秋請.免.215 | | | | 平原 |
| 被陽 敬侯 燕 | 齊孝王子 四月乙卯封,十三年薨. | 元鼎五年,穅侯偃嗣,二十八年薨. | 始元二年,頃侯壽嗣. | 孝侯定嗣. | 節侯閎嗣. (六世)侯廣嗣,王莽篡位,絶. |
| 定敷侯 越 | 齊孝王子. 四月乙卯封,十二年薨. | 元鼎四年,思侯德嗣,五十一年薨. | 元康四年,憲侯福嗣. | 恭侯湯嗣. | 定侯乘嗣,王莽篡位,絶. |
| 稻夷侯 定 | 齊孝王子. 四月乙卯封,薨. | 簡侯陽都嗣. | 本始二年,戴侯咸嗣,四十二年薨. | 甘露元年,頃侯閎嗣. | 侯永嗣,王莽篡位,絶. |
| 山原侯 國 | 齊孝王子. 四月乙卯封,二十七年薨. 五百五十戶. | 天漢三年,康侯棄嗣,十四年薨. | 始元三年,安侯守嗣,二十二年薨. | 侯發嗣. | 甘露二年,孝侯外人嗣,十八年,建始五年薨. |
| 繁安 夷侯 忠 | 齊孝王子. 四月乙卯封,十八年薨. | 元封四年,安侯守嗣. | 節侯壽漢嗣. | 元鳳五年,頃侯嘉嗣. | 孝侯光嗣. (六世)侯起嗣. |
| 柳康侯 陽已 | 齊孝王子. 四月乙卯封,薨. | 敷侯罷師嗣. | 于侯自爲嗣. | 安侯攜嗣. | 繆侯軒嗣. (六世)侯守嗣,王莽篡位,絶. |
| 雲夷侯 信 | 齊孝王子. 四月乙卯封,十四年薨 | 元鼎六年,侯茂發嗣 | 太始二年,康侯逢嗣. | 釐侯終古嗣. | 侯得之嗣,王莽篡位,絶. |

---

**215** 秋請 - 제후가 京師에 가서 천자를 알현하는데, 春에는 朝라 하고 秋에는 請이라 한다.

| | | | | | |
|---|---|---|---|---|---|
| 牟平共侯渫(설) | 齊孝王子.四月乙卯封,五年薨. | 元狩三年,節侯奴嗣,二十五年薨. | 太始二年,敬侯更生嗣,二十九年薨. | 地節四年,康侯建嗣,一年薨. <br>(六世)<br>釐侯威嗣. | 元康元年,孝侯齮嗣. <br>(七世)<br>侯隆嗣,王莽篡位,絶. |
| 柴原侯代 | 齊孝王子.四月乙卯封,三十四年薨. | 征和二年,節侯勝之嗣,二十七年薨. | 元康二年,敬侯賢嗣. | 三年,康侯齊嗣. | 恭侯莫如嗣,薨,亡後. |
| 柏暢戴侯終古 | 趙敬肅王子.五年十一月辛酉封,薨. | 侯朱嗣,始元三年薨,亡後 | | | 中山 |
| 歆安侯延年 | 趙敬肅王子.十一月辛酉封,十二,元鼎五年,坐酎金免. | | | | |
| 乘丘節侯將夜 | 中山靖王子.三月癸酉封,十一年薨. | 元鼎四年,戴侯德嗣. | 侯外人嗣,元康四年,坐爲子時與後母亂,免. | | |
| 高丘哀侯破胡 | 中山靖王子.三月癸酉封,八年,元鼎元年薨,亡後. | | | | |
| 柳宿夷侯蓋 | 中山靖王子.三月癸酉封,四年薨. | 元狩三年,侯蘇嗣,八年,元鼎五年,坐酎金免. | | | |
| 戎丘侯讓 | 中山靖王子.三月癸酉封,十二年,元鼎五年,坐酎金免. | | | | |
| 樊輿節侯脩 | 中山靖王子.二月癸酉封,三十六年薨. | 後元年,煬侯過倫嗣. | 思侯異衆嗣. | 頃侯土生嗣. | 侯自予嗣,王莽篡位,絶. |
| 曲成侯萬歲 | 中山靖王子.三月癸酉封,十二年,元鼎五年,坐酎金免. | | | | 涿 |

| | | | | | |
|---|---|---|---|---|---|
| 安郭于侯傳富 | 中山靖王子.三月癸酉封,薨.五百二十戶. | 釐侯偃嗣. | | 侯崇嗣,元康元年,坐首匿死罪免. | 涿 |
| 安險侯應 | 中山靖王子.三月癸酉封,十二年,元鼎五年,坐酎金免. | | | | |
| 安道侯恢 | 中山靖王子.三月癸酉封,十二年,元鼎五年,坐酎金免. | | | | |
| 夫夷敬侯義 | 長沙定王子.三月癸酉封,十二年薨. | 元鼎五年,節侯禹嗣,五十八年薨. | 五鳳三年,頃侯奉宗嗣. | 釐侯慶嗣. | 懷侯福嗣.<br>(六世)<br>侯商嗣,王莽簒位,絶. |
| 春陵節侯買216 | 長沙定王子.217 六月壬子封,四年薨. | 元狩三年,戴侯熊渠嗣,五十六年薨. | 元康元年,孝侯仁嗣. | 侯敞嗣 | 建武二年,立敞子祉爲城陽王. |

---

**216** 春陵節侯 買 － 春陵(용릉) 節侯 劉買(유매) － 長沙定王 劉發의 아들. 劉買(유매, ?－前 121)는 전한 武帝 때인 元朔 5년(前 124년)에 春陵侯(용릉후)에 봉해졌다. 처음 봉지는 春陵鄉(용릉향), 今 湖南省 永州市 寧遠縣 북쪽. 유매는 그 4년 뒤(前 121년)에 죽었다. 劉買를 계승한 아들은 劉熊居(유웅거, 春陵戴侯, 前 120－65). 광무제의 증조부인 劉外는 유웅거의 아우. 유웅거의 아들 春陵孝侯인 劉仁(前 65년 계위, 광무제의 큰할아버지)은 侯國 지대가 낮고 습하다하여 옮겨줄 것을 청원하여 南陽郡 白水鄉〔今 湖北省 襄陽市 관할 棗陽市(조양시)〕으로 옮겨 왔고 春陵侯의 명칭을 그대로 사용했다. 前漢 春陵(용릉)은 縣名. 元帝 初元 4년(前 45년)에 설치.

**217** 長沙定王 － 長沙國 定王 劉發(유발)의 모친은 唐姬인데, 그전에 程姬의 시녀였다. 景帝가 程姬를 불렀지만 程姬는 月事가 있어 모실 수 없게 되자 시녀인 唐兒를 꾸며서 밤에 모시게 하였다. 경제는 취해서 程姬인줄 알고 사랑을 주어 임신이 되었다. 곧 程姬가 아니라는 것을 알았다. 아들을 낳게 되자, 이름을 發이라 하였다. 孝景 前元 2년에 책봉되

| | | | | | |
|---|---|---|---|---|---|
| 都梁敬侯定 | 長沙定王子.六月壬子封,八年薨. | 元鼎元年,頃侯傒嗣. | 節侯弘嗣. | 原侯順懷嗣. (六世)侯佗人嗣,王莽篡位,絕. | 煬侯容嗣. |
| 洮陽靖侯狩燕 | 長沙定王子.六月壬子封,七年,元狩六年薨,亡後. | | | | |
| 衆陵節侯賢 | 長沙定王子.六月壬子封,五十年薨. | 本始四年,戴侯真定嗣,二十二年薨. | 黃龍元年,頃侯慶嗣. | 侯骨嗣,王莽篡位,絕. | |
| 終弋侯廣置 | 衡山賜王子.六年四月丁丑封,十一年,元鼎五年,坐酎金免. | | | | 汝南 |
| 麥侯昌 | 城陽頃王子.元鼎元年四月戊寅封,五年,坐酎金免. | | | | 琅邪 |
| 鉅合侯發 | 城陽頃王子.四月戊寅封,五年,坐酎金免. | | | | 平原 |
| 昌侯差 | 城陽頃王子.四月戊寅封,五年,坐酎金免. | | | | 琅邪 |
| 蕢侯方 | 城陽頃王子.四月戊寅封,五年,坐酎金免. | | | | |
| 虖葭侯澤218 | 城陽頃王子.四月戊寅封,六十二年薨. | 神爵元年,夷侯舞嗣. | 頃侯閣嗣. | 侯永嗣,王莽篡位,絕 | |

---

었다. 그 모친이 미천하고 총애도 없어 지대가 낮고 습한 長沙王에 피봉. 재위 28년에 죽었다(前 127). 《漢書 景十三王傳》에 입전. 長沙는 前漢의 侯國名.

218 虖葭康侯澤 – 虖는 울부짖을 호. 葭는 갈대 가.

| | | | | | |
|---|---|---|---|---|---|
| 原洛侯敢 | 城陽頃王子.<br>四月戊寅封, 二十六年, 征和三年, 坐殺人棄市. | | | | 琅邪 |
| 挾術侯昆景 | 城陽頃王子.<br>四月戊寅封, 十六年, 天漢元年薨, 亡後 | | | | 琅邪 |
| 挾釐侯霸 | 城陽頃王子.<br>四月戊寅封, 三十五年薨. | 始元五年, 夷侯戚嗣, 二十一年薨. | 神爵元年, 爵侯賢嗣. | 頃侯思嗣. | 孝侯衆嗣,薨, 亡後. |
| 扐節侯讓 | 城陽頃王子.<br>四月戊寅封, 薨. | 侯興嗣, 爲人所殺.219 | | | 平原 |
| 文成侯光 | 城陽頃王子.<br>四月戊寅封, 五年, 坐酎金免. | | | | 東海 |
| 校靖侯雲 | 城陽頃王子.<br>城陽頃王子. | | | | |
| 庸侯餘 | 城陽頃王子.<br>四月戊寅封, 有罪死. | | | | 琅邪 |
| 翟侯壽 | 城陽頃王子.<br>四月戊寅封, 五年, 坐酎金免. | | | | 東海 |
| 鱣侯應 | 城陽頃王子. 四月戊寅封, 五年, 坐酎金免. | | | | 襄賁 |
| 彭侯強 | 城陽頃王子.<br>四月戊寅封, 五年, 坐酎金免. | | | | 東海 |
| 瓠節侯息 | 城陽頃王子.<br>四月戊寅封, 五十五年薨. | 元康四年, 質侯守嗣, 七年薨. | | | |

---

219 爲人所殺 – 남에게(人) 살해당하다(爲). 피동형 문장.

| | | | | |
|---|---|---|---|---|
| 虗水<br>康侯<br>禹 | 城陽頃王子.<br>四月戊寅封,三 十<br>八年薨. | 地節元年,息侯<br>爵嗣,七年薨. | 五鳳四年,侯<br>敵嗣,王莽簒<br>位,絶 | |
| 東淮侯<br>類 | 城陽頃王子. | 四月戊寅封,五<br>年,坐酎金免. | | 北海 |
| 拘侯<br>賢 | 城陽頃王子.<br>四月戊寅封,五年,<br>坐酎金免. | | | 千乘 |
| 湞侯<br>不疑 | 城陽頃王子.<br>四月戊寅封,五年,<br>坐酎金免. | | | 東海 |
| 陸元侯<br>何 | 菑川靖王子.<br>七月辛卯封,薨. | 原侯賈嗣. | 侯延壽嗣,五<br>鳳三年,坐知<br>女妹夫亡命<br>笞二百,首匿<br>罪,免[220] | 壽光 |
| 廣饒<br>康侯<br>國 | 菑川靖王子.<br>七月辛卯封,五十<br>年薨. | 地節二年,頃侯<br>龍嗣,五十年薨. | 甘露元年,侯<br>麟嗣,王莽簒<br>位,絶. | |
| 鉼<br>敬侯<br>成 | 菑川靖王子.<br>七月辛卯封,五十<br>四年薨. | 地節二年,頃侯<br>龍嗣,五十年薨. | 元康三年,原<br>侯融嗣. | 侯閔嗣,王<br>莽簒位,絶 |
| 俞閭<br>煬侯<br>毋害 | 菑川靖王子.<br>七月辛卯封,四十<br>四年薨. | 地節三年,原侯<br>況嗣,十年薨. | 五鳳元年,侯<br>瞵嗣,十二<br>年,初元三年<br>薨,亡後. | |
| 甘井侯<br>光 | 廣川繆王子.<br>七月乙酉封,二十<br>五年,征和二年,坐<br>殺人棄市. | | | 鉅鹿 |
| 襄隄侯<br>聖 | 廣川繆王子.<br>七月辛卯封,五十<br>年,地節四年,坐奉<br>酎金斤八兩少四<br>兩,免. | 元始二年,聖子<br>倫以曾祖廣川<br>惠王曾孫爲廣<br>德王. | | 鉅鹿 |

---

220 妹夫가 亡命하자 거짓으로 답변하고 妹夫를 은닉한 죄로 작위 박탈.

| | | | | | |
|---|---|---|---|---|---|
| 皐虞<br>煬侯<br>建 | 膠東康王子.<br>元封元年五月丙午封,<br>九年薨. | 太初四年,穉<br>侯定嗣,十四<br>年薨. | 本始二年,<br>節侯裦嗣. | 釐侯勳嗣. | 頌侯顯嗣.<br>(六世)<br>侯樂嗣,王莽篡位,絶. |
| 魏其<br>煬侯<br>昌 | 膠東康王子.<br>五月丙午封,十七年薨. | 本始四年,原<br>侯傅光嗣,三<br>十三年薨. | 甘露三年,<br>孝侯禹嗣. | 質侯蟜嗣. | 侯嘉嗣,<br>王莽篡位,<br>絶. |
| 祀兹侯<br>延年 | 膠東康王子.<br>五月丙午封,五年,坐棄<br>印綬出國免. | | | | 琅邪 |
| 高樂<br>康侯 | 齊孝王子.<br>不得封年,薨,亡後. | | | | 濟南 |
| 參醨侯<br>則[221] | 廣川惠王子.不得封年,<br>坐酎金免. | | | | 東海 |
| 沂陵侯<br>喜 | 廣川惠王子.<br>不得封年,坐酎金免. | | | | 東海 |
| 藩陽侯<br>自爲 | 河間獻王子.<br>不得封年. | | | | 勃海 |
| 漳北侯<br>寬 | 趙敬肅王子.<br>不得封年,元鳳三年,爲<br>奴所殺. | | | | **魏** |
| 南䜌侯<br>佗 | 趙敬肅王子.<br>不得封年,征和二年,坐<br>酎金免. | | | | 鉅鹿 |
| 南陵侯<br>慶 | 趙敬肅王子.<br>不得封年,後三年,坐爲<br>沛郡太守橫恣罔上,下<br>獄瘐死. | | | | 臨淮 |
| 鄗侯<br>舟 | 趙敬肅王子.<br>不得封年,征和<br>四年,坐祝詛上,要斬. | | | | |

221 參醨侯 – 醨은 가마솥 종.

| | | | | |
|---|---|---|---|---|
| 安檀侯福 | 趙敬肅王子.<br>不得封年,後三年,坐爲<br>常山太守祝詛上,訊未<br>竟,病死. 222 | | | 魏 |
| 爰戚侯當 | 趙敬肅王子.<br>不得封年,後三年,坐與<br>兄廖謀反,自殺. | | | 濟南 |
| 栗節侯樂 | 趙敬肅王子.<br>征和元年封,二十七年<br>薨. | 地節四年,煬<br>侯忠嗣. | 質侯終根<br>嗣. | 侯況嗣. |
| 洨夷侯周舍 | 趙敬肅王子.<br>元年封,薨. | 孝侯惠嗣. | 節侯迺始<br>嗣. | 哀侯勳嗣. 侯承嗣. |
| 猇節侯起 | 趙敬肅王子.<br>元年封,十三年薨. | 始元六年,夷<br>侯充國嗣,二<br>十年薨. | 神爵元年,<br>恭侯廣明<br>嗣. | 釐侯固嗣. 侯鉅鹿嗣. |
| 揤裴戴侯道223 | 趙敬肅王子.<br>元年封,十二年薨. | 元鳳元年,哀<br>侯尊嗣. | 頃侯章嗣. | 釐侯景嗣. 東海侯發<br>嗣. |
| 澎侯屈釐224 | 中山靖王子.二年三月<br>丁巳封,三年,坐爲丞相<br>祝詛,要斬. | | | |

右孝武

이상 孝武帝 時의 王子 侯이다.

---

222 訊 – 물을 심. 考問.

223 揤裴戴侯道 – 揤은 거둘 즉. 裴는 옷이 치렁치렁할 배.

224 澎은 彭, 東海郡 縣名.

# 왕자후표 (하)

## 王子侯表 (下)

# 三. 王子侯表 (下)
## 〈왕자후표〉(하)《漢書》15卷(表 3)

原文

孝元之世, 亡王子侯者, 盛衰終始, 豈非命哉! 元始之際,
王莽擅朝, 僞褒宗室, 侯及王之孫焉. 居攝而愈多, 非其正,
故弗錄. 旋踵亦絶, 悲夫!

**[국역]**

孝元帝 재위 중에(前 48 - 33년), 皇子로서 侯者가 된 자가 없었는
데,[225] 그 盛衰(성쇠)와 終始(종시)가 어찌 천명이 아니겠는가!

元始 연간에(平帝, 서기 1 - 5년), 王莽(왕망)이 조정의 정사를 마음
대로 하며 거짓으로 宗室과 그 侯와 王을 포상하였다. (그 거짓) 포
상이 居攝(거섭) 시기에는[226] 더욱 많았는데 모두 正道가 아니기에 기

---

225 원문 孝元之世, 亡王子侯者 - 원제에게 아들 3명이 있었는데, 成帝와
定陶王(哀帝의 父)과 中山王(平帝의 父)이었다. 성제, 정도왕, 중산왕
모두 다른 아들이 없었다. 亡은 없을 망(無, 无와 同).

226 平帝가 붕어하고 아들이 없자, 왕망은 宣帝(선제)의 玄孫(현손) 중에서
제일 어린 廣戚侯(광척후)의 2살짜리 아들 劉嬰(유영)을 데려왔는데, 곧

록하지 않았다. 이어 곧 나라가 멸망하였으니[227] 슬픈 일이다!


## 6. 孝昭系王子侯表

| 號諡<br>姓名[228] | 屬<br>始封 | 子 | 孫 | 曾孫 | 玄孫 |
|---|---|---|---|---|---|
| 松茲<br>戴侯<br>霸[229] | 六安共王子<br>始元五年六月辛丑<br>封. 二十二年 薨. | 神爵二年, 共<br>侯始嗣. | 頃侯　縺(첩)<br>嗣 | 侯均嗣, 王莽<br>簒位, 絶者凡<br>百八十一人. | |
| 溫水侯<br>安國 | 膠東哀王子<br>六月辛丑封. 十年 本<br>始二年, 坐上書爲妖<br>言, 會赦, 免 | | | | |
| 蘭旗<br>頃侯<br>臨朝[230] | 魯安王子<br>六月辛丑封, 二十二<br>年薨 | 神爵二年, 節<br>侯去疾, 嗣.<br>七年薨. | 甘露元年<br>釐侯(이후)嘉<br>嗣 | 侯位嗣, 絶. | |

상이 가장 좋다고 그 이유를 설명하였다. 그리고 공경들을 사주하여
王太后에게 유영을 孺子(유자)로 책립하고, 宰衡(재형)인 安漢公 왕망
으로 하여금 帝位에 올라서 周公이 成王을 도왔던 전례대로 攝政(섭정)
을 하도록 주청하게 하였다. 太后는 그래서는 안 된다고 생각했지만
막을 수가 없었으며, 왕망은 마침내 攝皇帝(섭황제)가 되어 改元하고 稱
制(칭제)하였다. 居攝(거섭)은 孺子(유자) 재위 중 왕망이 사용한 연호(서
기 6 – 8년). 왕망은 居攝 3년에 칭제했다.

**227** 원문 旋踵亦絶 – 旋踵(선종)은 발길을 되돌리다. 곧. 짧은 시간. 旋은
돌릴 선. 踵은 발꿈치 종.

**228** 皇室은 姓을 기록하지 않는다. 姓은 衍字(연자).

**229** 松茲 – 廬江郡의 縣名.

**230** 蘭旗頃侯臨朝 – 蘭旗는 蘭祺. 東海郡의 縣名. 臨朝는 名.

| | | | | | |
|---|---|---|---|---|---|
| 容丘<br>戴侯<br>方山 | 魯安王子<br>六月辛丑封. | 頃侯未央嗣 | 侯昭嗣,絶. | | |
| 良成<br>頃侯<br>文德 | 魯安王子<br>六月辛丑封. | 共侯舜嗣. | 釐侯原嗣. | 戴侯元嗣 | 侯閎<br>嗣,絶. |
| 蒲領<br>煬侯<br>祿 | 清河綱王子<br>六年五月乙卯封. | 哀侯推嗣,亡<br>後.<br>元延三年節<br>侯不識以推<br>弟紹封. | 侯京嗣.免. | | |
| 南曲<br>煬侯<br>遷231 | 清河綱王子<br>五月乙卯封.<br>三十年薨. | 甘露三年,節<br>侯江嗣. | 侯尊嗣.免. | | |
| 高城<br>節侯<br>梁232 | 長沙頃王子<br>六月乙未封 | 質侯景嗣 | 頃侯請士嗣 | 侯馮嗣,免. | |
| 成<br>獻侯<br>喜233 | 中山康王子<br>元封五年十一月庚子<br>封.十五年薨 | 神爵元年頃<br>侯得庇嗣.<br>(득비) | 煬侯儁(봉)<br>嗣. | 哀侯貴嗣,建<br>平元年薨,亡<br>後. | |
| 新市<br>康侯<br>吉234 | 廣川繆王子<br>十一月庚子封. | 甘露三年頃<br>侯義嗣. | 侯歆嗣 | | |
| 康陽侯<br>仁 | 城陽惠王子<br>六年十一月乙丑<br>封.元康元年坐役使<br>附落免.235 | | | | |

---

**231** 南曲煬侯遷 – 南曲은 廣平國 縣名. 煬侯의 煬은 暴君에 붙여주는 惡謚. 遷이 名.

**232** 高城 – 南郡의 縣名.

**233** 成 – 涿郡의 縣名.

**234** 新市 – 鉅鹿郡 堂陽縣을 分縣.

**235** 坐役使附落免 – 以前부터 落戶에 속하는 백성은 사역에 동원할 수 없다는 법을 어겼다.

| 陽武侯 | 孝武帝 曾孫<br>元平元年七月庚申<br>封.即日即黃帝位.**236** | | | | |
|---|---|---|---|---|---|
| 右孝昭十二.<br>이상 孝昭帝 時의 王子 侯 12人이다. | | | | | |

## 7. 孝宣系王子侯表

| 號諡<br>姓名 | 屬<br>始封 | 子 | 孫 | 曾孫 | 玄孫 |
|---|---|---|---|---|---|
| 朝陽<br>荒侯<br>聖 | 廣陵屬王子.<br>本始元年七月壬子封. | 思侯廣德嗣. | 侯安國嗣,免. | | 濟南 |
| 平曲<br>節侯<br>會 | 廣陵屬王子.<br>七月壬子封,十九年,五鳳<br>四年,坐父祝詛上,免,後<br>復封. | 釐侯臨嗣. | 侯農嗣,免. | | 東海 |
| 南利侯<br>昌**237** | 廣陵屬王子<br>七月壬子封,五年,地節二<br>年,坐賊殺人免. | | | | 汝南 |
| 安定<br>戾侯<br>賢 | 燕剌王子.<br>七月壬子封. | 頃侯延年嗣. | 侯昱嗣,免 | | 鉅鹿 |
| 東襄<br>愛侯<br>寬 | 廣川繆王子.<br>三年四月壬申封. | 侯使親嗣,建<br>昭元年薨,亡<br>後. | | | 信都 |

---

**236** 即日即黃帝位 – 宣帝로 즉위. 일단 제후(양무로 封해진 다음에 即位).

**237** 南利侯 昌 – 南利(남리)는 汝南縣의 지명이다. 汝南은 縣名. 太守가 집<br>무하는 郡의 명칭은 소재하는 縣名으로 불리기도 한다.

| | | | | | |
|---|---|---|---|---|---|
| 宣處節侯章 | 中山康王子.<br>三年六月甲辰封,四年薨. | 地節三年,原侯衆嗣,薨,亡後. | | | |
| 脩市原侯寅 | 清河綱王子.<br>四年四月己丑封,三年薨. | 地節三年,頃侯千秋嗣. | 釐侯元嗣. | 侯雲嗣,免. | 勃海 |
| 東昌趯侯成 | 清河綱王子.<br>四月己丑封. | 頃侯親嗣. | 節侯霸嗣. | 侯祖嗣,免. | |
| 新鄉侯豹 | 清河綱王子.<br>四月己丑封,四年薨. | 地節四年,釐侯步可嗣. | 煬侯尊嗣. | 侯佟嗣,元始元年上書言王莽宜居攝,莽篡位,賜姓王. | |
| 脩故侯福 | 清河綱王子.<br>四月己丑封,五年,元康元年,坐首匿群盜棄市. | | | | 清河 |
| 東陽節侯弘 | 清河綱王子.<br>四月己丑封,十年薨. | 神爵二年,釐侯縱嗣. | 頃侯酒始嗣. | 哀侯封親嗣. | 侯伯造嗣,免. |
| 新昌節侯慶 | 燕剌王子.<br>五月癸丑封. | 頃侯稱嗣. | 哀侯未央嗣,薨,亡後. | | 涿 |
| | | | 元延元年,釐侯嬾(요)以未央弟紹封. | 侯晉嗣,免. | |
| 邯蕭節侯偃 | 趙頃王子.<br>地節二年四月癸卯封,九年薨. | 神爵三年,釐侯勝嗣. | 頃侯度嗣. | 侯定嗣,免. | 魏 |
| 樂陽繆侯說 | 趙頃王子.<br>四月癸卯封. | 孝侯宗嗣. | 頃侯崇嗣. | 侯鎮嗣,免. | 常山 |
| 桑中戴侯廣漢[238] | 趙頃王子.<br>四月癸卯封. | 節侯縱嗣. | 頃侯敬嗣,亡後 | | |
| | | | 元延二年,侯舜以敬弟紹封,十九年免. | | |

| | | | | | |
|---|---|---|---|---|---|
| 張侯嵩 | 趙頃王子.四月癸卯封,八年,神爵二年,坐賊殺人,上書要上,下獄瘐死.[239] | | | | |
| 景成原侯雍 | 河間獻王子.四月癸卯封,六年薨. | 元康四年,頃侯歐嗣. | 釐侯禹嗣. | 節侯福嗣,免. | 勃海 |
| 平隄嚴侯招 | 河間獻王子.四月癸卯封,一年薨 | 三年,繆侯榮嗣. | 節侯曾世嗣. | 釐侯育嗣. | 侯逎始嗣,免. |
| 樂鄉憲侯佟(동) | 河間獻王子.四月癸卯封,九年薨. | 神爵三年,節侯蒯嗣. | 頃侯鄧嗣. | 釐侯勝嗣. | 鉅鹿 侯地緒嗣,免. |
| 高郭節侯壒[240] | 河間獻王子.四月癸卯封,薨. | 孝侯久長嗣. | 頃侯菲嗣. | 共侯稱嗣. | 哀侯霸嗣,薨,亡後. 元延元年,侯異衆以霸弟紹封. |
| 樂望孝侯光 | 膠東戴王子.四年二月甲寅封. | 釐侯林嗣. | 侯起嗣,免. | | 北海 |
| 成康侯饒 | 膠東戴王子二月甲寅封. | 侯新嗣,免. | | | 北海 |
| 柳泉節侯强[241] | 膠東戴王子.二月甲寅封,十七年薨. | 黃龍元年,孝侯建嗣. | 煬侯萬年嗣. | 侯永昌嗣,免. | 南陽 |

---

**238** 桑中戴侯 廣漢 – 桑中(상중)은 常山郡의 縣名.

**239** 上書要上,下獄瘐死 – 要上은 친척을 믿고 상관을 협박하며 不服하다. 瘐死(유사)는 감옥에서 추위와 굶주림으로 죽다.

**240** 高郭節侯 壒 – 高郭(고곽)은 涿郡의 현명. 壒는 티끌 애.

**241** 柳泉節侯 强 – 柳泉은 南陽郡의 縣이 아니고 北海郡의 현명이다. 北海郡은, 今 山東省 중부 濰坊市(유방시) 일대였다. 南陽郡은, 今 河南省의

| | | | | | |
|---|---|---|---|---|---|
| 復陽嚴侯延年 | 長沙頃王子<br>元康元年正月癸卯封. | 煬侯漢嗣. | 侯道嗣,免 | | 南陽 |
| 鍾武節侯度 | 長沙頃王子.<br>正月癸卯封. | 孝侯宣嗣.<br>元延二年,節侯則以霸叔父紹封 | 哀侯霸嗣,亡後. | | |
| 高城節侯梁 | 長沙頃王子.<br>正月癸卯封. | 質侯景嗣. | 頃侯諸士嗣. | 侯馮嗣,免. | |
| 宣陽侯賜 | 六安夷王子. | 二年五月丙戌封,二十八年,建昭二年,坐上書歸印綬免八百戶. | | | |
| 海昏侯賀242 | 昌邑哀王子.三年四月壬子,以昌邑王封,四年,神爵三年薨.坐故行淫辟,不得置後. | 初元三年,釐侯代宗以賀子紹封. | 原侯保世嗣. | 侯會邑嗣,免,建武後封. | 豫章 |
| 曲梁安侯敬 | 平干頃王子.七月壬子封. | 節侯時光嗣. | 侯瓠辯嗣,免 | | 魏郡 |

---

서남부이다. 《한서 지리지》에 縣과 邑이 1,314. 道가 32, 侯國이 241개소 합 1,587개소라 했다. 이런 숫자의 현읍의 소속 郡을 정확하게 수록하는 일이 결코 쉽지 않았을 것이다. 〈八表〉의 지명이나 글자 등 그 오류를 주석으로 처리해야 하지만, 기본 텍스트에 수록된 내용이 너무 많아서, 저명한 지명이나 인물에 관한 것이 아니라면 아예 언급하지 않았다. 독자 제위의 양해를 바랄 뿐이다.

242 海昏侯 賀 – 昭帝가 붕어한 뒤, 곽광에 의해 옹립되었다가 淫行을 저질 렀다 하여 재위 27일 만에 방출된 劉賀.

| | | | | | |
|---|---|---|---|---|---|
| 濾鄉侯宣 | 真定列王子.四年三月甲寅封,二年薨,亡後. | | | | 常山 |
| 新利侯偃 | 膠東戴王子.神爵元年四月癸巳封,十一年,甘露四年,坐上書謾,免,復更封戶都侯,建始三年又上書謾,免.四百戶. | | 質侯江嗣,建平三年薨,亡後. | | |
| 樂信頃侯強 | 廣川繆王子.三年四月戊戌封. | 孝侯何嗣. | 節侯賀嗣. | 侯涉嗣,免. | |
| 昌成節侯元 | 廣川繆王子.四月戊戌封,四年薨. | 五鳳三年,頃侯齒嗣. | 釐侯應嗣. | 質侯江嗣,建平三年薨,亡後. | |
| 廣鄉孝侯明 | 平干頃王子.七月壬申封. | 節侯安嗣 | 釐侯周齊嗣. | 侯充國嗣,免. | |
| 成鄉質侯慶 | 平干頃王子.七月壬申封,九百戶. | 節侯霸嗣,鴻嘉三年薨,亡後 元延二年,侯果以霸弟紹封,十九年免. | | | |
| 平利節侯世 | 平干頃王子.四年三月癸丑封. | 質侯嘉嗣. | 釐侯禹嗣. | 侯旦嗣,免. | 魏郡 |
| 平鄉孝侯壬 | 平干頃王子三月癸丑封. | 節侯成嗣. | 侯陽嗣,免. | | 魏郡 |
| 平纂節侯梁 | 平干頃王子三月癸丑封,薨,亡後. | | | | |
| 成陵節侯充 | 平干頃王子三月癸丑封,四百一十戶. | 侯德嗣,鴻嘉三年,坐弟與後母亂,共殺兄,德知不舉,不道,下獄瘐死 | | | 廣平 |

| | | | | | |
|---|---|---|---|---|---|
| 西梁節侯闕兵 | 廣川戴王子三年乙亥封,七年薨. | 甘露三年,孝侯廣嗣. | 哀侯宮嗣. | 侯敞嗣,免. | 鉅鹿 |
| 歷鄉康侯必勝 | 廣川繆王子.七月壬子封,五年薨 | 甘露元年,頃侯長壽嗣. | 繆侯宮嗣. | 侯東之嗣,免. | 鉅鹿 |
| 陽城愍侯田 | 平干頃王子.七月壬子封. | 節侯賢嗣. | 釐侯說嗣. | 侯報嗣,免 | |
| 祚陽侯仁 | 平干頃王子. | 五鳳元年四月乙未封,十三年,初元五年,坐擅興繇賦,削爵一級,爲關內侯,九百一十戶. | | | 廣平 |
| 武陶節侯朝 | 廣川繆王子.七月壬午封. | 孝侯弘嗣 | 節侯勳嗣. | 侯京嗣,免. | 鉅鹿 |
| 陽興侯昌 | 河間孝王子.十二月癸巳封,二十六年,建始二年,坐朝私留它縣,使庶子殺人,棄市.千三百五十戶.**243** | | | | 涿郡 |
| 利鄉孝侯安 | 中山頃王子.甘露元年三月壬辰封. | 戴侯遂嗣. | 侯國嗣,免. | | 常山 |
| 都鄉孝侯景 | 趙頃王子. | 二年七月辛未封. | 侯溱嗣,免. | | |
| 昌慮康侯弘 | 魯孝王子.四年閏月丁亥封. | 釐侯奉世嗣. | 侯蓋嗣,免. | | 泰山 |

---

**243** 坐朝私留它縣,使庶子殺人,棄市. – 朝私留它縣는 입조하여 멋대로 它縣의 자리에 머물다. 庶子는 列侯의 屬官, 職名. 棄市(기시)는 거리에서 처형하여 시신을 방치하다.

| | | | | | |
|---|---|---|---|---|---|
| 平邑侯<br>敞 | 魯孝王子.<br>閏月丁亥封，二年,<br>初元元年,坐殺一家<br>二人棄市. | | | | 東海 |
| 山鄉<br>節侯<br>綰 | 魯孝王子.<br>閏月丁亥封 | 侯丘嗣,免. | | | 東海 |
| 建陵<br>靖侯<br>遂 | 魯孝王子.<br>閏月丁亥封，一年<br>薨. | 黃龍元年,節侯魯<br>嗣. | 侯連文嗣,免. | | 東海 |
| 合陽<br>節侯<br>平 | 魯孝王子.<br>閏月丁亥封,千一百<br>六十戶. | 孝侯安上嗣,建始元<br>年薨,亡後. | | | 東海 |
| 東安<br>孝侯<br>強 | 魯孝王子.<br>閏月丁亥封. | 侯拔嗣,免. | | | 東海 |
| 承鄉<br>節侯<br>當 | 魯孝王子.<br>閏月丁亥封,二千七<br>百戶. | 侯德天嗣,鴻嘉二<br>年,坐恐猲國人,受<br>財贓五百以上,免. | | | 東海 |
| 建陽<br>節侯<br>咸 | 魯孝王子.<br>閏月丁亥封. | 孝侯霸嗣. | 侯並嗣,免. | | 東海 |
| 高鄉<br>節侯<br>休 | 城陽惠王子.<br>十一月壬申封. | 頃侯興嗣. | 侯革始嗣,免 | | 琅邪 |
| 茲鄉<br>孝侯<br>弘 | 城陽荒王子.<br>十一月壬申封. | 頃侯昌嗣. | 節侯應嗣. | 侯宇嗣,<br>免. | 琅邪 |
| 藉陽侯<br>顯 | 城陽荒王子<br>十一月壬申封,十六<br>年,建昭四年,坐恐<br>猲國民取財物,<br>免.六百戶. | | | | 東海 |
| 都平<br>愛侯<br>丘 | 城陽荒王子<br>十一月壬申封, | 恭侯訢嗣. | 侯堪嗣,免. | | 東海 |

| | | | | | |
|---|---|---|---|---|---|
| 棗原侯山 | 城陽荒王子.<br>十一月壬申封. | 節侯葛嗣.(주) | 侯妾得嗣,薨,亡後. | | 琅邪 |
| 箕愿侯文 | 城陽荒王子.<br>十一月壬申封. | 節侯瞵嗣.(인) | 侯褎嗣,免. | | 琅邪 |
| 高廣節侯勳 | 城陽荒王子.<br>十一月壬申封. | 哀侯賀嗣. | 質侯福嗣. | 侯吳嗣,免 | 琅邪 |
| 卽來節侯佼 | 城陽荒王子.<br>十一月壬申封. | 侯欽嗣,免. | | | 琅邪 |
| 右孝宣.<br>이상 孝宣帝 時 王子 侯이다. | | | | | |

## 8. 孝元系王子侯表

| 號諡<br>姓名 | 屬<br>始封 | 子 | 孫 | 曾孫 |
|---|---|---|---|---|
| 膠鄉<br>敬侯<br>漢 | 高密哀王子.<br>初元元年三月丁巳封,<br>七百四十戶. | 節侯成嗣,陽朔四年薨,<br>亡後. | | 琅邪 |
| 桃煬侯<br>良 | 廣川繆王子.<br>三月封 | 共侯敝嗣. | 侯狗嗣,免. | 鉅鹿 |
| 安平<br>釐侯<br>習 | 長沙孝王子.<br>三月封. | 侯嘉嗣,免. | | 鉅鹿 |
| 陽山<br>節侯<br>宗 | 長沙孝王子.<br>三月封. | 侯買奴嗣,免. | | 桂陽 |
| 庸<br>釐侯<br>談 | 城陽荒王子.<br>三月封,九百一十戶. | 侯端嗣,永光二年,坐强<br>姦人妻,會赦,免. | | 琅邪 |
| 昆山<br>節侯<br>光 | 城陽荒王子.<br>三月封. | 侯儀嗣,免. | | 琅邪 |

| | | | | |
|---|---|---|---|---|
| 折泉節侯根 | 城陽荒王子.三月封. | 侯詡嗣,免. | | 琅邪 |
| 博石頃侯淵 | 城陽荒王子.三月封. | 侯獲嗣,免. | | 琅邪 |
| 要安節侯勝 | 城陽荒王子.三月封. | 哀侯守嗣,薨,亡後. | | 琅邪 |
| 房山侯勇 | 城陽荒王子.三月封,五十六年薨. | | | 琅邪 |
| 式節侯憲 | 城陽荒王子.三月封,三百戶 | 哀侯霸嗣,鴻嘉元年薨,亡後. | | 泰山 |
| | | 元延元年,侯萌以霸弟紹封,十九年免. | | |
| 臨鄉頃侯雲 | 廣陽頃王子.五年六月封. | 侯交嗣,免. | | 涿 |
| 西鄉頃侯容 | 廣陽頃王子.六月封 | 侯景嗣,免. | | 涿 |
| 陽鄉思侯發 | 廣陽頃王子.六月封. | 侯度嗣,免. | | 涿 |
| 益昌頃侯嬰 | 廣陽頃王子.永光三年三月封. | 共侯政嗣. | 侯福嗣,免. | 涿 |
| 羊石頃侯回 | 膠陽頃王子.三月封. | 共侯成嗣. | 侯順嗣,免. | 北海 |
| 石鄉煬侯理 | 膠陽頃王子.三月封. | 侯建國嗣,免. | | 北海 |
| 新城節侯根 | 膠陽頃王子.三月封. | 侯霸嗣,免. | | 北海 |

| | | | | |
|---|---|---|---|---|
| 上鄉侯<br>歙(흡) | 膠東頃王子.<br>三月封,三十九年免 | | | 北海 |
| 于鄉<br>節侯<br>定 | 泗水勤王子.<br>三月封. | 侯聖嗣,免. | | 東海 |
| 就鄉<br>節侯<br>瑋 | 泗水勤王子.<br>三月封,七年薨,亡後. | | | 東海 |
| 石山<br>節侯<br>玄 | 城陽戴王子.<br>三月封. | 釐侯嘉嗣,免. | | |
| 都陽<br>節侯<br>音 | 城陽戴王子.<br>三月封. | 侯閔嗣,免. | | |
| 參封侯<br>嗣 | 城陽戴王子.<br>三月封. | 侯殷嗣,免. | | |
| 伊鄉<br>頃侯<br>遷 | 城陽戴王子.<br>三月封,薨,亡後. | | | |
| 襄平侯<br>疊(흡) | 廣陽厲王子.<br>五年三月封,四十七年<br>免. | | | |
| 萛鄉侯<br>平 | 梁敬王子.<br>建昭元年正月封,四年,<br>病狂自殺. | | | |
| 樂侯<br>義 | 梁敬王子.<br>正月封,四年,坐使人殺<br>人,髠爲城旦.**244** | | | |
| 中鄉侯<br>延年 | 梁敬王子.<br>正月封,四十六年薨. | | | |
| 鄭<br>頃侯<br>罷軍 | 梁敬王子.<br>正月封 | 節侯駿嗣. | 侯良嗣,免. | |

---

**244** 髠爲城旦 - 髠은 머리깎을 곤. 城旦(성단)은 변방 군중에서 축성이나
기타 노역에 종사하는 형벌.

| | | | | |
|---|---|---|---|---|
| 黃<br>節侯<br>順 | 梁敬王子. 正月封 | 釐侯申嗣,元壽二年薨,<br>亡後. | | 濟陰 |
| 平樂<br>節侯<br>遷 | 梁敬王子. 正月封 | 侯寶嗣,免. | | |
| 菑鄉<br>釐侯<br>就 | 梁敬王子. 正月封 | 侯逢喜嗣,免. | | 濟南 |
| 東鄉<br>節侯<br>方 | 梁敬王子. 正月封. | 侯護嗣,免. | | 沛 |
| 陵鄉侯<br>訢 | 梁敬王子. 正月封.<br>七年,建始二年,坐使人<br>傷家丞,又貸穀息過律,<br>免. **245** | | | 沛 |
| 溧陽侯<br>欽 | 梁敬王子. 正月封. | 侯畢嗣,免 | | 沛 |
| 釐鄉侯<br>固 | 梁敬王子.<br>正月封,二十一年,鴻嘉<br>四年,坐上書歸印綬,<br>免.四百七十二戶. | | | 沛 |
| 高柴<br>節侯<br>發 | 梁敬王子. 正月封. | 釐侯賢嗣. | 侯隱嗣,免. | 沛 |
| 臨都<br>節侯<br>未央 | 梁敬王子. 正月封. | 侯息嗣,免. | | |
| 高質侯<br>舜 | 梁敬王子. 正月封. | 釐侯始嗣. | 侯便翁嗣,免. | |

---

**245** 使人傷家丞,又貸穀息過律 – 사람을 시켜 家丞(가승)에게 상처를 입히고 백성에게 곡식을 꿔주고 이자를 법률이 정한 것보다 많이 받아 작위를 박탈당하다.

| | | | | |
|---|---|---|---|---|
| 北鄉侯譚 | 菑川孝王子.<br>四年六月封,四十三年免. | | | |
| 蘭陵節侯宜 | 廣陵孝王子.<br>五年十二月封. | 共侯譚嗣. | 侯便强嗣,免. | |
| 廣平節侯德 | 廣陵孝王子.<br>十二月封 | 侯德嗣,免. | | |
| 博鄉節侯交 | 六安繆王子.<br>竟寧元年四月丁卯封. | 侯就嗣,免. | | |
| 柏鄉戴侯買 | 趙哀王子.<br>四月丁卯封. | 頃侯雲嗣. | 侯譚嗣,免. | |
| 安鄉孝侯喜 | 趙哀王子.<br>四月丁卯封. | 釐侯胡嗣. | 侯合衆嗣,免. | |
| 廣釐侯便 | 菑川孝王子.<br>四月丁卯封. | 節侯護嗣. | 侯宇嗣,免. | 齊 |
| 平節侯服 | 菑川孝王子.<br>四月丁卯封. | 侯嘉嗣,免. | | 齊 |
| 右孝元<br>이상 孝元帝 時 王子 侯이다. | | | | |

## 9. 孝成系王子侯表

| 號諡<br>姓名 | 屬<br>始封 | 子 | 孫 | 曾孫 |
|---|---|---|---|---|
| 昌鄉侯<br>憲 | 膠東頃王子.<br>建始二年正月封,三十年,元壽二<br>年,坐使家丞封上印綬,免. | | | |
| 頃陽侯<br>共 | 膠東頃王子.<br>正月封,三十九年免. | | | |
| 樂陽侯<br>獲 | 膠東頃王子.<br>正月封,三十九年免. | | | |
| 平城<br>釐侯<br>邑 | 膠東頃王子.正月封. | 節侯珍嗣. | 侯理嗣,免. | |
| 密鄉<br>頃侯<br>林 | 膠東頃王子.正月封. | 孝侯欽嗣. | 侯敞嗣,免. | |
| 樂都<br>煬侯<br>訢 | 膠東頃王子.正月封. | 繆侯臨嗣. | 侯延年嗣,免. | |
| 卑梁侯<br>都 | 高密頃王子.正月封,三十九年免 | | | |
| 膠陽侯<br>恁(임) | 高密頃王子.正月封,三十九年<br>免. | | | |
| 武鄉侯<br>慶 | 高密頃王子.正月封 | 侯勁嗣,免. | | |
| 成鄉<br>釐侯<br>安 | 高密頃王子.正月封. | 侯德嗣,免. | | |
| 麗茲<br>共侯<br>賜 | 高密頃王子.正月封. | 侯放嗣,免. | | |
| 竇梁<br>懷侯<br>彊 | 河間孝王子.正月封,四年薨,亡<br>後. | | | |

| | | | |
|---|---|---|---|
| 廣戚煬侯勳 | 楚孝王子.河平三年二月乙亥封. | 侯顯嗣. | 子嬰,居攝元年爲孺子,王莽篡位,爲定安公,莽敗,死.**246** |
| 陰平釐侯回 | 楚孝王子.陽朔二年正月丙午封. | 侯詩嗣,免. | |
| | | 承鄉侯<br>元始元年二月丙午,侯閎以孝王孫封,八年免. | |
| 樂平侯訢 | 淮陽憲王子.閏六月壬午封,病狂易,免.**247**<br>元壽二年更封共樂侯. | 外黃<br>元始元年二月丙辰,侯圍以憲王孫封,八年免. | |
| | | 高陽<br>二月丙辰,侯並以憲王孫封,八年免. | |
| | | 平陸<br>二月丙辰,侯寵以憲王孫封,八年免. | |
| 鄐鄉侯閔 | 魯頃王子.四年四月甲寅封,十七年,建平三年,爲魯王. | 宰鄉<br>侯延以頃王孫封,八年免. | |
| 建鄉釐侯康 | 魯頃王子.四月甲寅封. | 侯自當嗣,免. | |
| 安丘侯常 | 高密頃王子.鴻嘉元年正月癸巳封,二十八年免. | | |

---

**246** 子嬰(영) – 왕망은 居攝 원년(서기 6년) 3월에 宣帝의 현손 중 가장 어린 廣戚侯의 2살 된 아들 劉嬰(유영)을 平帝이 皇太子로 책립하고 孺子(유자)라 호칭하였다. 王莽이 정식 재위에 오르면서(서기 8년) 유자 嬰은 定安公(정안공)에 책봉되었다. 孺子 嬰에 관해서는 〈王莽傳〉에 수록. 〈紀〉에는 관련 내용이 없다.

**247** 病狂易 – 정신병으로 本性을 잃다.

| | | 侯玄成嗣,免. | | |
|---|---|---|---|---|
| 栗鄉頃侯護 | 東平思王子.四月辛巳封. | 金鄉<br>元始元年二月丙辰,侯不害以思王孫封,八年免. | | |
| | | 平通<br>二月丙辰,侯旦以思王孫封,八年免. | | |
| | | 西安<br>二月丙辰,侯漢以思王孫封,八年薨. | | |
| | | 湖鄉<br>二月丙辰,侯開以思王孫封,八年免. | | |
| | | 重鄉<br>二月丙辰,侯少柏以思王孫封,八年薨. | | |
| 桑丘侯頃 | 東平思王子.四月辛巳封. | 陽興<br>二月丙辰,侯寄生以思王孫封,八年免. | | |
| | | 陵陽<br>二月丙辰,侯嘉以思王孫封,八年免. | | |
| | | 高樂<br>二月丙辰,侯修以思王孫封,八年免. | | |
| | | 平邑<br>二月丙辰,侯閔以思王孫封,八年免. | | |
| | | 平纂<br>二月丙辰,侯況以思王孫封,八年免. | | |
| | | 合昌<br>二月丙辰,侯輔以思王孫封,八年免. | | |
| | | 伊鄉<br>二月丙辰,侯開以思王孫封,八年免. | | |
| | | 就鄉<br>二月丙辰,侯不害以思王孫封,八年免. | | |
| | | 膠鄉<br>二月丙辰,侯武以思王孫封,八年免. | | |
| | | 宜鄉<br>二月丙辰,侯恢以思王孫封,八年免. | | |
| | | 昌城<br>二月丙辰,侯豐以思王孫封,八年免. | | |
| | | 樂安<br>二月丙辰,侯禹以思王孫封,八年免. | | |

| | | | | |
|---|---|---|---|---|
| 桃鄉<br>頃侯<br>宣 | 東平思王子.<br>二年正月戊子封. | 侯立嗣,免. | | |
| 新陽<br>頃侯<br>永 | 魯頃王子.<br>五月戊子封. | 侯級嗣,免. | | |
| 陵石侯<br>慶 | 膠東共王子.<br>四年六月乙巳封,<br>二十五年免. | | | |
| 祁鄉<br>節侯<br>賢 | 梁夷王子.<br>永始二年五月乙亥封. | 侯富嗣,免. | | |
| 富陽侯<br>萌 | 東平思王子.<br>三年三月庚申封,<br>二十三年免. | | | |
| 曲鄉<br>頃侯<br>鳳 | 梁荒王子.<br>六月辛卯封,十七年薨. | 侯雲嗣,免. | | 濟南 |
| 桃山侯<br>欽 | 城陽孝王子.<br>四年五月戊申封,<br>二十一年免. | | | |
| 昌陽侯<br>霸 | 泗水戾王子.<br>五月戊申封,二十一年免. | | | |
| 臨安侯<br>閔 | 膠東共王子.<br>五月戊申封,二十一年免. | | | |
| 徐鄉侯<br>炔(결) | 膠東共王子.<br>元延元年二月癸卯封,<br>二十一年,王莽建國元年,舉<br>兵欲誅莽,死. | | | 齊 |
| 臺鄉侯<br>晊(진) | 菑川孝王子.<br>二年正月癸卯封,十八年免. | | | |
| 西陽<br>頃侯<br>並 | 東平思王子.<br>四月甲寅封. | 侯偃嗣,免. | | 東萊 |
| 堂鄉<br>哀侯<br>恢 | 膠東共王子.<br>綏和元年五月戊午封,三年<br>薨,亡後. | | | |

| | | | | |
|---|---|---|---|---|
| 安國侯<br>吉 | 趙共王子.<br>六月丙寅封,<br>十六年免. | | | |
| 梁鄉侯<br>交 | 趙共王子.<br>六月丙寅封,<br>十六年免. | | | |
| 襄鄉<br>頃侯<br>福 | 趙共王子.<br>六月丙寅封. | 侯章嗣,免. | | |
| 容鄉<br>釐侯<br>强 | 趙共王子.<br>六月丙寅封. | 侯弘嗣,免. | | |
| 緼鄉侯<br>固 | 趙共王子.<br>六月丙寅封,<br>十六年免. | | | |
| 廣昌侯<br>賀 | 河間孝王子.<br>六月丙寅封,<br>十六年免. | | | |
| 都安<br>節侯<br>普 | 河間孝王子.<br>六月丙寅封. | 侯胥嗣,免. | | |
| 樂平侯<br>永 | 河間孝王子.<br>六月丙寅封,<br>十六年免. | | | |
| 方鄉侯<br>常得 | 廣陽惠王子.<br>六月丙寅封,<br>十六年免. | | | |
| 庸鄉侯<br>宰 | 六安頃王子.<br>三年七月庚午封,<br>十五年免. | | | |
| 右孝成<br>이상 孝成帝 時 王子 侯이다. | | | | |

## 10. 孝哀系王子侯表

| 號諡<br>姓名 | 屬<br>始封 | 子 | 孫 |
|---|---|---|---|
| 南昌侯<br>宇 | 河間惠王子.<br>建平二年五月丁酉封, 十二年免. | | |
| 嚴鄉侯<br>信 | 東平煬王子.<br>五月丁酉封,四年,坐父大逆,免,元始元年復封.六年,<br>王莽居攝二年,東郡太守翟義舉兵,立信爲天子,兵敗,<br>死. | | |
| 武平侯<br>璜 | 東平煬王子.<br>五月丁酉封,四年,坐父大逆,免,元始元年復封,居攝<br>二年舉兵死. | | |
| 陵鄉侯<br>曾 | 楚思王子.<br>四年三月丁卯封,至王莽六年,舉兵欲誅莽,死. | | |
| 武安侯<br>愷(수) | 楚思王子.<br>三月丁卯封,二年,元壽二年,坐使奴殺人免,元始元年<br>復封,八年免. | | |
| 湘鄉侯<br>昌 | 長沙王子.<br>五月丙午封,十一年免. | | |
| 方樂侯<br>嘉 | 廣陵繆王子.<br>元壽元年五月乙卯封,十一年免. | | |
| 宜禾<br>節侯<br>得 | 河間孝王子.<br>二年四月丁酉封. | 侯恢嗣,<br>免. | |
| 富春侯<br>玄 | 河間孝王子.<br>四月丁酉封,十年免. | | |
| 右孝哀<br>이상 孝哀帝 時 王子 侯이다. | | | |

# 11. 孝平系王子侯表

| 姓名 / 號謚 | 屬 / 始封 | 子 |
|---|---|---|
| 陶鄉侯<br>恢 | 東平煬王子.<br>元始元年二月丙辰封, 八年 | |
| 釐鄉侯<br>襃 | 東平煬王子.<br>二月丙辰封, 八年免. | |
| 昌鄉侯<br>且 | 東平煬王子.<br>二月丙辰封, 八年免. | |
| 新鄉侯<br>鯉 | 東平煬王子.<br>二月丙辰封, 八年免. | |
| 郶鄉侯<br>光 | 楚思王子.<br>二月丙辰封, 八年免. | |
| 新城侯<br>武 | 楚思王子.<br>二月丙辰封, 八年免. | |
| 宜陵侯<br>豐 | 楚思王子.<br>二月丙辰封, 八年免. | |
| 堂鄉侯<br>護 | 楚思王子.<br>二月丙辰封, 八年免. | |
| 成陵侯<br>由 | 楚思王子. 二<br>月丙辰封, 八年免. | |
| 成陽侯<br>衆 | 楚思王子.<br>二月丙辰封, 八年免. | |
| 復昌侯<br>休 | 楚思王子.<br>二月丙辰封, 八年免. | |
| 安陸侯<br>平 | 楚思王子.<br>二月丙辰封, 八年免. | |
| 梧安侯<br>譽 | 楚思王子.<br>二月丙辰封, 八年免. | |
| 朝鄉侯<br>充 | 楚思王子.<br>二月丙辰封, 八年免. | |
| 扶鄉侯<br>普 | 楚思王子.<br>二月丙辰封, 八年免. | |

| | | |
|---|---|---|
| 方城侯<br>宣 | 廣陽繆王子.<br>二年四月丁酉封,七年免. | |
| 當陽侯<br>益 | 廣陽思王子.<br>四月丁酉封,七年免. | |
| 廣城侯<br>迠(섭) | 廣陽思王子.<br>四月丁酉封,七年免. | |
| 春城侯<br>尤 | 東平煬王子.<br>四月丁酉封,七年免. | |
| 昭陽侯<br>賞 | 長沙剌王子.<br>五年閏月丁酉封,四年免. | |
| 承陽侯<br>景 | 長沙剌王子.<br>閏月丁酉封,四年免. | |
| 信昌侯<br>廣 | 真定共王子.<br>閏月丁酉封,四年免. | |
| 呂鄕侯<br>尙 | 楚思王子.<br>閏月丁酉封,四年免. | |
| 李鄕侯<br>殷 | 楚思王子.<br>閏月丁酉封,四年免. | |
| 宛鄕侯<br>隆 | 楚思王子.<br>閏月丁酉封,四年免. | |
| 壽泉侯<br>承 | 楚思王子.<br>閏月丁酉封,四年免. | |
| 杏山侯<br>遵 | 楚思王子.<br>閏月丁酉封,四年免. | |
| 右孝平<br>이상 孝平帝 時 王子侯表이다. | | |

# 고혜고후문공신표

## 高惠高后文功臣表

# 四. 高惠高后文功臣表
## 〈고,혜,고후,문공신표〉(4)[248] 《漢書》16卷(表 4)

原文

自古帝王之興, 曷嘗不建輔弼之臣所與共成天功者乎!

漢興自秦二世元年之秋, 楚陳之歲, 初以沛公總帥雄俊, 三年然後西滅秦, 立漢王之號, 五年東克項羽, 卽皇帝位, 八載而天下乃平, 始論功而定封. 訖十二年, 侯者百四十有三人.

時大城名都民人散亡, 戶口可得而數裁什二三, 是以大侯不過萬家, 小者五六百戶. 封爵之誓曰,「使黃河如帶, 泰山若厲, 國以永存, 爰及苗裔.」於是申以丹書之信, 重以白馬之盟, 又作十八侯之位次.

---

248 반고는 《漢書》 100권, 敍傳(上)에서「高祖가 천명을 받고 보필하는 신하를 분봉하니 여러 代에 이어졌고 봉토를 받으니 공적도 빛났다. 이에 〈高惠高后孝文功臣侯表〉第四를 서술했다.(受命之初, 贊功剖符, 奕世弘業, 爵土乃昭. 述〈高惠高后孝文功臣侯表〉第四.)」고 하였다.

高后二年, 復詔丞相陳平盡差列侯之功, 錄弟下竟, 臧諸
宗廟, 副在有司. 始未嘗不欲固根本, 而枝葉稍落也.

## 【국역】

  예로부터 일찍이 제왕이 興起(흥기)하면서 輔弼(보필)하는 신하의
도움 없이 하늘의 功業을[249] 어찌 성취할 수 있겠는가![250]
  秦 二世 원년(前 209) 가을, 陳勝이 楚王을 자칭할 때,[251] 漢이 興
起하였는데, 처음부터 沛公(패공)은[252] 강하고 뛰어난 군사를 거느렸
으며, 3년 뒤에 서쪽으로 진출하여 秦을 멸망시켰고(前 206),[253] 漢王

---

**249** 天功 – 天下之功業也. 天命의 성취.

**250** 원문 曷嘗不~ – 曷은 어찌 갈. 어찌 ~ 하지 않는가? 何不~.

**251** 원문 楚陳之世 – 陳勝(진승, ? – 前 208, 陳涉)이 楚王을 자칭할 시기. 陳
勝(진승)의 字는 涉이다. 진승이 젊었을 적에 다른 사람과 함께 품팔이
농사일을 하다가 두둑에 앉아 쉬면서 큰 한숨을 쉬며 말했다. "만약 부
귀해지더라도 서로 잊지는 말자!(苟富貴, 無相忘!)" 일꾼들이 웃으며
말했다. "너는 품팔이나 하면서 어떻게 부귀를 누리겠는가?" 진승이 크
게 탄식하며 말했다. "아! 제비나 참새가 어찌 큰 기러기나 고니의 뜻
을 알겠는가!(嗟乎, 燕雀安知鴻鵠之志哉!)"
이는 참으로 절실한 말이다! 그 미천한 사람이 鴻鵠(홍곡)의 뜻을 품었
었다! 요즈음 젊은이도 사나이가 큰 뜻이 없다면, 어찌 사나이겠는가?
큰 뜻이란 정치적 권력만을 뜻하지 않는다!《史記》에서는 陳勝의 사적
을 〈陳涉世家〉로 기록했다. 《漢書》31권, 〈陳勝項籍傳〉에 입전.

**252** 沛公(패공) – 高祖는 沛縣(패현) 豐邑(풍읍) 中陽里 사람으로, 성은 劉氏
(유씨)이다. 沛縣(今 江蘇省 북부 徐州市 沛縣). 豐邑은, 今 江蘇省 徐
州市 豐縣. 전국시대 楚의 현령도 公이라 호칭했다. 유방은 秦에 항거
하려 흥기하면서 패공을 자칭했다.

**253** 漢 元年(前 206) 10월 겨울에, 패공은 霸上(패상)에 도착했다. 秦王 子

을 칭했으며, 漢興 5년에 동쪽으로 진출하여 項羽(항우)를 이기고 황제로 즉위했으며(前 202), 8년 만에 천하를 모두 평정한 뒤, 戰功을 평론하여 漢 12년까지(前 195) 제후 143명의 작위를 봉했다.

그때 큰 성읍일지라도 백성이 모두 흩어져 파악할 수 있는 호구는 겨우 (평소의) 10분의 2, 3에 불과하였기에[254] 큰 제후일지라도 1만 호를 넘지 못했고, 작은 성읍의 제후는 5, 6백 호 정도였다.

고조는 공신의 작위를 봉하면서 서약하였다. 「黃河는 衣帶이고, 泰山은 숫돌이리니[255] 封國이 영원히 지속되고 먼 후손까지 이어지리라.」[256]

---

嬰(자영)은 백마가 끄는 素車를 몰아 목에 실 밧줄을 매고 황제의 國璽(국새)와 兵符(병부)와 持節(지절)을 바치며 枳道(지도)의 亭에서 투항하였다. 패공은 함양에 들어갔다. 궁궐에 머물며 군사를 관사에서 쉬게 하려 했으나 번쾌와 장량의 건의에 따라 바로 秦의 귀중한 보배와 재물 창고를 봉하고 패상으로 환군하였다. 蕭何(소하)는 秦 丞相府의 도서와 문서를 모두 수합하였다.

254 원문 戶口可得而數裁什二三 - 裁는 纔(겨우 재)와 同. 十分之內에 겨우 2, 3의 뜻.

255 使黃河如帶, 泰山若厲 - 漢代에 黃河는 그냥 河였다. 黃河라는 말이 보이지 않았다. 여기서 黃河는 泰山의 對로 글자 수를 맞추기 위해 後人이 첨삭했을 것이라는 주석이 있다. 黃河 - 泰山. 如 - 若. 帶 - 厲(갈려, 숫돌). 사실 숫돌도 오래 쓰면 닳아 없어진다. 벼루가 닳고 패이는 것을 보면 알 수 있다. 옛날에는 휴대용 숫돌도 있었다.

256 황하와 태산이 영구하듯, 봉국이 영원히 존속되기를 원한다는 뜻. 고조는 여러 功臣과 부절을 나눠 서약하고 丹書와 鐵契(철계)를 꾸미며 金匱(금궤)나 石室 또는 종묘에 보관하였다. 비록 재위 기간이 많지 않지만 그 치적의 규모는 크고도 멀리 내다본 것이었다.

이에 丹書(단서)를 信標로 삼았고[257] 거듭 白馬를 잡아 서약하였으며,[258] 또 18제후의 位次(위차)를 정하였다.

高后 2년, 다시 승상 陳平(진평)에게 조서를 내려 열후의 공적을 평가, 서열을 다시 정하고 기록을 마친 뒤, 종묘에 보존케 하고 副本은 담당자가 관리케 하였다.[259] 이는 모두가 근본을 강화하려는 뜻이었기에 枝葉的(지엽적)인 공신은 점차 쇠락하였다.

故逮文, 景四五世間, 流民旣歸, 戶口亦息, 列侯大者至三四萬戶, 富厚如之. 子孫驕逸, 忘其先祖之艱難, 多陷法禁, 隕命亡國, 云子孫. 小國自倍,

訖於孝武後元之年, 靡有孑遺, 耗矣. 罔亦少密焉. 故孝宣皇帝愍而錄之, 乃開廟臧, 覽舊籍, 詔令有司求其子孫, 咸出庸保之中, 並受復除, 或加以金帛, 用章中興之德.

---

**257** 丹書鐵券(단서철권) - 쇠판에 새긴 붉은 글씨 - 제왕이 공신과 함께 면죄의 특권을 보장한 契券(계권).

**258** 漢 高祖는 여러 공신과 함께 白馬를 잡아 그 피로써 '劉氏가 아니면서 王을 하려는 자는 천하가 함께 격파하자(非劉氏而王者, 天下共擊之.)' 고 서약하였다. 犧牲(희생)의 피(血)를 입가에 바르는 것은 信誓(신서) 의 표시였다.

**259** 副在有司 - 有司는 담당 관리. 設官하고 分職하여 각자 전담하는 일이 있었다(各有專司). 여기서 有司란 말이 생겼다.

## 〖국역〗

그리하여 文帝와 景帝 등 4, 5대를 지나면서 流民들이 많이 돌아와 列侯의 큰 나라는 그 호구가 3, 4만 호에 이르렀고 작은 제후일지라도 호구가 크게 늘어 예전처럼 부유해졌다.[260] 그러자 공신의 자손들은 교만하거나 일탈하며 그 선조의 艱難(간난, 어려움)을 생각하지 못하여 많은 자가 法禁을 어겨 자신의 목숨을 잃거나 나라를 잃었으며 그 후손도 끊기었다.

무제의 後元 연간에는(前 88 - 87) 공신의 남아있는 후손이 없을 정도로 사라졌다.[261] 물론 나라의 법망도 촘촘하고 조밀하였다.[262]

그리하여 孝宣皇帝(효선황제)는[263] 이를 불쌍히 여겨 공신의 후손

---

**260** 원문 小國自倍 - 小國일지라도 저절로 2배가 되었다. 曹參(조참)은 처음에 1만 6백 호의 제후였지만 그 후손으로 제후의 지위를 박탈당할 때 호구는 2만 3천 호였다.

**261** 원문 靡有子遺, 耗矣 - 靡有는 未有. 子遺(혈유)는 단 하나 남은 것. 소량의 여분. 子은 외로울 혈. 子然은 홀로 서있는 모양(獨立貌). 耗는 줄어들 모.

**262** 원문 罔亦少密焉 - 罔(그물 망)은 網(그물 망)과 同.

**263** 孝宣皇帝(재위 前 74 - 49년) - 初名 病已. 즉위 이후에 詢(순)으로 改名. 諡法에 '聖善周聞曰 宣.' 武帝의 증손이며, 戾太子(劉據)의 손자이다. 孝宣帝의 治國은 信賞必罰(신상필벌)이며 名分과 實質을 종합적으로 고찰하여 政事나 文學과 法理의 인재를 막론하고 모두가 그 직무에 정통하였으며 기술자(工匠)나 산업분야에서도 元帝나 成帝 때 사람이 따라갈 수 없을 정도였으니 모든 관리가 그 직무를 성실히 수행했고 백성은 생업에 안주했음을 알 수 있다. 匈奴의 분란을 만나 무도한 자를 없애고 大道를 따르는 자를 지켜주어서 漢의 신의와 위엄을 북방에 떨쳤으며, 선우는 仁義를 흠모하여 고개를 숙이며 藩臣(번신)을 자청하였다. 탁월한 공적으로 祖宗의 공덕을 더욱 빛나게 했으며 대업을 마

을 다시 등록케 하며 종묘에 보관한 자료와 옛 전적을 열람하고 담당자에게 조서를 내려 공신의 후손을 찾게 하였는데, 대부분 품팔이 농민들이 많았지만[264] 모두 賦稅를 면제받거나[265] 요역을 다시 작위를 제수 받거나 황금 또는 비단을 하사받아 쇠락했다가 다시 흥성하는 큰 은덕을 받았다.[266]

降及孝成, 復加卹問, 稍益衰微, 不絶如綫. 善乎, 杜業之納說也!

曰,「昔唐以萬國致時雍之政, 虞,夏以之多群后饗共己之治. 湯法三聖, 殷氏太平. 周封八百, 重譯來賀. 是以內恕之君樂繼絶世, 隆名之主安立亡國, 至於不及下車, 德念深矣. 成王察牧野之克, 顧群后之勤, 知其恩結於民心, 功光於王府也.

故追述先父之志, 錄遺老之策, 高其位, 大其寓, 愛敬飭盡, 命賜備厚. 大孝之隆, 於是爲至. 至其沒也, 世主歎其功, 無

---

런하여 후사에게 물려주었으니, 가히 중흥을 이루었으며 그 은덕은 殷의 高宗, 西周의 宣王과 나란하다고 말할 수 있다.

**264** 원문 咸出庸保之中 – 庸은 품팔이 용. 保는 임금을 받고 일하는 자.

**265** 원문 並受復除 – 賦稅나 徭役(요역)을 면제받다.

**266** 원문 用章中興之德 – 章은 뚜렷한. 顯然. 表白. 中興은 功臣 가문이 쇠락했다가 다시 흥성하다.

民而不思. 所息之樹且猶不伐, 況其廟乎? 是以燕,齊之祀與
周並傳, 子繼弟及, 歷載不墮. 豈無刑辟, 繇祖之竭力, 故支
庶賴焉. 跡漢功臣, 亦皆割符世爵, 受山河之誓, 存以著其
號, 亡以顯其魂, 賞亦不細矣. 百餘年間而襲封者盡, 或絶失
姓, 或乏無主, 朽骨孤於墓, 苗裔流於道, 生爲愍隸, 死爲轉
屍. 以往況今, 甚可悲傷. 聖朝憐閔, 詔求其後, 四方忻忻,
靡不歸心. 出入數年而不省察, 恐議者不思大義, 設言虛亡,
則厚德掩息, 遴柬布章, 非所以視化勸後也. 三人爲眾, 雖難
盡繼, 宜從尤功.」

於是成帝復紹蕭何.

哀,平之世, 增修曹參,周勃之屬, 得其宜矣. 以綴續前記,
究其本末, 並序位次, 盡於孝文, 以昭元功之侯籍云.


〔국역〕

孝成帝(재위 前 33 - 前 7)에 이르러 다시 (공신의 후손을) 찾아 위
문케 하였으나[267] 점차 쇠퇴하여 미약했어도 끊어지지는 않고 실처
럼 이어졌다. (成帝가) 杜業(두업)의[268] 건의를 받아들인 일은 훌륭한
일이었다. 두업이 건의하였다.

---

267 원문 復加卹問 - 卹問(휼문)은 가엽게 생각하여 안부를 묻다. 卹은 걱
   정할 휼. 불쌍히 여기다.

268 杜業(두업, ?-서기 1년) - 字는 君都. 前 33년에 부친 杜緩의 建平侯 세
   습. 成帝 시 太常 역임. 哀帝 때 다시 太常 역임.《漢書 杜周傳》에 立傳.

「옛날 唐堯(당요, 堯)는 많은 封國을 통해 和平하게 다스렸고,[269] 虞舜(우순, 舜)과 夏禹(하우, 禹王)는 많은 제후와 함께 無爲의 治를 실현하였습니다.[270] (殷의) 湯王(탕왕)은 三聖을[271] 본받았기에 殷나라가 太平했습니다. 周나라는 8백의 제후를 봉했으며, 南蠻(남만)은 이중 통역을 거치며 찾아와 치하하였습니다.[272]

이를 본다면, 너그러운 主君은 단절된 제후를 찾아 이어주기를 즐겨했으며, 명성이 높은 君主(隆名之主)는 멸망한 나라의 후손도 찾아 다시 세우게 하였는데,[273] (周 武王은 殷 도읍을 지나면서) 수레에서 내리기도 전에 (黃帝의 후손과 虞舜의 후손을) 封하였으니, 이는 武王의 덕이 深遠(심원)했기 때문입니다.

(周) 成王은 (武王의) 牧野之克(牧野戰)의 현장을 둘러보고[274] 여러 제후의 근면한 助力과 은덕이 민심과 연결되었고 그 공덕이 나라에 광채가 된다는 사실을 알았습니다. 그래서 (成王은) 선친 武王의 遺志를 이어받았고 元老들의 方策을 받아들였으며, 원로의 지위를

---

**269** 원문 以萬國致時雍之政 – 時雍은 세상이 태평하다. 和平하고 安康하다. 雍은 온화할 옹. 和也

**270** 원문 以之多群后饗共己之治 – 群后는 諸侯. 共己(공기)는 恭己, 無爲와 同. 孔子曰, "無爲而治者, 其舜也歟! 夫何爲哉? 恭己正南面而已."《論語 衛靈公》

**271** 三聖은 堯, 舜, 禹也.

**272** 원문 重譯來賀 – 重譯은 二重으로 통역하다. 남쪽 越裳氏(월상씨)를 지칭함.

**273** 원문은 安立亡國.

**274** 牧野之戰 – 殷商帝 辛(周朝에서는 紂王이라 통칭)의 군사와 周 武王 군사의 決戰. 史稱 '武王克殷' '武王克商' '武王伐紂'라 한다. 그 현장은 今 河南省 북부 新鄉市 牧野區 일대.

높였고 큰 저택을 주었으며,[275] 정성을 다하여 공경하였고 하사하는 賞도 많았습니다. [276] (功臣에 대한) 이러한 우대가 바로 최고의 효도라 할 수 있습니다. 그래서 (成王이) 죽었을 때 모든 제후들이 그 공적을 추념했고 백성들은 은공을 잊지 않았습니다. (召公이) 쉬었던 그 나무도 베지 않거늘 그 묘당을 없앨 수 있겠습니까?[277] 이에 燕(연)과 齊(제)의 제사에서는 周(주)에 대한 제사가 함께 이어졌으며, (공신에 대한 제사는) 아들이나 아우에게 이어져 세월이 지나가도 끊이지 않았습니다. (공신의 후손이) 잘못이 없을 수 없었으나[278] 선조의 충성 덕분에 그 후손은 은덕을 입었습니다. [279]

漢 功臣의 자취 또한 (君臣이) 부절을 나눠 갖고 작위를 세습하면서 山河를 두고 맹서하였으니, 살아서는 그 爵號(작호)를 누렸고 죽어서는 그 혼백을 위로하며 여러 賞賜(상사) 또한 적지 않았습니다. 그간 1백여 년이 지나면서 작위를 받은 자가 없었고, 혹은 단절되어 姓氏를 잃거나 행적을 감추었으며 죽어 묘에 묻혔거나 후손은 길을 떠돌았고, 살았더라도 불쌍한 노예가 되었으며, 죽어서는 길에 구르

---

**275** 원문 高其位, 大其寓 – 寓는 字, 屋宇. 집. 거처.

**276** 원문 愛敬飭盡, 命賜備厚 – 愛敬에 정성을 다하다. 飭은 신칙할 칙. 갖추다. 盡은 모두. 다하다. 備厚는 모두 성대하게 갖추다.

**277** 召伯(소공)이 甘棠(감당)나무 그늘에 쉬면서 백성의 억울한 사정을 들어주었다 하여 그 나무를 벨 수 없다고 하였다. 「蔽芾甘棠, 勿翦勿伐, 召伯所芨. 蔽芾甘棠, 勿翦勿敗, 召伯所憩.」~《詩經 召南 甘棠》.

**278** 원문 豈無刑辟 – 어찌 잘못이 없을 수 없겠지만. 刑辟(형벽)은 邪辟(사벽)의 오류라는 주석에 따른다.

**279** 繇祖之竭力 – 繇는 말미암을 유. 由와 同. 요역.

는 시신이 되었습니다.[280] 지난날의 영광과 지금을 비교해 보면 매우 슬플 뿐입니다. 聖明한 조정에서는 이를 안타깝게 여겨 그 후손을 찾아보라고 조서를 내리니 사방에서 모두가 기뻐하며 조정에 歸依(귀의)하지 않는 사람이 없습니다.

그 오랜 세월을 지내며 功臣의 후손을 살피지 않은 것은 아마도 議者들이 大義를 살피지 않은 것이며, 허망한 말만 늘어놓는다면 (功臣의) 厚德(후덕)은 가려질 것이며, 후손을 찾기가 어려울 것이니 널리 공표해야 하며[281] 그렇지 않으면 후대에 충성을 권하는 방법이 아닐 것입니다.[282] (작위를 이어줄 공신이) 3인이면 많다고 생각하지만 모두를 다 계승케 할 수 없다면 그중에서 특별히 공적이 뚜렷한 공신을 골라야 할 것입니다.」

이에 成帝는 蕭何(소하)의 후손을 골라 다시 封했다.

哀帝와 平帝 재위 중에 曹參(조참)과 周勃(주발)의 공신 서열을 수정하여 바른 지위를 되찾게 하였다.

그리고 이전의 기록을 보완하여 그 공적의 本末을 따져 그 서열을 함께 기록하되 文帝 代에서 끝내어 개국 원훈의 서열 명부를 밝혔다.

---

**280** 원문 生爲愍隷, 死爲轉屍 - 愍隷(민예)는 苦役에 종사하다. 몹시 힘든 생활을 하다. 轉屍(전시)는 시신이 뒹굴다. 죽었어도 거두어주는 사람이 없다. 죽어도 묻힐 곳이 없다.

**281** 원문 遴柬布章 - 遴은 어려워할 인(린), 難行也. 柬(가릴 간)은 簡의 古字. 簡은 적다(少也). 지금 후손을 찾아 추가로 紹封(소봉)이 어렵다면 단절된 후손을 찾아 이어주는 실적이 적을 것이다. 그러기에 이는 반드시 천하에 널리 공표해야 한다는 뜻.

**282** 원문 非所以視化勸後也. - 敎化하여 후손에게 충성을 권유하는 길이 아니다. 視는 示와 同.

※ 참고-漢代의 爵位(작위)

　　秦의 20등급 작위제도를 漢에서도 계속 적용했다. 나라에서는 경사가 있을 때나 공로를 보상하기 위한 방법으로 成人 남자(戶主)에게 작위를 수시로 하사하였다. 民爵은 사고 팔 수도 있었는데 1급의 가격이 2천 전에 해당했다는 주석이 있다. 전한 말 성제 때는 그 가격이 1천 전으로 절반까지 떨어졌다. 물론 화폐도 달랐다. 백성이 죄를 지은 경우 작위를 30급을 사면 사형을 면할 수 있게 했다.

　　一級(가장 낮음) 公士(爵命을 받아 보통 士卒과 다르다는 뜻), 二級 上造, 三級 簪裊(잠요. 말을(馬) 장식한다는 뜻), 四級 不更(불경), 五級 大夫(大夫를 수행할 자격이 있다는 뜻.), 六級 官大夫, 七級 公大夫, 八級 公乘(公家의 수레를 탈 수 있다는 뜻. 1급부터 8급까지는 일반 백성의 작위이다.) 九級 五大夫, 十級 左庶長, 十一級 右庶長, 十二級 左更(좌경), 十三級 中更, 十四級 右更, 十五級 少上造, 十六級 大上造, 十七級 駟車庶長(사거서장, 駟馬의 수레를 탈 수 있는 관리라는 뜻), 十八級 大庶長(9등급 五大夫부터 18등급 大庶長까지는 관리의 등급으로 요역이 면제된다.), 十九級 關內侯(관내후), 관내후는 京畿에 거주할 수 있으나(居京畿), 봉국은 없다(無國邑). 곧 關中에 식읍을 받을 수 있었으며, 식읍은 그 규모를 공적에 따라 달리했다. 관내후는 보통 '君'이라 통칭했다. 그리고 二十級은 徹侯(철후)이다. 나중에 武帝의 이름을 諱(휘)하여 列侯(열후)라 개칭했다.

# 1. 高祖功臣表

| 號諡<br>姓名 | 侯狀戶數 | 始封<br>位次 | 子 | 孫 | 曾孫 | 玄孫 |
|---|---|---|---|---|---|---|
| 平陽懿侯<br>曹參283 | 以中涓從<br>起沛,至霸<br>上,侯.以將<br>軍入漢,以<br>假左丞相<br>定魏,齊,以<br>右丞相,侯,<br>萬六百戶.<br>284 | 六年十二<br>月甲申封,<br>十 二 年<br>薨. 285 | 孝惠六年,<br>靖侯窋嗣,<br>二十九年<br>薨. 286 | 孝文後四<br>年,簡侯奇<br>嗣,七年薨. | 孝景四年,<br>夷侯時嗣,<br>二 十 三 年<br>薨. | 元光五年,<br>共侯襄嗣,<br>十六年薨. |
| | | (六世)<br>元鼎二年,<br>侯宗嗣,二<br>十四年,征<br>和二年,坐<br>與中人姦,<br>闌入宮掖<br>門,入財贖<br>完爲城旦.<br>戶二萬三<br>千. 287 | (七世)<br>元康四年,<br>參玄孫之<br>孫杜陵公<br>乘喜詔復<br>家. | (九世)<br>元壽二年<br>五月甲子,<br>侯本始以<br>參玄孫之<br>玄孫杜陵<br>公士紹封,<br>千戶,元始<br>元年益滿<br>二千戶. 288 | (十世)<br>建武二年,<br>侯宏嗣,以<br>本始子舉<br>兵佐軍,紹<br>封. 289 | (十一世)<br>侯曠嗣,<br>今見. 290 |

---

**283** 平陽侯 曹參(조참, ?-前 190) - 字는 敬伯, 沛縣의 옥리 출신. 최고의 戰功을 쌓았다. 조참은 漢 6년(前 201)에 齊王의 相에 임명되었다. 前193년에 蕭何(소하)의 뒤를 이어 漢 승상이 되어 無爲의 治를 구현하였다. '蕭規曹隨(소규조수)' 成語의 주인공. 39권, 〈蕭何曹參傳〉에 立傳.

**284** 中涓(중연) - 親近之臣, 謁者(알자)나 舍人(사인) 같은 職責. 涓은 작은 시내 연. 깨끗하게 청소하다(潔也). 涓은 본음 견. 俗音은 연 通. 以右丞相,侯,萬六百戶 - 우승상으로 재직하며, 侯에 봉해졌다. 侯는 동사로 쓰였다. 萬六百戶는 식읍의 戶數이다.

**285** 曹參은 공신으로서 蕭何 다음의 제 2위였다. 고조의 공신 연표에는 조참이 맨 위에 올랐고 소하는 표에서 13번째이다. 漢高祖가 정식으로 공신을 책봉하기 이전의 자료를 인용했기 때문이라는 주석이 있다.

**286** 孝惠六年,靖侯窋嗣,二十九年薨. - 이를 국역하면 다음과 같다. 孝惠帝六年(前 189) 靖侯(정후)인 窋(줄)이 (작위를) 계승했다(嗣), (제후로)29년을 재위하고 죽었다(薨). 특별한 설명이 필요하지 않은 경우 우리

※ 表 읽기

○號諡(호시)와 姓名 - 平陽侯 曹參. 懿(의)는 諡號(시호)이다. 曹參의
  제후 지위를 이어받은 후손은 平陽侯이다. 曹參 死後에 시호는 懿
  侯(의후, 아름다울 의. 훌륭하다).
○侯狀戶數 - 侯狀은 제후가 된 상황, 주로 공적 사항을 요약했다. 中
  涓(중연, 가까운 사람. 지인)으로 (고조를) 따라(從) 沛縣(패현)에서 봉
  기하였고, (秦을 공격하여) 霸上(패상, 地名)에 이르렀으며, 侯가 되
  었다. 將軍으로 漢(諸侯國名, 漢中)에 들어갔으며, 임시(假) 左丞相
  으로 魏(위)와 齊(제)의 지역을 평정하였고, 右丞相으로, 侯(후)가 되
  었다. 식읍은 (총) 1萬 六百戶이다. 여기의 侯는 동사로 쓰였다. 侯
  가 되다.
○始封位次 - (고조) 六年(前 201) 十二月 甲申日에 被封(피봉)되었다.

───────
  말 국역이나 주석을 생략한다. 우리말 국역까지 모두 수록하면 表 만
  들기만 어렵다.

287 入財贖完爲城旦 - 재물을 납부하여 自贖(자속)하고, 머리를 깎고(完)
  변경 城에서 勞役했다(城旦, 성단). 完은 去髮刑. 髡(머리 깎을 곤)과 同.

288 (哀帝) 元壽二年(前 1년) 五月 甲子日, 諸侯 本始(본시, 名)는 曹參 玄孫
  의 玄孫으로 杜陵縣(두릉현, 당시 거주지)의 公士(평민의 작위 명칭)로
  (제후의 후손을 封하는) 紹封(소봉)을 받았다. 식읍은 1千戶였는데, (平
  帝) 元始 元年(서기 1년) 戶數를 늘려 2천호를 채웠다(益滿二千戶).

289 (後漢 光武帝) 建武二年(서기 26년), 제후인(侯) 曹宏(조굉)이 작위를
  계승했는데(嗣), 本始(본시)의 아들로 擧兵하여 (광무제의) 군사를 도
  왔기에, 紹封(소봉)을 받았다.

290 侯曠嗣, 今見. - 諸侯 曠(曹曠)이 계승했다(嗣). 今見은 班固가《漢書》
  를 편찬할 때, 살아있었다는 뜻.

十二年을 재위하고 죽었다(薨). 조참은 논공행상에서 軍功 1위나 개국공신으로서는 蕭何(소하) 다음 2위였다. 여기에는 位次가 누락되었다.

○子－孝惠帝 六年(前 189) 靖侯(정후)인 窋(줄, 曹窋, 뾰족히 내밀 줄. 구멍에서 나오는 모양 출)이 계승하여(嗣), (재위) 二十九年에 죽었다(薨).

○六世－(武帝) 元鼎(원정) 二年(前 115), 侯인 宗(종, 曹宗)이 작위를 계승했고, (재위) 二十四年인 (武帝) 征和(정화) 二年(前 91)에 中人(宮人)과 간음하며, 궁궐 액문(宮掖門)을 허가없이 출입한 (闌入, 난입) 죄를 지어(坐), 재물을 바쳐 自贖(자속)하였고(入財贖) 머리를 깎은 뒤(完)[291] (변방) 城에서 노역하였다(城旦). (작위를 면할 때, 식읍은) 二萬三千戶였다.

○七世－(宣帝) 元康 四年(前 62) 曹參 玄孫의 손자인 杜陵縣의 公乘(공승, 민간 작위 중 下 8급)인 喜(희, 名)에게 조서로(詔) 그 家戶에 대한 賦稅를 면제하였다(復家).

○十世－(후한, 光武帝) 建武 二年(서기 26년), 侯인 宏(굉, 名)이 계승하였는데, 本始(본시, 名)의 아들로(子) 擧兵하여 (光武帝의) 군사를 도와(佐軍) 紹封(소봉)되었다.

---

**291** 完은 머리 깎는 형벌(去髮刑也). 髡(머리 깎을 곤)과 同. 髡 대신 完으로 표기. 完은 신체를 다치지 않다. (不虧其體也, 不加肉刑也.)

| 姓名 號諡 | 侯狀戶數 | 始封位次 | 子 | 孫 | 曾孫 | 玄孫 |
|---|---|---|---|---|---|---|
| 信武肅侯 靳歙292 (근흡) | 以中涓從起宛朐,入漢,以騎都尉定三秦,擊項籍,別定江漢,侯五千三百戶,以將軍攻豨,布.293 | 十二月甲申封.九年薨./十一. | 高后六年,侯亭嗣.孝文後三年坐事國人過律,免. | | | (六世) 元康四年歙玄孫之子長安上造安漢詔復家.294 |
| 汝陰文侯 夏侯嬰295 (하후영) | 以令士從降沛公爲太僕,常奉車,竟定天下,急全皇太子,魯元公主,侯,六千九百戶. | 十二月甲申封.三十年薨./八 | 孝文九年,夷侯灶(조)嗣,七年薨. | 十六年,共侯賜嗣,四十一年薨. | (武帝)元光三年,侯頗(파)嗣,十八年,元鼎二年,坐尙公主,與父御婢姦,自殺. | (六世) 元康四年嬰玄孫之子長安大夫信詔復家296 |

**292** 信武肅侯 靳歙 - 靳歙(근흡, ? - 前 183) - 靳는 가슴걸이 근. 歙은 줄일 흡. 靳歙(근흡)은 沛公을 따라 기병한 이후 많은 武功을 세웠다. 高后 5년에 근흡이 죽었는데, 시호는 肅侯(숙후)라 했다. 아들 근형이 뒤를 이었으나 죄를 지어 나라가 없어졌다. 41권, 〈樊酈滕灌傅靳周 傳〉에 입전. 《史記》98권, 〈傅靳蒯成列傳〉 참고.

**293** 陳豨(진희, ? - 前 196)는 淮陰侯 韓信과 내통하여 漢 10년에 진희는 반란을 일으켰고, 高帝는 직접 군사를 거느리고 출정했는데 한신은 병을 평계로 종군하지 않았다. 진희는 평정되고 한신은 呂后에 잡혀죽었다.

**294** 長安上造安漢詔復家 - 長安은 거주지. 長安縣. 上造는 백성(평민)의 작위(下位에서 2번째) 이름. 安漢은 人名. 詔는 조서. 황제의 명령. 復家은 제후의 가문을 복원하다.

**295** 夏侯嬰 - 汝陰侯滕公(여음후 등공) - 夏侯嬰(하후영, ? - 前 172) - 夏侯는 복성. 嬰은 어린아이 영. 하후영은 고조가 패현에서 봉기할 때부터, 늘 太僕(태복)으로 고조가 죽을 때까지 수행했으며, 또 惠帝를 섬겼다. 孝惠帝와 高后는 하후영이 혜제와 노원공주를 下邑에서 구해준 것을 은덕으로 생각하였고, 하후영에게 궁궐 북쪽에 제일 좋은 집을 하사하

| | | | | | |
|---|---|---|---|---|---|
| 清河<br>定侯<br>王吸[297]<br>(왕흡) | 以中涓從起豊,至霸上,爲騎郎將,入漢,以將軍擊項籍,侯二千二百戶. | 十二月甲申封.二十三年薨./十四 | 孝文元年哀侯彊嗣.七年薨. | 八年孝侯优嗣.二十年薨. | 孝景五年,哀侯不害嗣,十九年元光二年薨. | 元康四年,吸玄孫長安大夫充國詔復家 |
| 陽陵<br>景侯<br>傅寬<br>(부관) | 以舍人從起橫陽,至霸上,爲騎將,入漢,定三秦,屬淮陰,定齊,爲齊丞相,侯,二千六百戶. | 十二月甲申封,十二年薨./十位次日武忠侯. | 孝文二年,戴侯勝嗣,九年薨. | 孝文十五年,共侯明嗣,二十二年薨. | 孝景四年,侯偃嗣,三十一年,元狩元年,坐與淮南王謀反,誅. | (七世)<br>元康四年,寬玄孫之孫長陵士伍景詔復家. |
| 廣<br>嚴侯<br>召歐<br>(소구)[298] | 以中涓從起沛,至霸上,爲連敖,入漢,以騎將定燕,趙,得燕將軍,侯,二千二百戶. | 十二月甲申封.二十三年薨./二十八. | 孝文二年,戴侯勝嗣,九年薨. | 十一年,共侯嘉嗣,十三年,孝文後七年薨,亡後. | | 元康四年,歐玄孫安陵大夫不識詔復家. |

며 '내 가까이 살라!' 하면서 특별히 존중하였다. 혜제가 죽자, 하후영은 태복으로 高后를 섬겼다. 고후가 죽고 代王을 모셔올 때 하후영은 태복으로서 동모후 유흥거와 함께 궁궐의 다른 세력을 제거하고 少帝을 내쫓고 천자의 어가로 대왕의 관저에서 모시어 다른 대신과 함께 문제를 옹립하였고 다시 태복이 되었다. 그 8년 뒤에 하후영이 죽었는데, 시호는 文侯이었다. 증손인 夏侯頗(하후파)까지 지위가 이어졌는데 하후파는 平陽公主를 맞이하였으나 아버지 소유의 御婢(어비)와 간통한 죄에 걸려 자살하였고 나라는 없어졌다. 소설 《三國演義》에 나오는 曹操의 부장 夏侯惇(하후돈), 夏侯淵(하후연) 등은 모두 하후영의 후손이다. 41권, 〈樊酈滕灌傅靳周傳〉에 입전

**296** 長安大夫信詔復家 - 여기 大夫는 漢 20작위 중 평민의 작위(5급) 명칭. 信은 人名.

**297** 王吸(왕흡) -《史記 高祖功臣侯者年表》參考.

**298** 廣 嚴侯 召歐 (소구) - 廣은 齊郡의 縣名. 嚴侯는 莊侯. 後漢에서는 明帝 이름 莊을 피휘하여 嚴으로 표기하였다.

| 號諡 姓名 | 侯狀戶數 | 始封位次 | 子 | 孫 | 曾孫 | 玄孫 |
|---|---|---|---|---|---|---|
| 廣平敬侯薛歐 (설구) | 以舍人從起豐,至霸上,爲郎,入漢,以將軍擊項籍將鍾離昧(종리매),侯,四千五百戶.299 | 十二月甲申封,十四年薨./十五 | 高后元年,靖侯山嗣,二十六年薨. | 平棘侯 孝文後三年,侯澤嗣,孝景中三年,有罪,免.中五年,澤復封,三十三年薨,諡曰節侯. | 元朔四年,侯穰嗣,三年,元狩元年,坐受淮南賂稱臣,在赦前,免. | 元康四年,歐玄孫長安大夫去病詔復家. |
| 博陽嚴侯陳濞 (진비) | 以舍人從碭,以刺客將入漢,以都尉擊項羽滎陽,絶甬道,殺追士卒,侯. | 十二月甲申封,三十年薨./十九 | 塞侯 孝文後三年,侯始嗣,九年,坐謀殺人,會赦,免.孝景中五年,始復封,二年,後元年,有罪,免. | | 元康四年,濞曾孫茂陵公乘壽詔復家. | |
| 堂邑安侯陳嬰 (진영) | 以自定東陽爲將,屬楚項梁,爲楚柱國.四歲,項羽死,屬漢,定豫章,浙江,都漸,定自爲王壯息,侯,六百戶.復相楚元王十二年 | 十二月甲申封,六年薨./八十六 | 高后五年,共侯祿嗣,十八年薨. | 孝文三年,侯午嗣,尚館陶公主,四十八年薨. | 元光六年,侯季須嗣.十三年,元鼎元年,坐母公主卒未除服姦,兄弟爭財,當死,自殺.300 | (六世) 元康四年,嬰玄孫之子霸陵公士尊詔復家. |

---

299 長鍾離昧(종리매) - 人名. 鍾離는 複姓.

300 (武帝) 元鼎 元年(前 116), 母親 館陶公主가 죽어(卒) 服喪을 마치기도 전에(未除服) 姦淫하고, 兄弟가 爭財하여 當死하게 되자, 自殺했다.

| 曲逆獻侯 陳平301 (진평) | 以故楚都尉,漢王二年初起修武,爲都尉,以護軍中尉出奇計,定天下,侯,五千戶. | 十二月甲申封,二十四年薨. /四十七 | 孝文三年,共侯買嗣,二年薨. | 五年,簡侯恢嗣,二十二年薨. | 孝景五年,侯何嗣,二十三年,元光五年,坐略人妻,棄市.戶萬六千. | (六世) 元康四年,平玄孫之子長安簪褭莫詔復家. 元始二年,詔賜平代後者鳳爵關内侯,不言世. |
|---|---|---|---|---|---|---|
| 留文成侯 張良302 (장량) | 以廄將從起下邳,以韓申都下韓,入武關,設策降秦王嬰,解上與項羽隙,請漢中地,常爲計謀,侯,萬戶.303 | 正月丙午封,十六年薨. /六十二. | 高后三年,侯不疑嗣.十年,孝文五年,坐與門大夫殺故楚内史,贖爲城旦.304 | | | (六世) 元康四年,良玄孫之子陽陵公乘千秋詔復家. |

---

**301** 陳平(진평, ?-前 178) - 陽武縣 출신, 今 河南省 開封市 동쪽 蘭考縣(난고현). 젊어 가난했지만 독서를 좋아했고 黃帝와 老子의 학술(道家)을 공부하였다. 여러 번 奇計로 劉邦을 도왔다. '反間計', '離間計'가 그의 특기. 진평이 죽기 전에 말했다. "나는 陰謀를 많이 썼는데, 이는 道家에서 禁忌(금기)하는 것이다. 내 세대에서 바로 망하더라도 그뿐이지만 끝내 다시 일어나지는 못할 것이니, 이는 나의 음모에 대한 재앙일 것이다."

**302** 張良(?-前 185) - 字는 子房, 留侯, 시호 文成, 漢朝 開國元勳 蕭何, 韓信과 함께 漢初 三傑. 留(류)는 泗水郡 현명. 今 江蘇省 徐州市 沛縣 동남. 40권, 〈張陳王周傳〉에 입전. 張良의 智勇을 알고서는 체구가 장대하고 특별한 위엄이 있는 사람으로 생각했지만 그 모습은 오히려 부녀자와 같았다. ~ 高祖는 여러 번 곤경을 당했고 그때마다 장량은 큰 역할을 하였으니 어찌 하늘의 뜻이 아니하겠는가?(班固 論贊) 留는 楚國(彭城郡)의 縣名.

| 射陽侯<br>劉纏305<br>(유전) | 兵初起,與諸侯共擊秦,爲楚左令尹.漢王與項有隙於鴻門,纏解難,以破羽降漢,侯. | 正月丙午封,九年,孝惠三年薨.嗣子雖有罪,不得代. | | | | | |

※ 酇文終侯 蕭何(소하)의 表

| 號諡<br>姓名 | 侯狀<br>戶數 | 始封<br>位次 | 子 | 孫 | 曾孫 | 玄孫 | 六世 | 七世 |
|---|---|---|---|---|---|---|---|---|
| 酇<br>文終侯<br>蕭何306 | 以客初從入漢,爲丞相,守蜀及關中,給軍食,佐定諸侯,爲法令宗廟,侯,八千戶. | 正月丙午封,九年薨/一 | 孝惠三年,哀侯祿嗣,六年薨,亡後.高后二年,封何夫人祿母同爲侯,孝文元年罷.307 | | | | | |

---

**303** 韓申都는 韓王信(한왕신) ‒ 韓信. 대장군이며 나중에 淮陰侯가 된 韓信과 성명이 동일. 韓王信이라 표기, 구분한다. 古 信은 申 同義.

**304** 高后三年,侯不疑嗣 ‒ 不疑(불의)가 名.

**305** 射陽侯 劉纏(유전) ‒ 纏은 얽어맬 전. 묶다.

**306** 酇文終侯 蕭何 ‒ 酇은 贊. 蕭何(소하, 前257‒193) ‒ 沛縣 豐邑人, 今 江蘇省 徐州市 豐縣. 蕭何는 縣의 主吏였고 劉邦은 亭長이었으니 소하의 지위가 높았다(소하는 나이도 한 살 위였다). 高祖 劉邦과 曹參, 樊噲(번쾌)가 모두 동향이었는데 蕭,曹 2인은 관리로 명성이 있었고 유방과 번쾌는 토박이 불량배(地痞, 지비)였다. 汉朝 초기의 丞相, 汉初三 杰. 고

| | | | | | | | |
|---|---|---|---|---|---|---|---|
| | | | 筑陽侯高后二年,定侯延以何少子封,孝文元年更爲酇,二年薨.308 | 煬侯遺嗣,一年薨, 亡後. | | | |
| | | | | 武陽侯五年,侯則以何孫遺弟紹封,二十年有罪,免.二萬六千戶. | | | |
| | | | | 孝景二年,侯嘉以則弟紹封,二千戶,七年卒也. | 中二年,侯勝嗣,二十一年,坐不齋,耐爲隸臣.309 | | |

조는 소하의 공적을 사냥에서 개를 풀어주고 지시를 하는 사람의 공적에 해당한다고 말했다. 39권, 〈蕭何曹參傳〉에 입전.

**307** 孝惠帝 2년에 蕭何가 죽었고, 시호는 文終侯이다. 아들 蕭祿(소록)이 뒤를 이었고 죽었을 때 아들이 없었다. 高后는 소하의 부인 同(동)을 찬후로 봉했고, 작은아들 蕭延(소연)을 築陽侯(축양후)에 봉했다. 孝文帝 원년에 同을 폐위하고 다시 소연을 찬후에 봉했다.

**308** 筑陽侯 – 筑은 악기 이름 축. 高后 二年은 前 186년.

**309** 坐不齋,耐爲隸臣 – 坐는 법에 저촉되다, 죄를 짓다. 不齋는 제사를 지내지 않다. 耐는 수염을 깎고 2년의 노역형에 종사하다. 隸臣(예신)은 비천한 신하. 형벌을 받은 제후.

| | | | | | 酇侯元狩三年,共侯慶以何曾孫紹封,二千四百戶,三年薨. | 六年侯壽成嗣.十年左爲太常犧牲瘦,免 | 甘露二年,思侯輔嗣. | 侯獲嗣,永始元年,坐使奴殺人,減死,完爲城旦. |
|---|---|---|---|---|---|---|---|---|
| | | | | | | | 永始元年七月癸卯,釐侯喜以何玄孫之子南綟長紹封,三年薨.310 | 永始四年,質侯尊嗣,五年薨.※(八世계속) |
| | | | | | | | (八世)綏和元年,質侯章嗣,元始元年,益封滿二千戶,十三年薨. | (九世)王莽居攝元年,侯禹嗣,建國元年更爲蕭鄉侯,莽敗,絕. |

| 號諡姓名 | 侯狀戶數 | 始封位次 | 子 | 孫 | 曾孫 | 玄孫 |
|---|---|---|---|---|---|---|
| 絳武侯周勃311 (주발) | 以中涓從起沛,至霸上,侯,定三秦,食邑,爲將軍,入漢,定隴西,擊項籍,守嶢關,定泗水,東海,侯,八千一百戶. | 正月丙午封,十三年薨./四 | 孝文十二年,侯勝之嗣,六年,有罪,免.312 | | | |

310 南綟(다스릴 연) - 戀에서 心이 없는 글자. 鉅鹿郡의 縣名.

311 絳侯 周勃(강후 주발, ?-前 169)과 潁陰侯 灌嬰(영음후 관영). 두 사람 모두 한왕을 따라 같이 거병하였고 나중에 승상을 역임하였다. 주발은

| | | | | | | |
|---|---|---|---|---|---|---|
| | | | 脩侯<br>後三年,侯亞夫以勃子紹封,十八年,有罪,免 九 年 薨.313 | | | |
| | | | 平曲侯<br>孝景後元年,共侯堅以勃子紹封,十九年薨. | 元朔五年,侯建德嗣,十二年,元鼎五年,坐酎金免. | 元康四年,勃曾孫槐里公乘廣漢詔復家. | 元始二年,侯共以勃玄孫紹封,千戶. |
| 舞陽武侯樊噲314<br>(번쾌) | 以舍人起沛,從至霸上,爲侯.以郎入漢,定三秦,爲將軍,擊項籍,再益封.從破燕,執韓信,侯,五千戶. | 正月丙午封,十三年薨.<br>/五 | 孝惠七年,侯伉嗣,九年,高后八年,坐呂氏誅. | | | |
| | | | 孝文元年,荒侯市人以噲子紹封,二十九年薨. | 孝景七年,侯它廣嗣,中六年,坐非子免.315 | 元康四年,噲曾孫長陵不更勝客詔復家.316 | (六世)元始二年,侯章以噲玄孫之子紹封,千戶. |

누에고치 섶을 짜서 먹고 살면서, 喪家에서 퉁소를 불어 일을 도왔고, 용감한 병사였으며 큰 활을 쏘았다. 고조는 주발을 '厚重少文하나 대사를 맡길 수 있는 사람'으로 평가했다. 文帝 時 右丞相 역임.

**312** 아들 周勝之가 뒤를 이었는데, (승지는) 공주를 아내로 맞이했으나 서로 화합하지 못하다가 살인죄에 걸려 죽었고 나라는 없어졌다.

**313** 條侯(脩侯) 周亞夫(? – 前 143) – 周勃(주발)의 아들. 周亞夫가 河內郡 태수로 있을 때 許負(허부)가 관상을 보고서는 "당신은 3년 뒤에는 제후가 되고, 다시 8년 뒤에는 將相으로 국정을 장악할 것이니 지위가 높기로는 신하 중 최고일 것입니다. 그리고 다시 9년 뒤에 굶어 죽을 것입니다." 라고 말했다. 七國之亂에 漢軍을 거느리고 3개월에 반군을

| 曲周景侯酈商317 (역상) | 以將軍從起岐,攻長社以南,別定漢及蜀,定三秦,擊項籍,侯,四千八百戶. | 正月丙午封,二十二年薨./六 | 孝文元年,侯寄嗣,三十二年,有罪,免.戶萬八千.318 | | | |
|---|---|---|---|---|---|---|
| | | | 繆侯孝景中三年,靖侯堅紹封. | 元光四年,康侯遂成嗣. | 懷侯世宗嗣. | 元鼎二年,侯終根嗣,二十九年,後二年,祝詛上,腰斬. |

진압하였다. 나중에 景帝의 미움을 받아 죄에 얽혀 옥에서 굶어죽었다. 40권, 〈張陳王周傳〉에 부전.

**314** 舞陽武侯 樊噲(번쾌, ? - 前 189) - 樊은 울타리 번. 성씨. 噲는 목구멍 쾌. 시원하다. 汉 開國功臣, 封武陽侯. 개(狗)고기 판매업자. 呂后의 여동생과 결혼. 呂后의 弟夫. 高祖와는 동서간으로 鴻門宴(홍문연)에서 劉邦을 호위했다. 楚漢 전쟁 중 風雲의 人物. 〈樊酈滕灌傅靳周傳〉에 입전.

**315** 文帝가 즉위하고, 곧 번쾌의 서자 樊市人(번시인)을 제후로 봉하고 옛 식읍을 회복시켜 주었다. 번시인이 죽자, 시호를 荒侯(황후)라 하였다. 아들 樊佗廣(번타광)이 뒤를 이었다. 6년 뒤에 그의 舍人이 上書하였다. "荒侯 市人은 병 때문에 사람 노릇을 할 수 없었는데, 그 夫人을 시켜 그 동생과 음행을 하여 타광을 낳았으니 타광은 사실 荒侯의 자식이 아닙니다." 관리에게 넘겨졌고 작위를 빼앗았다.

**316** (宣帝) 元康 四年(前 62). 噲의 曾孫인 長陵縣의 不更(불경, 서민의 작위 이름, 下에서 4급) 勝客(승객)은 名. 詔는 조서에 의거. 復家는 家戶에 대한 賦稅나 徭役(요역)을 면제하다.

**317** 酈商(역상, ? - 前 180) - 說客 酈食其(역이기)의 동생. 酈은 땅이름 역.(音歷). 高陽(陳留縣의 邑名. 今 河南省 開封市 杞縣) 출신. 武功이 많았다. 41권, 〈樊酈滕灌傅靳周傳〉에 입전.

**318** 曲周侯 酈寄(곡주후 역기) - 酈商(역상)의 아들. 평소에 呂祿(여록)과 친했다. 呂后의 사후에 친분을 이용하여 여록을 배신하여 여록이 갖고 있던 군사지휘권을 周勃(주발)에게 넘겨주도록 설득했다.

| | | | | | | |
|---|---|---|---|---|---|---|
| | | | | | (六世)元康四年,商玄孫之子長安公士共詔復家. | 元始二年,詔賜商代後者猛友爵關內侯.319 |
| 潁陰懿侯灌嬰320 (관영) | 以中涓從起碭,至霸上,爲昌文君,入漢,定三秦,食邑.以將軍屬韓信,定齊,淮南及八邑,殺項籍,侯,五千戶. | 正月丙午封,二十六年薨./九 | 孝文五年,平侯何嗣,二十八年薨. | 孝景中三年,侯彊嗣,十三年,有罪,免.戶八千四百. | | |
| | | | | 臨汝侯元光二年,侯賢以嬰孫紹封,九年,元朔五年,坐子傷人首匿,免.千戶. | 元康四年,嬰曾孫長安官首匿詔復家.321 | 元壽二年八月,詔賜嬰代後者誼爵關內侯. |

319 平帝 元始 연간에 高祖 때의 공신으로 酈商 이하 그 자손에 이르기까지 관내후의 작위와 식읍을 받은 사람이 모두 백여 명이었다.

320 灌嬰(관영, ?-前 176) - 漢朝 開國功臣, 太尉, 丞相 역임. 睢陽縣(수양현, 今 河南省 商丘市)에서 비단 장사를 했던 사람. 관영의 戰功은 고조를 따라 2천석 관리 2명을 생포하고 별도로 16개 군진을 격파하였고 46개 성을 정복했으며 1侯國, 2郡, 52縣을 평정하고 장군 2명, 상국 1인, 2천석 관리 10명을 생포하였다. 관영은 문제 때, 승상의 직위에서 죽었는데, 시호는 懿侯(의후)이다. 제후의 지위가 손자 灌彊(관강)에게 전해졌는데 죄를 지어 단절되었다. 武帝는 다시 관영의 손자 灌賢을 臨汝侯(임여후)를 봉하여 관영의 제사를 받게 하였다. 그 뒤에 죄를 지어 나라를 없앴다.

321 官首는 爵名. 匿(숨길 익)은 人名.

| 汾陰悼侯周昌322 (주창) | 初起,以職志擊秦,入漢,出關,以內史堅守敖倉,以御史大夫侯,比淸陽侯.323 | 正月丙午封,十年薨./十六. | 孝惠四年,哀侯開方嗣,十六年薨. | 孝文前五年,侯意嗣,十三年,坐行賕,髠爲城旦.324 | | |
|---|---|---|---|---|---|---|
| | | | | 安陽侯孝景中二年,侯左車以昌孫紹封,八年,建元元年,有罪,免. | 元康四年,昌曾孫沃侯國士伍明詔復家.325 | |
| 梁鄒孝侯武虎 | 兵初起,以謁者從擊破秦,入漢,定三秦,出關,以將軍擊定諸侯,比博陽侯,二千八百戶. | 正月丙午封,十一年薨/二十. | 孝惠五年,侯最嗣,五十八年薨. | 元光三年,頃侯嬰齊嗣,二十年薨. | 元鼎四年,侯山柎嗣,一年,坐酎金免.326 | (六世) 元康四年,虎玄孫之子夫夷侯國公乘充竟詔復家. |

322 周昌(? – 前 192) – 정직, 강직한 성품. 고조의 부탁으로 趙王 如意를 보호했지만 조왕은 결국 여태후에게 독살된다. 주창은 사람됨이 고집이 세면서도 직언을 서슴지 않았는데 소하, 조참 같은 사람도 주창만 못했다. 한번은 주창이 황제가 한가한 시간에 업무를 상주하러 들어갔더니 고조는 척부인을 껴안고 있어서 주창은 돌아 나왔다. 고조가 따라나와 주창의 목에 올라타고 물었다. "나는 어떤 主君인가?" 주창은 고조를 올려다보며 말했다. "폐하는 꼭 桀紂(걸주)와 같은 주군입니다." 그러자 고조는 웃고 말았지만 속으로는 주창을 더욱 어려워하였다.

323 職志는 官名. 군대의 깃발 관리 담당. 職은 主管하다.

324 髠은 머리 깎는 형벌 곤. 머리를 깎고 노역에 종사했다. 耐(수염 깎는 형벌 내)보다 중형. 城旦(성단) – 城에 올라 성을 쌓거나 보초를 서는 남자 죄수. 여자는 방아를 찧는 노역에 종사[舂은 찧을 용. 春(춘)이 아님]. 모두 형기는 4년.

325 옛 官爵을 밝혀 士伍(병졸)을 면제하고 조서에 의거 제후의 작위를 인

| 成敬侯董渫327 | 初起以舍人從擊秦,爲都尉,入漢,定三秦,出關,以將軍定諸侯,比厭次侯,二千八百戶. | 正月丙午封,七年薨. / 二十五. | 節氏侯孝惠元年,康侯赤嗣,四十四年,有罪,免.戶五千六百.孝景中五年,赤復封,八年薨. | 建元四年,共侯罷軍嗣,五年薨. | 元光三年,侯朝嗣,十二年,元狩三年,坐爲濟南太守與城陽王女通,耐爲鬼薪.328 | 元康四年,渫玄孫平陵公乘詘詔復家. |
|---|---|---|---|---|---|---|
| 蓼夷侯孔聚329 | 以執盾前元年從起碭,以左司馬入漢爲將軍,三以都尉擊項籍,屬韓信,侯.330 | 正月丙午封,三十年薨. / 三十 | 孝文九年,侯臧嗣,四十五年,元朔三年,坐爲太常衣冠道橋壞不得度,免.331 | | | 元康四年,聚玄孫長安公士宣詔復家. |

정하다.

**326** 柎는 몟목 부. 坐酎金免 – 酎金(주금)은 漢 天子는 8월에 宗廟에 大祭를 지내는데, 侯王이나 列侯는 그 戶口에 따라 차등을 두어(인구 1千 名에 金 4兩) 비용을 분담했다. 그 분량이 부족하거나 품질이 나쁘면 처벌 받았다.

**327** 董渫(동설) – 董은 깊숙이 간직할 동. 성씨. 渫은 물 밑의 흙을 칠 설.

**328** 耐爲鬼薪 – 耐는 수염을 깎는 형벌. 耐는 견딜 내. 머리를 깎는 髡(곤) 보다 가벼운 형벌. 鬼薪(귀신)은 종묘에서 쓸 땔나무를 장만하는 형벌 이었으나 나중에는 일반 노동형을 지칭. 형기는 3년.

**329** 蓼夷侯 孔聚 – 蓼는 여뀌 료. 나물 이름. 六安國의 현명. 聚는 모을 취. 孔聚(공취, 前 230 – 176년) – 字는 子彦(자언), 孔子 후예. 孔子 10世孫, 漢初 장군.

**330** 원문의 前元年은 고조가 처음 봉기하기 이전. 卽 秦 胡亥 원년.

**331** 坐爲太常衣冠道橋壞不得度,免. – 衣冠道는 (죽은) 황제의 衣冠이 지나 가는 길. 황릉 곁에 寢殿(침전)이 있는데, 이는 망자에게 궁녀가 음식을 공양하는 생활공간이다. 침전 옆에 묘당을 지어 매월 정해진 제사를

| | | | | | |
|---|---|---|---|---|---|
| 費侯<br>陳賀332 | 以舍人前元年從起碭,以左司馬入漢,用都尉屬韓信,擊項籍,爲將軍,定會稽,浙江,湖陵,侯. | 正月丙午封,二十二年薨. / 三十一 | 孝文元年,共侯常嗣,二十四年薨. 巢侯孝景中六年,侯最以賀子紹封,二年薨,亡後. | 孝景二年,侯偃嗣,八年,有罪,免. | | 元康四年,賀曾孫茂陵上造僑詔復家. |
| 陽夏侯<br>陳豨333 | 以特將將卒五百人前元年從起宛朐,至霸上,爲游擊將軍,別定代,破臧荼,侯. | 正月丙午封,十年,以趙相國反,自爲王,十二年,誅. | | | | |
| 隆慮克侯<br>周竈334 | 以卒從起碭,以連敖入漢,以長鈺都尉擊項籍,侯.335 | 正月丁未封,三十九年薨. / 三十四 | 孝文後二年,侯通嗣,十二年,孝景中元年,有罪,完爲城旦. | | | 元康四年,竈玄孫陽陵公乘詔復家. |

올린다. 매월 제사 때는 보관 중이던 망자의 의관을 침전에서 묘당으로 옮겨가는 절차가 있다(月―游衣冠).

332 陳賀 — 秦 二世 元年(前 209年), 碭城(탕성)에서 孔聚와 함께 봉기하고 高祖 劉邦을 따랐다.

333 陽夏侯 陳豨(진희, ?–前 196년, 豨는 멧돼지 희) — 宛朐人(今 山東省 菏澤市 부근). 漢 高祖 7년(前 201년), 陽夏侯로, 趙國 國相. 趙國과 代國 변경의 군사를 거느리고 代王을 자칭하며 韓王 信, 흉노와 연결, 반역했다. 고조와 번쾌 등이 공격, 패망.

334 隆慮克侯周竈 — 隆慮(융려) 克侯(극후) 周竈(주조)의 竈는 부엌 조.

335 連敖(연오)는 楚 관직. 連尹과 莫敖(막오)를 합칭. 長鈺(장비)는 날이 있

| 陽都敬侯丁復[336] | 以越將從起薛,至霸上,以樓煩將入漢,定三秦,屬周呂侯,破龍且彭城,爲大司馬,破項籍葉,爲將軍,忠臣,侯,七千八百戶. | 正月戊申封,十九年薨./十七 | 高后六年,趮侯甯嗣,十二年薨.[337] | 孝文十年,侯安城嗣,十五年,孝景二年,有罪,免.戶萬七千. | 元康四年,復曾孫臨沂公士賜詔復家. | |
|---|---|---|---|---|---|---|
| 陽信胡侯呂靑 | 以漢五年用令尹初從,功比堂邑侯,千戶. | 正月壬子封,十年薨/八十七 | 孝惠四年,頃侯臣嗣,十八年薨. | 孝文七年,懷侯義嗣,二年薨. | 九年,惠侯它嗣,十九年薨. | 孝景五年,共侯善嗣,五年薨. |
| | | | | (六世)中三年,侯談嗣,三十五年,元鼎五年,坐酎金免.元康四年二月,靑玄孫長陵大夫陽詔復家. | | |
| 東武貞侯郭蒙 | 以戶衛起薛,屬周呂侯,破秦軍槓里,陷楊熊軍曲遇,入漢,爲城將,定三秦,以都尉堅守敖倉,爲將軍破項籍,侯,三千戶.[338] | 正月戊午封,十九年薨./四十一 | 高后六年,侯它嗣,三十一年,孝景六年,有罪,棄市.戶萬一百. | | | 元康四年,蒙玄孫茂陵公士廣漢詔復家. |

는 긴 창.

**336** 丁復(정복,?-前184년)-秦末 越人,前漢 將軍.

**337** 趮侯(조후)-趮는 古 躁字.甯(차라리 녕)은 名.

**338** 城將-築城하는 병졸을 거느리다.병졸을 거느리고 축성하는 장수.

| | | 孝惠三年, | 孝景三年, | | |
|---|---|---|---|---|---|
| 汁防肅侯雍齒[339] | 以趙將前三年從定諸侯,二千五百戶,功比平定侯.齒故沛豪,有力,與上有隙,故晚從. | 三月戊子封,九年薨./五十七 | 孝惠三年,荒侯鉅鹿嗣,三十八年薨. | 孝景三年,侯野嗣,十年薨. | 終侯桓嗣,不得年,元鼎五年,坐酎金免. | 元康四年,玄孫長安上造章,詔復家.[340] |
| 棘蒲剛侯陳武[341] | 以將軍前元年將卒二千五百人起薛,別救東阿,至霸上,二歲十月入漢,擊齊歷下軍臨菑侯. | 三月丙申封,三十八年,孝文後元年薨.子竒反,誅,不代./十三 | | | | 元康四年,武曾孫雲陽上造嘉詔復家. |

**339** 雍齒(옹치, ?-前 192) - 고조와 같은 고향 사람. 옹치는 패공을 무시하고 豊邑을 들어 魏國 周市(주시)에게 투항했으며, 나중에는 항량에게 투항하여 패공을 곤경에 몰아넣었다. 什方侯-今 四川省 德陽市 관할의 什邡市(십방시). 장량이 고조에게 말했다. "폐하께서 평소 미워하며 또 여러 장수들이 다 알고 있는 자 중에서 가장 심한 자가 누구입니까?" 고조가 말했다. "雍齒(옹치)와 나는 예부터 원한이 있고 내게 자주 애를 먹였기에 죽이고 싶었지만 공이 있어 차마 죽이지 못했소." 그러자 장량이 말했다. "지금이라도 빨리 옹치를 먼저 봉하여 群臣에게 널리 알리십시오. 여러 신하들은 옹치가 봉해진 것을 보면 모두 안심할 것입니다." 이에 고조는 잔치를 벌이고 옹치를 什方侯(십방후)에 봉하면서 승상과 어사대부에게 빨리 논공행상을 마무리하라고 하였다. 군신들은 술자리를 끝내면서 모두 기뻐하며 말했다. "옹치도 제후가 되었으니 우리들은 걱정이 없다."

**340** 玄孫長安上造章 - (옹치의) 玄孫인 長安 사람, 上造는 평민의 작위 명칭. 章은 名.

| 都昌<br>嚴侯<br>朱軫[342] | 以舍人前<br>元年從起<br>沛,以隊帥<br>先降翟王,<br>虜章邯,侯. | 三月庚子<br>封,十四年<br>薨.<br>/二十三 | 高后元年,<br>剛侯率嗣,<br>十五年薨 | 孝文八年,<br>夷侯詘嗣,<br>十六年薨. | 孝景元年,<br>共侯偃嗣,<br>二年薨. | 三年,侯辟<br>彊嗣,五年,<br>中元年薨,<br>亡後. |
|---|---|---|---|---|---|---|
| 武彊<br>嚴侯<br>嚴不職 | 以舍人從<br>起沛,至霸<br>上,以騎將<br>入漢,還擊<br>項籍,屬丞<br>相甯,功<br>侯.用將軍<br>擊黥布,侯. | 三月庚子<br>封,二十年<br>薨.<br>/三十三 | 高后七年,<br>簡侯嬰嗣,<br>十九年薨. | 孝文後二<br>年,侯青翟<br>嗣,四十七<br>年,元鼎二<br>年年,坐爲<br>丞相建御<br>史大夫湯<br>不直,自殺. | | 元康四年,<br>不職曾孫<br>長安公乘<br>仁詔復家. |
| 貰齊<br>合侯<br>傅胡害 | 以越戶將<br>從破秦,入<br>漢,定三秦<br>以都尉擊<br>項籍,侯,六<br>百戶,功比<br>臺侯. | 三月庚子<br>封,二年薨.<br>/三十六 | 八年,共侯<br>方山嗣,二<br>十年薨 | 孝文元年,<br>煬侯赤嗣,<br>十一年薨. | 十二年,康<br>侯遺嗣,四<br>十四年薨 | 元朔五年,<br>侯猜嗣,八<br>年,元鼎元<br>年,坐殺人,<br>棄市. |
| | | | | | | 元康四年,<br>胡害玄孫<br>茂陵公士<br>世詔復家. |
| 海陽<br>齊信侯<br>搖母餘 | 以越隊將<br>從破秦,入<br>漢,定三秦<br>以都尉擊<br>項籍,侯,千<br>七百戶. | 三月庚子<br>封,九月薨.<br>/三十七 | 孝惠三年,<br>哀侯昭襄<br>嗣,九年薨. | 高后五年,<br>康侯建嗣,<br>三十年薨. | 孝景四年,<br>哀侯省嗣,<br>十年薨,亡<br>後. | (六世)<br>元康四年,<br>母餘玄孫<br>之子不更<br>未央詔復<br>家. |

---

**341** 棘蒲剛侯 陳武－柴武(시무, ?－前 163年)는 秦朝 말기, 薛邑에서 봉기,<br>劉邦에 귀부. 漢 5년(前 202년)에 龍且(용저)와의 전투에 참가, 垓下(해<br>하)의 전투에도 참가. 흉노에 귀부하려는 韓王 信(신)을 參合이란 곳에<br>서 잡아죽였다.

**342** 都昌은 北海郡의 현명. 軫은 수레 뒷턱나무 진.

| | | | | | |
|---|---|---|---|---|---|
| 南安<br>嚴侯<br>宣虎 | 以河南將<br>軍漢王三<br>年降晉陽.<br>以重將破<br>臧荼,侯,九<br>百戶.343 | 三月庚子<br>封,三十年<br>薨.<br>/六十三 | 孝文九年,<br>共侯戎嗣,<br>十一年薨. | 後四年,侯<br>千秋嗣,十<br>一年,孝景<br>中元年,坐<br>傷人,免.戶<br>二千一百. | | 元康四年,<br>虎曾孫南<br>安簪裹護<br>詔復家. |
| 肥如<br>敬侯<br>蔡寅 | 以魏太僕<br>漢王三年<br>初從,以車<br>騎將軍破<br>龍且及彭<br>城,侯,千戶. | 三月庚子<br>封,二十四<br>年薨<br>/六十六 | 孝文三年,<br>嚴侯戎嗣,<br>十四年薨. | 後元年,侯<br>奴嗣,七年,<br>孝景元年<br>薨,亡後. | | 元康四年,<br>寅曾孫肥<br>如大夫福<br>詔復家. |
| 曲成<br>圉侯<br>蟲達344 | 以西城戶<br>將三十七<br>人從起碭,<br>至霸上,爲<br>執金吾,五<br>年,爲二隊<br>將,屬周呂<br>侯,入漢,定<br>三秦,以都<br>尉破項籍<br>陳下,侯,四<br>千戶.以將<br>軍擊燕,代 | 三月庚子<br>封,二十二<br>年薨.<br>/十八<br>位次日夜<br>侯恒 | 孝文元年,<br>侯捷嗣,八<br>年,有罪,<br>免.十四年,<br>捷復封,十<br>八年,復<br>免.戶九千<br>三百.孝景<br>中五年,侯<br>捷復封,五<br>年薨. | 建元二年,<br>侯皇柔嗣,<br>二十四年,<br>元鼎二年,<br>坐爲汝南<br>太守知民<br>不用赤側<br>錢爲賦,爲<br>鬼薪.345 | | 元康四年,<br>達玄孫茂<br>陵公乘宣<br>詔復家. |

---

**343** 重將은 輜重(치중) 물자를 관리하는 장수. 一曰 持重之將.

**344** 蟲達(충달, ?-前 180年) - 碭郡(탕군) 출신. 今 安徽省 碭山縣. 起義 後 呂澤의 軍隊에 합류했고 고조의 휘하에서 項羽를 공격, 격파. 공신서열 18위. 諡號는 圉侯(어후).

**345** 赤側錢(赤仄幣, 적측폐) - 전폐의 윤곽에 붉은색이 드러나는 전폐. 赤銅으로 윤곽을 두른 전폐, 仄(기울 측)은 側(곁 측)과 通. 당시 신기술이었다.

| | | | | |
|---|---|---|---|---|
| 河陽<br>嚴侯<br>陳涓 | 以卒前元年起<br>碭從,以二隊將<br>入漢,擊項籍,得<br>梁郎將處,侯.以<br>丞相定齊. | 三月庚子<br>封,二十二<br>年薨.<br>/二十九 | 孝文元年,<br>信嗣.三年,<br>坐不償人<br>責過六月,<br>免. | 後四年,侯<br>千秋嗣,十<br>一年,孝景<br>中元年,坐<br>傷人,免.戶<br>二千一百. | 元康四年,<br>涓玄孫卽<br>丘公士元<br>詔復家. |
| 淮陰侯<br>韓信[346] | 初以卒從項梁,<br>梁死,屬項羽爲<br>郎中,至咸陽,亡<br>從入漢,爲連敖<br>票客.<br>蕭何言信爲大<br>將軍,別定魏,趙,<br>爲齊王,徙楚,擅<br>發兵,廢爲侯.[347] | 六年封,五<br>年,十一年,<br>坐謀反誅. | | | |
| 芒侯<br>耏跖[348] | 以門尉前元年<br>初起碭,至霸上,<br>爲定武君,入漢,<br>還定三秦,爲都<br>尉擊項羽,功侯. | 六年封,三<br>年薨,亡後. | 張侯<br>九年,侯昭<br>嗣,四年,有<br>罪,免,孝景<br>三年,詔以<br>故列侯將<br>兵擊吳楚,<br>復封. | 侯申嗣,元<br>朔六年,坐<br>尙南宮公<br>主 不 敬 ,<br>免.[349] | |

**346** 淮陰侯 韓信 – 淮陰은 한신의 고향. 今 江蘇省 중부 淮安市 淮陰區. 韓
信(前 230 – 196)는 汉初三杰(한초삼걸)의 한 사람. 胯下之辱(과하지욕),
漂母進飯(표모진반), 國士無雙, 多多益善, 鳥盡弓藏(조진궁장), ‘成敗一
蕭何 生死兩婦人.’ 成語의 주인공. 34권, 〈韓彭英盧吳傳〉에 입전.

**347** 〈高紀〉 및 〈韓信傳〉에는 治粟都尉라 했다. 여기서는 票客(표객)이
라 했다.

**348** 耏는 구레나룻 깎을 내(이). 跖은 발바닥 척. 前 201 – 199년 재위.

**349** 景帝의 딸.

| | | | | | |
|---|---|---|---|---|---|
| 敬市侯<br>閻澤赤 | 以執盾初起<br>從入漢,爲河<br>上守,遷爲殷<br>相,擊項籍,侯,<br>千戶,功比平<br>定侯. | 四月癸未<br>封,三年薨.<br>/五十五 | 九年,夷侯<br>無害嗣,三<br>十八年薨. | 孝文後四<br>年,戴侯續<br>嗣, 八年<br>薨. | 孝景五年,<br>侯穀嗣,四<br>十年,元鼎<br>五年,坐酎<br>金免. | (六世)<br>元康四年,<br>澤赤玄孫<br>之子長安<br>上造章世<br>詔復家 |
| 柳丘<br>齊侯<br>戎賜 | 以連敖從起<br>薛,以三隊將<br>入漢,定三秦.<br>以都尉破項<br>籍軍,爲將軍,<br>侯,八千戶. | 六月丁亥<br>封,十八年<br>薨.<br>/三十九 | 高后五年,<br>侯安國嗣,<br>三十年薨. | 孝景四年,<br>敬侯嘉成<br>嗣,十年薨. | 後元年,侯<br>角嗣,有罪,<br>免.戶三千. | 元康四年,<br>賜玄孫長<br>安公士元<br>生詔復家. |
| 魏其<br>嚴侯<br>周止 | 以舍人從起<br>沛,以郎中入<br>漢,爲周信侯,<br>定三秦,以爲<br>騎郎將,破項<br>籍東城,侯,千<br>戶. | 六月丁亥<br>封,十八年<br>薨.<br>/四十四 | 高后五年,<br>侯簡嗣,二<br>十九年,孝<br>景三年,謀<br>反,誅. | | | 元康四年,<br>止玄孫長<br>陵不更廣<br>世詔復家 |
| 祁穀侯<br>繒賀 | 以執盾漢王<br>三年初起從<br>晉陽,以連敖<br>擊項籍.漢王<br>敗走,賀擊楚<br>迫騎,以故不<br>得進.漢王顧<br>謂賀祈王.戰<br>彭城,斬項籍,<br>爭惡,絶延壁,<br>侯,千四戶.**350** | 六月丁亥<br>封,三十三<br>年薨.<br>/五十一 | 孝文十二<br>年,頃侯胡<br>嗣,十七年<br>薨. | 孝景六年,<br>侯它嗣,<br>十九年,元<br>光二年,<br>坐射擅罷,<br>免.**351** | | (宣帝)元<br>康四年,賀<br>玄孫茂陵<br>公大夫賜<br>詔復家. |

---

**350** 漢王이 繒賀를 祈王(기왕)이라 부른 것은 그 공을 치하하는 애칭이다.
爭惡은 惡地에서 싸우다. 延壁(연벽)은 방어 보루의 명칭.

**351** 坐射擅罷,免 – 大射禮에 자기 맘대로 중지하고 떠난 죄에 연루되어 제
후에서 쫓겨나다.

| | | | | | |
|---|---|---|---|---|---|
| 平悼侯<br>工師喜 | 初以舍人從擊破秦,以郎中入漢,以將軍定諸侯,守雒陽,侯,比費侯賀,千三百戶. | 六月丁亥封,六年薨./三十二位次日聊城侯. | 九年,夷侯無害嗣,三十八年薨. | 孝文十六年,侯執嗣,十九年,孝景中五年,坐匿死罪,會赦,免.戶三千三百. | |
| 魯侯<br>奚涓352 | 以舍人從起沛,至咸陽爲郎,入漢,以將軍定諸侯,四千八百戶,功比舞陽侯,死軍事 | 重平侯六年,侯涓亡子,封母底爲侯,十九年薨./七 | | | |
| 城父嚴侯<br>尹恢 | 初以謁者從入漢,以將軍擊定諸侯,以右丞相備守淮陽,功比厭次侯,二千戶. | 六年封,九年薨./二十六 | 孝惠三年,侯開方嗣,七年,高后三年,奪爵爲關內侯. | | (六世)元康四年,恢玄孫之子新豐簪裏殷詔復家. |
| 任侯<br>張越 | 以騎都尉漢五年從起東垣,擊燕,代,屬雍齒,有功,爲車騎將軍. | 六年封,十六年,高后三年,坐匿死罪,免.戶七百五十. | | | |
| 棘丘侯<br>襄 | 以執盾隊史前元年從起碭,破秦,治粟內史入漢,以上郡守擊定西魏地,功侯. | 六年封,十四年,高后元年,有罪,免.戶九百七十. | | | |

352 奚涓(해연) – 前漢 개국공신, ‘十八列侯’의 한 사람. 早年에 劉邦의 舍人이 되어 유방을 따라 군공을 세웠는데, 그 공적이 樊噲(번쾌)와 비슷했다. 젊은 나이에 전사하고(漢 高祖 6년, 前 201), 아들도 없어 그 모친을 魯侯에 봉했다. 食邑 四千八百戶. 呂后 5년(前 183년)에 去世하여 國除했다.

| 侯名 | | | | | | |
|---|---|---|---|---|---|---|
| 河陵頃侯郭亭 | 以連敖前元年從起單父,以塞路入漢,還定三秦,屬周呂侯,以都尉擊項籍,功侯.353 | 七月庚寅封,二十四年薨./二十七 | 孝文三年,惠侯歐嗣,二十二年薨.孝景二年,勝侯客嗣,八年,有罪,免. | | | |
| | | | 南侯中六年,靖侯延居紹封,十五年薨. | 元光六年,侯則嗣,十七年,元鼎五年,坐酎金免. | 元康四年,亭玄孫茂陵公乘賢詔復家. | |
| 昌武靖信侯單究 | 初以舍人從,以郎入漢,定三秦,以郎騎將軍擊諸侯,侯,九百戶,功比魏其侯. | 七月庚寅封,十三年薨./四十五 | 孝惠六年,惠侯如意嗣,四十三年薨. | 孝景中元四年,侯賈成嗣,十六年薨. | 元光五年,侯德嗣,四年,元朔三年,坐傷人二旬內死棄市.戶六百. | (七世)元康四年,究玄孫之孫陽陵公乘萬年詔復家. |
| 高宛制侯丙猜 | 初以客從入漢,定三秦,以中尉破項籍,侯,千六百五戶,比斥丘侯. | 七月戊戌封,七年薨./四十一 | 孝惠元年,簡侯得嗣,三十年薨. | 孝文十六年,平侯武嗣,二十四年薨. | 建元元年,侯信嗣,三年,坐出入屬車間免.戶三千二百.354 | (七世)元康四年,猜玄孫之孫高宛大夫齮詔復家. |
| 宣曲齊侯丁義 | 以卒從起留,以騎將入漢,定三秦,破籍軍滎陽,爲郎騎將,破鍾離眛軍固陵,侯,六百七十戶. | 七月戊戌封,三十二年薨./四十三 | 發婁侯孝文十一年,侯通嗣,十七年,有罪,赦爲鬼薪.戶千一百.孝景中五年,通復封,十一年,有罪,免. | | | 元康四年,義曾孫陽安公士年詔復家 |

---

**353** 塞路 – 주요한 이동 통로를 봉쇄하여 적의 공격에 대비하다.

**354** 坐出入屬車間 – 天子의 出行에 수행하는 수레가 늘어선 곳에 갑자기 끼어들다.

| | | | | | | |
|---|---|---|---|---|---|---|
| 終陵齊侯華毋害 | 以越將從起留,入漢,定三秦,擊臧荼,侯,七百四十戶.從攻馬邑及布. | 七月戊戌封,三十五年薨./四十六 | 孝文四年,共侯勃嗣,十六年薨. | 後四年,侯祿嗣,七年,孝景四年,坐出界,耐爲司寇.戶千五百. | | 元康四年,曾孫於陵大夫告詔復家 |
| 東茅敬侯劉到 | 以舍人從起碭,至霸上,以二隊入漢,定三秦,以都尉擊項籍,破臧荼,侯,捕韓王信,爲將軍.益邑千戶. | 八年丙辰封,二十四年薨./四十八 | 孝文三年,侯告嗣,十二年,十六年,坐事國人過員,免.355 | | | 元康四年,到曾孫鮦陽公乘咸詔復家.356 |
| 斥丘懿侯唐厲 | 以舍人初從起豐,以左司馬入漢,以亞將攻籍,卻敵,爲東部都尉,破籍,侯成武,爲漢中尉,擊布,爲斥丘侯,千戶.357 | 八月丙辰封,二十年薨./四十 | 孝文九年,共侯朝嗣,十三年薨. | 後六年,侯賢嗣,四十三年薨. | 元鼎二年,侯尊嗣,二年,坐酎金免. | 元康四年,厲曾孫長安公士廣意詔復家. |
| 臺定侯戴野 | 以舍人從起碭,用隊率入漢,以都尉擊籍,籍死,擊臨江,屬將軍賈,功侯.以將軍擊燕,代. | 八月甲子封,二十五年薨./三十五 | 孝文四年,侯午嗣,二十二年,孝景三年,坐謀反,誅. | | | 元康四年,野玄孫長陵上造安昌詔復家. |

**355** 坐事國人過員,免. - 작위를 계승한 13년인 孝文 16년에 제후에서 면하다. 事는 백성을 사역에 동원하다. 員은 인원.

**356** 鮦陽公乘咸詔復家 - 鮦은 가물치 동. 公乘은 서민 작위 명칭. 8급. 여기까지가 서민의 작위, 9급 - 18급은 관리의 작위. 咸은 名.

**357** 처음에는 成武侯였다가 나중에 斥丘侯(척구후)로 봉했다는 뜻.

| | | | | | | |
|---|---|---|---|---|---|---|
| 安國<br>武侯<br>王陵358 | 以自聚黨定<br>南陽,漢王還<br>擊項籍,以兵<br>屬,從定天下,<br>侯,五千戶. | 八月甲子<br>封,二十一<br>年薨.<br>/ 十二 | 高后八年,<br>哀侯忌嗣,<br>一年薨. | 孝文元年,<br>終侯斿嗣<br>三十九年<br>薨. | 建元元年,<br>安侯辟方<br>嗣,二十年<br>薨. | 元狩三年,<br>侯定嗣,八<br>年,元鼎五<br>年,坐酎金<br>免.元康四<br>年,陵玄孫<br>長安公乘<br>襄詔復家. |
| 樂成<br>節侯<br>丁禮 | 以中涓騎從<br>起碭,爲騎將<br>入漢,定三秦.<br>爲正奉侯,以<br>都尉擊籍,屬<br>灌嬰,殺龍且,<br>更爲樂成侯,<br>千戶. | 八月甲子<br>封,二十六<br>年薨.<br>/ 四十二 | 孝文五年,<br>夷侯馬從<br>嗣,十八年<br>薨. | 後七年,式<br>侯吾客嗣<br>四十二年<br>薨. | 元鼎二年,<br>侯義嗣,三<br>年,坐言五<br>利侯不道,<br>棄市.戶二<br>千四百. | (七世)<br>元康四年,<br>禮玄孫之<br>孫長安公<br>士禹詔復<br>家. |
| 辟陽<br>幽侯<br>審食其<br>359 | 以舍人初起,<br>侍呂后,孝<br>惠.二歲十月,<br>呂后入楚,食<br>其侍從一歲,<br>侯. | 八月甲子<br>封,二十五<br>年,爲淮南<br>王長所殺.<br>/ 五十九 | 孝文四年,<br>侯平嗣,二<br>十一年,孝<br>景二年,坐<br>謀反,自殺. | | | 元康四年,<br>食其曾孫<br>茂陵公乘<br>非詔復家. |

---

**358** 王陵(왕릉, ?-前 180년)-秦末漢初 沛人. 본래 沛縣의 門閥이었다. 汉
高祖 劉邦 미천할 때, 왕릉을 兄長처럼 공경했다. 王陵은 沛縣 사람이
다. 전부터 패현의 호족이었기에 高祖가 평민일 때 형으로 섬겼다. 高
祖가 패현에서 기의하고 咸陽에 입성할 때, 왕릉 역시 수천의 무리를
거느리고 南陽郡에 머물면서 沛公을 따르려 하지 않았다. 漢王이 다시
나와 항적을 공격할 때 왕릉은 병력을 거느리고 漢에 소속되었다. 왕
릉의 모친은 항우 진영에 있었지만 아들이 漢王을 잘 섬기라는 부탁을
남기고 자결했다. 項王은 화가 나서 왕릉 모친 시신을 삶아버렸다. 왕
릉은 끝까지 한왕이 천하를 평정하도록 따랐다. 왕릉은 雍齒(옹치)와
친했고 처음에 한왕을 따르려 하지 않았기 때문에 늦게 제후에 피봉
되어 安國侯가 되었다. 40권, 〈張陳王周傳〉에 입전.

**359** 辟陽侯 審食其(심이기, ?-前 177)-沛公은 부친 劉太公을 형 劉喜(仲)

| | | | | | | |
|---|---|---|---|---|---|---|
| 鄌成<br>制侯<br>周緤360 | 以舍人從起沛,至霸上,入漢,定三秦,食邑池陽,擊項籍滎陽,絶甬道,從度平陰,遇韓信軍襄國.楚,漢分鴻溝,以緤爲信,戰不利,不敢離上,侯,二千二百戶. | 八月甲子封,二十七年薨./二十二 | 侯昌嗣,有罪,免.<br><br>鄌侯孝景中元年,康侯應以昌弟紹封,一年薨.361 | 中二年,侯仲居嗣,三十四年,元鼎三年,坐爲太常收赤側錢不收,完爲城旦.362 | 元康四年,緤曾孫長安公士禹詔賜黃金十斤復家,死,亡子,復免. | 沛侯元始元年,緤玄孫護以詔書爲次復禹同産弟子,死,亡子,絶. |
| 安平<br>敬侯<br>鄂秋363 | 以謁者漢王三年初從,定諸侯,有功秩,舉蕭何功,因故侯,二千戶.364 | 八月甲子封,十二年薨../六十一 | 孝惠三年,簡侯嘉嗣,九年薨. | 高后八年,頃侯應嗣,十四年薨. | 孝文十四年,煬侯寄嗣,二十五年薨. | 孝景後三年,侯但嗣,十九年,元狩元年,坐與淮南王安通,遺王書稱臣盡力,棄市. |

와 審食其이 보살피도록 하였다. 한왕 2년(前 205)에 항우에 패한 한왕은 가족을 버리고 탈출했고 부친과 呂后는 항우의 포로가 되었는데 심이기는 끝까지 여후를 모셨다. 심이기는 高祖 6년(前 201)에 辟陽侯(벽양후, 今 河北省 衡州市 관할 冀州市)에 봉해졌다.

360 鄌成 制侯 周緤 – 鄌는 땅이름 배. 緤은 고삐 설. 周緤(주설)은 沛縣 사람이다. 舍人(사인)으로 고조를 따라 패현에서 기의하였다. 霸上(패상)에 들어갔다가 서쪽으로 蜀漢(漢中)에 갔고, 漢이 三秦을 정복할 때도 늘 참승이었으며 食邑은 池陽縣이었다. 한왕을 따라 동쪽으로 나아가 항우를 滎陽에서 공격하면서 甬道(용도)를 끊었으며, 한왕을 따라 平陰津을 건너 韓信의 군사를 襄國에서 맞이했으며, 전쟁이 유리하거나 불리하든 고조 곁은 떠나려는 마음이 전혀 없었다. 고조는 주설을 信武侯로 봉했다. 41권, 〈樊酈滕灌傳靳周傳〉에 입전.

361 鄌侯 – 鄌은 趙나라 서울 단. 沛郡의 縣名.

362 赤側錢 – 赤側錢(赤仄幣, 적측폐) – 전폐의 윤곽에 붉은색이 드러나는

| | | | | | |
|---|---|---|---|---|---|
| 北平文侯<br>張蒼365 | 以客從起武陽,至霸上,爲常山守,得陳餘,爲代相,徙趙相,以代相侯,爲計相四歲,淮南相十四歲.千二百戶.366 | 八月丁丑封,五十年薨.<br>/六十五 | 孝景六年,康侯奉嗣,八年薨. | 後元年,侯類嗣,七年,建元五年,坐臨諸侯喪後,免. | | (六世)<br>元康四年,蒼玄孫之子長安公士蓋宗詔復家. |
| 高胡侯<br>陳夫乞 | 以卒從起檟里,入漢,以都尉擊籍,將軍定燕,千戶.367 | 六年封,二十五年薨.<br>/八十二 | 孝文五年,煬侯程嗣,薨,亡後 | | | 元康四年,夫乞玄孫長陵公乘勝之詔復家. |

전폐. 赤銅으로 윤곽을 두른 전폐, 仄(기울 측)은 側(곁 측)과 通. 당시 신기술이었다.

**363** 鄂秋(악추, 鄂千秋) - 鄂은 땅이름 악. 논공행상에서 공신의 서열을 정할 때 蕭何를 서열 1위로 강력 주장했고, 고조가 인정했다.

**364** 定諸侯,有功秩 - 先以食邑, 因就封之也. 鄂秋(악추)는 〈蕭何傳〉 참고.

**365** 張蒼(장창, 前 253 - 152) - 陽武縣 사람으로 詩書와 律曆에 관한 학문을 좋아하였다. 秦나라에서 御史가 되어 柱下史로 사방의 문서를 관리하였다. 장창은 죄를 짓고 도망하여 귀향했다. 패공이 각지를 평정하며 陽武縣을 지날 때 장창은 합류했고 패공을 따라 南陽郡을 공격하였다. (장창이 죄를 지어) 참수형을 당할 때 옷을 벗고 도끼 받침대에 누었을 때, 키도 크면서 살이 찌고 박처럼 살결이 희었는데, 王陵(왕릉)이 마침 이를 보고 잘 생긴 관리라 생각하여 패공에게 말하여 사면을 받아 참수를 면했다. 秦漢 시기의 儒學者, 陰陽家의 대표적 인물. 뒷날 賈誼에게 영향. 文帝 때 승상 역임. 42권, 〈張周趙任申屠傳〉에 입전. 《史記》 96권, 〈張丞相列傳〉 참고.

**366** 爲計相四歲 - 計相은 官名, 計會 담당.

**367** 以都尉擊籍,將軍定燕 - 관직 都尉일 때 項籍(항적)을 격파하다. 將軍으로 燕(연)을 평정하다.

| | | | | | | |
|---|---|---|---|---|---|---|
| 厭次侯<br>爰類368 | 以慎將元年從起留,入漢,以都尉守廣武,功侯.369 | 六年封,二十二年薨./二十四 | 孝文元年,侯賀嗣,五年,謀反,誅. | | (六世)元康四年,類玄孫之子陽陵公士世詔復家. | (七世)元始三年,類玄孫之孫萬詔賜爵關內侯. |
| 平皋<br>煬侯<br>劉它370 | 漢六年以碭郡長初從,功比軑侯,侯,五百八十戶.實項氏,賜姓. | 七年十月癸亥封,十年薨./百二十一 | 孝惠五年,共侯遠嗣,三十四年薨. | 孝景元年,節侯光嗣,十六年薨. | 建元元年,侯勝嗣,二十八年,元鼎五年,坐酎金免. | (七世)元康四年,它玄孫之孫長安簪襃勝之詔復家.371 |
| 復陽<br>剛侯<br>陳胥 | 以卒從起薛,以將軍入漢,以右司馬擊項籍,侯,千戶. | 七年十月甲子封,三十一年薨./四十九 | 孝文十一年,共侯嘉嗣,十八年薨. | 孝景六年,康侯拾嗣,二十五年薨. | 元朔元年,侯彊嗣,七年,元狩二年,坐父拾非嘉子,免 元康四年,胥曾孫雲陽簪襃幸詔復家.372 | (六世)元始元年,胥玄孫之子傅詔賜帛百疋. |
| 陽河<br>齊侯<br>其石 | 以中謁者從入漢,以郎中騎從定諸侯,侯,五百戶,功比高湖侯. | 十一月甲子封,三年薨./八十三 | 十年,侯安國嗣,五十一年薨. | 孝景中四年,侯午嗣,三十三年薨. | 埤山 元鼎四年,共侯章更封,十三年薨. | 元封元年,侯仁嗣,征和三年,坐祝詛,要斬.<br>(六世)元康四年,石玄孫之子長安官大夫益壽詔復家. |

**368** 爰類 - 爰(이에 원, 발어사)이 성씨. 類가 名.

**369** 以慎將元年從起留, - 以慎將은 謹慎(근신)하여 장군이 되다.

**370** 平皋煬侯 劉它 - 平皋(평고)는 지명. 煬侯(양후)는 惡諡(악시). 劉它(유타).

**371** 長安簪襃勝之詔復家 - 長安은 거주지. 簪襃勝之詔復家

**372** 雲陽簪襃幸詔復家 - 雲陽은 縣名. 簪襃(잠요, 簪襃)는 20작위 중 下에서 3등급 명칭. 幸은 人名.

| | | | | | | |
|---|---|---|---|---|---|---|
| 柏至<br>靖侯<br>許盎 | 以駢鄰從起<br>昌邑,以說衛<br>入漢,以中尉<br>擊籍,侯,千<br>戶. 373 | 十月戊辰<br>封,十四年,<br>高后元年,<br>有罪,免,三<br>年,復封,六<br>年薨.<br>/五十八 | 孝文元年,<br>簡侯祿嗣,<br>十四年薨. | 十五年,侯<br>昌嗣,三十<br>二年薨. | 元光二年,<br>侯安如嗣,<br>十三年薨. | 元狩三年,<br>侯福嗣,五<br>年,元鼎二<br>年,坐爲姦,<br>爲鬼薪. |
| | | | | | (六世)<br>元康四年,盎玄孫之子<br>長安公士建詔復家. | |
| 中水<br>嚴侯<br>呂馬童<br>**374** | 以郎騎將漢<br>元年從好畤,<br>以司馬擊龍<br>且,復共斬項<br>籍,侯,千五百<br>戶. | 正月己酉<br>封,三十年<br>薨.<br>/百一 | 孝文十年,<br>夷侯瑕嗣,<br>三年薨. | 十三年,共<br>侯青眉嗣,<br>三十二年 | 建元六年,<br>靖侯德嗣,<br>一年薨. | 元光元年,<br>侯宜城嗣,<br>二十二年,<br>元鼎五年,<br>坐酎金免. |
| | | | | | (七世)<br>元康四年,馬童玄孫之<br>孫長安公士建明詔復<br>家. | |

**373** 以駢鄰從起昌邑 – 二馬曰駢(병). 駢鄰(병린)은 兩騎를 나란히 하여 軍
翼을 만들다. 여기서는 軍內 직책 이름. 昌邑은 縣名 說衛(세위)는 군
사 행군 시 첫 야영지의 방위 책임자.

**374** 呂馬童 – (항우가 烏江 강변에서 최후 결전을 하면서) 漢의 기병 사마
인 呂馬童(여마동)을 보고서 말했다. "너는 내 친구가 아닌가?" 여마동
은 얼굴을 돌려 王翳(왕예)를 보며 말했다. "이 사람이 項王입니다." 항
우가 또 말했다. "漢에서 내 머리에 천금과 만호의 땅을 상으로 걸었다
고 들었는데, 내가 너를 위해 상을 타게 해 주겠다." 그리고서는 자기
목을 찔렀다. 왕예가 항우의 목을 차지하자 서로 마구 짓밟으며 항우를
차지하려 다투어 서로 죽인 자가 수십 명이었다. 최후로 楊喜, 呂馬童,
郎中인 呂勝, 楊武가 각각 항우의 몸뚱이를 차지했다. 그래서 상으로
내건 땅을 쪼개어 5인을 봉하여 모두 열후가 되었다. 31권, <陳勝項籍
傳>에 수록.

| | | | | | |
|---|---|---|---|---|---|
| 杜衍<br>嚴侯<br>王翳[375] | 以中郎騎漢<br>王二年從起<br>下邳,屬淮陰<br>侯,從灌嬰共<br>斬項羽,侯,千<br>七百戶 | 正月己酉<br>封,十八年<br>薨.<br>/百二 | 高后六年,<br>共侯福嗣,<br>七年薨. | 孝文五年,<br>孝侯市臣<br>嗣,七年薨. | 十二年,侯<br>舍嗣,二十<br>四年,有罪,<br>爲鬼薪.戶<br>三千四百. | |
| | | | 孝景後元<br>年,侯郢人<br>以翳子紹<br>封,十二年<br>薨. | 元光四年,<br>侯定國嗣,<br>十三年,元<br>狩五年,有<br>罪,免. | 元康四年,<br>翳曾孫長<br>安大夫安<br>樂詔復家. | |
| 赤泉<br>嚴侯<br>楊喜 | 以郎中騎漢<br>王二年從起<br>杜,屬淮陰,後<br>從灌嬰共斬<br>項籍,侯,千九<br>百戶. | 正月己酉<br>封,十三年<br>高后元年,<br>有罪,免,二<br>年,復封,十<br>八年薨.<br>/百三 | 孝文十二<br>年,定侯敷<br>嗣,十五年<br>薨. | 臨汝侯<br>孝景四年,<br>侯毋害嗣,<br>六年,坐詐<br>紿人臧六<br>百,免.中<br>五年,毋害<br>復封,十二<br>年,元光二<br>年,有罪,<br>免. | 元康四年,<br>喜玄孫茂<br>陵不更孟<br>甞詔賜黃<br>金十斤,復<br>家 |
| | | | | (六世)<br>子恢代復. | (八世)<br>子並代,永<br>始元年,賜<br>帛百疋.元<br>始二年,求<br>復不得. |
| | | | | (七世)<br>子譚代 | |
| 朝陽<br>齊侯<br>華寄 | 以舍人從起<br>薛,以連敖入<br>漢,以都尉擊<br>項羽,復攻韓<br>王信,侯,千<br>戶. | 三月壬寅<br>封,十二年<br>薨.<br>/六十九 | 高后元年,<br>文侯要嗣,<br>二十一年<br>薨. | 孝文十四<br>年,侯當嗣,<br>三十九年,<br>元朔二年,<br>坐教人上<br>書枉法,耏<br>爲鬼薪.戶<br>五千. | | 元康四年,<br>寄玄孫奉<br>明大夫定<br>國詔復家. |
| 棘陽<br>嚴侯<br>杜得臣 | 以卒從起湖<br>陵,入漢,以郎<br>將迎左丞相<br>軍擊項籍,侯,<br>二千戶. | 七月丙申<br>封,二十六<br>年薨.<br>/八十一 | 孝文六年,<br>侯但嗣,四<br>十三年薨 | 元光四年,<br>懷侯武嗣,<br>七年,元朔<br>五年薨,亡<br>後. | | |

---

**375** 杜衍嚴侯 王翳 – 杜衍(두연)은 南陽郡의 縣名. 嚴侯는 시호. 翳는 날아
오를 저.

| | | | | | |
|---|---|---|---|---|---|
| 涅陽嚴侯呂騰[376] | 以騎士漢三年從出關,以郎中共擊斬項羽,侯,千五百戶,比杜衍侯. | 七年封,二十五年,孝文五年薨.子成實非子,不得代 / 百四 | | | (六世)元康四年,騰玄孫之子涅陽不更忠詔復家. |
| 平棘懿侯林摯 | 以客從起亢父,斬章邯所置蜀守,用燕相侯,千戶. | 七年封,二十四年薨. / 六十四 | 孝文五年,侯辟彊嗣,有罪,爲鬼薪 | | 元康四年,摯曾孫項圉大夫常䮹詔復家,死,亡子,絶 |
| 深澤齊侯趙將夕 | 以趙將漢王三年降,屬淮陰侯,定趙,齊楚,以擊平城功侯,七百戶. | 八年十月癸丑封,十二年,高后元年,有罪,免,二年,復封,二年薨. / 九十八 | 孝文後二年,戴侯頭嗣,八年薨 | 孝景三年,侯脩嗣,七年,有罪,耏爲司寇. | 元康四年,將夕玄孫平陵上造延世詔復家. |
| | | | 奭中五年,夷胡侯以頭子紹封,二十一年,元朔五年薨,亡後. | | |
| 詢頃侯溫疥[377] | 以燕將軍漢王四年從破曹咎軍,爲燕相告燕王荼反,侯.以燕相國定盧綰.千九百戶. | 十月丙辰封,二十五年薨. / 九十一 | 孝文六年,文侯仁嗣,十七年薨. | 後七年,侯何嗣,七年,孝景四年薨. | 元康四年,疥玄孫長安公士福詔復家. |

---

**376** 涅陽嚴侯 呂騰 – 涅陽(열양, 涅은 개흙 열). 呂騰(여등)은 一作 呂勝.

**377** 詢 頃侯 溫疥 – 詢(순)은 위치 미상. 頃侯(경후) 溫疥(온개, 疥는 옴 개, 피부병).

| | | | | | |
|---|---|---|---|---|---|
| 歷簡侯程黑[378] | 以趙衛將軍漢王三年從起盧奴,擊項羽敖倉下,爲將軍攻臧荼有功,封千戶. | 十月癸酉封.十四年薨./九十二 | 高后三年,孝侯釐嗣,二十二年薨. | 孝文後元年,侯竈嗣,十四年,孝景中元年,有罪,免. | | (六世)元康四年,黑玄孫之子長安簪裏弘詔復家./元始五年,詔賜黑代復者安爵關內侯. |
| 武原靖侯衛肬[379] | 漢七年以梁將軍從初起,擊韓信,陳豨,黥布軍,功侯,二千八百戶,功比高陵侯. | 十二月丁未封,八年薨./九十三 | 孝惠四年,共侯寄嗣,三十七年薨. | 孝景三年,侯不害嗣,十二年,後二年,坐葬過律,免. | | 元康四年,肬玄孫郭公乘堯詔復家. |
| 棘祖侯陳錯[380] | 高帝七年爲將從擊代陳豨有功,侯,六百戶. | 十二月丁未封,七年薨./百二十四 | 孝惠三年,懷侯嬰嗣,十九年薨. | 孝文七年,共侯應嗣,十四年薨. | 後五年,節侯安嗣,三十一年薨. | 元狩二年,侯千秋嗣,九年,元鼎五年,坐酎金免./元康四年,錯玄孫之子茂陵公乘主儒詔復家. |
| 宋子惠侯許瘛[381] | 以漢三年用趙右林將初擊定諸侯,五百三十六戶,功比歷侯.[382] | 二月丁卯封,四年薨./九十九 | 十二年,共侯留嗣,二十五年薨. | 孝文十年,侯九嗣,二十二年,孝景中二年,坐寄使匈奴買塞外禁物,免. | | (七世)元康四年,瘛玄孫之孫宋子大夫酒詔復家. |

---

**378** 歷－信都國(廣川郡)의 縣名.

**379** 武原 靖侯 衛肬－衛肬(위기). 肬는 겨드랑이 거.

**380** 棘 祖侯 陳錯－棘(볏짚 고). 위치 미상. 陳錯(진개). 錯는 질이 좋은 쇠 개.

**381** 原宋子惠侯許瘛－宋子는 鉅鹿郡의 縣名. 許瘛(허계)의 瘛는 어린아이 경기(경끼) 계.

**382** 林將은 將士林, 羽林의 장수.

| | | | | | |
|---|---|---|---|---|---|
| 猗氏敬侯陳遫[383] | 以舍人從起豐,入漢,以都尉擊項羽,侯,千一百戶. | 三月丙戌封,十一年薨./五十位次曰長陵侯. | 孝惠七年,靖侯支嗣,三十四年薨. | 孝景三年,頃侯羌嗣,一年薨,亡後. | 元康四年,遫曾孫猗氏大夫胡詔賜黃金十斤,復家. | |
| 清簡侯室中同[384] | 以弩將初起,從入漢,以都尉擊項羽,代,侯,比彭侯,戶千. | 三月丙戌封,五年薨./七十一 | 孝惠元年,頃侯聖嗣,二十二年薨. | 孝文八年,康侯鮒嗣,五十二年薨. | 元狩三年,共侯古嗣,七年薨. | 元鼎四年,侯生嗣,一年,坐酎金免./元康四年,同玄孫高宛簪褭武詔復家. |
| 彊圉侯留肹[385] | 以客吏初起,從入漢,以都尉擊項籍,代,侯,比彭侯,千戶. | 三月丙戌封,三年薨./七十二 | 十一年,戴侯章復嗣,二十九年薨. | 孝文三年,侯復嗣,二年,有罪免. | 元康四年,肹曾孫長安大夫定詔復家. | |
| 彭簡侯秦同 | 以卒從起薛,以弩將入漢,以都尉擊項羽,代,侯,千戶. | 三月丙戌封,二十二年薨./七十 | 孝文三年,戴侯執嗣,二十三年薨. | 孝景三年,侯武嗣,十一年,後元年,有罪免. | | 元康四年,同玄孫費公士壽王詔復家. |
| 吳房嚴侯楊武 | 以郎中騎將漢元年從起下邽,擊陽夏,以騎都尉斬項籍,侯,七百戶. | 三月辛卯封,三十二年薨./九十四 | 孝文十三年,侯去疾嗣,二十五年,孝景後三年,有罪,耐爲司寇. | 元康四年,武孫霸陵公乘談詔賜黃金十斤,復家,亡子,絕. | | 談兄孫爲次復,亡子,絕. |

---

**383** 猗氏敬侯 陳遫 – 猗氏(의씨). 河東郡의 현명. 陳遫(진속)의 遫은 빠를 속.

**384** 清簡侯 室中同 – 清簡侯 室中은 複姓.

**385** 彊圉侯留肹 – 彊은 굳셀 강(强). 圉는 마부 어. 留肹(유힐)의 留는 성씨. 肹은 소리 울릴 힐.

| | | | | | | |
|---|---|---|---|---|---|---|
| 甯嚴侯魏遬[386] | 以舍人從碭入漢,以都尉擊臧荼功侯,千戶. | 四月辛卯封,三十五年薨./七十八 | 孝文十六年,共侯連嗣,八年薨. | 孝文後元年,侯指嗣,三年,坐出國界,免. | | 元康四年,遬玄孫長安公士都詔復家. |
| 昌圉侯旅卿 | 以齊將漢王四年從韓信起無鹽,定齊,擊項羽,又擊韓王信於代,侯,千戶. | 六月戊申封,三十四年薨./百九 | 孝文十五年,侯通嗣,十一年,孝景三年,坐謀反,誅. | | | 元康四年,卿玄孫昌上造光詔賜黃金十斤,復家./子賜代,死,無子,絕.有同產子,元始二年求不得. |
| 共嚴侯旅罷師 | 以齊將漢王四年從淮陰侯起,擊項籍,又攻韓王信於平城,有功,侯,千二百戶. | 六月壬子封,二十六年薨./百一十四 | 孝文七年,惠侯黨嗣,八年薨. | 十五年,懷侯高嗣,五年薨,亡子. | 元康四年,罷師曾孫霸陵簪裏信詔復家. | |
| 閼氏節侯馮解散[387] | 以代大與漢王三年降,爲鴈門守,以將軍平代反寇,侯,千戶.[388] | 六月壬子封,四年薨./一百 | 十二年,共侯它嗣,一年薨,亡後. | 孝文二年,文侯遺以它遺腹子嗣,十四年薨. | 十六年,共侯勝之嗣,十三年薨. | 孝景六年,侯平嗣,三十九年,元鼎五年,坐酎金免. |
| 安丘懿侯張說 | 以卒從起方與,屬魏豹,一歲五月,以執盾入漢,以司馬擊項羽,以將軍定代,侯,二千戶. | 七月癸酉封,三十二年薨./六十七 | 孝文十三年,共侯奴嗣,十三年薨. | 孝景三年,敬侯執嗣,一年薨. | 四年,康侯新嗣,三十一年薨. | 元狩元年,侯拾嗣,九年,元鼎四年,坐入上林謀盜鹿,又搏揜,完爲城旦.[389]（六世）元康四年,說玄孫之子陽陵上造舜詔復家. |

**386** 甯嚴侯 魏遬 - 甯嚴侯(영엄후) 魏遬(위속). 遬은 빠를 속(速과 同).

**387** 閼氏節侯 馮解散 - 閼은 가로막을 알. 馮解散(풍해산) 一作 馮解敢.

**388** 大與(대여)는 職名. 爵祿(작록) 담당 관리.

**389** 搏揜(박엄)은 숨었다가 적을 공격하여 죽이거나 물자를 탈취하다. 揜(가릴 엄)은 금전 등을 탈취하다. 장난치듯 남의 물건을 탈취하다. 完은 去髮刑. 髡(머리 깎을 곤)과 同.

| | | | | | |
|---|---|---|---|---|---|
| 襄平侯<br>紀通 | 父城以將軍<br>從擊破秦,入<br>漢,定三秦,功<br>比平定侯,戰<br>好時,死事,子<br>侯. | 九月丙午<br>封,五十二<br>年薨.<br>/六十六 | 孝景中三<br>年,康侯相<br>夫嗣,十九<br>年薨. | 元朔元年,<br>侯夷吾嗣,<br>十九年,元<br>封元年薨,<br>亡後. | | 元康四年,<br>通玄孫長<br>安簪褒萬<br>年詔復家. |
| 龍陽<br>敬侯<br>陳署 | 以卒從,漢王<br>元年起霸上,<br>以謁者擊項<br>籍,斬曹咎,侯,<br>戶千. | 九月己未<br>封,十八年<br>薨.<br>/八十四 | 高后七年,<br>侯堅嗣,十<br>八年,孝文<br>後元年,有<br>罪,免. | | | |
| 平<br>嚴侯<br>張瞻師 | 以趙騎將漢<br>王五年從擊<br>諸侯,比吳房<br>侯,千五百戶. | 九年十二<br>月壬寅封,<br>八年薨.<br>/九十五 | 孝惠五年,<br>康侯悍嗣,<br>三十七年<br>薨.390 | 孝景四年,<br>侯寄嗣. | 侯安國嗣,<br>不得年,元<br>狩元年,爲<br>人所殺. | (六世)<br>元康四年,<br>瞻師玄孫<br>之子敏上<br>造連城詔<br>復家. |
| 陸量侯<br>須無 | 詔以爲列諸<br>侯,自置吏令<br>長,受令長沙<br>王. | 三月丙戌<br>封,三年薨.<br>/百三十七 | 十二年,共<br>侯桑嗣,三<br>十四年薨. | 孝文後三<br>年,康侯慶<br>忌嗣,五年<br>薨. | 孝景元年,<br>侯冉嗣,四<br>十四年,元<br>鼎五年,坐<br>酎金免.<br>/元康四年,<br>無曾孫酈<br>陽秉鐸聖<br>詔復家.391 | |
| 高景侯<br>周成 | 父苛以內史<br>從擊破秦,爲<br>御史大夫,入<br>漢,圍取諸侯,<br>守滎陽,功比<br>辟陽侯,罵項<br>籍死事,子侯. | 四月戊寅<br>封,三十五<br>年,孝文後<br>五年,謀反,<br>下獄死.<br>/六十 | | 繩侯(민후)<br>孝景中元<br>年,侯應以<br>成孫紹封. | 侯平嗣,元<br>狩四年,坐<br>爲太常不<br>繕園屋,免. | 元康四年,<br>成玄孫長<br>安公大夫<br>賜詔復家. |

---

390 康侯悍嗣 - 悍은 근심할 경.

391 秉鐸(병탁)은 武功의 爵位 第六級.

| | | | | | | |
|---|---|---|---|---|---|---|
| 離侯<br>鄧弱 | 四月戊寅<br>封.楚漢春秋<br>亦闕.成帝時,<br>光祿大夫滑<br>湛日旁占驗<br>曰,'鄧弱以長<br>沙將兵侯.' | | | | | |
| 義陵侯<br>吳郢 | 以長沙柱國<br>侯,千五百戶 | 九月丙子<br>封,七年<br>薨. /<br>百三十四 | 孝惠四年,<br>侯重嗣,十<br>年,高后七<br>年薨,亡後. | | | |
| 宣平<br>武侯<br>張敖[392] | 嗣父耳爲趙<br>王,坐相貫高<br>等謀反,廢王<br>爲侯.[393] | 九年封,十<br>七年薨.<br>/ 三[394] | 高后二年,<br>侯偃爲魯<br>王,孝文元<br>年復爲侯,<br>十五年薨,<br>謚共. | 六年,哀侯<br>歐嗣,十七<br>年薨. | 孝景中三<br>年,侯王嗣,<br>十四年,有<br>罪,免.<br><br>睢陵侯<br>元光三年<br>侯廣國以<br>王弟紹封,<br>十八年薨. | 元鼎二年,侯<br>昌嗣,十二<br>年,太初二<br>年,坐爲太常<br>乏祠,免. /<br>元始二年,侯<br>慶忌以敖玄<br>孫紹封,千戶. |

**392** 張敖(장오) – 고조와 呂后의 사위.

**393** 張耳(장이, ? – 前 202) – 뒷날 항우에 의해 常山王이 되었다가 漢 高祖에 의해 趙王에 봉해진다. 陳餘(진여, ? – 前 205)는 秦末 漢初의 代王. 張耳와 陳餘(진여)는 刎頸之交(문경지교)를 맺고 있었으나 나중에 張耳는 漢에 투항하였고, 두 사람은 결국 원수가 되었다. 張耳의 아들 張敖(장오, ? – 前 182)는 뒷날 漢 高祖의 사위. 宣平侯에 피봉. 趙王으로 고조의 사위. 32권, 〈張耳陳餘傳〉에 입전.《史記》에도 〈張耳陳餘列傳〉이 있다.

**394** 趙王 張耳(장이)와 아들 張敖(장오)는 軍功이 크지 않지만, 장오가 고조와 여후의 유일한 딸 魯元公主와 결혼했기에 呂后가 고의로 올렸을 것이라는(曲升) 주석이 있다.

| | | | | | 信都侯<br>高后八年<br>四月丁酉,<br>侯侈以魯<br>太后子封,<br>孝文元年,<br>以非正免.<br>樂昌侯<br>四月丁亥,<br>侯受以魯<br>太后子封,<br>元年免 | 元康四年,<br>耳玄孫長<br>陵公乘逆<br>詔復家. |
|---|---|---|---|---|---|---|
| 東陽<br>武侯<br>張相如 | 高祖六年爲<br>中大夫,以河<br>間守擊陳豨,<br>力戰,功侯,千<br>三百戶 | 十一年十<br>二月癸巳<br>封,三十二<br>年薨.<br>/百一十八 | 孝文十六<br>年,共侯殷<br>嗣,五年薨. | 後五年,戴<br>侯安國嗣,<br>六年薨. | 孝景四年,<br>哀侯彊嗣,<br>十三年,建<br>元 元 年<br>薨.亡後. | (六世)<br>元康四年,<br>相如玄孫<br>之子茂陵<br>公乘宣詔<br>復家. |
| 慎陽侯<br>樂說 | 淮陰侯韓信<br>舍人,告信反,<br>侯,二千戶. | 十二月甲<br>寅封,五十<br>一年薨.<br>/百三十一 | 孝景中六<br>年,靖侯願<br>嗣,四年薨. | 建元元年,<br>侯買之嗣,<br>二十二年,<br>元狩五年,<br>坐鑄白金,<br>棄市. | | (六世)<br>元康四年,<br>說玄孫之<br>子長安公<br>士通詔復<br>家. |
| 開封<br>愍侯<br>陶舍 | 以右司馬漢<br>王五年初從,<br>以中尉擊燕,<br>代,侯,比共侯,<br>二千戶. | 十二月丙<br>辰封,一年<br>薨.<br>/百一十五 | 十二年,夷<br>侯青嗣,四<br>十八年薨. | 孝景中三<br>年,節侯偃<br>嗣,十七年<br>薨. | 元光五年,<br>侯睢嗣,十<br>八年,元狩<br>五年,坐酎<br>金免. | (七世)<br>元康四年,<br>舍玄孫之<br>孫長安公<br>士元始詔<br>復家. |
| 禾成<br>孝侯<br>公孫昔 | 以卒漢王五<br>年初從,以郎<br>中擊代擊陳<br>豨,侯,千九百<br>戶. | 正月己未<br>封,二十年<br>薨.<br>/百一十七 | 孝文五年,<br>懷侯漸嗣,<br>九年薨. | | 元康四年,<br>昔曾孫霸<br>陵公乘廣<br>意詔復家. | |

| | | | | | |
|---|---|---|---|---|---|
| 堂陽<br>哀侯<br>孫赤 | 以中涓從起<br>沛,以郎入漢,<br>以將軍擊項<br>籍,為惠侯,坐<br>守滎陽降楚,<br>免,復來,以郎<br>擊籍,為上黨<br>守擊陳豨,侯,<br>八百戶. | 正月己未<br>封,九年薨.<br>/七十七 | 高后元年,<br>侯德嗣,四<br>十三年,孝<br>景中六年,<br>有罪,免. | | 元康四年,<br>赤曾孫霸<br>陵公乘明<br>詔復家. |
| 祝阿<br>孝侯<br>高邑 | 以客從起䠠<br>桑以上隊將<br>入漢,以將軍<br>擊魏太原,井<br>陘,屬淮陰侯,<br>嬰度軍破項<br>籍及豨,侯,千<br>八百戶.395 | 正月己卯<br>封,二十一<br>年薨.<br>/七十四 | 孝文五年,<br>侯成嗣,十<br>四年,後三<br>年,坐事國<br>人過律,免. | | 元康四年,<br>邑玄孫長<br>陵上造弘<br>詔復家. |
| 長脩<br>平侯<br>杜恬 | 以漢王二年<br>用御史初從<br>出關,以內史<br>擊諸侯,攻項<br>昌,以廷尉死<br>事,侯,千九百<br>戶. | 三月丙戌<br>封,四年薨.<br>/百八<br>位次日信<br>平侯. | 孝惠三年,<br>懷侯中嗣,<br>十七年薨. | 孝文五年,<br>侯意嗣,二<br>十七年,有<br>罪,免. | 陽平侯<br>孝景中五<br>年,侯相夫<br>紹封,三十<br>七年,元封<br>三年,坐為<br>太常與大<br>樂令中可<br>當鄭舞人<br>擅繇,闌出<br>入關,免. |
| 江邑侯<br>趙堯 | 以漢五年為<br>御史,用奇計<br>徙御史大夫<br>周昌為趙相,<br>代昌為御史<br>大夫,從擊陳<br>豨,功侯,六百<br>戶. | 十一月封,<br>高后元年,<br>有罪,免. | | | |

---

395 䠠桑(설상)은 邑名.

| | | | | | | |
|---|---|---|---|---|---|---|
| 營陵侯劉澤 | 漢三年爲郎中擊項羽,以將軍擊陳豨,得王黃,侯.帝從昆弟,萬一千戶. | 十一月封,十五年,高后七年,爲瑯邪王./八十八 | | | | |
| 土軍式侯宣義 | 高祖六年爲中地守,以廷尉擊陳豨,侯,一千一百戶.就國後爲燕相. | 二月丁亥封,七年薨./百二十二 位次曰信成侯. | 孝惠六年,孝侯莫如嗣,三十五年薨. | 孝景三年,康侯平嗣,十九年薨. | 建元六年,侯生嗣,八年,元朔二年,坐與人妻姦,免. | (六世)元康四年,義玄孫之子阿武不更寄詔復家. |
| 廣阿懿侯任敖 | 以客從起沛,爲御史,守豐二歲,擊項籍,爲上黨守,陳豨反,堅守,侯,千八百戶.後遷爲御史大夫. | 二月丁亥封,十九年薨./八十九 | 孝文三年,夷侯敬嗣,一年薨. | 四年,敬侯但嗣,四十年薨. | 建元五年,侯越人嗣,二十一年,元鼎二年,坐爲太常廟酒酸,免. | 元康四年,敖玄孫廣阿簪褭定詔復家. |
| 須昌貞侯趙衍 | 以謁者漢王元年初從起漢中.雍軍塞渭上,上計欲還,衍言從它道,道通,後爲河間守,豨反,誅都尉相如,功侯,千四百戶. | 二月己丑封,三十二年薨./百七. | 孝文十六年,戴侯福嗣,四年薨. | 後四年,侯不害嗣,八年,孝景五年,有罪,免. | | (七世)元康四年,衍玄孫之孫長安簪褭步昌詔復家. |
| 臨轅堅侯戚鰓 | 初從爲郎,以都尉守蘄城,以中尉侯,五百戶. | 二月乙酉封,六年薨./百一十六. | 孝惠五年,夷侯觸龍嗣,三十七年薨. | 孝景四年,共侯中嗣,十六年薨. | 建元四年,侯賢嗣,二十五年,元鼎五年,坐酎金免. | 元康四年,鰓玄孫梁郎官大夫常詔復家.396 |
| | | | | | (七世)元始二年,鰓玄孫之孫少詔賜爵關內侯. | |

---

396 鰓玄孫梁郎官大夫常詔復家. – 鰓(아가미 새)의 玄孫인 梁國의 郎官으로 官大夫(서민 작위 제6급)인 常(상, 人名)이 조서에 의거 제후 가문을 복구하다.

| | | | | | | |
|---|---|---|---|---|---|---|
| 汲紹侯公上不害[397] | 高祖六年爲太僕,擊代豨有功,侯,千三百戶.爲趙太僕. | 二月乙酉封,三年薨./百二十三 | 孝惠二年,夷侯武嗣,二十七年薨. | 孝文十四年,康侯通嗣,二十七年薨. | 建元二年,侯廣德嗣,九年,元光五年,坐妻大逆,棄市. | 元康四年,不害玄孫安陵五大夫常詔復家. |
| 甯陵夷侯呂臣 | 以舍人從起留,以郎入漢,破曹咎成皐,爲都尉擊豨,功侯,千戶. | 二月辛亥封,二十七年薨./七十三 | 孝文十一年,戴侯謝嗣,十六年薨. | 孝景四年,惠侯始嗣,十七年薨. | | 元康四年,呂臣玄孫南陵公大夫得詔復家. |
| 汾陽嚴侯靳彊 | 以郎中騎千人前三年從起櫟陽,擊項羽,以中尉破鍾離眜軍,功侯. | 三月辛亥封,十一年薨./九十六 | 高后三年,共侯解嗣,三十三年薨. | 孝景五年,康侯胡嗣,十二年絶,不得狀. | 江鄒侯元鼎五年,侯石封嗣,九年,太始四年,坐爲太常行幸離宮道橋苦惡,大僕敬聲繫以謁聞,赦免. | 元康四年,彊玄孫長安公乘忠詔復家. |
| 戴敬侯祕彭祖 | 以卒從起沛,以卒開沛城門,爲太公僕,以中廄令擊陳豨,功侯,千一百戶. | 三月癸酉封,十一年薨./百二十六 | 高后三年,夷侯悍嗣,十二年薨. | 孝文八年,夷侯安國嗣,四十八年薨.元朔五年,安侯軫嗣,十二年薨. | 元鼎五年,侯蒙嗣,二十五年,後元年,坐祝詛上,大逆,腰斬. | (七世)元康四年,彭祖玄孫之孫陽陵大夫政詔復家. |
| 衍簡侯翟盰[398] | 以漢王二年爲燕令,以都尉下楚九城,堅守燕,侯,九百戶. | 七月己丑封,十二年薨./百三十 | 高后四年,祇侯山嗣,二十年薨. | 六年,節侯嘉嗣,四十四年薨. | 建元三年,侯不疑嗣,十年,元朔元年,坐挾詔書論,耐爲司寇.[399] | 元康四年,盰玄孫陽陵公乘光詔復家. |

---

**397** 汲 紹侯 公上不害 – 汲(물 길을 급)은 河內郡의 현명. 公上은 복성.

**398** 衍簡侯(연간후) 翟盰(적우) – 衍은 넘칠 연. 翟은 꿩 적. 성씨. 盰는 볼 우.

**399** 詔書를 받들지 않고 조서를 끼고 걸었다 하여, 수염을 깎고 변방 초소에서 적을 감시하며 복무했다.

| | | | | | |
|---|---|---|---|---|---|
| 平州<br>共侯<br>昭涉掉<br>尾<sup>400</sup> | 漢四年以燕<br>相從擊項籍,<br>還擊臧荼,侯,<br>千戶. | 八月甲辰<br>封,十八年<br>薨.<br>/百一十一 | 孝文二年,<br>戴侯種嗣<br>三年薨. | 五年,懷侯<br>它人嗣,四<br>年薨. | 九年,孝侯<br>馬童嗣,二<br>十九年薨. | 孝景後一<br>年,侯昧嗣,<br>二十四年,<br>元狩五年,<br>坐行馳道<br>中,免.<br>/ 元康四<br>年,掉尾玄<br>孫涪不更<br>福詔復家. |
| 中牟<br>共侯<br>單右車 | 以卒從沛,入<br>漢,以郎擊布,<br>功侯,二千二<br>百戶. 始高祖<br>微時有急,給<br>高祖馬,故得<br>侯. | 十二年十<br>月乙未封,<br>二十三年<br>薨.<br>/百二十五 | 孝文八年,<br>敬侯繒嗣,<br>五年薨. | 十三年,戴<br>侯終根嗣,<br>三十七年<br>薨. | 元光二年,<br>侯舜嗣,十<br>八年,元鼎<br>五年,坐酎<br>金免. | (六世)<br>元康四年,<br>右車玄孫<br>之子陽陵<br>不更充國<br>詔復家. |
| 邔嚴侯<br>黃極忠<br><sup>401</sup> | 以群盜長爲<br>臨江將,已而<br>爲漢擊臨江<br>王及諸侯,破<br>布,封千戶. | 十月戊戌<br>封,二十七<br>年薨.<br>/百十三 | 孝文十二<br>年,夷侯榮<br>成嗣,九年<br>薨. | 後元五年,<br>共侯明嗣,<br>三十五年<br>薨. | 元朔五年,<br>侯逡嗣,八<br>年,元鼎元<br>年,坐掩搏<br>奪公主馬<br>髦爲城旦.<br>戶四千.<sup>402</sup> | (六世)<br>元康四年,<br>極忠玄孫<br>之子邔公<br>乘調詔復<br>家. /<br>元始元年,<br>賜極忠代<br>後者畝爵<br>關內侯. |

**400** 平州共侯昭涉掉尾 – 平州 共侯 昭涉(소섭)은 姓. 名은 掉尾(도미, 掉는
흔들 도).

**401** 邔嚴侯 黃極忠 – 邔는 땅이름 기.

**402** 坐掩搏奪公主馬 – 掩은 가릴 엄. 몰래. 搏은 잡을 박. 취하다. 掩搏(엄
박)은 협박하여 빼앗다.

| | | | | | | |
|---|---|---|---|---|---|---|
| 博陽<br>節侯<br>周聚 | 以卒從豐,以<br>隊率入漢,擊<br>項籍成皐有<br>功,爲將軍,布<br>反,定吳郡,侯. | 十月辛丑封,<br>二十四年薨.<br>/五十三 | 孝文九年,<br>侯遫嗣,十<br>五年,孝景<br>元年,有罪,<br>奪爵一級. | | 元 康 四<br>年,聚曾<br>孫長陵公<br>乘萬年詔<br>復家. | |
| 陽羨<br>定侯<br>靈常 | 以荊令尹漢<br>五年初從,擊<br>鍾離眛及陳<br>公利幾,徙爲<br>漢中大夫,從<br>至陳,取韓信,<br>遷中尉,以擊<br>布,侯,二千戶. | 十月壬寅封,<br>十四年薨.<br>/百一十九 | 高后七年,<br>共侯賀嗣,<br>八年薨. | 孝 文 七<br>年,哀侯<br>勝嗣,六<br>年薨,亡<br>後. | | 元康四年,<br>常玄孫南<br>和大夫橫<br>詔復家. |
| 下相<br>嚴侯<br>泠耳⁴⁰³ | 以客從起沛,<br>入漢,用兵擊<br>破齊田解軍,<br>以楚丞相堅<br>守彭城距布<br>軍,功侯,二千<br>戶. | 十月己酉封,<br>十八年薨.<br>/八十五. | 孝文三年,<br>侯順嗣,二<br>十三年,孝<br>景三年,坐<br>謀反,誅. | | | 元康四年,<br>耳玄孫長<br>安公士安<br>詔復家. |
| 高陵<br>圉侯<br>王虞人 | 以騎司馬漢<br>王元年從起<br>廢丘,以都尉<br>破田橫,龍且,<br>追籍至東城,<br>以將軍擊布,<br>侯,九百戶. | 十二月丁亥<br>封,十年薨.<br>/九十二 | 高后三年,<br>侯弄弓嗣,<br>十八年薨. | 孝 文 十<br>三年,侯<br>行嗣,十<br>二年,孝<br>景三年,<br>謀反,誅. | | |
| 期思<br>康侯<br>賁赫⁴⁰⁴ | 淮南王英布<br>中大夫,告反,<br>侯,一千戶 | 十二月癸卯<br>封,二十九年,<br>孝文十四年<br>薨,亡後.<br>/百三十二 | | | | 元康四年,<br>赫玄孫壽<br>春大夫充<br>詔復家. |

---

**403** 下相嚴侯 泠耳 – 下相은 臨淮郡의 縣名. 泠은 깨우칠 령(영). 덜어지
다. 성씨.

**404** 期思康侯 賁赫 – 期思(기사)는 汝南郡의 縣名. 賁赫(비혁)은 人名. 賁는
꾸밀 비, 괘명(山火賁 ☰☲), 姓氏. 클 분, 날랠 분.

| | | | | | | |
|---|---|---|---|---|---|---|
| 戚圉侯季必405 | 以騎都尉漢二年初起櫟陽,攻破廢丘,因擊項籍,屬韓信,破齊,攻臧荼,爲將軍,擊韓信,侯,千五百戶. | 十二月癸卯封,十六年薨./九十 | 孝文元年,貰侯長嗣,三年薨. | 四年,躁侯瑕嗣,三十八年薨. | 建元三年,侯信成嗣,二十年,元狩五年,坐爲太常縱丞相侵神道,爲隷臣.406 | 元康四年,必玄孫長安公士買之詔復家. |
| 穀陽定侯馮谿 | 以卒前二年起柘,擊籍,定代,爲將軍,功侯. | 正月乙丑封,二十二年薨./百五 | 孝文七年,共侯熊嗣,十八年薨. | 孝景二年,隱侯卯嗣,三年薨. | 五年,懿侯解中嗣,十二年薨. | 建元四年,侯偃嗣. |
| | | | | | (六世) 元康四年,谿玄孫之子穀陽不更武詔復家. | |
| 嚴敬侯許猜(허시) | 以楚將漢二年降,從起臨濟,以郎中擊項羽,陳豨,侯,六百戶. | 正月乙丑封,四十年薨.百一十二 | 孝景二年,侯恢嗣,十六年薨. | 建元二年,煬侯則嗣,九年薨. | 元光五年,節侯周嗣,三年薨. | 元朔二年,侯廣宗嗣,十五年,元鼎五年,坐酎金免. |
| | | | | | (六世) 元康四年,猜玄孫之子平壽公士任壽詔復家. | |
| 成陽定侯奚意 | 以魏郎漢王二年從起陽武,擊項籍,屬魏王豹,豹反,徙屬相國彭越,以太原尉定代,侯,六百戶. | 正月乙酉封,二十六年薨/百一十 | 孝文十一年,侯信嗣,二十九年,建元元年,有罪,要斬. | | 元康四年,意曾孫陽陵公乘通詔復家. | |

405 戚圉侯 季必-<灌嬰傳>에는 李必, 今 此에서는 季. 表와 傳이 不同, 착오가 있을 것임.

406 <刑法志>에 의하면, 罪人이 판결을 받은 뒤, 머리를 깎고 변경 城에서 보초를 서거나, 여자는 방아를 찧으며(舂, 용), 3년을 복무한 뒤에 남자는 다시 1년간 종묘나 관청의 나무를 하고(鬼薪, 귀신), 여인은 곡식을 고르기를(白粲) 1년 한 뒤에 서인이 되는데, 이 기간에 남자는 隷臣(예신), 女子는 隷妾이라 한다.

| | | | | | |
|---|---|---|---|---|---|
| 桃安侯<br>劉襄 | 以客從,漢王<br>二年起定陶,<br>以大謁者擊<br>布,侯,千<br>戶.爲淮南太<br>守.項氏親. | 三月丁巳<br>封,七年,孝<br>惠七年,有<br>罪,免,二<br>年,復封,十<br>六年薨.<br>/百三十五 | 孝文十年,<br>懿侯舍嗣,<br>三十年薨. | 建元元年,<br>厲侯由嗣,<br>十三年薨. | 元朔二年,<br>侯自爲嗣,<br>十五年,元<br>鼎五年,坐<br>酎金免. | (六世)<br>元康四年,<br>襄玄孫之<br>子長安上<br>造益壽詔<br>復家. |
| 高梁<br>共侯<br>酈疥407 | 父食其以客<br>從破秦,以列<br>侯入漢,還定<br>諸侯,常使使<br>約和諸侯,說<br>齊王死事,子<br>侯. | 二月丙寅<br>封,六十三<br>年薨.<br>/六十六 | 元光三年,<br>侯勃嗣. | 侯平嗣,元<br>狩元年,坐<br>詐衡山王<br>取金,免. | | 元康四年,<br>食其玄孫<br>陽陵公乘<br>賜詔復家. |
| 紀信<br>匡侯<br>陳倉 | 以中涓從起<br>豐,以騎將入<br>漢,以將軍擊<br>項籍,後攻盧<br>綰,侯,七百戶. | 六月壬辰<br>封,十年薨.<br>/八十 | 高后三年,<br>夷侯開嗣,<br>二十二年<br>薨. | 孝文後二<br>年,侯煬嗣,<br>八年,孝景<br>二年,反,<br>誅. | | (六世)<br>元康四年,<br>倉玄孫之<br>子長安公<br>士千秋詔<br>復家. |
| 景<br>嚴侯<br>王競 | 以車司馬漢<br>元年初從起<br>高陵,屬劉賈,<br>以都尉從軍,<br>侯,五百戶. | 六月壬辰<br>封,七年薨.<br>/百六 | 孝惠七年,<br>戴侯真粘<br>嗣,十九年<br>薨. | 孝文十一<br>年,侯興嗣,<br>二十二年,<br>孝景十年,<br>有罪,免. | | 元康四年,<br>競玄孫長<br>安公士昌<br>詔復家. |
| 張節侯<br>毛釋之 | 以中涓從起<br>豐,以郎騎入<br>漢,還從擊諸<br>侯,侯,七百<br>戶. | 六月壬辰<br>封,二十六<br>年薨.<br>/七十九 | 孝文十一<br>年,侯鹿嗣,<br>二年薨. | 十三年,侯<br>舜嗣,二十<br>三年,孝景<br>中六年,有<br>罪,免. | | 元康四年,<br>釋之玄孫<br>長安公士<br>景詔復家. |

---

**407** 高梁共侯 酈疥 – 酈은 땅이름 력(려, 리). 高祖의 說客으로 趙에서 烹殺
(팽살)된 酈食其(역이기)의 아들. 疥는 옴 개. 고약한 피부병.

| | | | | | |
|---|---|---|---|---|---|
| 煮棗端侯革朱 | 以越連敖從起薛,別以越將入漢,擊諸侯,以都尉侯,九百戶. | 六月壬辰封,七年,孝惠七年薨.嗣子有罪,不得代./七十五 | 孝文二年,康侯式以朱子紹封,二十一年薨. | 孝景中二年,侯昌嗣,二年,有罪,免. | | 元康四年,朱玄孫陽陵大夫奉詔復家. |
| 僞陵嚴侯朱濞 | 以卒從起豐,入漢,以都尉擊項籍,臧荼,侯,二千七百戶. | 十二月封,十一年薨./五十二 | 高后四年,共侯慶嗣,十一年,孝文七年薨.亡後. | 元康四年,濞曾孫陽陵公士言詔復家. | | |
| 鹵嚴侯張平 | 以中尉前元年從起單父,不入關,以擊黥布,盧綰,得南陽,侯,二千七百戶. | 十二月封,十二年薨./四十八 | 高后五年,侯勝嗣,七年,孝文四年,有罪,爲隸臣. | | | (六世)元康四年,平玄孫之子長安公士常詔復家. |

右高祖百四十七人. 周呂,建成二人在外戚. 羹頡,合陽,沛,德四人在王子, 凡百五十三人.

이상 高祖의 功臣은 147人이다. 周呂侯(주려후, 高后 오빠 呂澤)와 建成侯 2인은 〈外戚侯表〉에 수록했다. 羹頡侯(갱갈후, 고조 큰형의 子), 合陽侯(고조의 작은 형), 沛侯(패후, 고조 仲兄의 자. 뒷날 吳王), 德侯(덕후, 沛侯의 弟) 4인은 〈王子侯表〉에 수록했다. 모두 합하면 153명이다.[408]

---

**408** 高祖의 功臣 147人이 아니라 137인. 따라서 153人은 143人이어야 한다.

## 2. 孝惠帝功臣表

| 號諡<br>姓名 | 侯狀戶數 | 始封<br>位次 | 子 | 孫 | 曾孫 | 玄孫 |
|---|---|---|---|---|---|---|
| 便頃侯<br>吳淺 | 以父長沙<br>王功侯,二<br>千戶. | 元年九月<br>癸卯封,三<br>十七年薨.<br>/ 百三十<br>三 | 孝文後七<br>年,共侯信<br>嗣,六年薨 | 孝景六年,<br>侯廣志嗣. | 侯千秋嗣,<br>元鼎五年,<br>坐酎金免. | 編侯<br>元康四年,<br>淺玄孫長<br>陵上造長<br>樂詔復家. |
| 軑侯<br>黎朱蒼[409] | 以長沙相<br>侯,七百戶. | 二年四月<br>庚子封,八<br>年薨.<br>/ 百二十 | 高后三年,<br>孝侯豨嗣,<br>二十一年<br>薨. | 孝文十六<br>年,彭祖嗣,<br>二十四年<br>薨. | 侯扶嗣,元<br>封元年,坐<br>爲東海太<br>守行過擅<br>發卒爲衛<br>當斬,會赦,<br>免. | (六世)<br>元康四年,<br>蒼玄孫之<br>子竟陵簪<br>裹漢詔復<br>家. |
| 平都<br>孝侯<br>劉到 | 以齊將高<br>祖三年定<br>齊降,侯,千<br>戶. | 五年六月<br>乙亥封,十<br>三年薨.<br>/ 百一十 | 孝文三年,<br>侯成嗣,三<br>十五年,孝<br>景後二年,<br>有罪,免. | | 元康四年,<br>到曾孫長<br>安公乘如<br>意詔復家. | |
| 右孝惠三人.<br>이상 孝惠帝 功臣 3인이다. | | | | | | |

---

409 軑侯黎朱蒼 – 軑는 수레 줏대 대. 黎는 검을 여. 성씨.

## 3. 高后功臣表

| 號諡姓名 | 侯狀戶數 | 始封位次 | 子 | 孫 | 曾孫 | 玄孫 |
|---|---|---|---|---|---|---|
| 南宮侯張買 | 以父越人爲高祖騎將從軍,以中大夫侯 | 元年四月丙寅封. | 侯生嗣,孝武初有罪,爲隷臣.萬六千六百戶. | | | 北海 |
| 梧齊侯陽城延 | 以軍匠從起郟,入漢,後爲少府,作長樂,未央宮,築長安城先就,侯.410 | 四月乙酉封,六年薨./七十六 | 七年,敬侯去疾嗣,三十四年薨. | 孝景中三年,靖侯偃嗣,十五年薨. | 元光三年,侯戎奴嗣,十四年,元狩五年,坐使人殺季父,棄市.戶三千三百. | (六世)元康四年,延玄孫之子梧公士注詔復家. |
| 平定敬侯齊受 | 以卒從起留,以家車吏入漢,以驍騎都尉擊項籍,得樓煩將,用齊丞相侯.411 | 四月乙酉封,九年薨./五十四 | 孝文二年,齊侯市人嗣,四年薨. | 六年,共侯應嗣,四十一年薨,亡後. | 元光二年,康侯延居嗣,八年薨. | 元鼎二年,侯昌嗣,二年,元鼎四年,有罪,免./元康四年,受玄孫安平大夫安德詔復家. |
| 博成敬侯馮無擇 | 以悼武王郎中從高祖起豐,攻雍,共擊項籍,力戰,奉悼武王出榮陽,侯.412 | 四月己丑封,三年薨. | 四年,侯代嗣,八年,坐呂氏誅. | | | |

---

410 郟(고을 이름 겹)은 穎川郡의 縣名.

411 家車吏－漢王의 家車, 軍國의 所用이 아닌 수레 운전 담당자.

412 悼武王은 高后의 오빠인 周呂侯인 呂澤(여택). 高后가 悼武王으로 追尊했다.

| 號諡<br>姓名 | 侯狀戶數 | 始封<br>位次 | 子 | 孫 | 曾孫 | 玄孫 |
|---|---|---|---|---|---|---|
| 沅陵<br>頃侯<br>吳陽 | 以父長沙王功<br>侯. | 七月丙申<br>封,二十五<br>年薨.<br>/百三十六 | 孝文後二<br>年,頃侯福<br>嗣,十七年<br>薨. | 孝景中五<br>年,哀侯周<br>嗣,薨,亡<br>後. | | |
| 中邑<br>貞侯<br>朱進 | 以執矛從入<br>漢,以中尉破<br>曹咎,用呂相<br>侯,六百戶.413 | 四年四月<br>丙申封,二<br>十二年薨 | | 孝文後二<br>年,侯悼<br>嗣,二十一<br>年,孝景後<br>三年,有罪,<br>免. | | |
| 樂平<br>簡侯<br>衛毋擇 | 以隊率從起<br>沛,屬皇訢,以<br>郎擊陳餘,用<br>衛尉侯,六百<br>戶. | 四月丙申<br>封,二年<br>薨. | 六年,共侯<br>勝嗣,四十<br>一年薨. | 孝景後三<br>年,侯侈<br>嗣,六年,<br>建元六年,<br>坐買田宅<br>不法,有請<br>賕吏,死. | | |
| 山都<br>貞侯<br>王恬啓 | 漢五年爲郎中<br>柱下令,以衛<br>將軍擊陳豨,<br>用梁相侯.414 | 四月丙申<br>封,八年<br>薨. | 孝文四年,<br>憲侯中黃<br>嗣,二十三<br>年薨. | 孝景四年,<br>敬侯觸龍<br>嗣,二十三<br>年薨. | 元狩五年,<br>侯當嗣,八<br>年,元封元<br>年,坐闌入<br>甘泉上林,<br>免. | |
| 祝茲<br>夷侯<br>徐厲 | 以舍人從沛,<br>以郎中入漢,<br>還,得雍王邯<br>家屬,用常山<br>丞相侯. | 四月丙申<br>封,十一年<br>薨. | 孝文七年,<br>康侯悼嗣,<br>二十九年<br>薨. | 孝景中六<br>年,侯偃<br>嗣,九年,<br>建元六年,<br>有罪,免. | | |

---

**413** 呂相－爲呂王之相也.

**414** 柱下令－柱下書史 담당자.

| | | | | | |
|---|---|---|---|---|---|
| 成陰夷侯周信 | 以卒從起單父,爲呂后舍人,度呂后,爲河南守,侯,五百戶.[415] | 四月丙申封,十六年,薨. | 孝文十二年,侯勃嗣,十五年,有罪,免. | | |
| 俞侯呂它 | 父嬰以連敖從高祖破秦,入漢,以都尉定諸侯,功比朝陽侯,死事,子侯. | 四月丙申封,四年,坐呂氏誅. | | | |
| 醴陵侯越 | 以卒從,漢二年起櫟陽,以卒吏擊項羽,爲河內都尉,用長沙相侯,六百戶. | 四月丙申封,八年,孝文四年,有罪,免. | | | |

高后十二人. 扶柳, 襄城, 軹, 壺關, 昌平, 贅其, 騰, 昌城, 腄, 祝茲, 建陵十一人在恩澤外戚. 洨, 沛, 信都, 樂昌, 東平五人隨父, 上邳, 朱虛, 東牟三人在王子,凡三十一人.

이상 高后의 공신은 12인이다. 扶柳侯(부류후), 襄城, 軹(지), 壺關(호관), 昌平, 贅其(췌기), 騰(등), 昌城, 腄(수), 祝茲(축자), 建陵侯 등 11인은 〈恩澤外戚表〉에 수록했다. 洨侯(효후), 沛(패), 信都, 樂昌, 東平侯 등 5인은 부친의 작위를 계승했고, 上邳侯(상비후), 朱虛侯, 東牟侯(동모후) 3인은 〈王子侯表〉에 수록했다. 총 31인이다.

---

**415** 度呂后 – 당시 도적떼가 횡행할 때, 무사히 강을 건너게 하여 呂后를 지킨 공로.

## 4. 孝文功臣表

| 號諡<br>姓名 | 侯狀戶數 | 始封<br>位次 | 子 | 孫 | 曾孫 | 玄孫 |
|---|---|---|---|---|---|---|
| 陽信<br>夷侯<br>劉揭 | 高祖十三年<br>爲郎,以典客<br>奪呂祿印,閉<br>殿門止產等,<br>共立皇帝,侯,<br>二千戶. | 元年十一月<br>辛丑封,十<br>四年薨. | 十五年,<br>侯中意<br>嗣,十四<br>年,孝景<br>六年,有<br>罪,免. | | | |
| 壯武侯<br>宋昌 | 以家吏從高<br>祖起山東,以<br>都尉從滎陽<br>食邑,以代中<br>尉勸王,驂乘<br>入卽帝位,侯,<br>千四百戶. | 四月辛亥<br>封,三十三<br>年,孝景中<br>四年,有罪,<br>奪爵一級,<br>爲關內侯. | | | | |
| 樊侯<br>蔡兼 | 以睢陽令高<br>祖初從阿,以<br>韓家子還定<br>北地,用常山<br>相侯,千二百<br>戶.416 | 六月丙寅<br>封,十四年<br>薨. | 十五年,<br>康侯客<br>嗣,十八<br>年薨 | 孝景中二<br>年,共侯<br>平嗣,二<br>十一年薨 | 元朔二年,侯<br>辟方嗣,元<br>鼎四年,坐搏<br>搚,完爲城<br>旦. | |
| 泭陵<br>康侯<br>魏駟417 | 以陽陵君侯 | 七年三月丙<br>寅封,十二<br>年薨.亡後. | | | | |
| 南貞侯<br>起 | 以信平君侯, | 三月丙寅封,<br>坐後父故削<br>爵一級,爲關<br>內侯.418 | | | | |

---

**416** 본래 六國 시기에 韓의 왕족. 뒷날 蔡로 更姓했다.

**417** 泭陵 康侯 魏駟 - 泭는 하천 이름 시. 古는 牴(닿을 저)字.

**418** 조정의 會式에 부친을 수행했는데(隨父), 조정의 작위 서열을 어겼기에 1등을 삭감하여 관내후가 강등되었다는 주석이 있다.

| | | | | | |
|---|---|---|---|---|---|
| 黎頃侯召奴 | 以父齊相侯. | 十年四月癸丑封,十一年薨. | 後五年,侯潰嗣,三十五年薨. | 元朔五年,侯延嗣,十九年,元封六年,坐不出持馬,要斬.戶千八百.419 | | |
| 缾侯孫單(孫鄲) | 父印以北地都尉匈奴入力戰死事,子侯. | 十四年三月丁巳封,十二年,孝景前三年,坐反,誅. | | | | |
| 弓高壯侯韓隤當420 | 以匈奴相國降,侯.故韓王子. | 十六年六月丙子封. | 不得子嗣侯封年.421 | 元朔五年,侯則嗣,薨,亡後. | | |

419 당시 戰馬를 징발하는데, 말을 숨겨 바치지 않았기에 허리를 잘리는 형벌을 받았다.

420 漢 6년(前 201) 봄, 고조는 韓王信이 용감하고 무예가 뛰어나다 하여 흉노 침입에 대비할 목적으로 太原郡을 韓國으로 대체하고 韓王信을 晉陽縣에 도읍케 하였다. 그러자 韓王信이 晉陽은 요새에서 멀기에 馬邑에서 통치하겠다고 상서했고, 고조는 허락하였다. 그러나 한신이 흉노와 연계하며 漢을 배신하자, 漢 7년(前 200) 겨울, 高祖는 친히 원정에 나서 韓信의 군사를 銅鞮縣(동제현)에서 격파하였고, 韓王信은 흉노로 도망했다.

한信이 匈奴에 들어가면서 太子와 같이 갔는데, 韓信이 頹當城(퇴당성)에 도착하여 또 아들을 낳아 이름을 頹當(퇴당)이라 하였다. 韓信의 아들도 아들 韓嬰(한영)을 낳았다. 孝文帝 때, 한퇴당과 한영은 그 무리들을 이끌고 漢에 투항하였다. 漢에서는 한퇴당을 弓高侯(궁고후)에, 한영을 襄城侯(양성후)에 봉했다. 경제 때 吳와 楚의 반란을 진압할 때, 궁고후의 공로가 여러 장수 중에 으뜸이었다. 작위가 한퇴당의 아들에서 손자에 이르렀으나 손자가 아들이 없어 나라가 단절되었다. 한영의 손자는 불경죄로 작위를 잃었다. 한퇴당의 孽孫(얼손)인 韓嫣(한언)은 武帝의 총애를 받으며 當世에 이름을 날렸다. 한언의 동생 韓說(한열)

| | | | | | | |
|---|---|---|---|---|---|---|
| | | | | 龍額<br>元朔五年四月丁未,侯譿以都尉擊匈奴得王,侯,十二年,元鼎五年,坐酎金免. | | |
| | | | | 按道侯<br>元封元年五月己卯,慇侯說以橫海將軍擊東越,侯,十九年,爲衛太子所殺. | 延和三年,侯興嗣,四年,坐祝詛上,要斬. | |
| | | | | | 後元元年,侯曾以興弟紹封龍額,三十一年薨 | 五鳳元年,思侯寶嗣,鴻嘉元年薨,亡後. |
| | | | | | | 元封元年,節侯共以寶從父昆弟紹封. |
| | | | | | 六世<br>侯敞弓嗣,王莽敗,絶. | |

도 校尉로 흉노를 치고 龍額侯(용액후)에 봉해졌다. 뒤에 酎金(주금)을 내지 않아 제후의 지위를 잃었지만 조서를 받아 회복되었고 橫海將軍이 되어 東越(동월)을 격파하고 按道侯(안도후)에 봉해졌다. 武帝 太初 연간에는 游擊將軍(유격장군)이 되어 五原郡의 列城에 주둔했다가 돌아와 光祿勳이 되었으나 太子宮(衛太子)의 무고 사건으로 태자에게 살해되었다. 아들 韓興이 뒤를 이었으나 巫蠱(무고)에 연루되어 죽었다.

**421** 不得子嗣侯者年名. – 不得封年. 弓高 壯侯 韓頹當(한퇴당)의 장남이 일찍 죽어 한퇴당의 작위는 長孫이 계승했다. 그뒤 장손 韓則(한칙)은 無子하여 弓高侯는 단절되었다. 韓則의 동생 韓譿(한요)는 다른 戰功을 세워 龍額侯(용액후)가 되었다.

| | | | | | | |
|---|---|---|---|---|---|---|
| 襄城<br>哀侯<br>韓嬰422 | 以匈奴相國降,侯,二千戶.韓王信太子之子. | 六月丙子封,七年薨. | 後七年,侯釋之嗣,三十一年,元朔四年,坐詐疾不從,耐爲隸臣. | | | 魏 |
| 故安<br>節侯<br>申屠嘉423 | 孝文二年舉淮陽守,從高祖功,食邑五百戶,用丞相侯. | 後三年四月丁巳封,七年薨. | 孝景前三年,侯共嗣,二十二年薨. | 元狩三年,侯臾更封,五年,元鼎元年,坐爲九江太守受故官送,免. | | |

右孝文十人. 軑, 鄃, 周陽三人在〈外戚〉. 管, 氏丘, 營平, 陽虛, 楊丘, 枌, 安都, 平昌, 武成, 白石, 阜陵, 安陽, 陽周, 東城十四人在〈王子〉, 凡二十七人.

이상 孝文帝의 공신 10명이다. 軑侯(지후), 鄃侯(오후), 周陽侯 3인은 〈外戚侯表〉에 수록했다. 管侯, 氏丘, 營平, 陽虛, 楊丘, 枌(역), 安都, 平昌, 武成, 白石, 阜陵(부릉), 安陽, 陽周, 東城侯 등 14인은 〈王子侯表〉에 수록하였으니 총 27인 이다.

---

422 韓嬰(한영) – 흉노 땅으로 도주한 韓王信의 손자.

423 申屠嘉(신도가) – 활을 쏘는 군졸로 高祖를 따라 項籍(항우)을 격파하 였고 승진하여 隊長이 되었다. 문제 때 승상 역임. 文帝의 총신인 鄧通 (등통)을 혼내주었다. 42권, 〈張周趙任申屠傳〉에 입전.

# 경무소선원성공신표
## 景武昭宣元成功臣表

# 五. 景武昭宣元成功臣表

〈경,무,소,선,원성공신표〉[424] 《漢書》17권(表 5)

原文

昔《書》稱「蠻夷帥服」,《詩》云「徐方旣俅」,《春秋》列潞子
之爵, 許其慕諸夏也. 漢興至於孝文時, 乃有弓高, 襄城之
封, 雖自外俅, 本功臣後. 故至孝景始欲侯降者, 丞相周亞
夫守約而爭. 帝黜其議, 初開封賞之科, 又有吳楚之事. 武
興胡越之伐, 將帥受爵, 應本約矣. 後有承平, 頗有勞臣. 輯
而序之, 續元功次云.

---

424 景武昭宣元成功臣表 - 반고는 《漢書》100권, 敍傳(上)에서 말했다. 「景
帝는 吳, 楚 등을 정벌했고, 武帝는 군사를 크게 일으켰고(武功으로 피
봉된 제후가 많았다는 뜻) 이후 태평을 누렸지만 그래도 공을 세워 봉
토를 받는 자가 있었다. 이에 〈景武昭宣元成哀功臣侯表〉第五를 서
술했다.(景征吳,楚, 武興師旅, 後昆承平, 亦猶有紹. 述〈景武昭宣元成
哀功臣侯表〉第五.)」

【 국역】

　예전 《書經》에서는 「蠻夷(만이)들이 서로 함께 복속한다」고 하였고,[425] 《詩經》에서는 「徐方의 만이들이 入朝했다.」 하였으며,[426] 《春秋》에서는 潞子(노자)의 작위를 열거하며 中華를 흠모하는 노자를 칭송하였다.[427]

　漢이 건국되어 孝文帝 때까지, 弓高侯(궁고후)와 襄城侯(양성후)의[428] 封爵이 있었는데, 그들이 비록 外來人이었지만 본래 功臣의 후손이었다.

---

**425** 원문 蠻夷帥服 -《書經 舜典》의 글. 王者의 德澤이 널리 퍼져 四夷가 相率(상솔)하여 降服(항복)한다는 뜻. 帥은 거느릴 솔(率也). 장수 수.

**426** 원문 徐方旣徠 -《詩經 大雅 常武》의 구절. '王猶允塞, 徐方旣徠.' 周의 王道가 信實하니, 徐方(徐는 周代의 나라 이름, 徐戎)과 淮夷(회이)들이 함께 來朝한다는 뜻. 徠(올 래)는 來의 古字.

**427** 潞子(노자, 潞 강 이름 로. 춘추시대 晉 북동쪽에 있던 소수 민족의 나라 이름)가 狄人(적인)의 무리를 떠나 內附하였는데, 《春秋》에서는 이를 가상히 여겨 그의 작위를 열거하며 中華의 문물을 흠모하는 노자를 칭송하였다.

**428** 弓高 - 弓高侯(궁고후) 韓頹當(한퇴당)과 襄城侯(양성후) 韓嬰(한영). 韓王信(韓王 韓信 / 淮陰侯 韓信이 아님)이 漢 고조에 반기를 들었고, 쫓기어 匈奴 땅에 들어가면서 太子(아들)와 같이 갔다. 韓王信이 頹當城(퇴당성)에 도착하여 또 아들을 낳아 이름을 頹當(퇴당)이라 하였다. 韓王信의 太子도 아들 韓嬰(한영)을 낳았다. 孝文帝 때, 한퇴당과 한영은 흉노 땅의 무리들을 이끌고 漢에 투항하였다. 漢에서는 한퇴당을 弓高侯(궁고후)에, 한영을 襄城侯(양성후)에 봉했다. 경제 때 吳와 楚의 반란을 진압할 때, 궁고후의 공로가 여러 장수 중에 으뜸이었다. 작위가 한퇴당의 아들에서 손자에 이르렀으나 손자에게 아들이 없어 나라가 단절되었다.

그 이후 孝景帝 재위 중에 투항자를 封하는 문제로, 丞相 周亞夫 (주아부)는[429] 高祖의 誓約(서약)을 견지하며 논쟁하였다.[430] 경제는 주아부의 주장을 배척했고 封賞 할 수 있는 조항을 신설하였으며, 그 뒤로 吳楚七國의 난이 있었다.

武帝는 흉노와 越人에 대한 정벌을 일으켰고 무장들이 작위를 받은 것은 고조의 맹약에 근거하였다. 그 이후 태평시대가 계속되면서 공신의 치적을 위로하는 封爵(봉작)이 많았다. 이에 공신의 업적을 모아 서열에 의거하여 기록하였다.[431]

## 1. 孝景功臣表

| 姓名 號諡 | 功狀戶數 | 始封 | 子 | 孫 | 曾孫 |
|---|---|---|---|---|---|
| 俞侯 欒布[432] | 以將軍吳楚反擊齊, 侯. | 六年四月丁卯封, 六年薨. | 中六年, 侯賁嗣, 二十二年, 元狩六年, 坐爲太常雍犧牲不如令, 免.[433] | | |

---

**429** 條侯 周亞夫(주아부, ?-前 143) - 絳侯(강후) 周勃(주발)의 아들. 七國之亂에 河內郡 太守로 漢軍을 거느리고 3개월에 반군을 진압하였다. 나중에 경제의 미움을 받아 옥사했다. 《漢書》40권, 〈張陳王周傳〉에 立傳.

**430** 景帝가 匈奴 투항자인 徐盧(서로) 등을 제후로 봉하려 하자, 주아부는 '高祖之約에 功臣이 아니면 제후가 될 수 없다.'고 논쟁하였다.

**431** 원문 輯而序之, 續元功次云 - 輯은 集과 同. 元功은 帝業을 성취하도록 도운 공적.

**432** 俞侯 欒布(유후 난포, ?-前 145) - 俞侯의 封地 미상. 欒은 나무 이름

| | | | | |
|---|---|---|---|---|
| 建陵<br>哀侯<br>衛綰434 | 以將軍擊吳<br>楚,用中尉,侯. | 四月丁卯封,二<br>十一年薨. | 元光五年,侯信<br>嗣,十八年,元鼎<br>五年,坐酎金免. | |
| 建平<br>敬侯<br>程嘉 | 以將軍擊吳<br>楚,用江都相,<br>侯. | 四(年)月丁卯<br>封,十八年薨. | 元光二年,節侯橫<br>嗣,一年薨. | 三年,侯回嗣,<br>四年薨,亡後. |
| 平曲侯<br>公孫渾邪 | 以將軍擊吳<br>楚,用隴西太<br>守,侯. | 四月己巳封,五<br>年,中四年,有<br>罪,免. | 南奅(남아)<br>元朔五年四月丁<br>卯,侯賀以將軍擊<br>匈奴得王,侯.十<br>二年,元鼎五年,<br>坐酎金免.<br><br>葛繹(갈역)<br>太初二年,侯賀復<br>以丞相封.三年,<br>延和二年,以子敬<br>聲有罪,下獄死. | |

난. 성씨. 燕國 相으로 오초칠국의 반란 진압에 공을 세웠다. 七國이 반기를 들었다는 문서가 보고되자, 景帝는 태위인 條侯 周亞夫(주아부)를 파견하여 36명의 장군을 거느리고 吳와 楚를 공격케 하였고, 將軍 欒布(난포)를 보내 齊를 치게 하고 대장군 竇嬰(두영)은 榮陽(형양)에 주둔하며 齊와 趙 지역의 군사를 감독케 하였다.

난포는 남에게 신세를 졌다면 후하게 보답하였으며, 원한이 있다면 반드시 적법하게 그 원한을 갚아 주었다. 吳와 楚의 반란 진압에 공을 세워 鄃侯(유후)에 봉해졌으며 다시 燕의 왕상이 되었다. 燕과 齊 일대에서는 여러 곳에 그의 사당이 세워졌는데, '欒公社(난공사)'라고 불렀다. 난포가 죽고 아들 欒賁(난분)이 제후 자리를 이었고, 孝武帝 때 太常의 자리에 올랐으나 犧牲(희생)이 법도에 맞지 않아 나라가 없어졌다. 37권, 〈季布欒布田叔傳〉에 입전.

**433** 雍(옹)은 右扶風의 縣名. 五時祠(오치사)가 있다.

**434** 衛綰(위관, ?-前 131) - 中郎將, 太子太傅, 御史大夫, 丞相 역임. 46권, 〈萬石衛直周張傳〉에 입전.

| | | | | |
|---|---|---|---|---|
| 江陽康侯蘇息 | 以將軍擊吳楚用趙相侯. | 中二年,懿侯盧嗣,八年薨. | 建元二年,侯朋嗣,十六年薨. | 元朔六年,侯雕嗣,十一年,元鼎五年,坐酎金免. |
| 濾侯橫[435] | 父建德以趙相不聽王遂反死事,子侯,千一百七十戶. | 中二年四月乙巳封,六年,後二年,有罪,棄市. | | |
| 新市侯王棄之 | 父悍以趙內史,王遂反不聽,死事,子侯. | 四月乙巳封,八年薨. | 煬侯始昌嗣,元光四年爲人所賊殺. | |
| 商陵侯趙周 | 父夷吾以楚太傅,王戊反不聽,死事,子侯. | 四月乙巳封,三十六年,元鼎五年坐爲丞相知列侯酎金輕,下獄自殺. | | |
| 山陽侯張當居 | 父尙以楚相,王戊反不聽,死事,子侯. | 四月乙巳封,二十四年,元朔五年,坐爲太常擇博士弟子故不以實,完爲城旦. | | |
| 安陵侯于軍 | 以匈奴王降侯,千五百五十戶. | 中三年十一月庚子封,十三年,建元六年薨,亡後.. | | |
| 桓侯賜 | 以匈奴王降侯. | 十二月丁丑封. | | |
| 逎侯陸彊[436] | 以匈奴王降侯,千五百七十戶. | 十二月丁丑封. | 侯則嗣,孝武後元年坐祝詛上,要斬. | |

---

435 濾侯의 封地 위치 미상. 橫은 名. 其姓은 불명, 기록 부실.

436 逎는 닥칠 주. 遒(다가설 주)의 古字. 涿郡의 縣名.

| | | | | | |
|---|---|---|---|---|---|
| 容城攜侯(휴후)徐盧 | 以匈奴王降侯,七百戶. | 十二月丁丑封,七年薨. | 建元二年,康侯纏嗣,十四年薨. | 元朔三年,侯光嗣,四十年,後元二年,坐祝詛上,要斬. | |
| 易侯僕黶(복달) | 以匈奴王降侯,千一百十戶. | 十二月丁丑封,六年,後三年薨,亡後. | | | |
| 范陽靖侯范代 | 以匈奴王降侯,六千二百戶. | 十二月丁丑封,十四年薨. | 元光二年,懷侯德嗣,四年薨,亡後. | | (玄孫)元始二年,玄孫政詔賜爵關內侯. |
| 翕侯邯鄲 | 以匈奴王降侯. | 十二月丁丑封,六年,元光四年,坐行來不請長信,免.437 | | | |
| 亞谷簡侯盧它之 | 以匈奴東胡王降侯,千戶.故燕王綰子. | 中五年四月丁巳封,二年薨. | 後元年,侯種嗣,七年薨. | 建元五年,康侯漏嗣,七年薨. | 元光六年,侯賀嗣,三十九年,征和二年,坐受衛太子節,掠死438 |
| 塞侯直不疑 | 以御史大夫侯,前有將兵擊吳楚功. | 後元年八月封,六年薨. | 建元四年,康侯相如嗣,十二年薨. | 元朔四年,侯堅嗣,十三年,元鼎五年,坐酎金免. | |

右孝景十八人. 平陸,休,沈猷,紅,宛朐,棘樂,乘氏,桓邑八人〈王子侯表〉,魏其,蓋二人〈外戚恩澤侯表〉,隆慮隨父,凡二十九人.

이상 孝景帝 공신 18인이다. 平陸侯, 休, 沈猷(침유), 紅, 宛朐(완구), 棘樂(극락), 乘氏, 桓邑侯(환읍후) 등 8인은 〈王子侯表〉에, 魏其侯, 蓋侯(개후) 2인은 〈外戚恩澤侯表〉에 수록했고, 隆慮侯(융려후) 1인은 부친 작위를 계승하였으니 총 29人이다.

---

**437** 長信宮은 太后 所居也. 請은 알현하다. (謁也).

**438** 衛太子(위태자)가 멋대로 發兵했을 때, 盧賀(노하)는 군사 동원 부절을 받고 반란을 의심하자, 위태자 측의 고문에 의거 죽었다는 주석이 있다.

## 2. 孝武功臣表

| 姓名 / 號諡 | 功狀戶數 | 始封 | 子 | 孫 | 曾孫 |
|---|---|---|---|---|---|
| 翕侯 趙信 | 以匈奴相國降,侯,元朔二年擊匈奴功益封,千六百八十戶. | 元光四年十月壬午封,六年,元朔六年,爲右將軍擊匈奴,兵敗,降匈奴. | | | |
| 持轅侯 樂 | 以匈奴都尉降,侯,六百五十戶. | 元朔元年後九月丙寅封,十三年,元鼎元年薨,亡後. | | | 南陽 |
| 親陽侯 月氏 (월지) | 以匈奴相降,侯,六百八十戶. | 元朔二年十月癸巳封,五年,坐謀反入匈奴,要斬. | | | 舞陽 |
| 若陽侯 猛 | 以匈奴相降,侯,五百三十戶. | 十月癸巳封,五年,坐謀反入匈奴,要斬. | | | 平氏 |
| 平陵侯 蘇建 (소건)[439] | 以都尉從車騎將軍擊匈奴功,侯,元朔五年,用游擊將軍從大將軍,益封,凡一千戶. | 三月丙辰封,六年,坐爲前將軍與翕侯信俱敗,獨身脫來歸,當斬,贖罪,免.[440] | | | 武當 |

**439** 蘇建(소건)은 杜陵縣(두릉현) 사람. 校尉로 대장군 衛靑(위청)을 따라 흉노를 치고 平陵侯에 봉해졌다. 장군으로 朔方郡(삭방군)에서 축성을 담당했다. 뒤에 衛尉로 游擊將軍이 되어 대장군 위청을 따라 삭방군에 출정했다. 1년 뒤 右將軍으로 다시 대장군을 따라 定襄郡에서 출전했는데, 翕侯(흡후, 趙信)가 망명하며 부대를 다 잃어 참수되어야 했으나 속전을 내고 서인이 되었다. 뒤에 代郡태수가 되었다가 관직에 있는 동안 죽었다. 蘇武(소무)의 부친. 54권, 〈李廣蘇建傳〉에 입전.

**440** 與翕侯信俱敗 – 翕侯(흡후) 趙信. 본래 흉노족으로 漢에 투항하여 흡후가 되었으나 前123년에 패전하면서 다시 흉노로 망명했다. 翕은 합할 흡. 失軍當斬 – 蘇建이 失軍한 사실은 55권, 〈衛靑霍去病傳〉에 있다.

| | | | | | |
|---|---|---|---|---|---|
| 岸頭侯<br>張次公441 | 以都尉從車騎將軍擊匈奴,侯,從大將軍,益封,凡二千戶. | 五月己巳封,五年,元狩元年,坐與淮南王女陵姦,受財物,免.442 | | | 皮氏 |
| 涉安侯<br>于單 | 以匈奴單于太子降,侯. | 三年四月丙子封,五月薨,亡後. | | | |
| 昌武侯<br>趙安稽 | 以匈奴王降,侯,以昌武侯從驃騎將軍擊左王,益封. | 四年七月庚申封,二十一年薨. | 太初元年,侯充國嗣,四年薨,亡後. | | 舞陽 |
| 襄城侯<br>桀龍443 | 以匈奴相國降,侯,四百戶. | 七月庚申封,三十二年,與涅野侯俱戰死事. | 太初三年,侯病已嗣,十五年,後二年,坐祝詛上,下獄瘦死. | | |
| 安樂侯<br>李蔡444 | 以將軍再擊匈奴,得王,侯,二千戶. | 四月乙巳封,六年,元狩五年,坐以丞相侵賣園陵道壖地,自殺. | | | |

**441** 張次公(장차공)은 河東郡 사람으로, 校尉로 大將軍 위청을 따라 복무하여 岸頭侯에 봉해졌다. 그 뒤 太后가 죽자 將軍이 되어 北軍에서 근무했다. 1년 뒤 다시 大將軍을 따라 종군하였다. 모두 2번 장군이 되었으나 뒤에 법에 걸려 제후 지위를 상실했다.

**442** 淮南王女陵姦 – 陵은 淮南王 劉安의 女名.

**443** 桀龍(걸용) – 匈奴人의 이름.

**444** 李廣(이광)과 사촌 아우 李蔡(이채, ?-前 118)는 같이 낭관으로 文帝를 섬겼다. 景帝 때 이채는 공적을 쌓아 二千石 관리가 되었다. 武帝 元朔 연간에, 輕車將軍으로 大將軍을 수행해 흉노 右賢王을 토벌할 때 공로가 기준에 맞아(흉노 부족장을 생포. 得王) 樂安侯에 봉해졌다. 무제 元狩(원수) 2년, 公孫弘의 뒤를 이어 丞相이 되었다. 李蔡의 능력이란 下之中 정도였고, 名聲도 이광보다 훨씬 아래였지만 이광은 작위와 식읍도 없고 官位도 九卿에 불과하였다.

| | | | | | |
|---|---|---|---|---|---|
| 合騎侯<br>公孫敖<br>(공손오)445 | 以護軍都尉三從大將軍擊匈奴,至右王庭得王,侯.元朔六年,從大將軍,益封,九千五百戶. | 以五年四月丁未封,至元狩二年坐將兵擊匈奴與票騎將軍期後,畏懦當斬,贖罪. | | | 高城 |
| 軑侯<br>李朔446 | 校尉三從大將軍擊匈奴,至右王庭得虜閼氏功,侯. | 以四月乙卯封,六年,有罪,當免. | | | 西安 |
| 從平侯<br>公孫戎奴 | 以校尉三從大將軍擊匈奴,至右王庭爲鴈行上石山先登,侯,一千一百戶. | 四月乙卯封,三年,元狩二年,坐爲上黨太守發兵擊匈奴不以聞,免. | | | 樂昌 |
| 隨城侯<br>趙不虞 | 以校尉三從大將軍擊匈奴,攻辰吾先登石壍,侯,七百戶.447 | 四月乙卯封,三年,元狩二年,坐爲定襄都尉,匈奴敗,太守以聞非實,謾,免.448 | | | 千乘 |

---

**445** 公孫敖(공손오) - 將軍. 衛靑(위청)의 交友. 부침이 많았다. 因杆將軍(인우장군)으로 受降城(수항성)을 축조했다. 7년 뒤에 다시 인우장군으로 흉노에 두 번째 출정하여 餘吾水(여오수)란 곳에 이르러 도망가는 병사가 많아 廷吏에게 넘겨졌고 처형되어야 했으나 죽은 체하였고 민가에서 5,6년을 숨어살았다. 뒤에 발각 되어 다시 체포되었다. 그의 아내가 巫蠱(무고)의 禍에 연관되어 滅族(멸족)되었다. 모두 4번 장군이 되었다.

**446** ~ 校尉 李朔(이삭), 趙不虞(조불우), 公孫戎奴(공손융노)는 각각 3차례나 대장군과 종군하여 흉노 왕을 포획하였기에 이삭을 陟軑侯(척지후), 조불우를 隨成侯(수성후), 공손융노를 從平侯에 봉한다. ~. 55권, <衛靑霍去病傳>에 참고.

**447** 辰吾水(진오수)의 상류 지역을 공격할 때 돌산을 맨 먼저 올라가다(先登). 공격에 앞장서다. 양쪽의 산이 강을 끼고 있는(山絶水) 지형을 壍(문, 산어귀 문, 힘쓸 미)이라고 한다.

**448** 太守以聞非實,謾,免 - 太守가 보고한 것이(聞) 사실이 아닌(非實) 거짓말이라서(謾은 속일 만, 詑은 속일 광과 同) 작위를 빼앗기다(免).

| | | | | |
|---|---|---|---|---|
| 博望侯<br>張騫<br>(장건)449 | 以校尉數從大將<br>軍擊匈奴,知道水,<br>及前使絕國大夏,<br>侯. | 六年三月甲辰封,元<br>狩二年,坐以將軍擊<br>匈奴畏懦,當斬,贖罪,<br>免. | | |
| 衆利侯<br>郝賢<br>(학현)450 | 以上谷太守四從<br>大將軍擊匈奴,首<br>虜千級以上,侯,千<br>一百戶. | 五月壬辰封,二年,元<br>狩二年,坐爲上谷太<br>守入戍卒財物,上計<br>謾,免. | | 姑莫 |
| 潦<br>悼侯<br>王援訾<br>(왕원자) | 以匈奴趙王降,侯,<br>五百六十戶. | 元狩元年七月壬午<br>封,二年薨,亡後. | | 舞陽 |
| 從票侯<br>趙破奴451 | 以司馬再從票騎<br>將軍擊匈奴,得兩<br>王子騎將,侯,二千<br>戶. | 二年五月丙戌封,九<br>年,元鼎五年,坐酎金<br>免.元封三年,以匈河<br>將軍擊樓蘭,封浞野<br>侯.五年,太初二年,以<br>浚稽將軍擊匈奴,爲虜<br>所獲,軍沒. | | |

---

**449** 張騫 張騫(장건, ? - 前 114) - 字는 子文. '絲綢之路(비단길, 簡稱 絲路)' 개
척자. 博望侯. 騫은 이지러질 건. 허물. 장건은 낭관으로 응모하여 월지
국에 가는 사자가 되었는데, 堂邑氏의 노비인 甘父란 사람과 함께 隴西
郡(농서군)에서 출발하였다. 匈奴의 땅을 지나가다 흉노에 잡혔고, 흉노
10여 년 억류되었고, 흉노 여인을 얻게 하여 아들을 낳았지만 장건은 漢
의 持節을 보관하고 있었다. 전에 장건이 출발할 때 백여 명이었으나 13
년이 지나 겨우 2사람만 돌아왔다. 장건이 직접 다녀온 곳은 大宛(대원)
과 大月氏(대월지), 大夏(대하)와 康居(강거) 등이고 그 주변의 5, 6개의
큰 나라에 대하여 그곳의 지형과 산물을 모두 천자에게 보고하였는데,
이는 〈西域傳〉에 실려 있다. 61권, 〈張騫李廣利傳〉에 입전.《史記
大宛列傳》참고.

**450** 郝賢(학현) - 인명. 郝은 고을 이름 학. 上谷太守인 郝賢(학현)은 4차례
나 대장군을 따라 종군하며 1,300명을 생포하거나 참수하였다.

**451** 趙破奴(조파노)는 九原縣 사람이다. 일찍이 흉노 지역으로 도망갔다가

| | | | | | |
|---|---|---|---|---|---|
| 宜冠侯<br>高不識 | 以校尉從票騎將軍再擊匈奴.侯,一千一百戶.故匈奴歸義. | 五月庚戌封,四年坐擊匈奴增首不以實,當斬,贖罪,免.452 | | | |
| 煇渠忠侯<br>僕朋 | 以校尉從票騎將軍再出擊匈奴得王,侯,從票騎將軍虜五王,益封.故匈奴歸義. | 二年二月乙丑封,八年薨. | 元鼎四年,侯雷電嗣,二十二年,延和三年,以五原屬國都尉與貳師將軍俱擊匈奴,沒 | | 魯陽 |
| 下摩侯<br>諜毒尼<br>(호독니) | 以匈奴王降封,七百戶. | 六月乙亥封,九年薨. | 元鼎五年,煬侯伊卽軒嗣.(이즉헌) | 侯冠支嗣,神爵三年,詔居弋居山,坐將家屬闌入惡師居,免.453 | 猗氏 |
| 濕陰定侯<br>昆邪<br>(혼야) | 以匈奴昆邪王將衆十萬降,侯,萬戶. | 三年七月壬午封,四月薨. | 元鼎元年,魏侯蘇嗣,十年,元封五年薨,亡後.. | | 平原 |

나중에 漢으로 돌아와 票騎將軍의 司馬가 되었다. 北地郡에서 출정하여 從票侯가 되었다가 酎金에 걸려 제후 지위를 잃었다. 1년 뒤 匈河將軍이 되어 흉노를 공격하여 匈河水에 이르렀지만 전공이 없었다. 그 1년 뒤 樓蘭王(누란왕)을 사로잡아 浞野侯(착야후)가 되었다. 그 6년 뒤에 浚稽將軍(준계장군)으로 기병 2만을 거느리고 匈奴의 左王을 공격하였는데, 8만 흉노군이 포위하자 조파노는 포로가 되었고 그 군사를 다 잃었다. 흉노 땅에서 10년을 살다가 다시 그 태자 安國과 함께 도망쳐 漢으로 왔다. 뒤에 巫蠱(무고)의 화에 연루되어 멸족되었다. 55권, 〈衛靑霍去病傳〉에 附傳.

452 사살하거나 생포한 포로의 숫자를 늘려 보고한 죄.

453 惡師 - 地名.

| | | | | |
|---|---|---|---|---|
| 煇渠<br>慎侯<br>應疕<br>(응비) | 以匈奴王降,<br>侯. | 七月壬午封,<br>五年,元鼎三年<br>薨,亡後. | | | 魯陽 |
| 河綦<br>康侯<br>烏黎<br>(오려) | 以匈奴右王與<br>渾邪降,侯,六<br>百戶. | 七月壬午封,六<br>年薨. | 元鼎三年,侯<br>餘利鞮嗣,四<br>十二年,本始<br>二年薨,亡後. | | 濟南 |
| 常樂侯<br>稠雕<br>(조조) | 以匈奴大當戶<br>與渾邪降,侯,五<br>百七十戶.454 | 七月壬午封,<br>十八年薨. | 太初三年,侯<br>廣漢嗣,六年,<br>太始元年薨,<br>亡後.. | | 濟南 |
| 邳離侯<br>路博德455 | 以右北平太守<br>從票騎將軍擊<br>左王,得重,會<br>期,虜首萬二千<br>七百人,侯,千<br>六百戶.456 | 四年六月丁卯<br>封,十五年,太<br>初元年,坐見知<br>子犯逆不道罪<br>免. | | | 朱虛 |
| 義陽侯<br>衛山 | 以北地都尉從<br>票騎將軍擊匈<br>奴得王,侯,千<br>一百戶. | 六月丁卯封,二<br>十六年,太始四<br>年,坐敎人誆告<br>衆利侯當時棄<br>市罪,獄未斷病<br>死. | | | 平氏 |

---

**454** 當戶 – 匈奴官名也.

**455** 路博德 – 路博德은 西河郡 平周縣 사람인데, 右北平太守로 표기장군 곽거병을 따라 종군했고 邳離侯(비리후)가 되었다. 표기장군은 죽은 뒤에 노박덕은 衛尉로 伏波將軍이 되어 남월을 정벌하고 추가 식읍을 받았다. 그 뒤에 법에 저촉되어 제후의 자격을 잃었다. 强弩都尉가 되어 居延縣에 주둔하다가 죽었다.

**456** 得重은 군사 보급물자(輜重, 치중)를 노획하다. 會期는 약속 기일을 지키다.

| | | | | 侯屠耆嗣. | 侯宣平嗣 |
|---|---|---|---|---|---|
| 杜侯復陸支 | 以匈奴歸義因執王從票騎將軍擊左王,以少破多,捕虜三千一百,侯,千三百戶. | 六月丁卯封,五年薨. | 元鼎三年,侯偃嗣. | | |
| | | | | (玄孫) 侯福嗣,河平四年,坐非子免. | |
| 衆利侯伊卽軒 (이즉건) | 以匈奴歸義樓剸王從票騎將軍擊左王,手劍合,侯,千一百戶.457 | 六月丁卯封,十四年薨. | 元封六年,侯當時嗣. | 侯輔宗嗣,始元五年薨,亡後,爲諸縣. | |
| 湘成侯敝屠洛 | 以匈奴符離王降,侯,千八百戶. | 六月丙子封,七年,元鼎五年,坐酎金免. | | | 陽成 |
| 散侯董舍吾 | 以匈奴都尉降,侯,千一百戶. | 六月丙子封,十七年薨. | 太初三年,侯安漢嗣. | 侯賢嗣,征和三年,坐祝詛上,下獄病死. | 陽成 |
| 臧馬康侯雕延年 | 以匈奴王降,侯,八百七十戶. | 六月丙子封,五年薨,亡後. | | | 朱虛 |
| 膫侯 (료후) 次公 | 以匈奴歸義王降,侯,七百九十戶. | 元鼎四年六月丙午封,五年,坐酎金免. | | | 舞陽 |
| 術陽侯建德 | 以南越王兄越高昌侯侯,三千戶. | 五年三月壬午封,四年,坐使南海逆不道,誅 | | | 下邳 |
| 龍侯摎廣德 (규광덕) | 父樂以校尉擊南越死事,子侯,六百七十戶. | 三月壬午封,六年,坐酎金免. | | | |

---

**457** 手劍合 - 손에 칼을 잡고 육박전으로 싸우다. 劓은 오로지 전. 칼로 베다. 벨 단.

| | | | | |
|---|---|---|---|---|
| 成安侯<br>韓延年[458] | 父千秋以校尉<br>擊南越死事,子<br>侯,千三百八十<br>戶. | 三月壬午封,七年,<br>元封六年,坐爲太<br>常行大行令事留<br>外國書一月,乏興,<br>入穀贖,完爲城旦. | | |
| 昆侯<br>渠復絫 | 以屬國大首渠<br>擊匈奴,侯.[459] | 五月戊戌封. | 侯乃始嗣,地<br>節四年薨,亡<br>後. | |
| 騏侯<br>駒幾 | 以屬國騎擊匈<br>奴捕單于兄,<br>侯,五百二十<br>戶. | 五月壬子封. | 侯督嗣. | 釐侯崇嗣,陽<br>朔二年薨,亡<br>後.<br><br>元延元年六<br>月己未,侯詩<br>以崇弟紹封,<br>五百五十戶. |
| 梁期侯<br>任破胡 | 以屬國都尉間<br>出擊匈奴將軍<br>絫綈緤等,侯. | 五月辛巳封. | 侯當千嗣,太<br>始四年,坐賣<br>馬一匹賈錢<br>十五萬,過平,<br>臧五百以上,<br>免. | |
| 膫侯<br>畢取 | 以南越將軍降,<br>侯,五百一十<br>戶. | 六年三月乙酉封. | 侯奉義嗣,後<br>二年,坐祝詛<br>上,要斬. | 南陽 |

**458** 成安侯(韓延年)는 穎川郡(영천군) 사람으로, 선친은 韓千秋인데 예전 濟南國의 승상으로 南越 토벌 중 과감히 싸우다 전사하여 武帝가 아들 韓延年(한연년)을 제후로 봉했는데, 이때 교위의 직급으로 李陵을 수행하고 흉노와 싸우다 전사했다.

**459** 屬國 – 투항하여 고유 습속을 유지하며 거주하는 이민족 집단. 屬國都尉가 이들을 다스렸다. 이들이 때론 반기를 들었으니 元帝 初元 元年 (前 48)에는 上郡의 屬國에 거주하던 흉노족 1만여 명이 흉노 땅으로 도주한 사건도 있었다.

| | | | | |
|---|---|---|---|---|
| 將梁侯<br>楊僕460 | 以樓船將軍擊<br>南越椎鋒卻敵<br>侯. | 三月乙酉封,四<br>年,元封四年,坐<br>爲將軍擊朝鮮畏<br>懦,入竹二萬箇,<br>贖完爲城旦. | | |
| 安道侯<br>揭陽定<br>(게양정) | 以南越揭陽令<br>聞漢兵至自定<br>降,侯,六百戶. | 三月乙酉封. | 侯當時嗣,延<br>和四年,坐殺<br>人,棄市. | 南陽 |
| 隨桃頃侯<br>趙光 | 以南越蒼梧王<br>聞漢兵至,降,<br>侯,三千戶. | 四月癸亥封,薨. | 侯昌樂嗣,本<br>始元年薨.嗣<br>子有罪,不得<br>代. | (玄孫)<br>元始五年,<br>放以光玄孫<br>紹封,千戶. |
| 湘成侯<br>監居翁 | 以南越桂林監<br>聞漢兵破番禺,<br>諭甌駱民四十<br>餘萬降,侯,八百<br>三十戶. | 五月壬申封. | 侯益昌嗣,五<br>鳳四年,坐爲<br>九眞太守盜使<br>人出買犀, 奴<br>婢,臧百萬以<br>上,不道,誅. | 堵陽 |
| 海常嚴侯<br>蘇弘 | 以伏波司馬得<br>南越王建德,侯. | 七月乙酉封,七<br>年,太初元年薨.<br>亡後.. | | |
| 外石侯<br>吳陽 | 以故東越衍侯<br>佐繇王功,侯,千<br>戶. | 元封元年正月壬<br>午封,九年薨.太<br>初四年,侯首嗣<br>十四年,後二年,<br>坐祝詛上,要斬. | | 濟陽 |
| 下鄜侯<br>(하부후)<br>左將黃同 | 以故甌駱左將<br>斬西於王功,侯,<br>七百戶. | 四月丁酉封. | 侯奉漢嗣,後<br>二年,坐祝詛<br>上,要斬. | 南陽 |
| 繚嫈侯<br>劉福 | 以校尉從橫海<br>將軍擊南越,侯. | 正月乙卯封,二<br>年,有罪,免. | | |

---

**460** 楊僕(양복) – 樓船은 누각이 있는 戰船. 수군을 지휘하는 장군. 무제 때
楊僕(양복)이 누선장군이었다. 위만조선 정벌에서 荀彘(순체)는 양복과
불화하여 귀국 후 爭功하다가 투기와 병력 다수 상실한 죄로 誅殺되었
고 楊僕은 속전을 내고 서인이 되었다.

| | | | | | |
|---|---|---|---|---|---|
| 葡兒<br>(어아)<br>嚴侯<br>轅終古 | 以軍卒斬東越<br>徇北將軍, 侯. | 閏月癸卯封, 六年,<br>太初元年薨, 亡後. | | | |
| 開陵侯<br>建成 | 以故東粵建成<br>侯與繇王斬餘<br>善侯, 二千戶. | 閏月癸卯封. | 侯祿嗣, 征和三年,<br>坐舍衛太子所私幸<br>女子, 又祝詛上, 要<br>斬.461 | | |
| 臨蔡侯<br>孫都 | 以南粵郎, 漢軍<br>破番禺, 爲伏波<br>得南粵相呂嘉,<br>侯, 千戶. | 閏月癸卯封. | 侯襄嗣,<br>太初元年, 坐擊番<br>禺奪人虜掠, 死. | | 河內 |
| 東城侯<br>居股 | 以故東粵繇王<br>斬東粵王餘善,<br>侯, 萬戶. | 閏月癸卯封, 二十<br>年, 延和三年, 坐衛<br>太子舉兵謀反, 要<br>斬. | | | 九江 |
| 無錫侯<br>多軍 | 以東粵將軍, 漢<br>兵至, 棄軍降, 侯,<br>千戶. | 元年封. | 侯卯嗣, 延和四年,<br>坐與歸義趙文王將<br>兵追反虜, 到弘農擅<br>棄兵還, 贖罪, 免. | | 會稽 |
| 涉都侯<br>喜 | 以父棄故南海<br>太守, 漢兵至, 以<br>越邑降, 子侯, 二<br>千四十戶. | 元年封, 八年, 太初<br>二年薨, 亡後. | | | 南陽 |
| 平州侯<br>王唊<br>(왕겹) | 以朝鮮將, 漢兵<br>至, 降, 侯, 千四百<br>八十戶. | 三年四月丁卯封,<br>四年薨, 亡後. | | | 梁父 |
| 荻苴侯<br>(적저후)<br>韓陶<br>(한도) | 以朝鮮相將, 漢<br>兵圍之, 降, 侯五<br>百四十戶.462 | 四月丁卯封, 十九<br>年, 延和二年薨, 封<br>終身, 不得嗣.463 | | | 勃海 |

---

**461** 坐舍衛太子所私幸女子 – 舍는 집에 숨겨놓다.

**462** 朝鮮의 相이면서 將軍이었다는 주석.

**463** 封終身 – 封할 때 조건이 當代에만 限한다는 조건으로 제후에 피봉되
었다.

| | | | | | |
|---|---|---|---|---|---|
| 澅清侯<br>(화청후)<br>參(참)464 | 以朝鮮尼谿相使<br>人，殺其王右渠,<br>降,侯,千戶. | 六月丙辰封,十一<br>年,天漢二年,坐匿<br>朝鮮亡虜,下獄病<br>死. | | | 齊 |
| 騠茲侯<br>(제자후)<br>稽谷姑 | 以小月氏右苴王<br>(우저왕) 將衆降,<br>侯,千九百戶. | 四年十一月丁未<br>封,三年,太初元年<br>薨,亡後. | | | 琅邪 |
| 浩侯<br>王恢 | 以故中郎將將兵<br>捕得車師王,侯. | 正月甲申封,一月,<br>坐使酒泉矯制害,<br>當死,贖罪,免.465 | | | |
| 瓡讘侯<br>(집섭후)<br>扞者 | 以小月氏王將軍<br>衆千騎降,侯,七<br>百六十戶. | 正月乙酉封,二年<br>薨. | 六月,侯勝嗣,五<br>年,天漢二年薨,<br>制所幸封,不得<br>嗣. | | 河東 |
| 幾侯<br>張陷<br>(장각) | 以朝鮮王子,漢兵<br>圍朝鮮,降,侯. | 三年癸未封,六年,<br>使朝鮮,謀反,格<br>死. | | | 河東 |
| 涅陽<br>康侯<br>最 | 以父朝鮮相路人,<br>漢兵至,首先降,<br>道死,子侯. | 三月壬寅封,五年,<br>太初元年薨,亡後. | | | 齊 |
| 海西侯<br>李廣利466 | 以貳師將軍擊大<br>宛斬王,侯,八千<br>戶. | 太初四年四月丁<br>巳封,十一年,延和<br>三年,擊匈奴兵敗,<br>降. | | | |

---

**464** 衛滿朝鮮 尼谿相 參(참)의 使人으로, 右渠王(우거왕)을 죽인 공로로 제
후가 되었다.

**465** 律에 詔書를 위조하여 그 폐해가 크면 要斬刑(요참형)에 처한다.

**466** 李廣利(?-前 88)-武帝 妃 李夫人의 오빠. 貳師將軍. 貳師(이사)는 서
역 大宛國의 城 이름. 武帝 때 李廣利 장군의 官名으로 사용. 大宛國(대
원국) 원정에 실패. 太初 3년에, 다시 원정하여 겨우 성공. 海西侯에 피
봉. 후에 흉노에 투항했지만 거기서 살해당했다. 李夫人이 武帝의 5子
인 昌邑哀王 劉髆(유박)을 낳고 총애를 받을 때가 이광리의 전성기. 이
부인이 죽은 뒤 흉노와 싸워 패전한 이광리는 흉노로 망명한다. 太初
元年은 前 104년. 61권, 〈張騫李廣利傳〉에 입전.

| | | | | | |
|---|---|---|---|---|---|
| 新畤侯<br>(신치후)<br>趙弟 | 以貳師將軍騎士斬<br>郁成王首,侯.[467] | 四月丁巳封,七年,<br>太始三年,坐爲太<br>常鞠獄不實,入錢<br>百萬贖死,而完爲<br>城旦.[468] | | | |
| 承父侯<br>續相如 | 以使西域發外王子<br>弟,誅斬扶樂王首,<br>虜二千五百人,侯,<br>千百五十戶. | 太始三年五月封,<br>五年,延和四年四<br>月癸亥,坐賊殺軍<br>吏,謀入蠻夷,祝詛<br>上,要斬 | | | 東萊 |
| 開陵侯<br>成娩<br>(성만) | 以故匈奴介和王將<br>兵擊車師. | 不得封年[469] | 侯順嗣. | 質侯襃嗣,<br>薨,亡後. | |
| | | | | 元延元年六<br>月乙未,釐<br>侯級以襃弟<br>紹封,千二<br>十戶. | 侯參嗣,<br>王莽敗,<br>絶. |
| 秺侯<br>(투후)<br>商丘成 | 以大鴻臚擊衛太<br>子,力戰,亡它意,<br>侯,二千一百二十<br>戶. | 延和二年七月癸巳<br>封,四年,後二年,坐<br>爲詹事侍祠孝文<br>廟,醉歌堂下曰'出<br>居,安能鬱鬱',大<br>不敬,自殺. | | | 濟陰 |
| 重合侯<br>莽通<br>(망통)[470] | 以侍郎發兵擊反者<br>如侯,侯.<br>四千八百七十戶. | 七月癸巳封,四年,<br>後二年,坐發兵與<br>衛尉潰等謀反,要<br>斬. | | | 勃海 |

---

**467** 郁成은 西域의 國名也. 郁成은 都成의 착오?

**468** 鞠獄不實 – 鞠者는 鞠問(국문)하다. 죄인을 심문하여 決罪(결죄)하다.
罪가 드러났어도 고의로 풀어주거나 죄상을 사실대로 보고하지 않는
것이 그 예이다.

**469** 不得封年 – 아들이 먼저 죽어 손자가 지위를 계승.

**470** 莽通(망통) – 본명은 馬通. 巫蠱(무고)의 禍에서 衛太子(戾太子)는 江充
을 죽이고 發兵하였고, 詔命이라면서 長安의 모든 관서의 죄수들을 사

| 名 | 功狀 | | | | |
|---|---|---|---|---|---|
| 德侯<br>景建 | 以長安大夫從莽通共殺如侯,得少傅石德,侯,三千七百三十五戶. | 七月癸巳封,四年,後二年,坐共莽通謀反,要斬. | | | 濟南 |
| 題侯<br>張富昌 | 以山陽卒與李壽共得衛太子,侯,八百五十八戶. | 九月封,四年,後二年四月甲戌,爲人所賊殺. | | | 鉅鹿 |
| 邘侯<br>(한후)<br>李壽 | 以新安令史得衛太子,侯,一百五十戶. | 九月封,三年,坐爲衛尉居守,擅出長安界,送海西侯至高橋.又使吏謀殺方士,不道,誅. | | | 河內 |
| 轑陽侯<br>(료양후)<br>江喜 | 以圉嗇夫捕反者故城父令公孫勇,侯,千一百二十戶.471 | 二年十一月封. | 六年,侯仁嗣,永光四年,坐使家丞上書還印符,隨方士,免. | | 清河 |
| 當塗<br>康侯<br>魏不害 | 以圉守尉捕反者淮陽胡倩侯,侯聖與議定策,益封,凡二千二百戶. | 十一月封,薨.愛侯聖嗣. | 剌侯楊嗣. | 戴侯向嗣. | 侯堅居嗣,居攝二年,更爲翼漢侯,王莽篡位,爲翼新侯,莽敗,絶. |

면하였으며, 武庫의 병력과 軍器를 동원하였다. 위태자는 장안의 죄수인 如侯(여후, 人名)를 시켜 持節을 가지고 長水鄕 및 宣曲宮의 흉노 기병을 동원하되 무장을 하고 모이기로 하였다. 무제는 侍郎인 莽通(망통)을 長安으로 보내를 여후를 추격케 했는데, 망통은 "持節이 가짜이니 태자 명령을 따르지 말라."고 흉노인에게 말했다. 망통은 여후를 참수하고 기병을 이끌고 장안성에 들어갔고, 또 노를 젓는 水卒을 동원하여 大鴻臚(대홍려)인 商丘成에게 인계하였다.

471 圉嗇夫 – 圉(마부 어)는 淮陽縣의 지명. 嗇夫(색부)는 鄕職名. 鄕官. 부세 징수가 주 임무. 秩 百石. 嗇은 아낄 색. 향의 치안 유지를 담당하는 游徼(유요)도 질 1백석이었다.

| 蒲侯<br>蘇昌 | 以圍小史捕反者<br>故越王子鄒起侯,<br>千二十六戶. | 十一月封. | 侯夷吾嗣,<br>鴻嘉三年,<br>坐婢自贖<br>爲民後略<br>以爲婢,免. | | 琅邪 |
| --- | --- | --- | --- | --- | --- |
| 丞父侯<br>孫王 | 以告反者太原白<br>義等侯,千一百五<br>十戶. | 四年三月乙酉<br>封,三年,始元元<br>年,坐殺人,會<br>赦,免. | | | 東萊 |

右孝武七十五人. 武安, 周陽, 長平, 冠軍, 平津, 周子南, 樂通, 牧丘, 富民九人在
〈外戚恩澤〉. 南奅, 龍額, 宜春, 陰安, 發干五人隨父, 凡八十九人, 王子不在其中.

이상 孝武帝 공신은 75인이다. 武安侯, 周陽, 長平, 冠軍, 平津, 周子南, 樂通, 牧
丘, 富民侯 등 9인은 〈外戚恩澤表〉에 수록했다. 南奅侯(남포후), 龍額, 宜春,
陰安, 發干侯 등 5인은 부친의 작위를 계승하였으니, 모두 89이다. 王子는 여기
에 포함되지 않았다.


## 3. 孝昭功臣表

| 諡號<br>姓名 | 功狀戶數 | 始封 | 子 | 孫 | 曾孫 |
| --- | --- | --- | --- | --- | --- |
| 秺(투)<br>敬侯<br>金日磾[472] | 以駙馬都尉發<br>覺侍中莽何羅<br>反,侯,二千二<br>百一十八戶. | 始元二年侯,丙<br>子封,一日薨. | 始元二年,<br>侯賞嗣,四<br>十二年薨,<br>亡後. | | 元始四年,<br>侯常以日磾<br>曾孫紹侯,<br>千戶,王莽<br>敗,絶. |

---

**472** 金日磾(김일제) – 磾는 검은 물들이는 돌 제. 金日磾(김일제)의 字는 翁
叔으로, 본래 匈奴 休屠王(휴저왕)의 太子이었다. 무제 元狩 연간에 표
기장군 霍去病(곽거병)은 군사를 거느리고 흉노의 오른쪽 땅을 공격하
여 많이 참수하고 흉노 휴저왕이 祭天하는 곳에서 金人을 노획하였다.
김일제는 부친이 투항하지 않고 살해되었기에 모친 연지, 동생 倫(륜)
과 함께 관노로 몰입되었고 黃門에 보내져 말을 길러야 했는데, 그때

| | | | | | |
|---|---|---|---|---|---|
| 建平敬侯杜延年[473] | 以諫大夫告左將軍等反,侯,二千戶,以太僕與大將軍先定策,益封,二千三百六十戶. | 元鳳元年七月甲子封,二十八年薨. | 甘露二年,孝侯緩嗣,十九年薨. | 竟寧元年,荒侯業嗣,三十四年薨. | 元始二年,侯輔嗣. |
| | | | | (玄孫)侯憲嗣,建武中以先降梁王,薨,不得代. | |
| 宜城戴侯燕倉 | 以假稻田使者先發覺左將軍桀等反謀,告大司農敞,侯.侯安削戶六百,定七百戶. | 七月甲子封,六年薨. | 元平元年,剌侯安嗣,四十一年薨 | 竟寧元年,釐侯尊嗣,十年薨. | 陽朔二年,煬侯武嗣. |
| | | | | (玄孫)侯級嗣. | (六世)侯舊嗣,王莽敗,絕. |
| 弋陽(익양)節侯任宮 | 以故丞相徵事手捕反者左將軍桀,侯,九百一十五戶. | 七月甲子封,三十三年薨. | 初元二年,剛侯千秋嗣,三十二年薨. | 河平三年,顧侯惲嗣,二年薨. | 陽朔元年,孝侯岑嗣,二十四年薨. |
| | | | | (玄孫)元始元年,侯固嗣,更始元年,爲兵所殺. | |
| 商利侯王山壽 | 以丞相少史誘反者車騎將軍安入丞相府,侯,九百一十五戶. | 七月甲子封,十四年,元康元年,坐爲代郡太守故劾十人罪不直,免. | | | |

---

나이는 14세였다. 무제에 의해 등용되었고 신임을 받았다 武帝 後元원년(前 88)에 侍中僕射(복야)인 莽何羅(망하라)와 동생인 重合侯 莽通(망통)의 역모가 있었다. 이를 적발한 공을 세웠으나 제후에 봉해지는 것을 사양했다. 昭帝 즉위 이후 병이 심해지자, 대장군 곽광이 천자에게 아뢰어 김일제를 봉하게 했고, 김일제는 누워 인수를 받았으나 하루 만에 죽었다. 68권, 〈霍光金日磾傳〉에 입전.

**473** 杜延年(두연년,?-前 52) - 宣帝의 麒麟閣 11功臣 중 한 사람. 父 杜周의 관직에 의거 蔭補(음보)로 軍司空에 임명. 桑弘羊, 上官桀 부자, 昭帝의

| 成安嚴侯郭忠 | 以張掖屬國都尉匈奴入寇與戰,斬黎汗王,侯,七百二十四戶. | 三年二月癸丑封,七年薨.本始三年,愛侯遷嗣,四年薨. | 元康三年,刻侯賞嗣,四年薨. | 陽朔三年,梟侯(시후)長嗣. | 釐侯萌嗣,薨,亡後. |
|---|---|---|---|---|---|
| 平陵侯范明友[474] | 以校尉擊反氐,後以將軍擊烏桓,獲王,虜首六千二百,侯,與大將軍光定策,益封,凡二千九百二十戶, | 四年七月乙巳封,十一年,地節四年,坐謀反誅. | | | |
| 義陽侯傅介子(부개자)[475] | 以平樂廏監使誅樓蘭王,斬首,侯,七百五十九戶. | 七月乙巳封,十三年,元康元年薨.嗣子有罪,不得代. | | | 元始四年,侯長以介子曾孫紹封,更始元年,爲兵所殺. |
| 右孝昭八人. 博陸, 安陽, 宜春, 安平, 富平, 陽平六人在恩澤外戚,桑樂一人隨父,凡十五人. ||||||
| 이상 孝昭帝 功臣은 8人이다. 博陸侯, 安陽, 宜春(의춘), 安平, 富平, 陽平侯 등 6인은 <外戚恩澤表>에 수록했다. 桑樂侯 1人은 부친의 작위를 이었으니, 총 15인이다. ||||||

누이 鄂邑蓋主(악읍개주), 燕王 劉旦(유단)이 霍光을 죽이고 廢帝하며 燕王을 옹립하려는 음모를 알고 이를 고발하여 상관걸, 상홍양 일족은 처형되었고, 劉旦과 鄂邑長公主(蓋主)는 자살했다. 이후 여러 관직을 두루 역임했다. 60권, <杜周傳>에 附傳.

**474** 范明友(범명우) - 霍光(곽광)의 사위. 度遼將軍. 미앙궁의 衛尉. 光祿勳. 平陵侯.

**475** 傅介子(부개자, ?-前 65) - 傅는 스승 부. 성씨. 傅介子(부개자)는 北地郡 사람으로, 군졸로 복무하다가 관리가 되었다. 이보다 앞서 龜玆國(구자국), 樓蘭國(누란국)에서는 漢의 사자를 죽인 일이 있었는데, 이는 <西域傳>에 실려 있다. 昭帝 元鳳 연간에, 부개자는 駿馬廏監(준마구감)으로 대원국의 사신을 자청했고 詔令을 받아 누란과 구자국의 사신을 맡았다. 구자국에서 흉노의 사절을 죽이고 귀국하여 이를 보고하자, 부개자는 中郎官이 되었고 平樂監으로 승진했다. 70권, <傅常鄭甘陳段傳>에 입전.

## 4. 孝宣功臣表

| 姓名 / 號諡 | 功狀戶數 | 始封 | 子 | 孫 | 曾孫 |
|---|---|---|---|---|---|
| 長羅<br>壯侯<br>常惠476 | 以校尉光祿大夫持節將烏孫兵擊匈奴,獲名王,首虜三萬九千級,侯,二千八百五十戶. | 本始四年四月癸巳封,二十四年薨. | 初元二年,嚴侯成嗣,十六年薨. | 建始三年,愛侯邯嗣,五年薨 | 河平四年,侯翕嗣,四十九年,建武四年薨,亡後. |
| 爰戚<br>靖侯<br>趙長平 | 以平陵大夫告楚王延壽反,侯,千五百三十戶. | 地節二年四月癸卯封,十七年薨. | 節侯訢嗣. | 永始四年,侯牧嗣,四十年,建武四年,以先降梁王,免. | |
| 博<br>成侯<br>張章477 | 以長安男子先發覺大司馬霍禹等謀反,以告期門董忠,忠以聞,侯,三千九百一十三戶. | 四年八月乙丑封,九年薨. | 五鳳元年,侯建嗣,十二年,建始四年,坐尚陽邑公主與婢姦主旁,數醉罵主,免. | | |
| 高昌<br>壯侯<br>董忠 | 以期門受張章言霍禹謀反,告左曹楊惲,侯,再坐法,削戶千一百,定七十九戶. | 八月乙丑封,十九年薨. | 初元二年,煬侯宏嗣,四十一年,建平元年,坐佞邪,免,二年,復封故國,三年薨. | 元壽元年,侯武嗣,二年,坐父宏前爲侯邪,免.建武二年五月己巳,侯永紹封. | 千乘 |

**476** 常惠(?－前 46) － 蘇武(소무)의 副使로, 흉노에 갔다가 억류 19년만에 昭帝 때 回國했다. 宣帝 때 右將軍이 되었고 그 뒤에 蘇武(소무)의 후임 으로 典屬國이 되었는데, 외국 관련 업무에 밝고 부지런히 힘써 많은 공적을 남겼다. 甘露 연간에 후장군 趙充國이 죽자, 宣帝는 상혜를 우 장군에 임명하였고 전속국 일은 그대로 담당케 하였다. 宣帝가 붕어하 자 상혜는 元帝를 3년간 섬기다가 죽었는데, 시호는 壯武侯이었다. 나 라가 중손까지 전해졌다가 東漢 建武 연간에 단절되었다.

**477** 博(박)은 泰山郡의 縣名.

| | | | | 博陽 |
|---|---|---|---|---|
| 平通侯 楊惲478 | 以左曹中郎受董忠等言霍禹等謀,以告侍中金安上,侯,二千五百戶. | 八月乙丑封,十年,五鳳三年,坐爲光祿勳誹謗政治,免. | | | |
| 都成 敬侯 金安上479 | 以侍中中郎將受楊惲言霍禹等反謀,傳言止內霍氏禁闥,侯,千七百七十一戶. | 八月乙丑封,十一年 | 五鳳三年,夷侯常嗣,一年薨,亡後. | 元始元年,侯欽以安上孫紹封,爲王莽誅. | 元始元年,戴侯楊嗣,王莽敗,絕. |
| 合陽 愛侯 梁喜 | 以平陽大夫告霍徵史,徵史子信,家監迴倫,故侍郎鄭佁時謀反,侯,千五百戶. | 元康四年二月壬午封,四十一年薨 | 建始二年,侯放嗣. | 元始五年,侯萌以喜孫紹封,千戶,王莽敗,絕. | |

**478** 楊惲(양운, ?-前 54) - 司馬遷의 사위인 楊敞(양창)의 아들이니, 사마천의 外孫이다. 惲은 도타울 운. 양운에 의해 《史記》가 알려졌다. 楊忠의 아우 楊惲(양운)의 字는 子幼인데, 양충 덕분에 낭관이 되어 常侍騎에 보임되었는데 양운의 모친은 司馬遷의 딸이다. 양운은 처음으로 외조부의 《太史公記》를 읽었고 《春秋》도 많이 익혔다. 양운은 그 재능으로 알려졌다. 양운은 英傑이나 여러 유생들과 잘 교제하였고 이름이 조정에 알려져 左曹에 발탁되었다. 宣帝 때 (霍禹 등) 곽씨가 모반을 꾀했는데, 양운은 이를 알고 시중 金安上에게 알렸고 宣帝에게 나아가 사실을 설명했다. 霍氏 일족은 처형되었으며 양운 등 五人이 모두 제후에 봉해졌는데 양운은 平通侯가 되어 中郎將으로 승진하였다. 66권, 〈公孫劉田王楊蔡陳鄭傳〉에 附傳.

**479** 金安上 - 金日磾(김일제)의 조카인 金安上(字는 子侯)은 사람이 돈독하고 지혜로워 宣帝가 신임하였다. 楚王 劉廷壽의 반역 모의를 캐내는데 적극 참여하여 關內侯의 작위와 식읍 3백 호를 하사받았다. 뒤에 霍氏들이 반역했을 때 김안상은 궁궐문을 봉쇄하고 곽씨 친족의 출입을 막으라고 지시하여 都成侯가 되었고 建章宮 衛尉로 승진하였다. 죽은 뒤에 杜陵에 무덤을 하사받았고, 시호는 敬侯였다. 68권, 〈霍光金日磾傳〉에 附傳.

| | | | | | |
|---|---|---|---|---|---|
| 安遠繆侯鄭吉480 | 以校尉光祿大年將兵迎日逐王降,又破車師,侯,坐法削戶三百,定七百九十戶. | 神爵三年四月壬戌封,十一年薨. | 初元元年,侯光嗣,八年,永光三年薨,亡後. | 居攝元年,侯永以吉曾孫紹封,千戶,王莽敗,絶. | |
| 歸德靖侯先賢撣(선현탄) | 以匈奴單于從兄日逐王率衆降,侯,二千二百五十戶. | 四月戊戌封,二十六年薨. | 竟寧元年,煬侯富昌嗣,二年薨. | 建始二年,侯諷嗣,五十六年薨. | 建武二年,侯襄嗣. |
| | | | | (玄孫)侯霸嗣,永平十四年,有罪免. | |
| 信成侯王定 | 以匈奴烏桓屠耆單于子左大將軍率衆降,侯,千六百戶,後坐弟謀反,削百五戶. | 五鳳二年九月癸巳封,十二年薨. | 初元五年,侯廣漢嗣,三年,永光三年薨,亡後. | 元始五年,侯楊以定孫紹封,千戶. | |
| 義陽侯厲溫敦 | 以匈奴譚連累單于率衆降,侯,千五百戶.481 | 三年二月甲子封,四年,坐子伊細王謀反,削爵爲關內侯,食邑千戶. | | | |

---

**480** 鄭吉(정길, ? - 前 49) - 병졸로 종군하여 여러 번 서역에 출전하여 낭관
이 되었다. 정길은 강한 소신을 지닌 사람으로 외국 업무에 능숙하였
다. 장건에 의해 서역의 길이 열리고 李廣利의 정벌 이후 처음에는 校
尉를 두고 渠黎(거려)에서 둔전하게 하였다. 최초로 西域都護가 되어
서역에서 오래 활약하다가 前 49년에 軍中에서 죽었다. 西漢의 서역
경영은 張騫(장건), 常惠(상혜), 鄭吉, 陳湯(진탕) 등의 노력과 경영으로
흉노를 서역에서 축출했다. 70권, 〈傅常鄭甘陳段傳〉에 입전.

**481** 譚連累單于(호련루선우) - 흉노 선우의 이름.

右孝宣十一人. 陽都, 營平, 平丘, 昌水, 陽城, 爰氏, 扶陽, 高平, 陽城, 博陽, 邛成, 將陵, 建成, 西平, 平恩, 平昌, 樂陵, 平臺, 樂昌, 博望, 樂成二十一人在恩澤外戚, 樂平, 冠陽, 酇, 周子南君四人隨父, 凡三十六人.

이상 孝宣帝 공신은 11人이다. 陽都侯, 營平, 平丘, 昌水, 陽城, 爰氏(원씨), 扶陽, 高平, 陽城, 博陽, 邛成(공성), 將陵, 建成, 西平, 平恩, 平昌, 樂陵, 平臺, 樂昌, 博望, 樂成侯 등 21人은 〈外戚恩澤侯表〉에 수록했고, 樂平侯, 冠陽, 酇(찬), 周子南君侯 등 4人은 부친의 작위를 계승하였으니, 모두 36人이다.


## 5. 孝元成功臣表

| 號謚\n姓名 | 功狀 戶數 | 始封 | 子 | 孫 | 曾孫 |
|---|---|---|---|---|---|
| 義成侯\n甘延壽[482] | | 竟寧元年四月戊辰封, 九年薨. | 陽朔元年, 煬侯建嗣, 十九年薨. | 建平元年, 節侯遷嗣, 居攝二年更爲誅郅支侯, 十四年薨. | 建國二年, 侯相嗣, 建武四年, 爲兵所殺. |
| 駉望\n忠侯\n冷廣 | 以濕沃公士告男子馬政謀反, 侯, 千八百戶. | 鴻嘉元年正月辛丑封, 薨. | 侯何齊嗣, 王莽敗, 絶. | | |
| 延鄉\n節侯\n李譚 | 以尉氏男子捕得反者樊並, 侯, 千戶. | 永始四年七月己巳封, 十三年薨. | 元始元年, 侯成嗣, 王莽敗, 絶. | | |

---

**482** 甘延壽[감연수, 字는 君況(군황)]는 젊어 양가 자제로 騎射에 뛰어나 羽林軍이 되었고, 投石과 높이뛰기에서 동료들보다 확실하게 잘해서 낭관으로 승진하였다. 맨손 격투시합을 거쳐 황제의 호위군인 期門이 되었고, 힘이 좋아 신임을 받았다. 점차 승진하여 遼東太守로 관직에서 물러났다. 감연수는 西域都護騎都尉가 되어 副校尉 陳湯(진탕)과 함께 郅支(질지) 선우를 죽여 義成侯가 되었다. 義成은 沛郡의 현명. 모연수가 죽자, 시호를 壯侯라 하였다. 증손까지 계승되었다가 왕망이 패망하면서 단절되었다. 70권, 〈傳常鄭甘陳段傳〉에 입전.

| | | | | | |
|---|---|---|---|---|---|
| 新山侯<br>稱忠 | 以捕得反者樊<br>並,侯,千戶. | 十一月己酉<br>封. | | | |
| 童鄉<br>釐侯<br>鍾祖 | 以捕得反者樊<br>並,侯,千戶. | 七月己酉封,<br>薨,亡後. | 元始五年,侯<br>匡以祖子紹<br>封,王莽敗,絶. | | |
| 樓虛侯<br>誓順 | 以捕得反者樊<br>並,侯,千戶. | 七月己酉封. | | | |

右孝元一人. 安平, 平恩, 扶陽三人隨父,陽平, 樂安二人在恩澤外戚, 凡六人. 孝成五
人.安昌, 高陽, 安陽, 城陽, 高陵, 定陵, 殷紹嘉, 宜鄉, 汜鄉, 博山十人在恩澤外戚,
武陽, 博陽, 贊, 騏, 龍頟, 開陵, 樂陵, 博望, 樂成, 安平, 平阿, 成都, 紅陽, 曲陽,
高平十五人隨父,凡三十人.

이상 孝元帝 功臣은 1인이다. 安平侯, 平恩, 扶陽侯 3인은 부친 작위를 계승했
고, 陽平, 樂安 2인은 〈外戚恩澤侯表〉에 수록했으니, 총 6인이다.
孝成帝의 功臣은 5인이다. 安昌侯, 高陽, 安陽, 城陽, 高陵, 定陵, 殷紹嘉(은소가),
宜鄉(의향), 汜鄉(범향), 博山侯 등 10인은 〈外戚恩澤侯表〉에 수록했다. 武陽
侯, 博陽, 贊, 騏(기), 龍頟, 開陵, 樂陵, 博望, 樂成, 安平, 平阿, 成都, 紅陽, 曲陽,
高平侯 등 15인은 부친의 작위를 계승했으니, 총 30人이다.

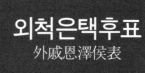

# 외척은택후표

## 外戚恩澤侯表

# 六. 外戚恩澤侯表

〈외척은택후표〉[483] 《漢書》18권 (表 6)

原文

　自古受命及中興之君, 必興滅繼絶, 修廢擧逸, 然後天下歸仁, 四方之政行焉. 傳稱武王克殷, 追存賢聖, 至乎不及下車. 世代雖殊, 其揆一也.

　高帝撥亂誅暴, 庶事草創, 日不暇給, 然猶修祀六國, 求聘四皓, 過魏則寵無忌之墓, 適趙則封樂毅之後. 及其行賞而授位也, 爵以功爲先後, 官用能爲次序. 後嗣共己遵業, 舊臣繼踵居位.

　至乎孝武, 元功宿將略盡. 會上亦興文學, 進拔幽隱, 公孫弘自海瀕而登宰相, 於是寵以列侯之爵.

---

483 본 表에는 高祖系外戚表, 高后系外戚表, 孝文系外戚表, 孝景系外戚表, 孝武系外戚表, 孝昭系外戚表, 孝宣系外戚表, 孝元系外戚表, 孝成系外戚表, 孝哀系外戚表, 孝平系外戚表가 수록되었다. 본 표의 제후는 크게 양분할 수 있다. 황제의 외척으로 피봉된 제후와 관직을 수행하는 과정에서 황제의 특별한 배려-순수한 恩澤으로 피봉된 제후로 대별할 수 있다.

又疇咨前代, 詢問耆老, 初得周後, 復加爵邑. 自是之後,
宰相畢侯矣. 元,成之間, 晚得殷世, 以備賓位.


〖국역〗

예로부터 天命을 받았거나 中興을 이룩한 君主는 필히 滅絶(멸절)
된 나라나 제후를 부흥케 하거나 후손을 찾아 계승케 하며, 폐기된
관직을 복구하고 숨어있는 隱者(은자)를 등용하였으니, 그런 뒤에야
온 천하가 歸仁(귀인)하고, 사방에 政令을 실천할 수 있었다.[484]

경전에 의하면, (周의) 武王이 殷(은)나라를 정벌한 뒤에 수레에서
내려오기도 전에 현인이나 성인의 후손을 찾아 보전케 하였다.[485] 이
후 세대가 달랐지만 그런 법도는 똑같았다.[486]

高帝(高祖)는 혼란한 세상을 바로잡고 포악한 자들을 주살하였는
데, 모든 일을 새로 시작하면서 하루라도 쉴 겨를이 없었지만, (滅絶
된) 6國의 제사를 이어 지내도록 했고,[487] (商山의) 四皓(사호)를 초치

---

**484** 이는 공자가 제왕의 법도를 설명한 글인데,《論語》마지막 편에 실려
있는 것을 반고가 인용하였다.「~ 謹權量, 審法度, 脩廢官, 四方之政行
焉. 興滅國, 繼絶世, 擧逸, 天下之歸心焉.」《論語 堯曰》

**485**《禮記》의 기록이라는 주석이 있다.「武王克殷, 未及下車, 而封黃帝之
後於薊, 封帝堯之後於祝, 封帝舜之後於陳.」

**486** 원문 其揆一也 - 揆는 헤아릴 규, 法. 道.

**487** 漢 高祖 12년(前 195) 12월, 고조가 조서를 내렸다.「秦皇帝와 楚의 隱
王(은왕, 陳勝), 魏의 安釐王(안리왕), 齊의 愍王(민왕), 趙의 悼襄王(도양
왕)은 모두 대가 끊어져 후손이 없다. 秦 始皇帝 무덤(塚)을 지킬 民戶
20호, 楚, 魏, 齊에 각 10호, 趙 및 魏公子 無忌(무기)의 분묘를 지킬 민
호 각 5호를 지정하되 부세를 면제하고 다른 사역은 없게 하라.」

했으며,[488] 魏나라를 지나면서 魏 公子 信陵君(신릉군) 無忌(무기, ? - 前 243)의 묘지를 수리케 하고, 趙(조)에 가서는 (將軍) 樂毅(악의)의 후손을 찾아 봉했다.[489] 그리고 논공행상하여 작위를 수여할 때에 그 공적의 선후를 고려했고 관직 등용에서는 능력에 따라 순위를 정했다. 또 (先世의) 後嗣(후사)들은 모두 祖業을 계승케 하였으며, 예전의 名臣들은 옛 관직을 보유하도록 조치하였다.

孝武帝 시대에 이르러 개국공신이나 장수들은 거의 다 죽고 없었다. 당시 황제는 문학을 숭상 장려하며 숨어있는 隱逸(은일)을 발탁 등용하였는데, 公孫弘(공손홍)은 바닷가에서 등용되어 宰相(재상)이 되었으며, 列侯에 봉해졌다.[490]

---

**488** 商山四皓(상산사호). '四皓'라 간칭. 秦末의 隱士인 東園公, 夏黃公, 綺里季(기리계), 用里(녹리, 또는 角里)先生을 지칭. 漢 12년(前 195), 고조는 경포를 격파하고 돌아왔으나 병환은 더 심했고 그럴수록 더욱 태자를 바꾸려 하였다. 張良이 간청해도 듣지 않자, 장량은 병을 핑계로 더 간여하지 않았다. … 연회를 열어 술을 마실 때 태자가 시중을 들었다. 이에 4인이 태자를 따라왔는데, 모두 여든 살이 넘었고 수염과 눈썹이 하얗고 의관이 아주 위엄이 있었다. 고조가 이상히 여기며 물었다. "무엇하는 사람들인가?" 4인이 앞으로 나와서 각자 성명을 말했다. 이에 고조가 놀라면서 말했다. "내가 공들을 초빙하였지만 공들은 나를 피해 숨었었는데, 지금은 왜 내 아이를 따라왔는가?" 이에 4인이 말했다. "… 지금 태자는 인자하며 효성스럽고 유생들을 공경하고 친애하기에 온 천하가 모두 기대하며 태자를 위해 죽고자 하지 않는 사람이 없기에 우리도 태자를 따라왔습니다." 《漢書》 40권, 〈張陳王周傳〉(張良傳)에 참고.

**489** 고조가 "樂毅(악의, 趙의 名將)의 후손이 남아 있는가?"라고 물었다. 악의의 손자인 樂叔(악숙)을 찾아 그를 樂鄕(악향)에 봉하고 華成君(화성군)이라 칭했다.

**490** 公孫弘(前 200 - 121) - 獄吏에서 출세. 武帝 時 御史大夫, 丞相 역임.

또 前代의 사적을 자문하고 耆老(기로, 長者, 원로)의 의견을 들어 처음으로 周室의 후손을 찾아내어 爵邑(작읍)을 수여하였다. (公孫弘) 이후로 재상은 모두 제후에 봉해졌다. 元帝와 成帝 재위 중에는 늦게나마 殷代의 후손을 찾아 높은 지위(賓位)를 수여했다.

原文

漢興, 外戚與定天下, 侯者二人. 故誓曰, "非劉氏不王, 若有亡功非上所置而侯者, 天下共誅之." 是以高后欲王諸呂, 王陵廷爭, 孝景將侯王氏, 脩侯犯色, 卒用廢黜. 是後薄昭, 竇嬰, 上官, 衛, 霍之侯, 以功受爵.

其餘后父據《春秋》褒紀之義, 帝舅緣〈大雅〉申伯之意, 寖廣博矣. 是以別而敍之.

[국역]

漢이 건국될 때, (高祖는) 外戚(외척)과 함께 천하를 평정하였고, (외척) 두 사람은 제후가 되었다.[491] 그러면서 고조는 (신하들과 함

---

平津侯(평진후)에 봉해졌다. 《漢書》 58권, 〈公孫弘卜式兒寬傳〉에 입전.

491 呂后 - 高皇后呂氏의 名은 雉(치), 여후의 父인 呂公은 臨泗侯(임사후), 친정 오빠인 呂澤(여택)은 周呂侯, 呂釋之(여석지)는 建成侯에 봉해졌다. 뒷날 태후 오빠의 아들(친정 조카)인 呂台(여태), 呂産, 呂祿(여록), 그리고 呂台의 아들인 呂通 4인을 왕에 봉했으며 다른 呂氏 6인도 열후가 되었다. 이는 《漢書 外戚傳》에 수록되었다.

께) "劉氏가 아니면 王이 될 수 없고, 공을 세우지도 않았고, 내가 봉하지 않은 자가 제후가 된다면 천하가 함께 주살할 것이다."라고 서약하였다.

이에 여후는 여씨 일족을 王으로 봉하려 했기에, 王陵(왕릉)은[492] 조정에서 쟁론하였고, (뒷날) 孝景帝는 황후 王氏 일족을 왕에 봉하려 하자, 脩侯(수후)는[493] 얼굴을 붉히며 반대하였기에, 결국은 廢黜(폐출)되었다.

(呂氏) 이후로 薄昭(박소),[494] 竇嬰(두영),[495] 上官氏(상관씨),[496] 衛氏(위씨),[497] 霍氏(곽씨)[498] 등이 제후가 되었는데 모두 공적이 있어 작

---

**492** 王陵(왕릉, ?-前 180) - 高祖 6년(前 201)에 安國侯, 나중에 우승상 역임. 《漢書 張陳王周傳》40권에 입전. 고조가 죽기 직전에, 그러자 여후가 물었다. "폐하께서 백세가 되시면 蕭(소) 상국도 죽을 것인데, 누가 대신하면 좋겠습니까?" "曹參(조참)이 좋을 것이다." 그 다음을 묻자, 황상이 말하였다. "王陵(왕릉)이 좋을 것이니 조금 고집스럽지만 陳平이 왕릉을 도우면 된다. 진평은 지혜가 넘치지만 혼자 감당하기는 어려울 것이다. 周勃(주발)은 重厚하고 학식이 좀 적어도 유씨를 안정시킬 자는 틀림없이 주발일 것이니 太尉로 삼을 수 있다."

**493** 脩侯(수후)는 條侯(조후) 周亞夫. 周勃(주발)의 아들. 오초칠국 난을 진압했다.

**494** 薄昭(박소) - 薄太后(文帝의 생모)의 남동생. 文帝의 외숙.

**495** 竇嬰(두영, ?-前 131)은 文帝 竇皇后 사촌 오빠의 아들. 7국의 난을 평정한 군공으로 魏其侯(위기후)에 봉해졌다. 나중에 武安侯 田蚡과 불화하여 결국 詔書를 위조했다는 죄로 처형되었다. 竇嬰과 田蚡 모두 《漢書 竇田灌韓傳》52권에 입전.

**496** 孝昭帝 上官皇后의 조부 上官桀(상관걸).

**497** 衛氏 - 미천한 출신의 衛子夫, 武帝 元朔(원삭) 원년(前 128)에 아들 劉據(유거, 衛太子, 戾太子, 선제의 조부)를 낳고 황후가 되었다. 나중에 무

위를 받았다.

그 밖에 황후의 부친은 《春秋》의 '王者는 小國에서 아내를 맞이하지 않는다.'는 大義(褒紀之義 포기지의)에서,[499] 그리고 황제의 외숙은 《詩經 大雅》에서 申伯(신백)을 봉읍한 대의에[500] 따라 제후에 봉했으나 그 포상의 범위는 점차(寖은 잠길 침. 漸也) 확대되었다. 그래서 본 表에서는 별도로 기록하였다.

---

고의 화에 태자가 죽자, 위황후도 자살했다. 〈外戚傳 上〉에 입전. 衛青(위청, ?-前 106)-흉노 정벌의 명장. 鄭季라는 下吏가 평양공주의 하녀인 衛媼(위온)과 사통하여 위청을 낳았고, 위청의 同腹의 누나 衛子夫가 武帝의 사랑을 받았는데, 위청은 모친의 衛氏 성을 이었다. 《漢書 衛青霍去病傳》55권에 입전.

**498** 霍氏(곽씨)-霍去病(곽거병, 前 140-117). 대장군 衛青의 누나인 衛少兒의 아들이다. 곽거병의 아버지 霍仲孺(곽중유)는 그전에 衛少兒(위소아)와 사통하여 곽거병을 낳았다. 衛皇后가 존귀해지면서 곽거병은 皇后 언니의 아들로 나이 18세에 侍中이 되었다. 騎射에 능했으며 두 번이나 대장군 위청을 따라 출정도 했었다. 곽거병의 異腹 동생이 霍光이다. 《漢書》55권, 〈衛青霍去病傳〉에 立傳.

霍光(곽광, ?-前 68)-宣帝 麒麟閣(기린각) 11功臣 중 첫째. 명장 霍去病의 異母弟. 昭帝 上官皇后의 外祖父. 宣帝 霍皇后의 친부. 大司馬, 大將軍 역임. 封 博陸侯. 諡號 宣成. 武帝, 昭帝, 宣帝를 섬김. 사후에 아들(霍禹)의 모반에 의해 멸족. 霍은 빠를 곽.

**499** 원문 褒紀之義-《春秋》에 周의 天子가 王后를 紀(기)國에서 맞이하려는데, 紀는 본래 子爵(자작)이었기에 紀의 작위를 높여 侯爵(후작)으로 봉했다. 그러면서 '王者는 小國에서 왕후를 맞이하지 않는다.'고 하였다.

**500** 원문 帝舅緣〈大雅〉申伯之意-申伯은 周 宣王의 큰 외숙이었는데, 謝(사)가 그 식읍이었다. 그런 뜻을 취하여 황후의 형제를 제후에 봉했다는 뜻.

## 1. 高祖系 外戚

| 號諡 姓名 | 侯狀戶數 | 始封 | 子 | 孫 | 曾孫 |
|---|---|---|---|---|---|
| 臨泗侯 呂公[501] | 以漢王后 父賜號. | 元年封, 四 年薨, 高后 元年追尊曰 呂宣王. | | | |
| 周呂 令武侯 澤[502] | 以客從入 漢,定三秦, 將兵下碭, 漢王敗彭 城,往從之, 佐定天下. | 六年正月丙 戌封, 三年 薨. | 侯台嗣,高祖九年更 封爲酈侯,四年,高后 元年,爲呂王,二年 薨,諡曰肅,追尊令武 曰悼武王. | 睡 三年,王嘉嗣,坐驕 廢. 侯通,嘉弟,六年 四月丁酉封,八年,爲 燕王,九月,反誅. | |
| | | | | 東平 侯庀,通弟,八年五月 丙辰封,九月,反誅. | |
| | | | 汶 侯產,台弟,高后元年 四月辛卯封,六年,爲 呂王,七年,爲梁王,八 年,反誅. | | |

---

**501** 臨泗侯 呂公 – 평소 沛 縣令과 친분이 있었다. 呂公이 沛公을 처음 보
고서는 말했다. "내가 젊어서부터 관상보기를 좋아하여 많은 사람을
보았지만 당신 같은 사람은 없었으니 부디 自愛하시오. 내 딸을 당신
에게 아내로 주고 싶소." 여공의 아내가 싫다고 하자, 여공이 말했다.
"이런 일은 여자가 알 바 아니요." 그리고 딸을 沛公(高祖)에게 시집보
냈다. 여공의 딸은 곧 呂后이니, 孝惠帝와 魯元公主를 낳았다. 臨泗侯
(임사후) 呂公은 고조 4년(前 203)에 죽었다.

**502** 呂澤 – 呂后의 큰오빠 周呂侯(呂澤)는 군사를 거느리고 下邑縣에 머물
다가 漢王을 따랐다.

| 建成康侯釋之[503] | 以客從擊秦.漢王入漢,使釋之歸豐衛太上皇. | 六年四月丙戌封,九年薨. | 孝惠二年,侯則嗣,七年,有罪,免. 則弟種,高后元年四月乙酉封,奉呂宣王國,七年,更爲不其侯,八年,反,誅.<br>漢陽<br>侯祿,種弟,高后元年九月丙寅封,八年,爲趙王,追尊康侯曰趙昭王,九月,反,誅. | |

右高祖三人.

이상 高祖의 외척은 3人이다.

## ※ 表 읽기

| 號諡姓名 | 侯狀戶數 | 始封 | 子 | 孫 | 曾孫 |
|---|---|---|---|---|---|
| 周呂令武侯澤 | 以客從入漢,定三秦,將兵下碭,漢王敗彭城,往從之,佐定天下. | 六年正月丙戌封,三年薨. | 侯台嗣,高祖九年更封爲酈侯,四年,高后元年,爲呂王,二年薨,諡曰肅,追尊令武曰悼武王. | 三年,王嘉嗣,坐驕廢.<br>侯通,嘉弟,六年四月丁酉封,八年,爲燕王,九月,反,誅.<br>東平<br>侯庀,通弟,八年五月丙辰封,九月,反,誅. | |
| | | | 侯產,台弟,高后元年四月辛卯封,六年,爲呂王,七年,爲梁王,八年,反,誅. | | |

---

**503** 呂釋之 - 呂后의 작은오빠 呂釋之(여석지). 두 오빠가 장수로 고조를 도왔다. 나중에 呂澤의 아들 呂台(여태)를 呂王으로, 여태의 동생 呂産(여산)을 梁王(양왕)에 봉하였고, 건성후 呂釋之(여석지)의 아들 呂祿(여록)을 趙王(조왕)에, 여태의 아들 呂通(여통)을 燕王(연왕)으로 삼으니 여씨 일족으로 6인이 모두 列侯(열후)가 되었으며, 여태후 선친 呂公을 呂宣王(여선왕)으로, 周呂侯(주여후, 呂澤)를 悼武王(도무왕)으로 추존하였다.

○周呂令武侯澤 – 周呂侯가 작위. 令武는 시호. 澤은 名. 呂澤(여택)은 呂后의 오빠. 高祖의 손위 妻男.

○以客從入漢,定三秦,將兵下碭,漢王敗彭城,往從之,佐定天下. – 客人 (객인)으로 (고조를 따라) 漢中에 들어갔다. 三秦을 평정한 뒤에 군 사를 거느리고(將兵) 碭(탕, 지명)에 주둔하였으며(下), 漢王이 彭城 (팽성, 楚都)에서 패퇴하자, 찾아가서(往) 고조를 隨從(수종)하였고 (從之), 天下 평정을 도왔다(佐定天下).

○六年正月丙戌封,三年薨. – (高祖) 六年 正月 丙戌日에 封했고, (재위) 三年에 죽었다(薨).

○子 – 侯인 台(태, 名)가 계승했는데(嗣), 高祖 九年에 다시 封하여 (更 封) 酈侯(부후)가 되었으며, 四年이 지난 高后 元年(前 187)에,[504] 呂 王(여왕)이 되었고, 二年에 죽었는데, 諡號는 肅王(숙왕)이었다. 令 武侯를 悼武王(도무왕)으로 추존했다.

子 – 汶侯(문후). 侯인 産(呂産)은 呂台의 아우(弟), 高后 元年(前 187) 四月 辛卯日에 封해졌고, 六年에 呂王이 되었으며, 七年(前 181) 梁王이 되었고, 八年(高后가 붕어한 뒤), 반역하여(反), 주살되 었다(誅).

○孫 – 腄侯(수후). (高后) 三年, 王인 嘉(가, 呂嘉)가 계승. 교만한 죄로 폐위. 侯인 通(통, 呂通), 嘉의 弟, (呂后) 六年 四月 丁酉日에 封, 八 年(前 180)에 燕王(연왕)이 되었고, (呂后가 붕어한 뒤) 九月에 반역 (反) 주살되었다(誅).

東平侯, 侯인 庀(비, 庀), 呂通의 弟, 八年 五月 丙辰日에 封, 九月에 反하여 誅殺되었다.

---

504 4년은 착오임. 惠帝 원년이거나 아니면 11년 후가 되어야 한다.

## 2. 高后系 外戚

| 姓名　　　　號諡 | 侯狀戶數 | 始封 | 子 | 孫 | 曾孫 |
|---|---|---|---|---|---|
| 扶柳侯呂平 | 以皇太后姊長姁子,侯. **505** | 元年四月丙寅封,八年,反,誅. | | | |
| 襄城侯義 | 以孝惠子,侯. | 四月辛卯封,<br>三年,爲常山王. | | | |
| 軹侯朝**506** | 以孝惠子,侯. | 四月辛卯封,<br>四年,爲常山王 | | | |
| 壺關侯武 | 以孝惠子,侯. | 四月辛卯封,<br>六年,爲淮陽王. | | | |
| 昌平侯大 | 以孝惠子,侯. | 二月癸未封,<br>七年,爲呂王. | | | |
| 贅其侯呂勝 | 以皇太后昆弟子淮陽丞相,侯. | 四月丙申封,八年,反,誅. | | | |
| 滕侯呂更始 | 爲舍人郎中十二歲,以都尉屯霸上,用楚丞相,侯. | 四月丙申封,八年,反,誅. | | | |
| 呂成侯呂忿 | 以皇太后昆弟子侯. | 四月丙申封,八年,反,誅. | | | |
| 祝茲侯呂瑩 | 以皇太后昆弟子,侯. | 八年四月丁酉封,九月,反,誅. | | | |
| 建陵侯張釋寺人 | 以大謁者勸王諸呂侯. | 四月丁酉封,九月,免. | | | |

右高后十人. 五人隨父,凡十五人.

이상 高后 관련 外戚 제후는 10인. 5인은 부친의 작위를 세습하였으니, 총 15人이다.

---

**505** 皇太后姊長姁子,侯. – 皇太后의 언니(姊) 長姁(장후)의 아들(子), 呂氏라 할 수 없지만 呂平(여평)이라 기록되었다. 惠帝에게는 이종사촌. 姁는 할미 후. 侯는 제후가 되다. 동사로 쓰였다.

**506** 軹侯 朝 – 軹(수레의 굴대머리 지)는 河內郡의 縣名. 朝는 名.

## 3. 孝文系 外戚

| 號諡<br>姓名 | 侯狀戶數 | 始封 | 子 | 孫 | 曾孫 |
|---|---|---|---|---|---|
| 軑侯<br>薄昭[507] | 高祖七年爲郞,從軍十七年,以中大夫迎帝於代,以車騎將軍迎皇太后,侯,萬戶. | 元年正月乙巳封,十年,坐殺使者,自殺. 帝臨,爲置後. | 十一年,易侯戎奴嗣,三十年薨 | 建元二年,侯梁嗣. | |
| 鄡侯<br>駟鈞 | 以齊王舅,侯. | 四月辛未封,六年,坐濟北王興居舉兵反弗救,免. | | | |
| 周陽侯<br>趙兼 | 以淮南王舅,侯. | 四月辛未封,六年,有罪,免. | | | |
| 右孝文三人.<br>이상 孝文帝 외척 諸侯는 3人이다. | | | | | |

---

**507** 軑侯 薄昭(지후, 박소, ?-前 170년) - 薄太后의 남동생. 文帝의 외삼촌.
漢王은 사랑을 받은 적이 없는 薄姬(박희)를 불쌍하다 생각하며 그날
밤에 박희를 불러 사랑을 주었다. 박희는 그 해에 文帝를 낳았고, 文帝
가 8살이 되자 代王에 봉해졌다. 여태후의 분노를 피한 박희는 아들을
따라 代國에 가서 代王의 태후가 되었다. 태후의 동생인 薄昭(박소)도
함께 代國으로 갔다. 軑(지)는, 今 河南省 濟源市 관할 軑城鎭. 사신으
로 간 조정의 관리를 죽인 죄로 賜死되었다.

## 4. 孝景系 外戚

| 姓名＼號諡 | 侯狀戶數 | 始封 | 子 | 孫 | 曾孫 |
|---|---|---|---|---|---|
| 章武<br>景侯<br>竇廣國[508] | 以皇太后弟,侯,萬一千戶. | 孝文後七年六月乙卯封,七年薨. | 孝景七年,共侯定嗣,十八年薨. | 元光三年,侯常生嗣,十年,元狩元年,坐謀殺人,未殺,免. | |
| 南皮侯<br>竇彭祖 | 以皇太后兄子,侯. | 六月乙卯封,二十一年薨. | 建元六年,夷侯良嗣,五年薨. | 元光五年,侯桑林嗣,十八年,元鼎五年,坐酎金免. | |
| 魏其侯<br>竇嬰[509] | 以將軍屯滎陽扞破吳楚七國侯. 皇太后昆弟子. | 三年六月乙巳封,二十三年,元光四年,有罪,棄市. | | | |
| 蓋<br>靖侯<br>王信[510] | 以皇后兄,侯. | 中五年五月甲戌封,二十五年薨 | 元光三年,頃侯充嗣. | 侯受嗣,元鼎五年坐酎金免. | |
| 右孝景四人.<br>이상 孝景帝의 外戚 제후는 4人이다. | | | | | |

---

**508** 竇廣國 – 文帝 竇황후의 남동생, 文帝의 처남. 呂太后가 궁인들을 각 王家로 내보낼 때, 代國에 배당된 竇姬(두희)는 울면서 代國에 도착했지만, 代王(뒷날 文帝)은 오직 두희만을 총애하여 딸 嫖(표)를 낳았고, 혜제 7년(前 188)에 景帝를 낳았다. 竇廣國은 景帝의 외삼촌이다.

**509** 竇嬰(두영, ?–前 131)은 7국의 난을 평정한 군공으로 魏其侯(위기후)에 봉해졌다. 魏其는 琅邪郡 縣名. 나중에 武安侯 田蚡(전분)과 불화하여 결국 詔書를 위조했다는 죄로 처형되었다. 竇嬰과 田蚡 모두 52권, 〈竇田灌韓傳〉에 입전.

**510** 王信 – 景帝 王황후의 오빠.

## 5. 孝武系 外戚

| 姓名<br>號諡 | 侯狀戶數 | 始封 | 子 | 孫 | 曾孫 |
|---|---|---|---|---|---|
| 武安侯<br>田蚡[511] | 以皇太后同<br>母弟,侯. | 孝景後三年<br>(前141) 三<br>月封,十年<br>薨. | 元光四年,侯恬嗣,五<br>年,元朔三年,坐衣襜<br>褕入宮,不敬,免.[512] | | |
| 周陽<br>懿侯<br>田勝 | 以皇太后同<br>母弟侯. | 三月封,十<br>二年薨. | 元光六年,侯祖嗣,八<br>年,元狩三年,坐當歸<br>軹侯宅不與,免. | | |
| 長平<br>烈侯<br>衛青[513] | 以將軍擊匈<br>奴取朔方侯,<br>後破右賢王,<br>益封,又封三<br>子. 皇后弟. | 元朔二年二<br>月丙辰封,二<br>十三年薨. | 宜春<br>侯伉,五年四月丁未<br>以青功封,元鼎元年<br>坐矯制不害免,太初<br>元年嗣侯,五年闌入<br>宮,完爲城旦. | | |

---

**511** 田蚡(전분, ?－前 131)－전분의 同母異父 누나인 王氏가 景帝의 두 번째
황후가 되어 劉徹(武帝)을 낳았고, 유철이 태자에서 경제의 뒤를 이어
즉위하니, 곧 武帝이다. 전분은 武帝의 외삼촌. 아주 못생겼으나 文辭
가 뛰어났다. 전분은 太尉와 승상을 역임하였고 유학을 존숭하며 오경
박사 제도를 마련하였다. 蚡은 두더지 분. 52권, 〈竇田灌韓傳〉에 立
傳.《史記 魏其田蚡列傳》참고.

**512** 坐衣襜褕入宮,不敬－衣는 옷을 입다. 동사로 쓰였다. 襜褕(첨유)는 짧은
홑옷. 襜은 짧은 적삼 첨. 褕는 고울 유, 짧은 홑옷 유.

**513** 衛青(위청, ?－前 106)－字는 仲卿. 노비 출신. 衛子夫의 남동생. 위자
부가 나중에 무제의 황후(衛后, 衛思后로 추존)가 되자 크게 출세, 흉
노 토벌에 공이 많아 대장군이 되었다. 55권, 〈衛青霍去病傳〉에 입
전. 衛子夫(?－前 91. 子夫는 字)는 武帝의 2번째 皇后. 본래 平陽公主
의 歌婢. 戾太子의 생모. 衛青의 異父 누나. 霍去病(곽거병)의 이모. 宣
帝의 曾祖母. '무고의 화' 때 자살했다.

| | | | | | |
|---|---|---|---|---|---|
| | | | 陰安<br>侯不疑,四月丁未以青功封,十二年,元鼎五年,坐酎金免. | | |
| | | | 發干<br>侯登,四月丁未以青功封,坐酎金免. | 元康四年,詔賜青孫錢五十萬,復家. | 永始元年,青曾孫玄以長安公乘爲侍郎 |
| | | | | (玄孫)<br>元始四年,賜青玄孫賞爵關內侯. | |
| 平津獻侯公孫弘[514] | 以丞相詔所褒,侯,三百七十三戶. | 元朔三年十一月乙丑封,六年薨. | 元狩三年,侯度嗣,十三年,元封四年,坐爲山陽太守詔徵鉅野令史成不遣,完爲城旦. | | 高城 |
| 冠軍景桓侯霍去病[515] | 以校尉擊匈奴,侯,後以將軍破祈連迎昆邪王,益封.皇后姊子. | 六年四月壬申封,七年薨. | 南陽<br>元鼎元年,哀侯嬗嗣,七年薨,亡後.<br>(嬗 音선) | 樂平<br>侯山,地節二年四月癸巳以從祖祖父大將軍光功封,三千戶,四年,坐謀反,誅.<br>冠陽<br>侯雲,山弟,三年四月戊申以大將軍光功封,千八百戶,四年,坐謀反,誅. | |

**514** 公孫弘(공손홍, 前 200 – 121) – 平津侯, 獄吏에서 출세. 武帝 時 공손홍은 승상과 어사대부로 총 6년을 역임하고 80세에 승상의 자리에서 죽었다.《漢書》58권, 〈公孫弘卜式兒寬傳〉에 입전.

**515** 驃騎將軍 霍去病(곽거병, 前 140 – 117) – 衛子夫와 衛青의 생질. 霍去病

| 周子南君姬嘉516 | 以周后後所襃,侯,三千戶. | 元鼎四年十一月丁卯封,六年薨. | 元封四年,君置嗣,二十四年薨. | 始元四年,君當嗣,十六年,地節三年,坐使奴殺家丞,棄市.<br>元康元年三月丙戌,君延年以當弟紹封,初元五年正月癸巳,更封爲周承休侯,位次諸侯王,二十九年薨,諡曰考. | 建昭三年,質侯安嗣,四年薨. |
|---|---|---|---|---|---|
|  |  | (玄孫)陽朔二年,釐侯世嗣,八年薨. | (六世)永始二年,侯當嗣,七年,綏和元年,進爵爲公,地滿百里,元始四年,爲鄭公,王莽篡位,爲章牟公. | (七世)天鳳元年,公常嗣,建武二年五月戊辰更爲周承休侯. | (八世)五年,侯武嗣,十三年,更爲衛公. |

(곽거병)은 대장군 衛青의 누나인 衛少兒의 아들이다. 그 아버지 霍仲孺(곽중유)는 전에 衛少兒(위소아)와 사통하여 곽거병을 낳았다. 衛皇后가 존귀해지면서 위소아는 다시 詹事(첨사) 陳掌의 妻가 되었다. 곽거병은 皇后 언니의 아들로, 나이 18세에 侍中이 되었다. 騎射에 능했으며 두 번이나 대장군 위청을 따라 출전한 이후 흉노 토벌의 명장으로 명성을 누렸다.

**516** 周子南君 姬嘉 – 周子南君은 작위 명칭이고, 姬嘉(희가)는 姓名이다. 周代의 후손을 찾아 작위를 수여하고, 그로 하여금 그 윗대의 조상의 제사를 모시게 하였다. 周子南君의 작위는 漢 武帝(前 113년)부터 西晉 代(大約 310년)까지 존속했는데, 衛公(위공)이라 약칭했다. 漢 武帝 시대 儒術을 받들고 復古 정책을 채택하며 元鼎 4년(前 113년)에 分封하였으니, 이는 中國史에서 '尊二王 備三恪'(恪은 존중하다) 정책의 일환이라 할 수 있다.

姬嘉(희가, ? – 前 107년)는 전한 第一代 周子南君으로 姬姓 衛나라의 후손으로 알려졌다.

| | | | | | |
|---|---|---|---|---|---|
| 樂通侯<br>欒大[517] | 以方術詔所<br>襃侯,三千戶. | 四年四月乙巳<br>封,五年,坐罔<br>上,要斬. | | | 高平 |
| 牧丘<br>恬侯<br>石慶[518] | 以丞相及父<br>萬石積行,侯. | 五年九月丁丑<br>封,十年薨. | 太初三年,侯德嗣,二<br>年,天漢元年,坐爲太<br>常失法罔上,祠不如<br>令,完爲城旦. | | 平原 |
| 富民定侯<br>車千秋[519] | 以丞相,侯,八<br>百戶,以遺詔<br>益封,凡千六<br>百戶. | 征和四年六月<br>丁巳封,十二<br>年薨. | 元鳳四年,侯順嗣,六<br>年,本始三年,坐爲虎<br>牙將軍擊匈奴詐增<br>虜獲,自殺. | | |

右孝武九人. 三人隨父,凡十二人.

이상 孝武帝 때의 관련 제후는 9人이다. 3人은 부친 작위를 계승하였으니, 모두 12인이다.

---

**517** 欒大(난대) – 仙道를 말하며 신선이 되기 위하여 仙丹을 제조(煉丹術)하고 장생불노를 추구하는 사람을 方術之士, 간단히 方士라 부른다. 占卜, 占星, 觀相者도 방사라 불렀다. 欒大(난대)는 방사의 이름. 樂通侯가 되어 황금 1만근, 식읍을 2천호나 받았고 衛長公主와 결혼도 했다가 사기술이 들통나서 허리를 잘려 죽었다. 난대는 키도 크고 미남자이며, 언사에 책략이 많은데다가 큰소리도(大言, 허풍) 잘하여, 그처신이 의심받지 않았다. 난대가 무제에게 말했다. "臣이 자주 海中을 오가며, 安期生(안기생)이나 신선들을 만났지만, 제가 미천한 지위라서 저를 신뢰하지 않았습니다. 또 康王은 겨우 諸侯이기에 강왕에게 仙藥의 처방을 내주기에 부족하다고 생각했습니다. 제가 이를 여러 번 강왕에게 말했지만, 강왕 역시 저를 등용하지 않았습니다. 저의 사부는 '黃金을 만들 수 있고, 河水의 터진 제방을 막을 수 있으며, 不死藥을 얻을 수 있고, 仙人을 불러 올 수도 있다.'고 하였지만, 저는 문성장군처럼 될까 두렵고, 방사들은 모두 입을 막고 있으니 어찌 감히 仙方을 말하겠습니까!" 무제는 欒大(난대)에게 五利將軍을 제수하였으며, (난대

## 6. 孝昭系 外戚

| 號謚<br>姓名 | 侯狀戶數 | 始封 | 子 | 孫 | 曾孫 |
|---|---|---|---|---|---|
| 博陸<br>宣成侯<br>霍光520 | 以奉車都尉捕反者莽何羅,侯,二千三百五十戶,後以大將軍益封,萬七千二百戶. | 始元二年正月壬寅封,十七年薨. | 地節二年四月癸卯,侯禹嗣,四年,謀反,要斬. | 元始二年四月乙酉,侯陽以光從父昆弟之曾孫龍勒士伍紹封,三千戶,王莽篡位,絶. | 北海<br>河間<br>東郡521 |
| 安陽侯<br>上官桀522 | 以騎都尉捕反者莽何羅侯,二千三百戶. 女孫爲皇后. | 正月壬寅封,五年,元鳳元年,反,誅. | 桑樂侯安始元五年六月辛丑以皇后父車騎將軍封,千五百戶,二年,反,誅. |  | 蕩陰<br>千乘523 |

는) 1달여 사이에 天士將軍, 地士將軍, 大通將軍印 등 4개의 인수를 받았다. 〈郊祀志〉上 참고.

518 石慶 – 萬石君인 石奮(석분)의 아들. 景帝가 말했다. "石君(石奮)과 4명의 아들이 모두 이천 석 고관이니, 신하로서 누릴 수 있는 벼슬과 총애가 그 가문에 모두 모였도다." 그래서 모두 합하여 석분을 萬石君이라 불렀다. 46권, 〈萬石衛直周張傳〉에 참고.

519 車千秋(차천추) – 人名. 본명 田千秋. 武帝에게 衛太子 죽음의 억울함을 호소했던 사람. 前 89–77년 승상 역임. 封 富民侯. 昭帝 즉위 후 田千秋가 年老하여 坐車 上朝할 것을 허용하자, 이후 車丞相 또는 車千秋라고 불렸다. 66권, 〈公孫劉田王楊蔡陳鄭傳〉에 입전.

520 霍光(곽광, ?–前 68) – 名將 霍去病(곽거병)의 異母弟, 昭帝 上官皇后의 外祖父, 宣帝 霍皇后의 부친. 68권, 〈霍光金日磾傳〉에 입전.

521 霍光의 初封 食邑은 北海郡과 河間郡, 나중에는 추가 식읍은 東郡에 있었다.

522 上官桀(상관걸, ?–前80) – 上官은 복성. 흉노 토벌에 戰功. 곽광과 대결

| | | | | | |
|---|---|---|---|---|---|
| 宜春敬侯 王訢524 | 以丞相侯,子譚與大將軍光定策,益封,坐法削戶五百,定六百八戶. | 元鳳四年二月乙丑封,二年薨. | 元鳳六年,康侯譚嗣,四十五年薨. | 建始三年,孝侯咸嗣,十八年薨.<br><br>(玄孫) 建平三年,侯强嗣,二十六年,更始元年,爲兵所殺. | 元延元年,釐侯章嗣,八年薨. |
| 安平敬侯 楊敞525 | 以丞相,侯,七百戶,與大司馬大將軍光定策,益封子忠,凡五千五百四十七戶. | 六年二月乙丑封,一年薨. | 元平元年,頃侯忠嗣,十一年薨. | 元康三年,侯譚嗣,九年,五鳳四年,坐爲典屬國季父惲有罪,譚言誹,免. | |

하는 입장. 결국 곽광에 밀려 먼저 몰락. 孫女 上官氏가 昭帝의 황후.

**523** 蕩陰은 上官桀의 所食邑也. 千乘은 上官安의 식읍.

**524** 王訢(왕흔, ?－前 76) － 訢은 기쁠 흔. 欣(기쁠 흔)과 同. 武帝 때, 왕흔은 우부풍으로 10여 년 업무를 담당하였다. 昭帝 때 어사대부가 되었다가 車千秋의 뒤를 이어 승상이 되었고 宜春侯(의춘후)에 봉해졌다. 그 다음 해 죽었는데, 시호는 敬侯라 하였다. 아들 王譚(왕담)이 뒤를 이었고 列侯로 昌邑王을 폐하고 宣帝를 옹립하는데 함께 모의하여 식읍 3백 호를 추가로 받았다. 왕담이 죽자 아들 王咸이 계승했다. 王莽(왕망)의 처가 바로 왕함의 딸이었는데, 왕망이 漢을 찬위하자 宜春氏(왕흔의 후손)는 외척으로 총애를 받았다. 왕흔 이후 현손까지 전해지다가 왕망이 죽으면서 단절되었다.

**525** 楊敞(양창, ?－前 74) － 司馬遷의 사위. 대장군의 막부에 봉직하며 軍司馬가 되었는데, 霍光(곽광)의 큰 신임을 얻어 차츰 승진하여 大司農이 되었다. 昭帝 元鳳 연간에 稻田使者 燕倉이 上官桀 등의 반역 모의를 알고, 이를 양창에게 알렸다. 66권, 〈公孫劉田王楊蔡陳鄭傳〉에 입전.

| | | | 元康四年,愛侯延壽嗣,十一年薨. 元康三年三月乙未,侯彭祖以世父故掖庭令賀有舊恩封,千六百戶,四年,神爵三年,爲小妻所殺. | 甘露三年,繆侯敞嗣,四年薨. | 初元二年,共侯臨嗣,十五年薨 |
|---|---|---|---|---|---|
| 富平敬侯張安世[526] | 以右將軍光祿勳輔政勤勞侯,以車騎將軍與大將軍光定策,益封,凡萬三千六百四十戶. | 十一月乙丑封,十三年薨. | | (玄孫) 思侯放嗣,三十六年薨. | (六世) 建平元年,侯純嗣,王莽建國四年更爲張鄉侯,建武中爲武始侯. |
| 陽平節侯蔡義 | 以丞相侯,前爲御史大夫與大將軍光定策,益封,凡七百戶. | 元平元年九月戊戌封,三年,本始四年薨,亡後. | | | |

右孝昭六人. 一人桑樂侯隨父,凡七人.

이상 孝昭帝 外戚 恩澤 侯者 6人. 桑樂侯 1인은 부친 작위 세습 총 7인.

---

**526** 張安世(?－前 62)－張湯의 아들. 武帝, 昭帝, 宣帝 時代의 군권을 장악했던 정치가. 武帝 때 尙書令, 昭帝 때 右將軍, 宣帝 때 大司馬衛將軍 領尙書事. 관직생활이 청렴하기로 널리 알려졌다. 59권, 〈張湯傳〉에 附傳.

## 7. 孝宣系 外戚

| 號諡<br>姓名 | 侯狀戶數 | 始封 | 子 | 孫 | 曾孫 |
|---|---|---|---|---|---|
| 營平<br>壯侯<br>趙充國[527] | 以後將軍與大將軍光定策功侯,千二百七十九戶. | 本始元年八月辛未封,二十二年薨. | 甘露三年,質侯弘嗣,二十二年薨. | 建始四年,考侯欽嗣,七年薨. | 陽朔三年,侯岑嗣,十二年,元延三年,坐父欽詐以長安女子王君俠子爲嗣,免.戶二千九百四十四 |
| 平丘侯<br>王遷 | 以光祿大夫與大將軍光定策功侯,千二百五十三戶. | 八月辛未封,五年,地節二年,坐平尙書聽請受臧六百萬,自殺[528] | | | |
| 昌水侯<br>田廣明[529] | 以鴻臚擊武都反氏,賜爵關內侯,以左馮翊與大將軍光定策侯,二千七百戶. | 八月辛未封,三年,坐爲祁連將軍擊匈奴不至期,自殺. | | | |

---

**527** 趙充國(조충국, 前 137 - 52) - 漢朝 名臣, 名將. 사람이 침착, 용기가 있고 지략이 뛰어났으며 젊어서도 장수의 자질이 있어 병법을 익혔고 四夷의 사정에 두루 밝았다. 69권, 〈趙充國辛慶忌傳〉에 입전.

**528** 관리로서 부정한 청탁을 받고 6백만 전을 수뢰한 죄.

**529** 田廣明 - 昭帝 때 전광명은 군사를 이끌고 益州을 토벌하고 돌아와 관내후의 작위를 받았고 衛尉(위위)로 전직하였다. 뒤에 좌풍익이 되었는데 통치에 유능하다는 명성이 있었다. 宣帝 즉위 초에 蔡義의 후임으로 어사대부가 되었고, 그전에 좌풍익으로 있으면서 선제 옹립 결정에 참여하여 昌水侯(창수후)에 봉해졌었다. 90권, 〈酷吏傳〉에 입전.

| | | | | |
|---|---|---|---|---|
| 陽城侯<br>田延年[530] | 以大司農與大<br>將軍光定策功<br>侯,二千四百<br>五十三戶. | 八月辛未封,<br>二年, 坐爲大<br>司農盜都內錢<br>三千萬,自殺. | | |
| 爰氏<br>肅侯<br>便樂成[531] | 以少府與大將<br>軍光定策功侯,<br>二千三百二十<br>七戶. | 八月辛未封,一<br>年薨. | 本始二年,康<br>侯輔嗣,三年<br>薨. | 地節元年,<br>哀侯臨嗣,<br>二年薨,亡<br>子,絶. | 元始五年閏<br>月丁酉,侯鳳<br>以樂成曾孫<br>紹封,千戶,王<br>莽敗,絶. |
| 扶陽<br>節侯<br>韋賢[532] | 以丞相,侯,七<br>百一十一戶. | 三年六月甲辰<br>封,十年薨. | 神爵元年,共<br>侯玄成嗣,九<br>年,有罪,削一<br>級爲關內侯,<br>永光二年二<br>月丁酉復以<br>丞相侯,六年<br>薨 | 建昭三年,<br>頃侯寬嗣.<br><br>(玄孫)<br>侯湛嗣,元始中戶千四百<br>二十,王莽敗,絶. | 元延元年,釐<br>侯育嗣. |
| 平恩<br>戴侯<br>許廣漢[533] | 以皇太子外祖<br>父昌成君侯,<br>五千六百戶. | 地節三年四月<br>戊申封,七年<br>薨,亡後. | 初元元年,共<br>侯嘉以廣漢<br>弟子中常侍<br>紹侯,二十二<br>年薨. | 河平一年,<br>嚴侯況嗣<br><br>(玄孫)<br>建國四年,侯敬嗣,王莽敗,<br>絶. | 鴻嘉二年,質<br>侯旦嗣,二十<br>九年薨. |

---

**530** 田延年 – 곽광의 신임을 받았고, 宣帝 옹립에 기여. 90권, 〈酷吏傳〉에 입전.

**531** 便樂成 – 爰氏는 지명 미상. 〈杜周傳〉에서 史樂成. 〈霍光傳〉에는 使樂成. 여기서는 便이 姓, 三者不同.

**532** 韋賢(위현, 前 147 – 66) – 宣帝 本始 3년(前 71)에 승상, 封 扶陽侯, 地節 3년(前 67) 사임. 귀향. 韋賢의 네 아들 중, 막내아들 韋玄成(위현성)은 明經으로 거듭 천거되어 나중에 승상에 이르렀다. 그래서 魯郡 鄒縣의 속언에 '자식에게 많은 황금을 물려주는 것이 경전 한 권을 가르치는 것만 못하다.(遺子黃金滿籯, 不如一經.)'라고 했다. 73권, 〈韋賢傳〉에 입전.

**533** 許廣漢 – 宣帝의 장인. 宣帝 許皇后의 父親. 元帝의 외조부. 許廣漢(허

| | | | | | |
|---|---|---|---|---|---|
| 高平憲侯魏相534 | 以丞相,侯,八百一十三戶. | 地節三年六月壬戌封,八年薨. | 神爵三年,侯弘嗣,六年,甘露元年,坐酎宗廟騎至司馬門,不敬,削爵一級爲關內侯. | | |
| 平昌節侯王無故 | 以帝舅關內侯,侯,六百戶. | 四年二月甲寅封,九年薨. | 五鳳元年,考侯接嗣,十六年薨. | 永光三年,釐侯臨嗣,二十一年薨. | 鴻嘉元年,侯獲嗣,三十八年,建武五年,詔書復獲. |
| 樂昌共侯王武 | 以帝舅關內侯,侯,六百戶. | 二月甲寅封,十四年薨. | 甘露二年,戾侯商嗣,二十七年薨. | 河平四年,侯安嗣,二十七年,元始三年,爲王莽所殺. | |
| 陽城繆侯劉德 | 以宗正關內侯行謹重爲宗室率,侯,子安民以戶五百贖弟更生罪,減一等,定戶六百四十戶. | 四年三月甲寅封,十年薨. | 五鳳二年,節侯安民嗣,八年薨. | 初元元年,釐侯慶忌嗣,二十一年薨. | 居攝元年,侯颯嗣,王莽敗,絶 |

광한)은 창읍왕의 낭관이었는데 무제를 수행하여 甘泉宮에 갔을 때, 착
오로 다른 낭관의 말안장을 자신의 말에 얹었다가 발각되었는데, 형리
는 황제를 수행하며 도둑질을 하였다고 사형에 처해져야 했지만 宮刑
을 받았다.

**534** 魏相(위상, ? - 前 59) - 前 67년에 승상. 宣帝 麒麟閣 11功臣의 한 사람.
74권, 〈魏相丙吉傳〉에 立傳.

| | | | | | |
|---|---|---|---|---|---|
| 樂陵安侯史高535 | 以悼皇考舅子侍中關內侯與發霍氏姦,侯.二千三百戶. | 八月乙丑封,二十四年薨. | 永光二年,嚴侯術嗣,十一年薨. | 建始二年,康侯崇嗣,四年薨,亡後.元延二年六月癸巳,侯淑以崇弟紹封,亡後. | 元始四年,侯岑以高曾孫紹封,王莽敗,絶. |
| | | 武陽頃侯丹536 | 鴻嘉元年四月庚辰以帝爲太子時輔導有舊恩侯,千三百戶,七年薨. | 永始四年,煬侯邯嗣,十一年薨. | 元壽二年,侯獲嗣,更始元年爲兵所殺. |
| 邛成共侯王奉光 | 以皇后父關內侯,侯,二千七百五十戶. | 元康二年三月癸未封,十八年薨. | 初元二年,侯敞嗣,二十八年薨. | 鴻嘉二年,侯勳嗣,十四年,建平二年,坐選舉不以實,王罵廷史,大不敬,免. | 元始元年,侯堅固以奉光曾孫紹封,王莽敗,絶. |
| | | 安平夷侯舜 | 初元元年癸卯以皇太后兄侍中中郎將封,千四百戶,十三年薨. | 建昭四年,剛侯章嗣,十四年薨. | 陽朔四年,釐侯淵嗣,二十五年薨. |

**535** 史高(사고) – 宣帝의 祖母는 史良娣(사량제)이다. 사량제의 친정 오빠는 史恭(사공)인데, 史恭의 아들 史高(사고)는 樂陵侯(낙릉후), 史曾(사증)은 將陵侯(장릉후), 史玄은 平臺侯(평대후)가 되었고, 史高의 아들 史丹(사단)은 공을 세워 武陽侯(무양후)에 봉해졌다. 제후가 된 자는 모두 4명이다. 史高는 관직이 大司馬 車騎將軍이 되었고, 史丹은 좌장군으로 본서에 입전했다.

**536** 史丹 史丹(?–前 13) – 선제 祖母의 친정조카의 아들. 宣帝 진외가의 族屬. 元帝는 史丹을 舊臣이며, 皇考의 外屬이라 親信하면서 사단에게 太子家를 호위하라고 조서를 내렸다. 82권, 〈王商史丹傅喜傳〉에 입전.

| | | | | | |
|---|---|---|---|---|---|
| 將陵哀侯史曾 | 以悼皇考舅子侍中中郎將關內侯有舊恩,侯,二千二百戶. | 三月乙未封,五年,神爵四年薨,亡後. | | | |
| 平臺康侯史玄 | 以悼皇考舅子侍中中郎將關內侯有舊恩,侯,千九百戶. | 三月乙未封,二十五年薨. | 建昭元年,戴侯恁嗣,十九年薨. | 鴻嘉二年,侯習嗣. | |
| 博望頃侯許舜 | 以皇太子外祖父同產弟長樂衛尉有舊恩,侯,千五百戶. | 三月乙未封,四年薨. | 神爵三年,康侯敞嗣,八年薨. | 甘露三年,戾侯黨嗣,二十六年薨. | 河平四年,釐侯並嗣,薨,亡後.<br>元延二年六月癸巳,侯報子以並弟紹封,千戶,王莽敗,絶. |
| 樂成敬侯許延壽 | 以皇太子外祖父同產弟侍中關內侯有舊恩,侯,千五百戶. | 三月乙未封,十年薨. | 甘露元年,思侯湯嗣,六年薨. | 初元二年,哀侯常嗣,九年薨.<br>元延二年,節侯恭以常弟紹封,千戶. | 建昭元年,康侯去疾嗣,二十一年,鴻嘉三年薨,亡後,侯修嗣,王莽敗,絶. |
| 博陽定侯丙吉537 | 以御史大夫關內侯有舊恩功德茂,侯,千三百三十戶. | 元康三年二月乙未封,八年薨. | 五鳳三年,侯顯嗣,二年,甘露元年坐酎宗廟騎至司馬門,不敬,奪爵一級爲關內侯. | 鴻嘉元年六月己巳,康侯昌以吉孫紹封. | 元始二年,釐侯並嗣.<br>(玄孫)侯勝客嗣,王莽敗,絶. |

---

**537** 丙吉(邴吉,?－前55)－갓 출생한 宣帝의 생명을 지켰고, 양육한 공로자.

| | | | | | |
|---|---|---|---|---|---|
| 建成<br>定侯<br>黃霸538 | 以丞相侯,六<br>百戶,侯賞以<br>定陶太后不<br>宜立號,益封<br>二千二百戶. | 五鳳三年二<br>月壬申封,四<br>年薨. | 甘露三年,思<br>侯賞嗣,三十<br>年薨. | 陽朔三年,忠侯<br>輔嗣,二十七年<br>薨. | 居攝二年,<br>侯輔嗣,王<br>莽敗,絕. |
| 西平<br>安侯<br>于定國539 | 以丞相,侯,<br>六百六十戶. | 甘露三年五<br>月甲子封,十<br>一年薨. | 永光四年,頃<br>侯永嗣,二十<br>四年薨. | 鴻嘉元年,侯恬<br>嗣,四十三年,更<br>始元年絕. | |

右孝宣二十人. 一人陽都侯隨父,凡二十一人.

이상 孝宣帝의 제후 20人이다. 陽都侯 1인은 부친 작위를 계승하였으니, 총 21이다.

---

麒麟閣(기린각) 11공신의 한 사람. 前 59 - 55년 승상. (巫蠱의 禍 이후) 武帝 後元 2년(前 87)에 武帝는 병이 들어 長楊宮과 五柞宮(오작궁)을 오갔는데, 望氣者가 長安의 옥중에 천자의 기운이 있다고 상주하였다. 이에 무제는 사자를 보내 장안 각 부서 감옥을 나눠 담당하여 詔獄(조옥)에 관련하여 갇혀 있는 자는 죄의 경중을 가리지 않고 모두 다 죽이게 하였다. 내알자령인 郭穰(곽양)이 밤에 郡 관사의 옥에 왔지만, 병길은 문을 닫고 사자를 거부하고 못 들어오게 하면서 말했다. "皇曾孫이 계시다. 무고한 다른 사람이 죽는 것도 不可한데, 하물며 親 증손을 죽일 수 있는가!" 서로 맞서며 날이 밝을 때까지 들어가지 못하자, 곽양이 돌아가 보고하며 병길을 고발하였다. 武帝 또한 뉘우치며 말했다. "하늘이 시킨 일이로다." 그리고서는 천하에 사면령을 내렸다. 이는 한편의 드라마이다. 74권, <魏相丙吉傳>에 입전.

**538** 黃霸(황패) - 황패는 여러 번 의옥을 평결하면서 정위부에서도 공평하다는 칭송을 들었다. 丞相長史 대리로 있을 때, 공경들의 큰 회의에서 長信少府인 夏侯勝이 조서를 비난하는 大 불경죄에 해당하는 것을 알면서도, 황패가 아부하는 뜻으로 탄핵하지 않았다는 죄에 걸려 하후승과 함께 廷尉에게 넘겨졌고, 옥중에서 사형이 확정되었다. 황패는 옥중에서 하후승으로부터 《尙書》를 전수받았고 두 번이나 겨울을 넘기고 3년째에 출옥하였는데, 이는 <夏侯勝傳>(眭兩夏侯京翼李傳)에 실려 있다. 89권, <循吏傳>에 입전.

**539** 于定國(우정국) - 선제 地節 원년(前 69)에 정위가 되어 18년간 근무하

# 8. 孝元系 外戚

| 號諡<br>姓名 | 侯狀<br>戶數 | 始封 | 子 | 孫 | 曾孫 |
|---|---|---|---|---|---|
| 陽平<br>頃侯<br>王禁540 | 以皇后父<br>侯，<br>二千六百<br>戶，<br>子鳳以大<br>將軍益封<br>五千四百<br>戶，<br>凡八千戶. | 初元元年<br>三月癸卯<br>封，六年<br>薨.541 | 永光二年,敬成<br>侯鳳嗣,二十年<br>薨. | 陽朔三年,釐侯<br>襄嗣,十九年<br>薨. | 建平四年,康侯<br>岑嗣,十三年<br>薨. |
| | | | | (玄孫)<br>建國三年,侯莫嗣,十二年,更始<br>元年,爲兵所殺. | |
| | | 安成<br>共侯<br>崇 | 建始元年二月壬<br>子,以皇太后母<br>弟散騎光祿大夫<br>關內侯,侯,萬戶,<br>二年薨. | 建始三年,靖侯<br>奉世嗣,三十九<br>年薨. | 建國二年,侯持<br>弓嗣,王莽敗,<br>絶. |
| | | 平阿<br>安侯<br>譚 | 河平二年六月乙<br>亥,以皇太后弟<br>關內侯,侯,二千<br>一百戶,十一年<br>薨. | 永始元年,剌侯<br>仁嗣,十九年,爲<br>王莽所殺. | 元始四年,侯述<br>嗣,建武二年薨,<br>絶. |

고 甘露 2년(前 52)에 어사대부가 되었다. 선제 甘露 3년에, 승상으로 西平侯가 되었다. 元帝 永光 원년(前 43)에 致仕하였다. 71권, 〈雋疏于薛平彭傳〉에 입전.

540 王禁(왕금) – 字는 稚君(치군). 젊어 장안에서 법률을 공부하여 廷尉史(정위사)가 되었고, 本始 3년에 딸 政君(정군)을 낳았으니 뒷날의 元后(원후)이다. 王禁은 大志를 품고 있었지만 품행이 바르지는 않았고, 주색을 좋아하며 후처를 많이 거느려 모두 4녀 8남을 두었다. 원제의 황후인 政君(정군)은 둘째 딸이었다. 장남은 王鳳(왕봉, 字는 孝卿)이고 다음은 王曼(왕만, 字는 元卿), 王譚(왕담, 字는 子元), 王崇(왕숭, 字는 少子), 王商(왕상, 字는 子夏), 王立(왕립, 字는 子叔), 王根(왕근, 字는 稚卿), 王逢時(왕봉시, 字는 委卿)인데, 王鳳과 王崇만 元后 王政郡과 同母였다. 98권, 〈元后傳〉 참고. 元后는 孝元皇后의 간칭. 王氏가 極盛하였기

| | | | | | |
|---|---|---|---|---|---|
| | | 成都景成侯商 | 六月乙亥,以皇太后弟關內侯,侯,二千戶,以大司馬益封二千戶,十六年薨. | 延四年,侯況嗣,四年,綏和二年,坐山陵未成置酒歌舞,免<br>建平元年,侯邑以況弟紹封,王莽篡位,爲隆信公,與莽俱死. | |
| | | 紅陽荒侯立 | 六月乙亥封,以皇太后弟關內侯,二千一百戶,三十年薨. | 元始四年,侯柱嗣,王莽敗,絶. | 武桓侯泓,建武元年以父丹爲將軍戰死,往與上有舊,侯. |
| | | 曲陽煬侯根 | 六月乙亥,以皇太后弟關內侯,三千七百戶,再以大司馬益封七千七百戶,哀帝又益二千戶,凡萬二千四百戶,二十一年薨. | 建平元年,侯涉嗣,王莽篡位,爲直道公,爲莽所殺. | |

---

에 별도로 입전했다. 孝元皇后 – 名은 王政君. 新 建國 5년(서기 13)에 죽었고, 그 10년 후에 왕망도 멸망한다. '王莽姑也'라 하여 漢의 멸망과 왕망의 건국은 효원황후에게도 책임이 있다는 뜻을 표현했다.

**541** 王鳳 – 元帝가 붕어하고 태자가 즉위하니, 이가 孝成帝이다. 원제의 王황후를 황태후라 높였고, 王鳳(왕봉)은 大司馬에 大將軍으로 領尙書事가 되었고, 식읍 5천 호를 추가하였다. 왕씨의 융성은 왕봉에서 비롯되었다. 또 황태후의 동모제인 王崇(왕숭)은 安成侯(안성후)로 식읍은 1만 호였다. 왕봉의 庶弟인 王譚(왕담) 등도 모두 관내후의 작위와 식읍을 받았다.

| | | | | |
|---|---|---|---|---|
| | 高平戴侯逢時 | 六月乙亥,以皇太后弟關内侯侯,三千戶,十八年薨. | 元延四年,侯置嗣,王莽敗,絶. | |
| | | 新都侯莽 | 永始元年五月乙未,以帝舅曼子侯,千五百戶,後篡位,誅. | 褒新侯安,元始四年四月甲子以莽功侯,二千戶,莽篡位,爲信遷公,病死. 賞都侯臨,四月甲子以莽功侯,二千戶. 莽篡位爲天子,侯爲統義陽王,自殺. |
| 樂安侯匡衡542 | 以丞相侯,六百四十七戶. | 建昭三年七月癸亥封,七年,建始四年,坐顓地盜土,免. | | |

右孝元二人. 一人安平侯隨父,凡三人.

이상 孝元帝 2인. 安平侯는 부친의 작위를 계승하였으니, 모두 3인이다.

---

**542** 匡衡(광형) – '穿壁引光(천벽인광)' 故事의 주인공. 匡衡(광형)의 字는 稚圭(치규)로, 東海郡 承縣 사람이다. 부친은 대대로 농부였으나 광형에 이르러 호학했지만 집이 가난하여 품팔이를 하며 學資를 대었고 또 힘이 남들보다 광장히 세었다. 여러 유생들은 광형을 보고 '詩를 말하면 광형이 오고, 광형이 시를 외우면 모두가 좋아했다.'라고 말했다. 81권, 〈匡張孔馬傳〉에 立傳.

## 9. 孝成系 外戚

| 號諡<br>姓名 | 侯狀戶數 | 始封 | 子 | 孫 | 曾孫 |
|---|---|---|---|---|---|
| 安昌<br>節侯<br>張禹[543] | 以丞相,侯,<br>六百一十七<br>戶,益戶四百. | 河平四年六月丙<br>午封,二十一年<br>薨. | 建平二年,侯宏嗣,二<br>十八年,更始元年,爲<br>兵所殺. | | |
| 高陽侯<br>薛宣[544] | 以丞相,侯,<br>千九十戶. | 鴻嘉元年四月庚<br>辰封,五年,永始<br>二年,坐西州盜<br>賊群輩免,其年<br>復封,十年,綏和<br>二年,坐不忠孝,<br>父子賊傷近臣,<br>免. | | | |
| 安陽<br>敬侯<br>王音[545] | 以皇太后從<br>弟大司馬車<br>騎將軍,侯,千<br>六百戶,子舜<br>益封. | 六月己巳封,五<br>年薨. | 永始二年,侯舜嗣,王<br>莽篡位,爲安新公. | 建國三年,<br>公攝嗣,更<br>號和新公,<br>與莽俱死. | |

---

**543** 張禹(? − 前 5) − 王商의 후임으로 승상 역임(前 25 − 20). 장우가 어린
아이였을 때, 식구를 따라 자주 저잣거리에 나갔는데 점쟁이 구경을
좋아했다. 얼마 뒤 그 시초를 나눠 만든 괘와 뜻을 많이 알게 되어 점쟁
이를 따라 곁에서 이야기를 하였다. 점쟁이가 장우를 귀여워하며, 또
관상이 특이하다 생각하여 장우의 부친에게 "아이가 재주가 많으니 경
전을 배우게 하십시오." 라고 말했다. 장우는 성년이 되어 장안에 가서
학문을 하였는데, 沛郡(패군)의 施讎(시수)로부터 《易經》을, 琅邪郡(낭
야군)의 王陽과 膠東國의 庸生(용생)에게서 《論語》를 배웠는데, 두루
다 익히자 제자가 많았고 천거를 받아 郡의 文學이 되었다. 81권, 〈匡
張孔馬傳〉에 입전.

**544** 薛宣(설선) − 张禹의 후임으로 승상 역임(前 20 − 15년). 83권, 〈薛宣朱
博傳〉입전.

**545** 王音(왕음, ? − 前 15년) − 王鳳의 사촌 아우, 王莽(왕망)의 당숙.

| | | | | | |
|---|---|---|---|---|---|
| 成陽<br>節侯<br>趙臨 | 以皇后父,侯,<br>二千戶. | 永始元年四月乙<br>亥封,五年薨. | 元延二年,侯訴嗣,建<br>平元年,坐弟昭儀絶<br>繼嗣,免,徙遼西. | | |
| | | 新成侯欽 | 綏和二年五月壬辰<br>以皇太后弟封,一年,<br>建平元年,坐弟昭儀<br>絶繼嗣,免,徙遼西. | | |
| 高陵<br>共侯<br>翟方進546 | 以丞相,侯,千<br>戶,哀帝卽位,<br>益子宣五百<br>戶. | 永始二年十一月<br>壬子封,八千戶,<br>八年薨. | 綏和二年,侯宣嗣,十<br>二年,居攝元年,弟東<br>郡太守義舉兵欲討<br>莽,莽滅其宗.547 | | |
| 定陵侯<br>淳于長548 | 以侍中衛尉<br>言昌陵不可<br>成侯,千戶.<br>皇太后姊子. | 元延三年二月丙<br>午封,二年,綏和<br>元年,坐大逆,下<br>獄死 | | | |
| 殷紹嘉侯<br>孔何齊 | 以殷後孔子<br>世吉適子侯,<br>千六百七十<br>戶,後六月進<br>爵爲公,地方<br>百里.建平二<br>年益戶九百<br>三十二. | 綏和元年二月甲<br>子封,八年,元始<br>二年,更爲宋公. | | | |

**546** 翟方進(적방진, ?-前 7년) - 成帝 때 승상 역임. 나중에 사약을 받고 자살. 적방진이 죽은 한 달여에 성제도 갑자기 죽었다.

**547** 東郡太守義舉兵欲討莽 - 왕망이 칭제하자, 적방진의 아들 東郡太守 翟義(적의)가 기병하여 왕망에 대항하였다. 84권, 〈翟方進傳〉에 입전.

**548** 淳于長 - 淳于(순우)는 복성. 字가 子鴻(자홍)인 판본도 있다. 成帝가 총애하는 趙飛燕을 황후로 책립하는데 힘써 정릉후가 되었다. 성제 綏和(수화) 원년(前 8년)에 대역죄로 처형되었다. 93권, 〈佞幸傳(영행전)〉에 입전.

| | | | | | |
|---|---|---|---|---|---|
| 宜鄉侯<br>馮參 | 以中山王舅侯,千戶. | 綏和元年二月甲子封,建平元年,坐姊中山太后祝詛,自殺. | | | |
| 氾鄉侯<br>(범향후)<br>何武549 | 以大司空侯,千戶,哀帝卽位益千戶. | 四月乙丑封,十年,元始三年,爲莽所殺,賜諡曰刺. | 元始四年,侯況嗣,建國四年薨. | | |
| 博山簡烈侯<br>孔光550 | 以丞相,侯,千戶,元始元年益萬戶. | 二年三月丙戌封,二年,建平二年,坐衆職廢,免,元壽元年五月乙卯復以丞相侯,六年薨. | 元始五年,侯放嗣,王莽敗,絕. | | |
| 右孝成十人. 安成, 平阿, 成都, 紅陽, 曲陽, 高平, 新都, 武陽侯 八人隨父,凡十八人.<br>이상 孝成帝 외척, 恩澤侯 10人이다. 安成侯, 平阿, 成都, 紅陽, 曲陽, 高平, 新都,<br>武陽侯 등 8人은 부친의 작위를 계승하였으니, 총 18인이었다. | | | | | |

---

**549** 何武(하무, ?-서기 3년) - 前 8년 御史大夫(大司空) 역임. 나중에 왕망의 모함으로 자살. 86권, 〈何武王嘉師丹傳〉에 입전.

**550** 孔光(공광, 前 65-서기 5) - 字는 子夏로, 孔子의 14세손이다. 어사대부, 승상 역임. 81권, 〈匡張孔馬傳〉에 입전. 孔霸(공패)는 아들이 네 명이었는데, 孔光은 막내아들로 경학에 아주 뛰어나서 나이 20세 이전에 議郎에 천거되었다. 光祿勳 匡衡(광형)이 공광을 賢良方正으로 천거하여 諫大夫에 임명되었다. 成帝가 처음 卽位하면서 공광을 등용하여 박사에 임명하였고, 여러 번 冤獄(원옥)을 재심케 하였고, 풍속을 살피고 유민을 구휼케 하였으며, 使者로 황제의 뜻에 맞게 처리하여 이름이 알려졌다.

## 10. 孝哀系 外戚

| 姓名 號諡 | 侯狀戶數 | 始封 | 子 | 孫 |
|---|---|---|---|---|
| 陽安侯 丁明[551] | 以帝舅,侯,五千戶. | 綏和二年四月壬寅封, 七年,元始元年,爲王 莽所殺. | | |
| 孔鄉侯 傅晏[552] | 以皇后父,侯,三千 戶,又益二千戶 | 四月壬寅封,六年,元 壽二年,坐亂妻妾位 免,徙合浦. | | |
| 平周侯 丁滿[553] | 以帝舅子,侯, 千七百三十九戶. | 五月己丑封,元始三 年,坐非正免. | | |
| 高樂 節侯 師丹[554] | 以大司馬關內侯, 侯,二千三十六戶. | 綏和二年七月庚午封, 一年,建平元年,坐漏 泄免,元始三年二月癸 巳更爲義陽侯,二月薨. | 侯業嗣,王莽敗,絶. | |
| 高武 貞侯 傅喜 | 以帝祖母皇太太后 從父弟大司馬,侯, 二千三十戶. | 建平元年正月丁酉封, 十五年薨. | 建國二年,侯勁嗣, 王莽敗,絶. | |

**551** 丁明(정명) - 定陶王의 丁姬(정희)는 哀帝의 母后이다. 정희는 河平 4년에 애제를 낳았다. 정희가 애제의 태후가 되자, 정희의 형제로 丁忠(정충)과 丁明(정명)이 있었다. 丁明은 哀帝의 外叔으로 양안후에 봉해졌다. 정명은 대사마 표기장군으로 정사를 보필했다.

**552** 傅晏(부안) - 孔鄕侯 - 傅晏, 哀帝 모친 傅태후의 從弟이며 애제 傅황후의 친정아버지.

**553** 丁滿(정만) - 丁忠의 아들 丁滿(정만)은 평주후가 되었다. 丁氏로 제후가 된 사람은 모두 2명이고, 대사마가 1인 장군과 9경의 반열에 오른 2천석 고관이 6명이었으며, 시중과 제조 역시 10여 명이었다. 정씨와 부씨는 1, 2년 사이에 갑자기 흥기하고 매우 극성하였다 그러나 애제가 통치한 기간이 길지 않았기에 그 권세가 성제 때 왕씨보다는 못했다.

**554** 師丹(사단, ?-서기 3년, 字 仲公) - 애제 때 왕망의 권한 박탈을 강력 주장. 애제 때 개혁 시도는 외척의 반대로 실패했다. 86권, <何武王嘉師丹傳>에 입전.

| | | | |
|---|---|---|---|
| 楊鄉侯 朱博555 | 以丞相,侯,二千五十戶,上書以故事不過千戶,還千五十戶. | 建平二年四月乙亥封,八月,坐誣罔,自殺. | | |
| 新甫侯 王嘉 | 以丞相,侯,千六十八戶. | 三年四月丁酉封,三年,元壽元年,罔上,下獄瘐死. | 元始四年,侯崇紹封,王莽敗,絶. | |
| 汝昌侯 傅商556 | 以皇太太后從父弟封,千戶,後以奉先,侯祀益封,凡五千戶. | 四年二月癸卯封,一年,元壽元年,坐外附諸侯免. | 元壽二年五月,侯昌以商兄子紹奉祀封,八月,坐非正免. | |
| 陽新侯 鄭業 | 以皇太太后同母弟子,侯,千戶. | 八月辛卯封,二年,元壽二年,坐非正免 | | |
| 高安侯 董賢557 | 以侍中駙馬都尉告東平王雲祝詛反逆,侯,千戶,後益封,二千戶. | 建平四年八月辛卯封,二年,元壽二年,坐爲大司馬不合衆心免,自殺. | | |
| 方陽侯 孫寵558 | 以騎都尉與息夫躬告東平王反謀,侯,千戶. | 八月辛卯封,二年,元壽二年,坐前爲姦讒免,徙合浦. | | |

**555** 朱博(주박, ?-前 5년)-유능한 지방관으로 승상까지 올랐으나 죄를 짓고 자살했다. 83권, 〈薛宣朱博傳〉에 입전.

**556** 傅商(부상)-哀帝의 祖母 傅태후의 일족. 孔鄉侯(傅晏, 傅태후의 從弟), 汝昌侯(傅商, 부태후의 從弟), 陽新侯(鄭業, 부태후 同母女弟의 아들).

**557** 董賢(동현, 前 2-前 1)-잘생긴 외모에 얼굴에 늘 웃음기가 있고 그 의표와 외모가 뛰어났다. 哀帝의 同性愛 파트너. 한번은 동현이 낮잠을 자며 애제의 소매를 베고 잠이 들었는데, 애제가 일어나려 했으나 동현이 아직 자고 있어 동현을 깨우지 않으려고 옷소매를 자르고 일어났다(斷袖之好). 동현에 대한 은총과 사랑이 이 정도였다. 20대 초에 관직이 大司馬에 이르렀다. 애제가 죽은 날 자살했다. 93권, 〈佞幸傳(영행전)〉에 입전.

**558** 孫寵(손총)-哀帝는 동현을 제후로 봉하고 싶었으나 그럴만한 이유가 없었다. 마침 待詔(대조)인 孫寵(손총)과 息夫躬(식부궁) 등이 東平王 劉

| | | | | |
|---|---|---|---|---|
| 宜陵侯<br>息夫躬559 | 以博士弟子因董賢<br>告東平王反謀,侯,<br>千戶. | 八月辛卯封,二年,元<br>壽二年,坐祝詛,下獄<br>死. | | |
| 長平<br>頃侯<br>彭宣 | 以大司空,侯,二千<br>七十四戶. | 元壽二年五月甲子封<br>四年薨. | 元始四年,節侯<br>聖嗣,十四年薨 | 天鳳五年,<br>侯業嗣,王<br>莽敗,絕 |

右孝哀十三人. 新成, 新都, 平陽, 營陵, 德五人隨父, 凡十八人.

이상 孝哀帝의 외척과 恩澤으로 제후가 된 자는 13人이었다. 新成侯,新都, 平陽, 營陵, 德侯 등 5인은 부친 작위를 계승, 총 18人이었다.

---

雲(유운)의 왕후 謁(알)이 귀신에 제사하며 천자를 저주한다는 고발을 하여 담당자에게 심문하게 하였고 모두 죄를 자복했다. 애제는 이에 식부궁과 손총이 동현을 통하여 동평왕의 사건을 고발했다고 만들어서 그 공적으로 동현을 고안후에 봉하였고 식부궁은 의릉후, 손총은 방양후에 봉하고 식읍을 각 1천 호씩을 하사하였다.

**559** 息夫躬(식부궁, ?－前 1) － 息夫躬(식부궁)의 字는 子微(자미)이며, 河內郡 河陽縣 사람이다. 젊어 박사 제자가 되어 《춘추》를 배우고 여러 기록과 제자서를 읽었다. 용모가 크고 잘생겨서 사람들이 특별하게 생각하였다. 哀帝가 즉위하였을 때, 황후의 부친인 特進 孔鄉侯 傅晏(부안)과 식부궁은 같은 郡 출신이라서 서로 가깝게 지냈다. 부귀만을 추구하여 東平王 劉雲의 모반을 얽어매어 고발했다. 息夫躬(식부궁)은 간계를 꾸며 東平王을 죽게 하였으니, 이 모두가 작은 거짓말로 큰일을 망친 것이며 소원한 사람이 가까운 사람을 몰락케 한 것이다. 45권, 〈蒯伍江息夫傳〉에 입전.

## 11. 孝平系 外戚

| 姓名<br>號諡 | 侯狀戶數 | 始封 | 子 | 孫 |
|---|---|---|---|---|
| 扶德侯<br>馬宮 | 以大司徒,侯,<br>二千戶. | 元始元年二月丙辰<br>封,王莽篡位,爲太<br>子師,卒官. | | |
| 扶平侯<br>王崇 | 以大司空,侯,<br>二千戶. | 二月丙辰封,三年,<br>爲傅婢所毒,薨. | | |
| 廣陽侯<br>甄豐560 | 以左將軍光祿勳定策<br>安宗廟,侯,五千三百<br>六十五戶. | 二月癸巳封,王莽<br>篡位,爲廣新公,後<br>爲王莽所殺. | | |
| 承陽侯<br>甄邯<br>(견한) | 以侍中奉車都尉定策<br>安宗廟功,侯,二千四<br>百戶. | 三月癸卯封,王莽<br>篡位,爲承新公. | | |
| 褒魯<br>節侯<br>公子寬 | 以周公世魯頃公玄孫<br>之玄孫奉周祀,侯,二<br>千戶. | 六月丙午封,薨. | 十一月,侯相如嗣,<br>更姓公孫氏,後更爲<br>姬氏. | |
| 褒成侯<br>孔均561 | 以孔子世褒成烈君<br>霸曾孫奉孔子祀,侯.<br>二千戶. | 六月丙午封. | | |
| 防鄉侯<br>平晏562 | 以長樂少府與劉歆、<br>孔永、孫遷四人使治<br>明堂辟雍得萬國驩<br>心功,侯,各千戶. | 五年閏月丁丑封,<br>王莽篡位,爲就新<br>公. | | |

---

**560** 甄豐(견풍), 劉歆(유흠), 王舜(왕순) 등은 왕망의 심복이 되어 왕망을 고
위직에 오를 수 있도록 선창하고, 또 이끌면서 그의 공덕을 칭송하였
으며, '安漢公'과 '宰衡(재형)' 같은 호칭의 사용이나 왕망 모친과 두 아
들 또 조카를 봉하게 한 것도 다 견풍 등이 협의한 것이었으며, 그에 따
라 견풍, 왕순, 유흠 역시 작위를 하사받고 또 부귀를 누렸다.

**561** 褒成侯(포성후) 孔均 - 공자의 후손.

**562** 太傅 平晏(평안, ? - 서기 20) - 왕망의 심복, 就新公.

| | | | | |
|---|---|---|---|---|
| 紅休侯<br>劉歆563 | 以侍中羲和與平晏同<br>功,侯. | 閏月丁酉封,王莽篡位,<br>爲國師公,後爲莽所誅. | | |
| 寧鄉侯<br>孔永 | 以侍中五官中郎將與<br>平晏同功,侯. | 閏月丁酉封,王莽篡位,<br>爲大司馬. | | |
| 定鄉侯<br>孫遷 | 以常侍謁者與平晏同<br>功,侯. | 閏月丁酉封. | | |
| 常鄉侯<br>王惲(왕운) | 以太僕與閻遷,陳崇等<br>八人使行風俗齊同萬<br>國功,侯,各千戶. | 閏月丁酉封 | | |
| 望鄉侯<br>閻遷 | 以鴻臚與王惲同功,侯. | 閏月丁酉封. | | |
| 南鄉侯<br>陳崇 | 以大司徒司直與王惲<br>同功,侯. | 閏月丁酉封. | | |
| 邑鄉侯<br>李翕 | 以水衡都尉與王惲同<br>功,侯. | 閏月丁酉封. | | |
| 亭鄉侯<br>郝黨(학당) | 以中郎將與王惲同功,<br>侯. | 閏月丁酉封. | | |
| 章鄉侯<br>謝殷 | 以中郎將與王惲同功,<br>侯. | 閏月丁酉封. | | |
| 蒙鄉侯<br>逯普(녹보) | 以騎都尉與王惲同功,<br>侯. | 閏月丁酉封,王莽篡位,<br>爲大司馬. | | |
| 盧鄉侯<br>陳鳳 | 以中郎將與王惲同功,<br>侯. | 閏月丁酉封. | | |
| 成武侯<br>孫建 | 以強弩將軍有折衝之<br>威,侯. | 閏月丁酉封,王莽篡位,<br>爲成新公. | | |
| 明統侯<br>侯輔 | 以騎都尉明爲人後一<br>統之義,侯. | 閏月丁酉封. | | |

563 劉歆(유흠) − 國師 劉歆(유흠, 前 50 − 서기 23)은 劉向(前 77 − 前 6)의 아
들. 漢의 종친의 후손이기에 36권, 〈楚元王傳〉에 父子 모두 입전. 國
師는 王莽의 新나라에서 받은 직책. 三公보다 상위 직분이었다. 왕망
을 죽이려는 어설픈 음모가 들통났고 유흠은 자살했다.

| | | | | |
|---|---|---|---|---|
| 破胡侯<br>陳馮 | 以父湯前爲副校尉討<br>郅支單于,侯,千四百戶. | 七月丙申封. | | |
| 討狄侯<br>杜勳 | 以前爲軍假丞手斬郅<br>支單于首,侯,千戶. | 七月丙申封. | | |

孝平二十二人. 邛成, 博陵, 宣平, 紅, 舞陽, 秺, 樂陵, 都成, 新甫, 爰氏, 合陽, 義陽, 章鄉, 信成, 隨桃, 褒新, 賞都十七人隨父繼世,凡三十九人.

孝平帝 時 侯者는 22人이다. 邛成侯(공성후), 博陵, 宣平, 紅, 舞陽, 秺(투), 樂陵, 都成, 新甫(신보), 爰氏(원씨), 合陽, 義陽, 章鄉, 信成, 隨桃(수도), 褒新(포신), 賞都侯 등 17인은 부친의 작위를 승계하였으니, 총 39인이다. [564]

---

564 〈功臣表〉 및 〈王子侯表〉에 의하면, 平帝 時에 紅侯가 없고 다만 周勃(주발)의 玄孫인 周恭이 元始 2년에 絳侯(강후)로 소봉되었으니, 아마 絳이 轉寫(전사) 과정의 착오일 것이다. 또 〈功臣表〉에 童鄉侯가 있으나 여기서는 章鄉侯라 하였으니, 아마 이 또한 착오일 것이다.

# 七. 百官公卿表 (上)
## 〈백관공경표〉(상)[565] 《漢書》19卷(表 七)

## 1. 序

原文

《易》敍宓羲, 神農, 黃帝作敎化民, 而《傳》述其官, 以爲宓
羲龍師名官, 神農火師火名, 黃帝雲師雲名, 少昊鳥師鳥名.
自顓頊以來, 爲民師而命以民事, 有重黎, 句芒, 祝融, 后土,
蓐收, 玄冥之官, 然已上矣.

《書》載唐虞之際, 命羲, 和四子 順天文, 授民時, 咨四岳,

---

565 〈百官公卿表〉(上)에는 모든 관직의 유래와 임무, 질록, 변천에 관하
여 상술하였다. 〈百官公卿表〉(下)에는 중앙의 주요 관직(예, 승상, 태
위, 어사대부, 태상, 광록훈, …)을 기록하고, 고조 원년부터 孝平帝 元
始 元年(서기) 十二月까지 주요 관직 담당자를 기록하였다. 예를 들면,
高帝 4년에 '中尉周昌爲御史大夫六年,徙爲趙丞相'(中尉인 周昌을 御史
大夫로 삼았고, 六年 뒤 趙國 丞相에 임명했다.)라고 기록했다.
《漢書》에서는 表로 분류되었지만 상권의 내용은 志에 해당한다. 이후의
다른 朝代의 正史書에 〈百官志〉가 있는데, 이 원류는 바로 《漢書》의
〈百官公卿表〉이다.

以擧賢材, 揚側陋. 十有二牧, 柔遠能邇, 禹作司空, 平水土, 棄作后稷, 播百穀, 离作司徒, 敷五敎, 咎繇作士, 正五刑, 垂作共工, 利器用, 益作朕虞, 育草木鳥獸, 伯夷作秩宗, 典三禮, 夔典樂, 和神人, 龍作納言, 出入帝命.

## 〖국역〗

《易經》에서는 宓羲(복희), 神農(신농), 黃帝(황제)가 政敎를 베풀어 백성을 교화했다고[566] 서술했고, 《左傳》에서는 그 관직을 열거하였는데, 宓羲는 龍의 이름으로 관직을 만들었고,[567] 신농씨는 火師이기에 火로 관직名을,[568] 黃帝는 雲師라서 구름으로 관직명을,[569] 그리고 少昊氏(소호씨)는 鳥師이니 鳥名으로[570] 관직명을 삼았다. 이후로 顓頊(전욱)은 백성의 우두머리가 되어 관직명을 삼았는데[571] 重黎(중려),

---

**566** 宓羲氏(복희씨)는 八卦(팔괘)를 처음 만들었고, 神農氏는 쟁기와 보습을 만들었으며, 黃帝氏는 衣裳(의상, 옷)을 만들었다. 《易經 繫辭傳 下》

**567** 師는 官長. 春官을 靑龍, 夏官을 赤龍, 秋官을 白龍, 冬官을 黑龍, 中官을 黃龍이라고 불렀다.

**568** 신농씨는 火德이라서 炎帝라 했다. 春官은 大火, 夏官을 鶉火(순화, 메추라기 순), 秋官을 西火, 冬官을 北火, 中官을 中火라 하였다.

**569** 黃帝는 春官을 靑雲, 夏官을 縉雲(진운, 붉을 진), 秋官을 白雲, 冬官을 黑雲, 中官을 黃雲이라 호칭했다.

**570** 少昊는 金天氏, 黃帝의 아들 靑陽이다. 소호씨가 즉위할 때 鳳鳥가 날아왔기에 새의 이름으로 관직명을 삼았다고 한다.

**571** 顓頊氏(전욱씨, 顓은 마음대로 할 전, 頊은 삼갈 욱)는 少昊氏의 후임. 백성 관련 직능으로 관직명을 삼았다. 春官을 木正, 夏官을 火正, 秋官을 金正, 冬官을 水正, 中官을 土正이라 하였다. 여기까지가 《左傳》에 수록된 郯子(담자)의 설명이다.

句芒(구망), 祝融(축융), 后土(후토), 蓐收(욕수), 玄冥(현명)의 관직이 있었으나 모두 먼 상고시대의 일이었다.

《書經》에는 唐堯(당요), 虞舜(우순) 시대에 堯는 義(희)와 和(화)의 四子에게[572] 명하여, 天文에 순응하며 백성에게 계절에 따른 일을 가르치고, 사방 제후에 묻고[573] 賢才를 천거하며 백성을 이롭게 하고 폐단을 없애라고 하였다. 그리고 전국에 12牧(목)을 설치하였으며, 遠近의 백성 모두를 善으로 교화하게 하였다.[574] 또 禹(우)를 司空에 임명하여 治水하게 하였고,[575] 棄(기)를 后稷(후직)으로 삼아 온갖 곡식 농사를 관장케 하였으며,[576] 禼(설, 卨 同)을 司徒(사도)에 임명하여 五敎를 가르치게 했으며,[577] 咎繇(구요)를 士官(사관)에 임명하여 五刑을 바르게 집행케 하였고,[578] 垂(수)를 共工(공공)으로[579] 삼아 여러

----

**572** 원문 堯命四子~ - 四子는 義仲(희중), 義叔(희숙), 和仲(화중), 和叔(화숙)으로 사계절에 따른 백성의 교화 업무를 분장케 하였다.《書經 虞書 堯典》참고.

**573** 원문의 四嶽(사악) - 四方의 교화를 분장한 諸侯.

**574** 원문의 柔遠能邇 - 牧은 州牧也. 柔(유)는 安也, 能은 善也. 邇(가까울 이)는 近也.

**575** 司空의 空은 穴(혈), 穴居이다. 땅굴을 파서 사람을 살게 하면서 水土를 고루 다스리게 하였다. 禹(우)는 뒷날 夏 왕조의 건국자.

**576** 棄(버릴 기)는 臣名. 周室의 시조. 后稷의 后는 주관하다. 농사에 관한 업무(稷官, 稷은 기장 직)을 주관하다. 播百穀의 播(뿌릴 파)는 布種也.

**577** 卨(사람 이름 설)은 중국 司法의 鼻祖. 五敎는 5가지 인륜, 곧 父義, 母慈, 兄友, 弟恭, 子孝也.

**578** 咎는 허물 구. 繇는 부릴 요. 士는 獄官(옥관)의 우두머리. 五刑은 墨刑(묵형, 이마에 墨刺), 刖(발꿈치 벨 월), 劓(코 벨 의), 剕(발을 자를 비), 宮刑(궁형, 陰刑)을 말함. 大辟(대벽)은 사형.

**579** 垂(드릴 수, 위에서 밑으로 내리다)는 人名也. 共工은 百工의 업무를 관장

기계를 제작케 하였으며, 伯益(백익)을 朕虞(짐우, 朕은 나 짐. 我)로 삼아
초목과 鳥獸(조수)를 기르게 하였고,[580] 伯夷(백이)를 秩宗(질종)에 임
명하여 三禮를 주관케 하였으며,[581] 夔(기)에게 音樂을 관장케 하여[582]
神과 人의 화목을 담당케 했고, 龍(용)을 納言에 임명하여 帝命 출납
을 담당케 하였다.[583]

原文

夏,殷亡聞焉, 周官則備矣. 天官冢宰, 地官司徒, 春官宗
伯, 夏官司馬, 秋官司寇, 冬官司空, 是爲六卿, 各有徒屬職
分, 用於百事. 太師,太傅,太保, 是爲三公, 蓋參天子, 坐而議
政, 無不總統, 故不以一職爲官名. 又立三少爲之副, 少師,少
傅,少保, 是爲孤卿, 與六卿爲九焉. 記曰三公無官, 言有其
人然後充之, 舜之於堯, 伊尹於湯, 周公,召公於周, 是也. 或
說司馬主天, 司徒主人, 司空主土, 是爲三公. 四岳謂四方諸
侯. 自周衰, 官失而百職亂, 戰國並爭, 各變異.

---

했다.

**580** 益은 伯益(백익). 虞(헤아릴 우, 度也)는 山澤과 禽獸를 관장하는 직명.
虞人은 산지기.

**581** 伯夷(백이)는 인명. 秩宗(질종)의 秩은 차례, 순서. 宗은 尊也. 三禮는
天神, 地祇(지지), 人鬼(인귀)에 관한 제사 의례.

**582** 夔는 인명. 조심할 기.

**583** 龍은 인명. 納言(납언)은 尙書와 같은 직무. 이상은《書經 虞書 舜典》의
내용 요약이다.

秦兼天下, 建皇帝之號, 立百官之職. 漢因循而不革, 明簡易, 隨時宜也. 其後頗有所改. 王莽篡位, 慕從古官, 而吏民弗安, 亦多虐政, 遂以亂亡. 故略表擧大分, 以通古今, 備溫故知新之義云.

[국역]

夏(하)와 殷(은)의 관직에 대해서는 기록이 없으나,[584] 周에서는 관직이 잘 정비되었다.[585] 곧 天官은 冢宰(총재)이고, 地官은 司徒(사도), 春官은 宗伯(종백), 夏官은 司馬, 秋官은 司寇(사구), 冬官은 司空인데, 이를 六卿이라 하고,[586] 각각 직무에 따른 속관을 거느리며 모든 일을 처리케 하였다.[587] 太師, 太傅(태부), 太保(태보)를 三公이라하고,[588] 삼공은 천자를 도와 좌담하며 정사를 의논하였는데 국사 전반을 관여했기에 한 가지 직명으로 불리지 않았다. 또 삼공의 副職으로 三少를 두었는데, 少師, 少傅, 少保이며 이들은 孤卿(고경)이라불렀고, 六卿과 함께 9경이라 하였다. 三公은 官位가 없고 적임자가

---

**584** 원문 亡聞焉 - 亡는 없을 무. 夏와 殷의 관직에 대해서는 《書經》에 기록이 없다. 다만 《禮記 明堂位》에 「有虞氏官五十, 夏后氏官百, 殷二百, 周三百.」이라는 대략적 숫자만 기록했다.

**585** 원문 官則備矣 - 《周禮》의 天, 地, 春, 夏, 秋, 冬의 六官 내용 참고.

**586** 冢宰(총재)는 內治를 담당, 관리 등용. 司徒(사도)는 교육, 교화, 宗伯(종백)은 의례, 제사. 司馬는 군사, 司寇(사구)는 司法, 刑政. 司空은 토목, 山川 담당.

**587** 원문 用於百事 - 百事의 百은 大數를 의미.

**588** 太師의 師는 訓也. 太傅(태부)의 傅는 覆也(덮다). 保는 養也, 또는 돕다(相也).

있으면 충원하였다.[589]

堯에게 舜, 湯王에게 伊尹(이윤), 周室에서 周公과 召公의 관계가 천자와 삼공과 같았다. 또 어떤 경우에 司馬는 하늘과 관련된 업무, 司徒는 인민을, 司空은 水土를 주관한다 하여, 이들 司馬, 司徒, 司空을 三公이라고 하였다. 四岳은 四方 諸侯를 말한다. 周가 쇠약해지면서 직관의 업무를 상실하여 온 관직이 혼란해졌으며 戰國의 여러 나라가 경쟁하면서 각각 변화가 있었다.

秦(진)이 天下를 모두 차지한 뒤에 皇帝라는 칭호를[590] 사용하면서 백관의 직무를 구분하였다. 漢은 秦의 제도를 그대로 따르며 고치지 않았고,[591] 직무를 명백 단순화하면서 시류에 따라 適宜(적의)하게 개선하였다. 그래도 그 이후에 改變(개변)이 많았다. 王莽(왕망)이 篡位(찬위)하면서 옛 관직을 모방하여 시행하자, 관리들은 불안하였으며 虐政(학정) 또한 많아졌기에 마침내 혼란 속에 멸망하였다.

그래서 관직 변화의 대략을 表로 만들어 구분하면서, 고금을 관통하는 하나의 表로 溫故知新(온고지신)의 大義를 갖추려 하였다.[592]

---

**589** 원문 有其人然後充之 – 삼공이라 하여 필히 3인의 정원을 채우지 않고, 적임자가 있다면 임명했다는 뜻.

**590** 皇帝 – 五帝는 그 德이 三皇에 못 미친다 생각하여 皇이란 말을 채용하지 않았다. 또 夏, 殷, 周의 三王은 자신의 立德이 五帝만 못하다 하여 스스로 그냥 王이라 칭했다. 그러나 秦은 자신의 덕행을 부풀려 皇과 帝보다 더 높다 하여 皇과 帝를 겸하는 칭호를 사용했다.

**591** 원문 因循而不革 – 因循은 답습하다. 革(가죽 혁, 뒤집다)은 改也.

**592** 원문 備溫故知新之義云 – 孔子曰, "溫故而知新이면 可以爲師矣라."《論語 爲政》溫은 두텁게 하다. 온고지신은 교사와 학생 모두에게 적용되는 학습방법이며 새로운 것을 창출하는 과정이다. 溫故는 이전에 배운 지식과 기술을 반복하여 완전히 내 것으로 소화하는 과정이며, 이 과

※ 秩(질)은 관리의 연봉인데, 연봉을 12로 나누어 매달 지급했고, 연봉의 다소에 따라 관리의 품계를 구별했다.

漢制에 三公을 萬石이라고 호칭했는데, 매월 350斛(곡)의 곡식을 받았다. 斛(곡)은 용량 단위로, 10斗가 1斛(곡)이다. 9卿의 질록은 中二千石인데, 월 180곡(이때 中은 滿의 뜻), 眞二千石은 월 150곡, 二千石은 120곡, 比二千石은 100곡을 받았는데 中 2천석은 9卿(경)의 秩祿이고, 郡의 행정, 군사, 사법의 총 책임자인 太守는 질록이 2천석이라서 二千石은 태수를 지칭하는 말로 통용되었다.

千石은 월 90斛, 比千石은 월 80곡, 六百石은 월 70곡, 比六百石은 월 60곡, 4백석은 월 50곡, 比四百石은 월 45곡, 三百石은 월 40곡, 比三百石은 월 37곡, 二百石은 월 30곡, 比二百石은 월 27곡, 一百石은 월 16곡이었다.


※ 이는 일종의 관리 봉급표인데 기록에 따라 큰 차이가 있다. 예를 들면 질록 八百石의 존재 유무가 그러하다. 관리가 실제 수령할 때, 녹봉을 곡식으로 받지 않고 錢으로 받았다. 中二千石(월 180斛)은 매월 4만 전을 받았다고 하였다.

---

정에서 새로운 의문과 방법을 생각하게 된다. 그리고 앞서 간 수레의 顚覆(전복)은 뒤따라오는 수레의 귀감이 된다(前車之覆 後車之鑑). 앞일을 잊지 않는 것이 뒷일의 스승이고(前事不忘 後事之師), 앞의 일을 교훈 삼지 않으면 뒷일은 또 실패한다(前事不戒 後事復覆).

知新은 溫故를 바탕으로 새로운 영역으로의 확산이며, 변화의 추구이다. 스승은 자신이 아는 것만을 계속 반복 되풀이할 수 없다. 세상이 변하고 새로운 지식이 창출되는데, 어찌 옛 것을 반복하겠는가? 엊그저께 영양 만점의 식사로 마음껏 배를 채웠다 하여 2, 3일 굶어도 되는가? 오늘 새로운 지식을 습득했다 하여 앞으로 1년은 공부 안 해도 되는가?

漢代의 부피(용량) 단위를 현행 미터법으로 환산하면 다음과 같다.

1斛 = 20000cc / 1斗 = 2000cc / 1升 = 200cc / 1合 = 20cc / 1侖(약) =
10cc.

현재의 미터법으로 환산하면 1斗는 20*l*이다. 큰 생수병이 2*l*, 곧
2000cc이니 그 용량을 짐작할 수 있다.


## 2. 丞相, 太尉, 御史大夫, 太傅

原文

相國, 丞相, 皆秦官, 金印紫綬, 掌丞天子助理萬機. 秦有
左右, 高帝卽位, 置一丞相, 十一年更名相國, 綠綬. 孝惠, 高
后置左右丞相, 文帝一年復置一丞相. 有兩長史, 秩千石.
哀帝元壽二年更名大司徒. 武帝元狩五年初置司直, 秩比
二千石, 掌佐丞相擧不法.


〖국역〗

相國 또는 丞相은[593] 모두 秦의 관직인데, 金印에 자색 인수[紫綬
(자수)]를 차고,[594] 天子를 도와 나라의 국정을 다스리는 직분이

---

593 丞相 – 丞은 도울 승. 받들다(承也). 相은 돕다(助也).

594 金印紫綬(금인자수) – 황금 인장에 자색의 인수. 印綬는 印紱(인불). 印
은 직인. 綬는 실로 만든 끈. 관인을 의미. 綬는 인끈 수. 인끈의 색깔
은 관리 등급에 따라 달랐다. 漢制에 諸侯王은 金印에 綠綬이고, 열후
는 金印에 紫綬, 二千石은 銀印에 靑綬를 사용했다. 秩 比六百石 이상
은 銅印에 墨綬, 比二百石 이상은 銅印에 黃綬이었는데, 이를 함부로

다.[595] 秦에서는 左, 右승상이 있었지만,[596] 高帝는 즉위하면서 승상 1인을 임명했다가 고조 11년에 相國으로 이름을 변경했고 녹색 인수를 차게 했다.

孝惠帝와 高后(呂后) 때에는 좌우 승상을 두었다가, 文帝 1년에 다시 승상 1인에 질록 1천석의 長史 2인을[597] 두었다. 哀帝 元壽 2년 (前 1년)에, 大司徒(대사도)로 명칭을 바꾸었다. 武帝 元狩(원수) 5년(前 118)에 처음으로 (승상의 속관) 司直을 설치했는데, 질록은 比二千石 이었고 불법자를 적발하고 처리하는 승상의 업무를 보좌하게 했다.

### 原文

太尉, 秦官, 金印紫綬, 掌武事. 武帝建元二年省. 元狩四年初置大司馬, 以冠將軍之號. 宣帝地節三年置大司馬, 不冠將軍, 亦無印綬官屬. 成帝綏和元年初賜大司馬金印紫綬, 置官屬, 祿比丞相, 去將軍.

哀帝建平二年復去大司馬印綬, 官屬, 冠將軍如故. 元壽二

---

바꿀 수 없었다. 光祿大夫, 大夫, 博士, 御史, 謁者(알자), 郎官은 인수 가 없었다.

**595** 助理萬機 − 萬機는 주요 政事. 제왕의 政務. 助理는 도와 처리하다.

**596** 丞相의 직명은 秦에서 처음 사용했다. 秦에서는 좌우 승상을 둔 대신 三公을 두지 않았다.

**597** 長史 − 長史는 三公이나 대장군의 보좌관. 秩 一千石. 丞相長史는 丞相 府 속관의 우두머리. 지방 태수의 보좌관인 長史는 질록 6백석. 長史 와 長吏(장리)는 개념이 다름. 長吏는 질 6백석 이상 고위 관리의 일반 적 지칭이고, 長吏는 小吏의 상대적 개념이다.

年復賜大司馬印綬, 置官屬, 去將軍, 位在司徒上. 有長史,
秩千石.

〖국역〗

太尉(태위)는 秦官이었는데,[598] 金印紫綬(금인자수)에 군사 관련 업
무를 관장했다. 武帝 建元 2년(前 139)에 폐지했다. (武帝) 元狩 4년(前
119)에 처음으로 大司馬를[599] 설치하였는데, 직함 앞에 붙여 하나로
불렸다.[600]

宣帝 地節 3년(前 67)에 大司馬를 두었지만 將軍의 최고 직책이 아
니었고 인수나 속관도 없었다. 成帝 綏和(수화) 원년에 비로소 大司
馬에게 金印紫綬를 수여하고 관속을 두었으며, 질록은 丞相과 같았
으나 將軍의 호칭은 붙이지 않았다.

哀帝 建平 2년(前 5)에 다시 대사마의 인수와 속관을 없앴지만 장
군의 최고 직함은 전과 같았다. (애제) 元壽 2년(前 1)에 대사마에게
다시 인수를 수여하고 속관을 두었지만 장군 칭호는 뺐었고, 지위는
司徒보다 위였으며, 질록 1천석의 長史를 두었다.

---

**598** 太尉 – 위에서 아랫사람을 편안하게 하는 것을 尉라 하고, 무관의 직명
으로 자주 사용된다(예: 大尉).

**599** 司馬는 武事 담당자. 무관 직명에 자주 사용.

**600** 원문 以冠將軍之號 – 본 관직 앞에 붙여 하나의 관명으로 불리다. (加於
其上共爲一官也)

御史大夫, 秦官, 位上卿, 銀印靑綬, 掌副丞相. 有兩丞, 秩
千石. 一曰中丞, 在殿中蘭臺, 掌圖籍祕書, 外督部刺史, 內
領侍御史員十五人, 受公卿奏事, 擧劾按章.

成帝綏和元年更名大司空, 祿比丞相, 置長史如中丞, 官
職如故.

哀帝建平二年復爲御史大夫, 元壽二年復爲大司空, 御史
中丞更名御史長史. 侍御史有繡衣直指, 出討姦猾, 治大獄,
武帝所制, 不常置.

〖국역〗

御史大夫(어사대부)는 秦의 관직이었는데,[601] 上卿의 지위에 銀印
靑綬(은인청수)를 찼고 副丞相의 직무를 수행했다. 질록이 1천석인 2
명의 보좌관을 두었는데, 그중 한 사람인 御史中丞(어사중승)은 조정
의 蘭臺(난대)에서 도서와 비밀문건을 관장했다. 또 (지방에 파견된
13부의) 刺史(자사)를[602] 감독했고 내부 15명의 侍御史(시어사)를 통

---

**601** 御史大夫 – 侍御使(시어사) 15명을 통솔하기에 大夫 명칭을 붙여 불렀
다. 승상의 자리가 비었을 때에는 丞相의 업무를 수행했다.

**602** 刺史(자사) – 무제는 전국 郡國을 나누어(京師 부근 7郡 제외) 冀州, 幽
州, 幷州(병주), 朔方(삭방), 凉州, 交趾(교지), 益州, 荊州(형주), 揚州, 豫
州, 兗州(연주), 徐州, 靑州의 13주로 나누고 각각 刺史 1인을 파견하였
다. 13州는 監察하는 지역 구분이지 행정단위가 아니었다. 무제 征和
4년(前 89)에 경사 부근 7개 군에 司隷校尉를 설치하였는데, 이후 보통
14자사부로 통칭. 다시 成帝 綏和 원년(前 8)에 州에 牧(刺史를 개칭)

솔하며 公卿의 奏事를 접수하고 탄핵과 법률 적용을 관장했다.

成帝 綏和(수화) 원년에, 大司空으로 명칭을 변경했고 질록은 승상과 같았으며, 어사중승과 같은 長史를 신설했는데, 직무는 이전과 같았다.

哀帝 建平 2년에 다시 御史大夫라 하였고, 元壽 2년에 대사공으로 되돌렸으며, 어사중승은 御史長史라 명칭을 변경했다. 侍御史는 繡衣(수의)에 황제의 지시를(直指) 직접 받아 처리했으며,[603] 범법자를 찾아 색출하거나 큰 獄事를 처리케 하였는데, 무제 때 신설되었지만 상설직은 아니었다.

原文

太傅, 古官, 高后元年初置, 金印紫綬. 後省, 八年復置. 後省, 哀帝元壽二年復置. 位在三公上.

太師, 太保, 皆古官, 平帝元始元年皆初置, 金印紫綬. 太師位在太傅上, 太保次太傅.

---

을 두어 州는 정식 행정구역이 되었다. 자사는 매년 8월에 관할 군현을 순찰하며 6개 조항에 대하여 관리에 대한 조사와 치적을 확인하고 지역 호족을 감찰하고 연말에 어사대부의 속관인 御史中丞에게 그 내용을 보고하였다. 秩은 6백석으로 太守의 질록 二千石보다 훨씬 낮았으나 직분이 監督이기에 그 권한이 강대하였다.

603 直旨御史 – 繡衣御史(수의어사). 황제의 특명을 받은 사자. 특명을 받아 '討奸猾 治大獄'의 임무를 수행하는 어사. 부절을 상징하는 杖節(장절)을 들고 군사 동원을 할 수 있었으며 군수(태수) 이하를 처형할 수 있었다.

〖국역〗

太傅(태부)는 고대의 관직이었는데,[604] 高后 원년(前 187)에 처음 설치했으며 金印에 紫綬(자수)를 받았다. 뒷날 폐지되었다가 8년에 다시 설치했다(前 180). 후에 폐지되었다가, 哀帝 元壽 2년(前 1년)에 다시 설치했다. 삼공보다 상위 직책이었다.[605]

太師와 太保 역시 모두 고대 관직이었는데, 平帝 元始 원년(서기 1년)에 모두 처음 설치되었으며,[606] 金印紫綬이었다. 太師는 太傅보다 상위였고, 太保는 太傅의 아래였다.


## 3. 將軍, 奉常, 博士, 郎中令

原文

前後左右將軍, 皆周末官, 秦因之, 位上卿, 金印紫綬. 漢不常置, 或有前後, 或有左右, 皆掌兵及四夷. 有長史, 秩千石.


〖국역〗

前, 後, 左, 右將軍은 周代 말기의 관직인데, 秦에서 그대로 따랐으

---

604 太傅(태부) – 傅는 펼 부. 德義를 넓게 보급 시행케 한다는 뜻. 掌以善導. 無常職.

605 太師, 太傅, 太保, 少傅를 四輔(사보)라고도 하는데, 三公보다 상위 직위이나, 명예직이었으며 상설 직책은 아니었다.

606 王莽(왕망)의 뜻에 의거 설치되었다.

며 上卿에 해당하는 지위에 金印紫綬(금인자수)를 지녔다. 漢에서는 常設 職이 아니었고 때로는 전, 후장군, 또는 좌, 우장군을 두었는데, 모두 군사를 거느리고 四夷에 관한 국사를 처리했다. 질록 1천석의 長史를[607] 두었다.

**原文**

奉常, 秦官, 掌宗廟禮儀, 有丞. 景帝中六年更名太常. 屬官有太樂,太祝,太宰,太史,太卜,太醫六令丞, 又均官,都水兩長丞, 又諸廟寢園食官令長丞, 有廱太宰,太祝令丞, 五時各一尉. 又博士及諸陵縣皆屬焉. 景帝中六年更名太祝爲祠祀, 武帝太初元年更曰廟祀, 初置太卜.

**[국역]**

奉常(봉상)은 秦나라의 관직이었는데 宗廟(종묘)의 의례를 관장했고, 副職인 丞(승, 질록 比1천석)을 두었다. 景帝 中六年(中元 6년, 前 144)에 太常으로 명칭을 변경했다.[608] 屬官으로는 太樂令, 太祝, 太

---

**607** 長史(장사) – 掌史 同. 三公府, 將軍府에 長史를 두었다. 속관의 우두머리. 대개의 경우 질록 1천석. 丞相府 長史는 그 권한이 막강했다. 邊郡의 長史는 군사를 지휘했다(질록 6백석).

**608** 太常 – 常은 주관한다는(典) 뜻. 질록 中二千石. 직속 속관인 太常丞은 질록 1천석. 太樂令, 太祝, 太宰, 太史, 太卜(태복), 太醫 등 6令(질록 6백석) 및 均官長(山陵에 관련 업무 담당), 都水長(도성의 치수 관련 업무)의 속관을 거느렸다. 교육을 담당하는 博士의 선발과 관리도 주요 업무의 하나였다. 皇陵이 있는 陵縣은 모두 太常에 속했다. '太常의 妻

宰, 太史, 太卜, 太醫令의 6令과 均官, 都水의 長과 丞, 또 여러 황릉을 관리하고(陵園令) 묘당의 제사와 上食을 담당하는 食官令 長과 丞, 廱太宰(옹태재),[609] 太祝令과 丞, 五畤(오치)에 각각 1명의 尉(위)를 두었다. 또 博士 및 여러 陵縣(능현)이[610] 모두 태상 소속이었다. 景帝 中六年에 太祝令을 祠祀令으로 변경했다가 武帝 太初 원년(前 104)에 다시 廟祀令(묘사령)이라 했으며, 처음으로 太卜令(태복령)을 두었다.

原文

博士, 秦官, 掌通古今, 秩比六百石, 員多至數十人. 武帝建元五年初置五經博士, 宣帝黃龍元年稍增員十二人. 元帝永光元年分諸陵邑屬三輔. 王莽改太常曰秩宗.

〔국역〕

博士(박사)는 秦官이었는데,[611] 古今에 관련한 여러 업무를 관장하

―――――
가 되지 말라.'는 속언과 함께 '태상은 1년 360일 중 359일에 제사가 있고 제사 없는 하루는 술에 취해 떡이 된다(一日不齋醉似泥).'라는 말도 있었다.

**609** 廱太宰(옹태재) ─ 廱(화락할 옹)은 長安 右扶風의 雍縣(옹현). 太宰(태재)는 제사 음식 담당관. 옹현에는 五畤(오치)의 제사 터가 있었다.

**610** 陵縣(능현) ─ 漢 황제는 살아있으면서 자신의 능을 조성했고, 富豪를 이주시켜 능 주변에 읍 또는 현을 설치했다. 이런 현을 陵縣이라 했고, 능현의 행정은 太常의 관할이었다.

**611** 秦官 ─ 秦에서 처음 설치했다는 뜻은 아니다. 《尙書》를 전한 伏生(복

였고,[612] 질록은 比六百石이었고,[613] 정원이 많을 때는 10여 명이었다.

武帝 建元 5년(前 136)에 처음으로 五經博士를 설치했고, 宣帝 黃龍 원년(前 49)에 점차 증원하여 12인이 되었다.

元帝 永光 원년(前 43)에는 여러 능현을 (太常의 관할에서) 분리하여 三輔에 소속시켰다. 왕망은 太常을 秩宗(질종)이라 개칭하였다.

郎中令, 秦官, 掌宮殿掖門戶, 有丞. 武帝太初元年更名光祿勳. 屬官有大夫,郎,謁者, 皆秦官. 又期門,羽林皆屬焉.


[국역]

郎中令(낭중령)은 秦의 관직인데, 궁전 곁 출입문(掖門戶)을 관리하는데 副職인 丞(승)을 두었다. 武帝 太初 원년(前 104)에 光祿勳(광록훈)으로[614] 명칭을 바꿨다. 광록훈의 속관으로 大夫, 郎, 謁者(알

---

생)은 秦의 박사였다.

612 博士 - 古今에 대한 자문과 典籍을 보관, 관리하는 직책. 질록 6백석. 五經博士는 경학을 교수하였다. 奉常(太常) 소속, 질록은 낮으나 그 직분이 존귀(秩卑職尊)하기에 영광된 관직이었다. 武帝는 元朔 5년(前 124)에 大學(이때는 '태학'으로 읽는다. 일반적으로 '太學'으로 표기)을 설치하고 五經博士를 두어 교육을 담당케 하였다. 각 郡과 國에도 學官을 두어 五經 등을 전수, 교육하게 하였다.

613 比六百石 - 漢初에는 질록 4백석이었는데 宣帝 때 증액되었다.

614 光祿勳 - 궁문 관리자라는 뜻. 光은 明也. 祿은 관작(爵也). 勳은 공훈(功

자)<sup>615</sup> 등이 있는데, 모두 秦官이었다. 또 期門(기문)과<sup>616</sup> 羽林軍(우림
군)도<sup>617</sup> 광록훈 소속이었다.

也). 光祿勳(郎中令의 개칭)은 太常(奉常), 衛尉, 太僕, 廷尉, 大鴻臚,
宗正, 大司農, 少府 등 9卿의 하나. 황제 시종관의 우두머리. 황제의 고
문에 응대. 궁궐 門戶의 宿衛(숙위)를 담당, 宮殿 경비 담당, 출입자 단
속. 武帝 太初 원년 郎中令(낭중령)을 光祿勳(광록훈)으로 개명. 질록 中
二千石. 屬官으로 大夫, 郎, 謁者를 두었다. 大夫는 정사에 대한 의론
을 담당하는데 太中大夫, 中大夫, 諫大夫가 있는데, 정원이 없고 많을
때는 수십 명이나 되었다. 太中大夫는 질록 比1천석. 諫大夫는 武帝 元
狩 5년에 처음 설치(질록 比8백석), 太初 원년에 郎中令을 光祿勳으로
개칭하면서 中大夫를 光祿大夫로 개명(질록 比2천석), 광록대부는 여
러 대부 중 가장 존귀한 자리. 給事中, 侍中 등의 加官을 받아 영향력이
매우 컸다. 後漢에서는 점차 閑散職化했다. 아주 중요한 관직으로, 속
관이 많았다.

**615** 謁者(알자) – 郎中令(光祿勳)의 속관. 외빈 접대 담당, 질록 比 6백석. 謁
者僕射(알자복야)의 지시 받아 업무를 수행했다.

**616** 期門(기문) – 젊은 武帝는 建元 3년 처음으로 微行(미행)을 하여 北으로
는 池陽宮, 서쪽으로는 黃山宮까지, 남으로는 長楊宮에서 사냥을 했
고, 東으로 宜春宮(의춘궁)까지 유람을 다녔다. 미행을 할 때는 늘 종묘
에 바친 새 술을 마셨다. 8, 9월 중에는 侍中, 常侍, 武騎常侍 및 待詔(대
조), 그리고 隴西郡(농서군)과 北地郡의 良家子弟로 騎射에 능한 자들
과 늘 궁전의 문에서 만나기로 약속했는데 이때부터 '期門(기문, 천자의
호위군사)'이라는 말이 생겼다.

**617** 羽林(우림) – 羽林은 무제 때 신설된 禁衛郡의 명칭. 羽는 빠르다. 林은
많다는 뜻. 羽林軍 戰死者의 아들로 구성된 부대는 특별히 羽林孤兒라
했다.

大夫掌論議, 有太中大夫, 中大夫, 諫大夫, 皆無員, 多至數
十人. 武帝元狩五年初置諫大夫, 秩比八百石, 太初元年更
名中大夫爲光祿大夫, 秩比二千石, 太中大夫秩比千石如故.
郎掌守門戶, 出充車騎, 有議郎, 中郎, 侍郎, 郎中, 皆無員, 多
至千人. 議郎, 中郎秩比六百石, 侍郎比四百石, 郎中比三百
石. 中郎有五官, 左, 右三將, 秩皆比二千石. 郎中有車, 戶, 騎
三將, 秩皆比千石. 謁者掌賓讚受事, 員七十人, 秩比六百石,
有僕射, 秩比千石. 期門掌執兵送從, 武帝建元三年初置, 比
郎, 無員, 多至千人, 有僕射, 秩比千石. 平帝元始元年更名
虎賁郎, 置中郎將, 秩比二千石.

羽林掌送從, 次期門, 武帝太初元年初置, 名曰建章營騎,
後更名羽林騎. 又取從軍死事之子孫養羽林, 官敎以五兵,
號曰羽林孤兒. 羽林有令丞. 宣帝令中郎將, 騎都尉監羽林,
秩比二千石.

僕射, 秦官, 自侍中, 尙書, 博士, 郎皆有. 古者重武官, 有主
射以督課之, 軍屯吏, 驥, 宰, 永巷宮人皆有, 取其領事之號.

大夫는 (政事에 관한) 論議를 담당하는데, 太中大夫, 中大夫, 諫大
夫(간대부)가 있었고 정원이 없어 많을 때는 수십 명이었다. 武帝 元
狩(원수) 5년(전 118)에 諫大夫(간대부)를 처음 두었는데 질록은 比

八百石이었고, 太初 원년(前 104)에 中大夫를 光祿大夫로 명칭을 바꿨는데 질록은 比二千石이었으며, 太中大夫는 질록 比千石으로 전과 같았다.

郎官(낭관)은 궁궐 門戶(문호)의 수비를 담당하는데, 그중에서 선발하여 車騎軍을 충원하였으며, 議郎, 中郎, 侍郎(시랑), 郎中 모두 정원이 없어 많을 때는 1천 명이나 되었다. 議郎과 中郎의 질록은 比六百石, 시랑은 比四百石, 郎中은 比三百石이었다. 中郎에는 五官中郎將, 左中郎將, 右中郎將의 三將이 있었는데, 질록은 모두 比二千石이었다. 郎中에는 車郎中將, 戶郎中將, 騎郎中將의 三將이 있었고, 질록은 모두 比千石이었다.

謁者(알자)는 손님 접대 업무를 담당하였는데 정원은 70명이고, 질록은 比六百石인데, (책임자인) 僕射(복야)는 그 질록이 比千石이었다.

期門(기문)은 병기를 들고 호종하는 자인데, 武帝 建元 3년(前 138)에 처음 설치하였고, 郎官과 직무가 비슷하며 정원이 없어 많을 때는 1천 명이나 되었고, 기문복야는 질록이 比千石이었다. 平帝 元始 원년에, 虎賁郎(호분랑)으로 명칭을 변경하였고 (지휘관인) 中郎將은 그 질록이 比二千石이었다.

羽林(우림)은 황제 送從(송종, 호위)을 담당하는 무관으로, 期門(기문) 다음인데, 武帝 太初 원년(前 104)에 처음 설치하였으며, 명칭을 建章營騎(건장영기, 建章은 궁궐명)라 했다가 나중에 羽林騎로 변경했다. 또 우림으로 從軍하다가 전사한 자의 자손을 우림군으로 양성하면서 5가지 병기를[618] 중심으로 교육하여 羽林孤兒(우림고아)라 하였

---

**618** 원문 五兵 – 弓矢(궁시, 활과 화살), 殳(창 수, 사람을 때려 쫓아내는 창), 矛

다. 羽林軍에는 지휘관인 令과 副職인 丞(승)을 두었다. 宣帝는 中郎
將과 騎都尉(기도위)에게 우림군을 감독케 하였는데, 질록은 比二千
石이었다.

僕射(복야)는[619] 秦官인데, 侍中, 尙書, 博士, 郎官에 모두 복야가
있었다. 옛날에는 武官을 중시하여 弓射(궁사, 활쏘기)를 감독하고 담
당케 하였는데, 군영의 관리(軍屯吏), 騶(추, 말 사육 담당), 宰(재, 도축
담당), 永巷宮人도 복야가 있었으며, 그 담당 업무에 따라 호칭하였
다.


## 4. 衛尉, 太僕, 廷尉, 大鴻臚, 宗正, 大司農, 少府

原文

衛尉, 秦官, 掌宮門衛屯兵, 有丞. 景帝初更名中大夫令,
後元年復爲衛尉. 屬官有公車司馬, 衛士, 旅賁三令丞. 衛士
三丞. 又諸屯衛候, 司馬二十二官皆屬焉. 長樂, 建章, 甘泉
衛尉皆掌其宮, 職略同, 不常置.

---

(긴 자루 창 모), 戈(창 과, 찌르고 찍어 당길 수 있는 날이 한쪽에만 있는 창),
戟(창 극, 찌를 수 있고 찍어 당길 수 있는 창날이 2개인 창)이다.

**619** 僕射(복야) - 본래 우두머리란 뜻으로, 각 분야별로 복야가 있었다. 侍
中僕射, 博士僕射, 尙書僕射, 謁者僕射 등이 그 예이다. 公主家에도 궁
인으로 잡일을 담당하는 복야가 있었다. 僕은 종 복. 주관하다. 射는
벼슬 이름 야.

〖국역〗

衛尉(위위)는 본래 秦의 관직으로, 궁궐 문을 수위하는 衛士(위사)를 관장하며 (副職인) 丞(승)을 두었다. 景帝 초에 中大夫令으로 명칭을 변경했다가 後元 원년(前 143)에 衛尉로 환원했다. 속관으로 公車司馬, 衛士(위사), 旅賁(여분)의[620] 3令과 3丞을 두었고, 衛士는 三丞이 있었다. 또 (각 궁문에) 주둔하는 위사의 衛候(위후)와 司馬 22인도 衛尉의 소속이었다. 長樂宮,[621] 建章宮, 甘泉宮(감천궁)의[622] 衛尉는 그 궁궐 수비를 관장하였는데 직무는 거의 같았으나 상설직은 아니었다.

原文

太僕, 秦官, 掌輿馬, 有兩丞. 屬官有大廄,未央,家馬三令,

---

**620** 公車司馬는 궁전 북쪽 외문 司馬門 경비를 관장하였다. 지방에서 황제에게 上奏할 사람이나 인재로 뽑혀 부름을 받아 장안에 도착한 자는 모두 公車에 가서 신고하고 대기해야 한다. 거기서 관직을 받거나 불려 들어가 알현하거나 상주문을 올렸다. 司馬令의 질록은 6백석이었다. 旅賁衛(여분위)의 旅는 많다(衆也. 다수), 賁은 분주하다(奔)는 뜻으로 부지런히 심부름한다는 뜻이라고 한다.

**621** 長樂宮 - 고조 前 200년에 준공. 본래 秦의 興樂宮. 長安城 동남쪽에 있어 '東宮'이라고도 한다. 둘레가 약 10km, 면적이 6km². 長安城 전 면적의 약 1/6을 점유했다는 기록이 있다. 장안성 서남쪽에 蕭何의 계획대로 조성한 未央宮(미앙궁)은 주로 황제가 거주하는 궁전이었고, 장락궁은 대개 황태후 거처로 이용되었다. 未央은 未盡(다함, 끝이 없다)는 의미.

**622** 甘泉宮은, 今 陝西省 咸陽市 관할의 淳化縣 서북, 甘泉山 아래의 별궁.

各五丞一尉. 又車府,路軨,騎馬,駿馬四令丞, 又龍馬,閑駒,
橐泉,駼駼,承華五監長丞, 又邊郡六牧師苑令, 各三丞, 又牧
橐,昆蹏令丞皆屬焉. 中太僕掌皇太后輿馬, 不常置也. 武帝
太初元年更名家馬爲挏馬, 初置路軨.

## 〔국역〕

太僕(태복)은 秦의 관직이었는데, 황제의 수레와 말을 관장하며 2
명의 丞을 두었다.[623] 屬官으로는 大廄令(대구령), 未央令(미앙령), 家
馬令(가마령)의[624] 三令이 있었고, 각각 5명의 丞과 1명의 尉를 거느
렸다. 또 車府令, 路軨(노령),[625] 騎馬令(기마령), 駿馬令(준마령)의 4令
과 (副職인) 丞(승)이 있었으며, 또 龍馬(용마), 閑駒(한구), 橐泉(탁천),
駼駼(도도),[626] 承華(승화)의 5監長과 丞도 있었고, 변방 郡에 6개의 牧
師苑(목사원)에 苑令(원령)과 각각 3丞이 있었으며, 또 牧橐(목탁), 昆

---

**623** 太僕 - 九卿之一. 황제 거마 관리. 국가의 馬政 담당. 秩 中二千石. 전
국 36개소 목장에 약 30만 필을 사육했다. 中太僕은 皇太后의 수레와
거마를 관장하나 상설직은 아니었다. 滕公(등공)인 夏侯嬰(하후영)은
고조가 패현에서 봉기할 때부터 늘 太僕(태복)으로 고조가 죽을 때까지
수행했으며 태복으로 惠帝를 섬겼다.

**624** 家馬는 天子가 大祀(대사)나 戎事(융사) 軍國(군국) 업무가 아닌 私的으
로 사용하는 말과 수레를 관장했다.

**625** 乘輿와 路車를 관장하였다. 軨은 사냥 수레 령.

**626** 橐泉廄(탁천구, 廄는 마구간 구)는 橐泉宮에 있었다. 駼駼(도도, 駼는 말 이
름 도, 駼 良馬 이름 도)는 野馬란 뜻인데, 바이칼 호(북해) 일대에서 나오
는 말이라는 주석이 있다. 閑은 闌(가로막을 난)의 뜻으로, 養馬하는 곳
閑駒(한구)라 하였다.

踆(곤제)의 令과 丞도 모두 태복 소속이었다. 中太僕은 皇太后의 수레와 말을 관리하였지만 상설직은 아니었다. 武帝 太初 원년(前 104)에 家馬令을 挏馬令(동마령)으로 명칭 변경했고, 路軨令(노령령)을 처음 설치했다.

原文

廷尉, 秦官, 掌刑辟, 有正, 左右監, 秩皆千石. 景帝中六年更名大理, 武帝建元四年復爲廷尉. 宣帝地節三年初置左右平, 秩皆六百石. 哀帝元壽二年復爲大理. 王莽改曰作士.

〔국역〕

廷尉(정위)는 秦官으로 형벌과 獄事(옥사)를 관장하였고,[627] 廷尉正과 左, 右의 廷尉監을 두었는데, 질록은 모두 1천석이었다. 景帝 中元 6년(前 144)에 大理로 명칭 변경했다가, 武帝 建元 4년(前 137)에 정위로 복원했다. 宣帝 地節 3년(前 67)에 左, 右 廷尉平을 처음 설치했는데, 질록은 모두 6백석이었다. 哀帝 元壽 2년(前 1년)에 다시 大理라 하였다. 왕망은 정위를 作士(작사)라고 변경했다.

---

**627** 廷尉 – 관리의 범죄에 대한 조사와 재판과 집행을 담당. 9경의 하나. 廷은 고르게 하다(平也)의 뜻. 治獄은 平正을 해야 한다. 질록 中二千石. 刑辟의 辟은 법 벽.

**原文**

　典客, 秦官, 掌諸歸義蠻夷, 有丞. 景帝中六年更名大行令,
武帝太初元年更名大鴻臚. 屬官有行人, 譯官, 別火三令丞及
郡邸長丞. 武帝太初元年更名行人爲大行令, 初置別火. 王
莽改大鴻臚曰典樂. 初, 置郡國邸屬少府, 中屬中尉, 後屬大
鴻臚.

**[국역]**

　典客(전객, 大鴻臚)은 秦의 관직인데, 중국에 귀의하는 蠻夷(만이)에
관한 업무를 관장하고 (副職인) 丞을 두었다. 景帝 中元 6년(前 144)
에 大行令으로 명칭을 변경했다가, 武帝 太初 원년(前 104)에 大鴻臚
(대홍려)로 다시 바꿨다.[628] 屬官으로는 行人令(행인령), 譯官令(역관
령), 別火令(별화령)의[629] 3令과 丞을 두었고, 각 郡邸(군저)를 관할하
는[630] 長과 丞이 있었다. 武帝 太初 원년에 行人을 大行令으로 명칭
변경했고, 처음으로 別火를 설치했다. 王莽(왕망)은 大鴻臚를 典樂(전
악)이라 명칭을 변경했다. 그전에 각 郡國의 邸(저, 長安 주재소)는 少
府의 소속이었다가 중간에 中尉에 소속되었는데, 나중에 大鴻臚에
소속케 했다.

---

**628** 大鴻臚(대홍려)의 鴻(큰 기러기 홍)은 大의 뜻. 臚(살갗 려)는 순서대로 늘
　　어놓다(陳設). 곧 손님에게 음식을 접대하다. 9卿의 하나. 질록 中二千石.

**629** 別火(별화)는 獄令官이라는 주석과, 또 改火 관련 업무를 주관한다(主
　　治改火之事). 改火는 계절에 따라 불씨로 쓰는 나무를 바꿔 공급하는 일.

**630** 郡邸(군저)는 지방 郡의 長安 연락 사무소라 할 수 있다.

宗正, 秦官, 掌親屬, 有丞. 平帝元始四年更名宗伯. 屬官
有都司空令丞, 內官長丞. 又諸公主家令, 門尉皆屬焉. 王莽
並其官於秩宗. 初, 內官屬少府, 中屬主爵, 後屬宗正.

[국역]

宗正(종정)은 秦나라 관직이었는데, (황실) 親屬을 관장하였고 宗
正丞을 두었다.[631] 平帝 元始 4년(서기 4년)에 宗伯(종백)으로 명칭을
변경했다. 속관으로 都司空令과 丞, 內官長과 丞을 두었다. 또 각 公
主家의 家令과[632] 門尉가 모두 종정 소속이었다. 왕망은 그 속관을
모두 秩宗(질종)에 통합시켰다. 그전에 內官長(환관을 관리)은 少府
에 소속했다가 중간에 主爵都尉의 소속이 되었고, 나중에는 宗正 소
속이 되었다.

原文

治粟內史, 秦官, 掌穀貨, 有兩丞. 景帝後元年更名大農令,
武帝太初元年更名大司農. 屬官有太倉, 均輸, 平準, 都內, 籍
田五令丞, 斡官, 鐵市兩長丞. 又郡國諸倉農監, 都水六十五
官長丞皆屬焉. 騪粟都尉, 武帝軍官, 不常置. 王莽改大司農
曰羲和, 後更爲納言. 初, 斡官屬少府, 中屬主爵, 後屬大司農.

---

**631** 宗正 - 9卿의 하나. 질록 中二千石.

**632** 公主家는 황제의 딸을 의미하며, 家令은 그 執事(집사)이다.

## 〔국역〕

治粟內史(치속내사, 粟은 곡식 속)는 秦의 관직이었는데, 나라의 곡물과 錢貨(전화)를 관장하고 2명의 丞을 두었다. 景帝 後元 원년(前 143) 大農令으로 개명했는데, 武帝 太初 원년(前 104)에 大司農으로[633] 개명했다.

屬官으로 太倉令, 均輸令, 平準令,[634] 都內令, 籍田令의 5令과 그 아래 丞을 두었고, 斡官長(알관장),[635] 鐵市長(철시장)과 그 丞을 두었다.

郡國의 모든 창고를 관리하는 農監, 都水長 등 65명의 長과 丞이 모두 대사농 소속이었다. 그리고 騪粟都尉(수속도위)라는[636] 무제 때 신설한 軍官이 있었으나 상설직은 아니었다. 王莽은 大司農을 羲和(희화)라 개칭했다가 다시 納言(납언)으로 개칭했다. 그전에 斡官(알관)은 少府 소속이었다가, 중간에 主爵都尉(주작도위)의 소속, 나중에는 大司農 소속이 되었다.

---

**633** 大司農(대사농) – 국가의 穀物과 재화, 국가 재정 담당. 질록 中二千石.

**634** 均輸는 官에 물자를 원활히 공급한다는 뜻. 平準(평준)은 물가 조절의 뜻.

**635** 斡官長(알관장) – 斡(관리할 알)은 주관하다. 斡은 鹽鐵(염철)과 酒類에 대한 전매사업 담당.

**636** 군량 조달. 騪(큰 말 수)는 수색하다(索也).

少府, 秦官, 掌山海池澤之稅, 以給共養, 有六丞. 屬官有
尙書,符節,太醫,太官,湯官,導官,樂府,若盧,考工室,左弋,居
室,甘泉居室,左右司空,東織,西織,東園匠十二官令丞. 又胞
人,都水,均官三長丞, 又上林中十池監, 又中書謁者,黃門,鉤
盾,尙方,御府,永巷,內者,宦者七官令丞. 諸僕射,署長,中黃
門皆屬焉.

武帝太初元年更名考工室爲考工, 左弋爲佽飛, 居室爲保
宮, 甘泉居室爲昆臺, 永巷爲掖廷. 佽飛掌弋射, 有九丞兩尉,
太官七丞, 昆臺五丞, 樂府三丞, 掖廷八丞, 宦者七丞, 鉤盾
五丞兩尉.

成帝建始四年更名中書謁者令爲中謁者令, 初置尙書, 員
五人, 有四丞. 河平元年省東織, 更名西織爲織室. 綏和二年,
哀帝省樂府. 王莽改少府曰共工.

少府(소부)는 秦의 관직인데 산과 바다, 강과 호수에 대한 세금 징
수를 관장하여 (천자를) 供養하는 데[637] (휘하에) 6丞을 두었다.

---

**637** 少府의 少는 小也. 少府는 작은 창고의 의미. 大司農은 軍國의 비용을
공급 곧 국가 재정을 담당하고, 少府는 소부에서 거둬들이는 錢貨로 天
子를 공양 – 황실의 재정과 소요 물품 조달. 황실 관련 업무 총괄. 9경
의 하나. 국가 재정을 담당하는 대사농과 재산 관리를 달리했다.

속관으로는 尙書, 符節,[638] 太醫, 太官,[639] 湯官, 導官,[640] 樂府, 若盧(약려),[641] 考工室, 左弋(좌익), 居室, 甘泉居室, 左右司空, 東織, 西織, 東園匠[642] 등 12개 부서의 슈과 丞을 두었다. 또 胞人(포인),[643] 都水, 均官의 三長과 丞이 있었다. 그리고 上林苑(상림원)에는[644] 十池監(십지감), 또 中書謁者(중서알자), 黃門, 鉤盾(구순), 尙方, 御府(어부),[645] 永巷(영항),[646] 內者, 宦者 등 7개 부서에 슈과 丞을 두었다. 여러 僕射(복야)와 署長(서장), 中黃門도[647] 모두 소부 소속이었다.

武帝 太初 원년(前 104)에 考工室을 考工으로, 左弋(좌익)을 佽飛(차비)로, 居室을 保宮(보궁)으로, 甘泉居室(감천거실)을 昆臺(곤대)로, 永

---

**638** 符節(부절)은 천자의 권한을 대행하는 자에게 주는 증빙 또는 상징. 부절을 관리하는 부서.

**639** 太官令은 황제의 식사 담당관, 질록 1천석.

**640** 湯官(탕관)은 떡과 음료를 전담, 導官(도관)은 擇米(택미)를 담당했다.

**641** 若盧(약려)는 황제 명에 따를 감옥. 洛陽에 兩獄이 있었는데, 그 하나가 若盧로 홍실 친척이나 부녀자를 가둬두었다.

**642** 東園匠은 황릉의 장례에 필요한 물품을 제작했다.

**643** 胞人(포인) - 황실에 소요되는 肉類 공급 담당. 胞는 庖(부엌 포)와 同.

**644** 上林苑(상림원) - 황실용 사냥터. 秦의 舊苑으로 황폐했던 것을 武帝가 중수했다. 今 陝西省 西安市 周至縣과 戶縣의 접경에 위치. 상림원의 水衡都尉(수형도위)는 무제 때 처음 설치했는데, 上林苑 관리와 황실의 재물 및 鑄錢(주전)을 담당했다. 질록 二千石.

**645** 尙方은 황실에 필요한 여러 가지 생활도구, 장식품 등을 제조. 御府(어부)는 天子의 衣服을 제조.

**646** 永巷 - 궁중의 긴 복도. 후궁의 감옥. 后妃나 궁녀의 옥사를 관장하는 직책이 永巷令.

**647** 中黃門은 奄人(엄인). 환관. 궁중 잡일 담당.

巷(영항)을 掖廷(액정)으로 명칭을 변경했다.

伙飛(차비)는[648] 弋射(익사, 주살로 쏘아 잡기)를 관장했는데 9丞과 2명의 尉가 있고, 太官令 아래 7丞, 昆臺令(곤대령)[649] 아래 5丞, 樂府令 아래 3丞, 掖廷令(액정령) 아래 8丞, 宦者令 아래 7丞, 鉤盾令(구순령) 아래에 5丞과 2명의 尉를 두었다.

成帝 建始 4년(前 29)에, 中書謁者令(중서알자령)을 中謁者令(중알자령)으로 명칭을 변경했다. 처음으로 尙書를 두었는데 정원은 5명에 4명의 丞을 두었다. (成帝) 河平 원년(前 28)에는 東織을 폐지하고 西織을 織室(직실)로[650] 변경했다. (成帝) 綏和(수화) 2년(前 7, 성제가 죽고 哀帝가 즉위)에 哀帝는 樂府를 폐지하였다.[651] 왕망은 少府를 共工(공공)이라 개명했다.

### 原文

中尉, 秦官, 掌徼循京師, 有兩丞,候,司馬,千人. 武帝太初元年更名執金吾.

---

**648** 伙飛(차비)는 본래 전설 속의 勇士. 少府에 소속된 무관의 명칭. 상림원에서 주로 주살을 쏘아 잡는 사냥에 종사. 伙는 도울 차. 민첩하다.

**649** 鉤盾(구순)은 원근의 園이나 苑囿(원유)를 관리하는 부서, 환관이 관리.

**650** 織室(직실)은 옷에 수를 놓거나, 종묘의 제사용 복식을 만드는 부서.

**651** 樂府는 武帝 때 설치한 음악을 담당하는 관청. 민가를 수집, 여기에서 '樂府詩'라는 문학 형식이 나온다. 音監을 두어 악인들을 감독했고 정원이 800여 명이었다. 애제가 즉위하면서 조서를 내렸다. "鄭나라의 음악은 음란한 음악이라서 聖王에 의해 방축되었다. 樂府를 폐지하라.(詔曰, 鄭聲淫而亂樂, 聖王所放, 其罷樂府.)"

屬官有中壘,寺互,武庫,都船四令丞. 都船,武庫有三丞, 中
壘兩尉. 又式道左右中候,候丞及左右京輔都尉,尉丞兵卒皆
屬焉. 初, 寺互屬少府, 中屬主爵, 後屬中尉.

自太常至執金吾, 秩皆中二千石, 丞皆千石.


〔국역〕

中尉(중위)는 秦의 관직으로, 京師 지역에 대한 순찰을 담당했
고,[652] 2명의 丞과 候(후), 司馬, 千人 등의[653] 속관을 거느렸다. 武帝
太初 원년(前 104)에 執金吾(집금오)라고[654] 개명하였다. 집금오의 속
관으로는 中壘令(중루령), 寺互(사호), 武庫, 都船의[655] 4令과 丞이 있
었다. 都船令과[656] 武庫令은 3丞을, 中壘令(중루령)은 2명의 尉를 거느

---

**652** 中尉 – 京師의 치안 담당 무관. 9卿의 하나. 질록은 中二千石. 무제 때
執金吾(집금오)로 개명. 원문 遊徼(유요) – 순찰을 돌며 도적에 대비하
다. 徼는 구할 요. 순찰하다.

**653** 候(후), 司馬, 千人은 모두 관직명. 屬國都尉 아래에도 丞, 候, 千人 등
의 속관이, 또 西域都護 아래에도 司馬, 候, 千人 등의 속관이 있었다.

**654** 執金吾 – 수도 일원(三輔)의 치안을 담당하는 中尉를 무제 때 개칭. 9
경의 하나. 질록 中二千石. 황제 출행 시 경호 및 儀仗隊(의장대) 임무
를 수행. 金吾(금오)는 鳥名也. 상서롭지 못한 일을 막아준다고 생각하
였다. 吾는 禦(막을 어)의 뜻. 兵器를 들고 非常에 대비한다는 뜻.

**655** 執金吾丞은 부서 내 실무 처리 담당자, 그 아래 候, 司馬, 千人을 두었
다. 屬官으로 中壘令(중루령, 中壘門 관장), 寺互令(사호령, 궁문 開閉 담
당), 武庫令(무고령, 兵器 담당), 都船令(도선령, 治水 담당)의 4令과 그 아
래 각 丞을 두었다.

**656** 都船令(도선령)은 中尉(執金吾)의 속관. 治水官이라는 註도 있다. 도선
령 관할의 詔獄(조옥)이 있어 都船詔獄이라고 불렀다.

렸다. 또 式道左右中候(식도좌우중후)와 候丞(후승) 및 左, 右京輔都尉
의 尉丞과 兵卒이 모두 그 소속이었다. 처음에, (治水 담당관) 寺互(사
호)는 少府에 소속되었다가 主爵都尉에, 나중에는 中尉의 소속이었다.

太常에서부터 執金吾(집금오)까지 질록은 모두 中二千石이고, 丞
은 모두 1千石이었다.


## 5. 太子太傅, 將作大匠 外

原文

太子太傅,少傅, 古官. 屬官有太子門大夫,庶子,先馬,舍人.
將作少府, 秦官, 掌治宮室, 有兩丞,左右中候. 景帝中六
年更名將作大匠. 屬官有石庫,東園主章,左右前後中校七令
丞, 又主章長丞. 武帝太初元年更名東園主章爲木工. 成帝
陽朔三年省中候及左右前後中校五丞.


〔국역〕

太子太傅(태자 태부)와[657] 少傅(소부)는 고대의 관직이다. 속관으로
太子門大夫와[658] 庶子(서자),[659] 先馬,[660] 舍人(사인) 등이 있다.

---

**657** 太子太傅(태부) – 1인, 질록 眞二千石. 태자 교육과 訓導 담당. 少傅(소
　　부) – 監護, 輔翼(보익), 敎導의 직분을 수행하며 태자궁의 여러 속관을
　　장악. 질록 2천석. 太子家令 – 태자의 湯沐邑(탕목읍)을 관리하고 東宮
　　내의 刑獄, 음식, 창고, 재정 관리. 질록 1천석.

**658** 정원 5人, 질록 6백석.

將作少府(장작소부)는 秦의 관직이었는데 궁실 건축을 담당하고, 2명의 丞과 좌,우의 中候(중후)가 그 속관이었다. 景帝 中元 6년에, 將作大匠(장작대장)으로[661] 명칭을 변경했다. 그 屬官으로 石庫(석고), 東園主章(동원주장),[662] 左,右,前,後,中校의 7令과 丞을 거느렸고,[663] 또 主章長과 丞이 있었다. 武帝 太初 원년에 東園主章을 木工으로 변경하였다. 成帝 陽朔(양삭) 3년(前 22)에 中候 및 左, 右, 前, 後校의 副職인 丞 5명을 폐지하였다.

原文

詹事, 秦官, 掌皇后,太子家, 有丞. 屬官有太子率更,家令丞, 僕,中盾,衛率,廚廏長丞, 又中長秋,私府,永巷,倉,廏,祠祀,食官令長丞. 諸宦官皆屬焉.

成帝鴻嘉三年省詹事官, 並屬大長秋. 長信詹事掌皇太后宮, 景帝中六年更名長信少府, 平帝元始四年更名長樂少府.

將行, 秦官, 景帝中六年更名大長秋, 或用中人, 或用士人.

---

**659** 정원 5人, 질록 6백석.

**660** 先馬(선마) – 洗馬(세마)와 同. 태자 행차 시에 호위. 행차의 앞에서 길을 치우며 호위하는 前驅(전구)를 담당. 정원 16명.

**661** 將作大匠은 궁궐, 종묘의 건축과 수리, 능침의 토목공사나 축성을 관장하는 직책. 질록 2천석, 공로가 있으면 中二千石.

**662** 東園主章(동원주장)의 章은 大材(大木). 건물 기둥 등 대목을 주로 취급하는 木工.

**663** 모두 목공 기술자.

詹事(첨사)는<sup>664</sup> 秦의 관직이었는데, 皇后와 太子家를 관장하였고<sup>665</sup> 부직 丞(승)을 두었다. 속관으로 太子率更(태자솔경), 家令과 丞, 僕(복), 中盾(중순), 衛率(위솔), 廚廐長(주구장)과 丞이 있었고,<sup>666</sup>

또 中長秋, 私府, 永巷(영항), 倉, 廐(구), 祠祀(사사), 食官令과 長, 丞을 두었고, 여러 환관도 소속되었다.<sup>667</sup>

成帝 鴻嘉(홍가) 3년(前 18)에 (황후)의 詹事(첨사) 관직을 폐지하고 모두를 大長秋에 소속케 하였다.<sup>668</sup>

長信詹事는(장신궁의 첨사) 皇太后 宮의 업무를 관장하는데, 景帝 中元 6년(前 144)에 長信少府로 명칭을 변경했다가, 平帝 元始 4年(서기 4년)에는 長樂少府로 명칭을 변경했다.<sup>669</sup>

將行(장행)은 秦의 관직명이었는데, 景帝 中元 6년에 大長秋로 명칭을 변경했는데, 中人〔환관, 奄人(엄인)〕또는 일반 士人이 담당하였다.

---

**664** 詹事(첨사) - 詹(볼 첨)은 살피다(省也), 공급하다(給也)의 뜻. 皇后와 太子家 관련 업무 담당. 질록 2천석, 眞二千石도 있었다.

**665** 皇后와 太子가 각각 첨사를 설치했다.

**666** 太子는 家를 칭했기에 家令을 두었다. 中盾(중순, 盾은 방패 순)은 호위와 의장을 담당. 질록 4백석. 衛率(위솔)은 출입문 경비, 질록 1천석. 率更(솔경)은 漏刻(누각)을 관리하였다. 廚廐長(주구장)은 주방과 馬匹을 관리. 이상은 태자 관련 관직.

**667** 이상은 황후와 관련된 관직이었다.

**668** 大長秋(대장추) - 長은 長久, 壽命長壽를 의미. 秋는 수확을 의미. 단산을 기원하는 뜻에서 황후 관련 관직명이 되었다. 황후를 가까이서 모심(近侍). 궁중 제반사를 관리. 질록 2천석, 景帝 中元 6년, 將行(장행)을 大長秋로 개칭. 환관 또는 일반 士人이 담당.

**669** 太后가 거처하는 궁궐 이름(長信宮, 長樂宮)에 따라 정해졌다.

典屬國, 秦官, 掌蠻夷降者. 武帝元狩三年昆邪王降, 復增屬國, 置都尉,丞,候,千人. 屬官, 九譯令. 成帝河平元年省並大鴻臚.

〖 국역 〗

典屬國(전속국)은[670] 秦의 관직이었는데 투항한 蠻夷(만이)들을 다스렸다. 武帝 元狩(원수) 3년(前 120)에 (흉노) 昆邪王(혼야왕)이 투항하자[671] 屬國(속국)을 다시 늘리고,[672] 都尉,[673] 丞, 候(후), 千人(천인) 등을 증원하였다. 속관으로 九譯令(구역령)을 두었다. 成帝 河平 원년(前 28)에 전속국을 폐지하고 업무를 大鴻臚(대홍려)에 병합케 했다.

---

**670** 典屬國 – 소수 민족 관련 업무 담당. 질록 二千石.

**671** 昆邪王(혼야왕) – 昆邪王(혼야왕)은 흉노 單于 아래 왕의 호칭. 중국의 王과 같은 개념이 아닌 부족장급 통치자이다. 張掖郡(장액군, 今 甘肅省) 일대를 지배하던 혼야왕이 休屠王(휴저왕)을 죽이고 그 무리 4만여 명을 거느리고 투항하였는데, 이들을 5개의 속국에 분산하여 거처하게 하였다. 흉노의 옛 그 땅에 武威郡(무위군)과 酒泉郡(주천군)을 설치하였다. 昆은 사람 이름 혼. 混, 渾과 同. 만이 곤.《史記 匈奴列傳》에는 '渾邪王'.

**672** 屬國 – 屬國은 漢에 투항하여 부족 고유의 습속이나 명칭을 유지하며 거주하는 이민족 집단. 5속국은 安定, 上郡, 天水, 五原, 西河郡 등 5군에 설치. 이들 관리 업무는 典屬國이 담당.

**673** 都尉는 – 郡의 군사 치안을 담당하는 무관직. 군수(태수) 다음 직책. 군부대의 도위는 장군 아래 단위부대(校)의 지휘관. 주요 관문에는 관문 도위를 두었다.

水衡都尉, 武帝元鼎二年初置, 掌上林苑, 有五丞. 屬官有上林,均輸,御羞,禁圃,輯濯,鍾官,技巧,六廐,辯銅九官令丞. 又衡官,水司空,都水,農倉, 又甘泉上林,都水七官長丞皆屬焉. 上林有八丞十二尉, 均輸四丞, 御羞兩丞, 都水三丞, 禁圃兩尉, 甘泉上林四丞. 成帝建始二年省技巧,六廐官. 王莽改水衡都尉曰予虞. 初, 御羞,上林,衡官及鑄錢皆屬少府.

## 국역

水衡都尉(수형도위)는[674] 武帝 元鼎 2년(前 115)에 처음 설치했고, 上林苑을 관장하는데 (副職으로) 5명의 丞을 두었다. 屬官으로 上林, 均輸(균수), 御羞(어수, 地名, 또는 苑名), 禁圃(금포), 輯濯(집탁, 선박 관리), 鍾官(종관, 鑄錢 담당), 技巧(기교, 오락 기예), 六廐(육구, 마필 관리), 辯銅(변동, 鑄錢用 구리 감별)의 9개 부서 令과 丞을 두었다.

또 衡官(형관), 水司空, 都水, 農倉, 그리고 甘泉上林, 都水 등 7개(6의 착오) 부서의 長과 丞이 소속되었다. 上林令 아래에 8丞과 12尉, 均輸令에 4丞, 御羞令(어수령) 아래 兩丞, 都水令에 3丞, 禁圃(금포)에 兩尉, 甘泉의 上林令 아래 4丞을 두었다. 成帝 建始 2년(前 31)에 技巧(기교)와 六廐(6구)의 관직을 폐지했다.

---

**674** 水衡都尉 – 水는 도성의 물길(都水). 衡은 山林을 담당하는 관리, 平의 뜻. 무제 元鼎(원정) 2년(前 115)에 처음 설치한 관직명. 離宮인 上林苑 관리와 황실의 재물 및 鑄錢(주전)을 담당. 秩祿 (比)二千石. 수형도위가 관리하는 황실 재물과 大司農이 관리하는 國庫의 재화는 별개.

王莽(왕망)은 水衡都尉를 予虞(모우)라 개칭했다. 처음에 御羞(어수), 上林, 衡官(형관) 및 鑄錢 담당은 모두 少府 소속이었다.

內史, 周官, 秦因之, 掌治京師. 景帝二年分置左內史. 右內史武帝太初元年更名京兆尹, 屬官有長安市,廚兩令丞, 又都水,鐵官兩長丞. 左內史更名左馮翊, 屬官有廩犧令丞尉. 又左都水,鐵官,雲壘,長安四市四長丞皆屬焉.

〖국역〗

內史는 周의 관직인데, 秦이 이를 계승하였고 京師(首都)의 행정을 관장했다. 景帝 2년(前 155)에 左內史를 분리 설치하였다.[675]

右內史는 武帝 太初 元年(前 104)에 京兆尹(경조윤)으로 명칭을 변경했는데,[676] 屬官으로는 長安市와 廚(주)의 兩令과 丞, 또 都水, 鐵官의 兩長과 丞이 있었다.

左內史는 다시 左馮翊(좌풍익)으로 명칭을 변경했는데,[677] 속관으

---

675 《漢書 地理志》에는 무제 建元 6년에 左, 右內史를 分置했다고 기록했는데, 이는 착오라는 주석이 있다.

676 京兆尹 - 높이 솟아오른 땅이(地絶高) 京이니, 大라는 뜻이 들어있다. 兆는 十億이니 衆數이다. 경조는 많은 사람이 사는 땅 - 도읍이다. 尹은 바르다(正也)는 뜻이며, 행정책임자를 지칭한다. 경조윤은 행정 지역 명칭이면서 그 행정관을 지칭한다.

677 左馮翊의 馮(풍)은 돕다, 보좌하다(輔也). 翊(도울 익)은 佐也.

로는 廩犧令(늠희령)과 丞, 尉가 있었다.[678] 또 左都水, 鐵官, 雲壘(운루), 長安의 四市에 4명의 長과 丞은 모두 좌풍익의 속관이었다.

原文

主爵中尉, 秦官, 掌列侯. 景帝中六年更名都尉, 武帝太初元年更名右扶風, 治內史右地. 屬官有掌畜令丞. 又有都水, 鐵官, 廏, 廱廚四長丞皆屬焉.

與左馮翊, 京兆尹是爲三輔, 皆有兩丞. 列侯更屬大鴻臚. 元鼎四年更置三輔都尉, 都尉丞各一人.

自太子太傅至右扶風, 皆秩二千石, 丞六百石.

[국역]

主爵中尉(주작중위)는 秦의 관직인데, 列侯(열후)에 관한 업무를 관장한다. 景帝 中元 6년에 主爵都尉로 명칭을 변경했다가, 武帝 太初 원년에 右扶風(우부풍)으로[679] 명칭을 바꿔 內史의 우측(서쪽) 지역을 다스렸다. 속관으로 掌畜令(장축령)과 丞을 두었다.[680] 또 都水, 鐵官, 廏(구), 廱廚(옹주)의[681] 4長과 丞이 소속되었다.

---

**678** 廩은 곳집 늠. 곡식 보관 창고. 犧(희)는 犧牲(희생, 제물)할 가축.

**679** 右扶風의 扶는 도울 부(助也). 風은 敎化.

**680** 목축지가 많아 죄인을 보내 목축하게 했다.

**681** 都水長은 三輔 지역의 하천 관리 책임자. 鐵官長은 製鐵(제철)을 관장. 廏(구)는 목마장, 廱廚(옹주)는 雍縣(옹현)에 있는 五畤(오치)의 제사 준비를 관장.

(右扶風은) 左馮翊, 京兆尹과 함께 三輔(삼보)라고[682] 하였는데, 모두 2명의 丞을 두었다. 列侯에 관한 업무는 大鴻臚(대홍려)에서 주관하였다. (무제) 元鼎 4년(前 113)에, 다시 三輔에 都尉와 都尉丞 각 1인을 두었다.

太子太傅에서 右扶風까지는 질록이 모두 二千石이었고, 丞은 6百石이었다.


## 6. 都尉, 校尉, 加官

原文

護軍都尉, 秦官, 武帝元狩四年屬大司馬. 成帝綏和元年居大司馬府比司直, 哀帝元壽元年更名司寇, 平帝元始元年更名護軍.

〔국역〕

護軍都尉(호군도위)는 秦의 관직이었는데,[683] 武帝 元狩(원수) 4년(前 119)에 大司馬의 속관이 되었다.[684] 成帝 綏和(수화) 원년(前 8)에 大

---

**682** 長安의 東部를 京兆, 長陵 이북을 左馮翊, 渭城 서쪽은 右扶風이었다.

**683** 護軍都尉는 軍의 司法官.

**684** 군사 업무 담당 최고위직은 太尉이다. 승상, 어사대부와 함께 三公이라 했다. 승상은 前漢 전 기간에 존치했지만 태위는 가끔 폐지되기도 했다. 武帝 때는 태위를 大司馬라 개칭. 昭帝 때 霍光의 직책은 大司馬大將軍이었는데 대사마는 때로 大司馬衛將軍, 大司馬驃騎將軍처럼 장군의 직함 앞에 사용되기도 했다.

司馬府와 司直이<sup>685</sup> 대등한 지위가 되었고, 哀帝 元壽 원년(前 2)에 司冦(사구)로 명칭을 변경했다가, 平帝 元始 원년(서기 1년)에 護軍(호군)으로 명칭을 바꿨다.

司隷校尉, 周官, 武帝征和四年初置. 持節, 從中都官徒千二百人, 捕巫蠱, 督大姦猾. 後罷其兵. 察三輔,三河,弘農. 元帝初元四年去節. 成帝元延四年省. 綏和二年, 哀帝復置, 但爲司隷, 冠進賢冠, 屬大司空, 比司直.

〔국역〕

司隷校尉(사예교위)는 周代의 관직이었는데,<sup>686</sup> 武帝 征和 4년(前 89)에 처음 설치하였다. 황제로부터 부절을 받고, 수도의 여러 관부에서 관리 1,200명을 차출하여<sup>687</sup> 巫蠱(무고) 죄를<sup>688</sup> 지은 자와 불법

---

**685** 司直 – 관직명. 승상을 도와 불법을 행한 자를 검거하는 임무를 수행. 질록 比二千石.

**686** 司隷校尉 – 죄수〔徒隷(도예)〕를 감독하며 巡察 임무를 수행하였기에 司隷라 하였다.

**687** 中都官 – 京師의 여러 관청. 업무 부서.

**688** 巫蠱(무고) – 巫蠱(무고)는 邪術로 남에게 위해를 가하는 행위, 그런 행위가 효과가 있다고 믿었다. 蠱는 독 고, 벌레 고. 惡氣. 무제 정화 2년(前 91)에 일어난 무고의 禍는 엄청난 정치적 부작용을 초래한 대사건이었다. 巫蠱의 禍는 형식상으로는 무제의 衛 태자가 군사를 동원하여 江充

을 자행하는 자를 체포하였다.[689] 뒷날 그 군사는 해산하였다.

사예교위는 三輔(京兆, 右扶風, 左馮翊) 및 三河(河東, 河南, 河內郡)와 弘農郡을 순찰하며 치안을 유지하였다. 元帝 初元 4년(前 45)에 (군사를 동원할 수 있는) 부절을 회수하였다. 成帝 元延 4년(前 9)에 사예교위를 폐지하였다. 綏和(수화) 2년(前 7)에 哀帝가 즉위하며 다시 설치하였으나 다만 감독 업무만을 수행하고 進賢冠을 착용케 했으며 大司空(대사공, 어사대부)에 소속되었는데, (승상부 속관인) 司直과 비슷하였다.

城門校尉 掌京師城門屯兵, 有司馬, 十二城門候.

(?-前 91)을 제거하려고 했지만, 사건은 위태자가 군사를 일으켜 승상의 군사와 싸운 것이 되었고, 그 때문에 위태자는 반역자로 기고 결국 자살한다. 이 무고의 화를 일으킨 장본인은 江充이다. 강충의 본명은 江齊(강제)로 그의 여동생이 악기를 잘 연주하고 가무에 뛰어나 趙의 태자 劉丹(유단)에게 시집을 갔다. 강제는 趙 敬肅王(유팽조)의 신임을 받는 상객이 되었다. 얼마 후 태자는 강제가 자신의 음란한 사생활을 왕에게 밀고한다고 의심하며 강제와 사이가 나빠졌고 관리를 시켜 체포하게 했으나 잡지 못하자 그의 父兄을 잡아 가두고 조사한 뒤 기시형에 처했다. 강제는 자취를 감추고 도망하여 서쪽으로 關中(관중)으로 가서 이름을 江充으로 바꿨다. 武帝에 의해 신임을 얻고 무고행위를 조사한다고 위태자를 모함하였다. 나중에 무제에 의해 삼족이 멸족 당했다. 《漢書》45권, 〈蒯伍江息夫傳〉에 입전.

**689** 督大姦猾 – 督은 감시하다. 大姦猾(대간활)은 악인, 불법을 자행하는 자.

中壘校尉掌北軍壘門內, 外掌西域. 屯騎校尉掌騎士. 步兵校尉掌上林苑門屯兵. 越騎校尉掌越騎. 長水校尉掌長水宣曲胡騎. 又有胡騎校尉, 掌池陽胡騎, 不常置. 射聲校尉掌待詔射聲士. 虎賁校尉掌輕車. 凡八校尉, 皆武帝初置, 有丞, 司馬.

自司隸至虎賁校尉, 秩皆二千石. 西域都護加官, 宣帝地節二年初置, 以騎都尉, 諫大夫使護西域三十六國, 有副校尉, 秩比二千石, 丞一人, 司馬, 候, 千人各二人.

戊己校尉, 元帝初元元年置, 有丞, 司馬各一人, 候五人, 秩比六百石.

奉車都尉掌御乘輿車, 駙馬都尉掌駙馬, 皆武帝初置, 秩比二千石.


〔국역〕

城門校尉(성문교위)는[690] 京師의 城門에 주둔한 군사를 관장하는데, 司馬와 12개 성문에 門候(문후, 경비책임자)를 두었다.

中壘校尉(중루교위)는 北軍 壘門(누문) 안에 주둔하였고 밖으로는 西域(서역)에 관한 군사 업무를 수행하였다.[691] 屯騎校尉(둔기교위)는

---

690 校尉 - 中上級 군관. 장군 바로 아래 직위. 1부대의 지휘관이 校이다. 司隸校尉, 城門校尉, 禁衛軍八校尉 등 직책이 많았다.

691 西域 - 西域의 域은 國과 상통한다. 漢代의 서역은 玉門關과 陽關 서쪽 지역으로 협의의 서역은 西域都護府의 관할 지역이고 廣義의 서역은 협의의 서역과 연관 있는 지역을 포함한다. 《漢書 西域傳》 상권에는

騎士(騎兵)를 관장하였다. 步兵校尉(보병교위)는 上林苑의 屯兵(둔병)을 관장한다. 越騎校尉(월기교위)는 越人으로 구성된 기병을 관장한다.[692] 長水校尉(장수교위)는 長水 宣曲(의곡)의 흉노 기병을 관장하였다.[693] 또 다른 胡騎校尉는 池陽縣(지양현)에 주둔한 흉노족 기병을 관장하였는데 상비군은 아니었다. 射聲校尉(사성교위)는 황제의 명에 따른 弓射 부대이다.[694] 虎賁校尉(호분교위)는 輕 戰車를 관장했다.

이들 총 8교위는 무제 때 처음 설치된 中央軍으로 副官인 丞과 司馬를 두었다.

司隸校尉부터 虎賁校尉까지 질록은 모두 2천석이었다.

西域都護(서역도호)의[695] 加官은 宣帝 地節 2년(前 68)에 처음 설치

---

28국, 하권에 25국 총 53국에 대하여 국명과 거리, 호구, 군사, 관제, 물산 등을 설명하였다.

**692** 內附란 월인 중에서 선발하였는데, 월인은 매우 용감했고 그 전력은 막강했다.

**693** 長水校尉(장수교위) – 長水는 흉노족의 부족명. 宣曲은 주둔지명. 질록 이천석.

**694** 이들은 활솜씨가 뛰어나 어둠 속에서도 소리만을 듣고 弓士였다.

**695** 흉노는 고정된 거점(都城)이 없이 이동하는 유목국가로, 이를 行國이라 한다. 이와 달리 오아시스를 중심으로 정주하며 성곽에서 외적을 방어하는 나라를 성곽국가라고 하였다. 漢의 서역의 성곽국가와 관계를 강화하며 흉노에 대항하는 체제를 구축했다. 이들 성곽국가 관리는 西域都護(서역도호)가 담당했다. 최초의 서역도호 鄭吉은 前 60－48년까지 재직했다. 서역도호부의 위치는, 今 新疆維吾爾自治區 중앙부의 庫爾勒市 서쪽 巴音郭楞蒙古自治州의 輪臺縣이었다. 《漢書. 傅常鄭甘陳段傳》에 입전.

하였는데, 騎都尉나 諫大夫가 서역 36국에 사신으로 나갈 때 서역도
호의 가관을 받았는데, 副校尉를 두었고 질록은 比二千石이었으며,
丞 1인, 司馬, 候, 千人 각 2명을 거느렸다.

(서역의) 戊己校尉(무기교위)는[696] 元帝 初元 원년(前 48)에 처음
설치하였는데 丞, 司馬 각 1명 候 5人을 거느렸고 질록은 比六百石이
었다.

奉車都尉(봉거도위)는 황제의 수레를 관리하고, 駙馬都尉(부마도위)
는 駙馬(곁말)을 관장하는데[697] 모두 무제 때 처음 설치되었고 질록은
比二千石이었다.

原文

侍中, 左右曹, 諸吏, 散騎, 中常侍, 皆加官, 所加或列侯, 將
軍, 卿大夫, 將, 都尉, 尙書, 太醫, 太官令至郎中, 亡員, 多至數
十人. 侍中, 中常侍得入禁中, 諸曹受尙書事, 諸吏得擧法,
散騎騎並乘輿車. 給事中亦加官, 所加或大夫, 博士, 議郎, 掌

---

**696** 戊己校尉(무기교위) – 戊己는 十干의 중앙. 중앙은 土, 곧 황색. 이는 漢
을 상징하고 흉노(北)를 제압한다는 뜻으로 택한 이름. 元帝 때(前 48)
설치한 西域都尉의 속관. 식량 자급을 위한 屯田을 관장. 秩 6百石. 車
師前王庭에 위치, 今 新疆省의 吐魯番 서북쪽. 무기교위가 戊校尉와
己校尉의 합칭인지, 아니면 하나의 직분이 나중에 분리된 것인지 확실
하지 않다.

**697** 駙는 곁말 부. 수레를 끌지 않고 수레에 매여 따라가는 말. 부마도위는
종실이나 외척이 담당하던 직책.

顧問應對, 位次中常侍. 中黃門有給事黃門, 位從將軍大夫. 皆秦制.

〖국역〗

加官[698] : 侍中(시중),[699] 左, 右曹,[700] 諸吏(제리),[701] 散騎, 中常侍(중상시) 등은 모두 加官이다.[702] 列侯나 將軍, 卿大夫, 將, 都尉, 尙書, 太醫令, 太官令에서 郎中에 이르기까지 加官을 받을 수 있는데 정원이 없어 많을 때는 수십 명이었다. 侍中이나 中常侍는 禁中(금중, 황제의

---

**698** 加官은 황제가 총애하는 신하에게 본 관직 외에 추가로 다른 업무를 담당할 수 있는 권한을 수여한 직함이다. 侍中, 左右曹, 諸吏, 散騎, 中常侍 給事中 등이 모두 加官이다. 列侯, 將軍, 卿大夫, 都尉, 尙書, 太醫, 太官令에서 郎中에 이르는 관직이라면 加官을 받을 수 있었다. 加官은 정원이 없고, 加官은 內朝官에 한했고 政事의 논의에 참여할 수 있으며 권한도 강대하였다.

**699** 侍中은 天子에 入侍한다는 뜻. 諸吏나 給事中은 매일 황제를 만날 수 있다. 평소에 尙書가 업무를 보고하나 가관으로 시중을 받은 자는 상서처럼 업무를 보고할 수 있다. 시중은 궁중에 출입할 수 있고 황제의 측근으로 정사에 관여할 수 있었다. 위엄 있는 복장을 했으며 여러 시중 중 僕射 1인이 대표 역할을 했다.

**700** 左右曹는 매일 황제를 뵐 수 있는 자리.

**701** 諸吏는 加官의 명칭. 관리의 불법을 감독하고 탄핵할 수 있는 직위. 御使中丞과 하는 일이 비슷하였다. 무제 때 처음 설치. 정원 없음.

**702** 加官이란 本職 외에 다시 더 받은 관직의 직함이다. 열후, 장군, 경대부나 낭관 이상의 관직에서 가관을 받을 수 있었다. 가관의 칭호로 자주 보이는 것은 侍中, 左右曹, 諸吏, 常侍, 散騎, 給事中 등이 있다. 가관을 받은 신하는 황제의 신임을 받고 있다는 뜻이며 권한이 강대한 內朝의 要職을 차지하였다.

사적 공간)에도 출입할 수 있고, 여러 관서에서 尙書(문서 취급)의 일을 담당할 수 있으며, 諸吏(제리)는 법에 의거 고발할 수도 있고, 散騎는 (황제의) 乘輿(승여, 수레)에 동승할 수도 있었다. 給事中(급사중)[703] 또한 加官인데, 大夫나 博士, 議郎에게 내릴 수 있으며, 황제의 고문이나 응대를 담당하였고 지위는 中常侍 다음이었다. 中黃門에 給事黃門이 있는데 지위는 將軍이나 大夫에 해당하였다. 모두가 秦의 제도였다.

## 7. 爵位, 侯國, 刺史, 地方官

原文

爵: 一級曰 公士, 二 上造, 三 簪裊, 四 不更, 五 大夫, 六 官大夫, 七 公大夫, 八 公乘, 九 五大夫, 十 左庶長, 十一 右庶長, 十二 左更, 十三 中更, 十四 右更, 十五 少上造, 十六 大上造, 十七 駟車庶長, 十八 大庶長, 十九 關內侯, 二十 徹侯.

皆秦制, 以賞功勞. 徹侯金印紫綬, 避武帝諱, 曰通侯, 或曰列侯, 改所食國令長名相, 又有家丞,門大夫,庶子.

---

703 給事中은 '給事禁中'의 뜻. 황제의 사적 공간(內殿)에 들어가 업무 보고를 할 수 있다.

〖국역〗

爵位(작위)[704] : 一級(가장 낮음) 公士,[705] 二級 上造, 三級 簪裊(잠 요),[706] 四級 不更(불경), 五級 大夫,[707] 六級 官大夫, 七級 公大夫, 八 級 公乘,[708] 九級 五大夫, 十級 左庶長, 十一級 右庶長, 十二級 左更(좌 경), 十三級 中更, 十四級 右更, 十五級 少上造, 十六級 大上造, 十七 級 駟車庶長(사거서장),[709] 十八級 大庶長,[710] 十九級 關內侯,[711] 二十級 徹侯(철후).

모두가 秦의 제도였는데 공로에 대한 보상이었다. 徹侯(철후)는 金 印紫綬(금인자수)를 지녔는데, 武帝의 이름(徹)을 피하여 通侯(통후) 또는 列侯(열후)라 통칭했다. 그 封國(食國) 관리의 책임자를 相이라

---

**704** 爵位(작위) – 秦의 20작위를 漢에서도 계속 적용했다. 나라에서는 경사 가 있을 때나 공로를 보상하기 위한 방법으로 成人 남자(戶主)에게 작 위를 수시로 하사하였다. 民爵은 사고 팔 수도 있었는데 1급의 가격이 2천 전에 해당했다는 주석이 있다. 전한 말 성제 때는 그 가격이 1천 전으로 절반까지 떨어졌다. 물론 화폐도 달랐다. 백성이 죄를 지은 경 우 작위를 30급을 사면 사형을 면할 수 있게 했다.

**705** 公士 – 爵命을 받아 보통 士卒과 다르다는 뜻으로 公士라 했다.

**706** 簪裊(잠요)는 말을 장식한다는 뜻.

**707** 大夫 – 大夫를 수행할 자격이 있다는 뜻.

**708** 公乘 – 公家의 수레를 탈 수 있다는 뜻. 1급부터 8급까지는 일반 백성 의 작위이다.

**709** 駟車庶長 – 駟馬의 수레를 탈 수 있는 관리라는 뜻.

**710** 9등급 五大夫부터 18등급 大庶長까지는 관리의 등급으로 요역이 면제 된다.

**711** 關內侯 – 관내후는 京畿(경기)에 거주하더라도 봉국은 없다(居京畿, 無 國邑). 곧 關中에 식읍을 받을 수 있었으며, 식읍은 그 규모를 공적에 따라 달리했다. 관내후는 보통 '君'이라 통칭했다.

하였고 또 家丞이나 門大夫, 庶子(서자) 등의 속관을 둘 수 있었다.

諸侯王, 高帝初置, 金璽盭綬, 掌治其國. 有太傅輔王, 內
史治國民, 中尉掌武職, 丞相統衆官, 群卿大夫都官如漢朝.

景帝中五年令諸侯王不得復治國, 天子爲置吏, 改丞相曰
相, 省御史大夫,廷尉,少府,宗正,博士官,大夫,謁者,郞諸官
長丞皆損其員.

武帝改漢內史爲京兆尹, 中尉爲執金吾, 郞中令爲光祿勳,
故王國如故. 損其郞中令, 秩千石, 改太僕曰僕, 秩亦千石.

成帝綏和元年省內史, 更令相治民, 如郡太守, 中尉如郡
都尉.

[국역]

諸侯王(제후왕)은 高帝(高祖)가 처음 설치했고,[712] 金璽盭綬(금새려
수)를 받아[713] 그 封國을 통치했다. 太傅(태부)는 왕을 보필하고, 內史

---

**712** 제후왕 – 皇子는 왕으로 피봉된다. 단 고조 개국 초에는 異姓이지만 공
적이 탁월하여 王으로 봉해진 사람이 8명이었다. 이후 이성으로 왕에
피봉된 제후는 없었다. 예를 들어 張良은 건국 3걸의 한 사람이었지만
자신의 겸양으로 왕이 아닌 留侯(유후)였다. 諸侯王은 모든(諸) 侯와
王의 뜻이다.

**713** 金璽盭綬(금새려수) – 황금 印璽(인새, 도장, 직인)과 盭綬(려수)는 綠色의
綬(인끈). 盭(려)는 쑥과 비슷한 풀 이름. 녹색 염료로 사용.

는 봉국의 백성을 다스리고, 中尉는 봉국의 武職을 수행하며, (봉국의) 丞相은 모든 관리를 統轄(통할)하였고, 여러 卿과 大夫는 모두 漢의 조정과 같았다.

景帝 中元 5년(前 145) 제후왕은 이후로 治國할 수 없고 천자가 후왕을 위해 관리를 파견한다고 명령하며 (侯國의) 丞相을 相으로 개칭하고, 御史大夫, 廷尉, 少府, 宗正, 博士官, 大夫, 謁者(알자), 郞官 등 여러 관부의 長과 丞을 폐지하고 인원도 감축하였다.

武帝는 漢朝의 內史를 京兆尹으로, 中尉를 執金吾(집금오)로, 郞中令을 光祿勳(광록훈)으로 개명하였지만, 옛 王國은 그대로 두었다. 侯王의 郞中令 질록을 1천석으로 삭감했고, 太僕(태복)을 僕으로 개칭하면서 질록도 1천석으로 삭감하였다.

成帝 綏和(수화) 원년 (侯國의) 內史를 폐지하고 (후국의) 相이 治民하게 하였으니 郡의 太守와 같았고, (후국의) 中尉는 郡의 都尉와 같았다.[714]

原文

監御史, 秦官, 掌監郡. 漢省, 丞相遣史分刺州, 不常置. 武帝元封五年初置部刺史, 掌奉詔條察州, 秩六百石, 員十三人. 成帝綏和元年更名牧, 秩二千石. 哀帝建平二年復

---

714 漢初의 郡國制는 결국 郡縣制로 돌아갔고 吳楚七國의 난 이후 후국의 세력을 계속 삭감하였으며, 그 결과 제후는 봉국의 稅收(세수)로 먹고 놀다가 자는 것 말고는 아무 일도 할 수 없었다. 심지어 제후 형제끼리의 왕래나 일반 식자들과의 교제도 제재를 받았다.

爲刺史, 元壽二年復爲牧.

〖국역〗

監御史(감어사)는 秦의 관직인데, 郡에 대한 감독 업무를 관장하였다. 漢에서는 폐지되었고, 丞相는 승상부 관리를 보내 州를 나눠 감찰했지만 상설직은 아니었다.

武帝 元封 5년(前 106)에, 처음으로 刺史를 나눠 배치하고 조서에 따라 각 郡을 감찰케 하였는데,[715] (刺史의) 질록은 6백석, 인원은 13명이었다.[716]

成帝 綏和(수화) 원년(前 8)에 자사를 牧(목)으로 명칭을 변경했고, 질록도 2천석으로 증액했다. 哀帝 建平 2년(前 5)에 다시 자사라고 했다가, 元壽 2년(前 1년)에 다시 牧이라 했다.

---

**715** 자사가 각 郡의 치적을 감사하는 요지는 6조였다. 1條, 强豪들의 田宅이 법제를 초과하거나 힘으로 약자에게 포악하지 않았는가? 2조, 二千石(太守) 조서나 법제 준수 여부는 사익 챙기기, 조세 공평 부과, 백성을 침탈하지 않았는가? 3조, 二千石의 재판 공정 여부, 감정에 따른 판결 유무, 백성의 원성 유무, 요언의 유포 여부. 4조, 二千石의 공정한 관리 선발 여부. 5조, 태수 자제들의 횡포 유무 청탁 유무. 6조, 二千石의 공정한 업무 처리, 권귀에게 아부 유무, 뇌물 공여, 공정한 명령 집행 등.

**716** 三輔와 三河, 弘農郡에 대해서는 치안을 담당하는 사예교위가 자사처럼 郡을 감찰하였기에 사예교위를 포함 14자사부라 하였다. 자사는 1년 내내 감찰활동을 하지도 않았고 일정한 治所도 없었다.

郡守, 秦官, 掌治其郡, 秩二千石. 有丞, 邊郡又有長史, 掌兵馬, 秩皆六百石. 景帝中二年更名太守.

郡尉, 秦官, 掌佐守典武職甲卒, 秩比二千石. 有丞, 秩皆六百石. 景帝中二年更名都尉.

關都尉, 秦官. 農都尉, 屬國都尉, 皆武帝初置.

縣令, 長, 皆秦官, 掌治其縣. 萬戶以上爲令, 秩千石至六百石. 減萬戶爲長, 秩五百石至三百石. 皆有丞, 尉, 秩四百石至二百石, 是爲長吏.

百石以下有斗食, 佐史之秩, 是爲少吏.


〖국역〗

郡守는 秦의 관직이었는데, 治郡을 담당했고 질록은 二千石이었다. 부직인 郡丞이 있고 변방의 郡에는 長史를 두어 兵馬 관련 업무를 관장했는데, 질록은 6백석이었다. 景帝 中元 2년(前 148)에 太守로 명칭을 변경했다.

郡尉(군위)는 秦의 관제인데, 군수를 도와 武職과 갑졸을 지휘했는데, 질록은 比二千石이었다. 부직은 丞의 질록은 모두 6백석이었다. 景帝 중원 2년에 都尉(도위)로 명칭을 변경했다.

關都尉(관도위)는[717] 秦의 관직이었다. 農都尉와[718] 屬國都尉는[719]

---

**717** 關都尉 – 관문도위 – 函谷關, 武關, 玉門關, 陽關 등에 배치한 무관인 都尉. 관문 방어, 행인 통제, 관세 징수의 권한. 함곡관 도위는 특히 중요한 자리였다. 關名을 쓰지 않은 관도위는 모두 함곡관 도위이다. 大

모두 武帝 初에 설치하였다.

縣令〔현령, 縣長(현장)〕은 모두 秦의 관직이었는데 해당 현을 다스렸다. 호구가 1만 호 이상이면 현령이라 했고, 질록은 1천석에서 6백석이었다. 1만 호보다 적으면 縣長이라 하였는데, 질록은 5백석에서 3백석이었다. 현령이나 현장 모두 縣丞과 縣尉를 두었는데, 질록은 4백석에서 2백석이었는데, 이들은 長吏(장리)이다.[720]

(질록이) 1百石 이하 관직으로 斗食(두식)과 佐史(좌사)가[721] 있는데, 이들은 少吏(소리)이다.

原文

大率十里一亭, 亭有長. 十亭一鄕, 鄕有三老, 有秩, 嗇夫, 游徼. 三老掌教化. 嗇夫職聽訟, 收賦稅. 游徼徼循禁賊盜. 縣大率方百里, 其民稠則減, 稀則曠, 鄕,亭亦如之, 皆秦制也.

---

臣의 자제나 황제의 신임이 두터운 자를 엄선하여 배치했다.

**718** 農都尉는 屯田(둔전)을 관할하는 도위.

**719** 屬國都尉 – 속국은 변방의 군현에 이주한 이민족이 자신의 습속을 유지하며 사는 자치 지역. 도위는 그 속국의 군사 지휘관.

**720** 長吏(장리) – 일선 책임관. 이때 吏는 理. 다스리다. 小吏의 상대적 개념.

**721** 斗食(두식)과 佐史(좌사) – 두식은 월봉 11斛(곡), 일설에 의하면 두식은 년 1백석이 안 된다고 하였다. 이들은 일당 1斗 2升이라는 주석이 있다. 좌사는 월봉 8곡.

列侯所食縣曰國, 皇太后,皇后,公主所食曰邑, 有蠻夷曰道. 凡縣,道,國,邑千五百八十七, 鄉六千六百二十二, 亭二萬九千六百三十五.

[[국역]]

대체로 十里에 1亭(정)을 설치하고, 亭에 長을 두었다. 10 亭을 1鄕(향)이라 하였는데, 鄕에는 三老와[722] 질록을 받는 嗇夫(색부)와 游徼(유요)를 두었다. 三老는 敎化를 담당했다. 嗇夫는 聽訟(청송)을 담당하며 賦稅(부세)를 징수했다.[723] 游徼(유요)는 순찰을 돌면서 도적을 예방하였다.[724]

縣은 대략 사방 둘레가(승이) 1백 리 정도인데, 인구가 조밀하면 (지역이) 좁았고 드물면 넓었으며, 鄕 또한 그러했는데 모두 秦의 제도를 이었다.

列侯의 食縣을 國이라 했고, (皇太后), 皇后, 公主의 봉지는 邑이고(所食曰邑), 蠻夷(만이)와 漢人이 섞여 거주하면 道(도)라고 하였다. 모든 縣, 道, 國, 邑이 1,587개소였고,[725] 鄕은 6,623개소, 亭은

---

**722** 三老 – 백성 중에서 50세 이상으로 덕행이 있고 백성을 잘 이끌만한 자를 골라 三老로 삼아 鄕(향)마다 1인을 두었다. 향의 삼로 중에서 1인을 선발하여 縣의 三老로 임명하여 현령, 현승, 현위를 도와 백성을 교화하게 하였는데 요역과 방수를 면제하였다. 매년 10월에, 삼로에게 술과 고기를 하사하였다.

**723** 嗇夫(색부) – 鄕에 嗇夫(색부)를 두어 聽訟이나 부세 징수를 담당케 하였다. 5천 호 이상 鄕에 근무하는 색부는 질록이 1백석이었다.

**724** 游徼(유요) – 鄕職名. 순찰과 도적 체포 담당. 徼는 구할 요. 순찰하다.

**725** 《한서 지리지》에 縣과 邑이 1,314. 道가 32, 侯國이 241개소, 합 1,587

29,635개소였다.

凡吏秩比二千石以上, 皆銀印青綬, 光祿大夫無. 秩比
六百石以上, 皆銅印黑綬, 大夫,博士,御史,謁者,郎無. 其僕
射,御史治書尚符璽者, 有印綬. 比二百石以上, 皆銅印黃綬.

成帝陽朔二年除八百石,五百石秩. 綏和元年, 長,相皆黑
綬. 哀帝建平二年, 復黃綬. 吏員自佐史至丞相, 十三萬
二百八十五人.

【국역】

질록이 比二千石 이상은 모두 銀印青綬(은인청수)를[726] 찼으나 光
祿大夫는 인수가 없었다. 질록 比六百石 이상은 모두 銅印에 黑綬(흑
수)였으나 大夫, 博士, 御史, 謁者, 郎官은 인수가 없었다. 그중 僕射
(복야)와 御史나 문서, 符璽 담당자는 인수가 있었다. 질록 比二百石
이상은 모두 銅印黃綬였다.

成帝 陽朔 2년(前 23)에 질록 8百石, 5百石을 폐지하였다. (成帝)
綏和(수화) 원년(前 8)에 長이나 相은 모두 黑綬로 통일했다. 哀帝 建

개소라 했다.

**726** 銀印青綬 - 천자나 제후왕의 璽(새)라 하였고, 三公과 열후 이하는 印(인)
이라 하였다. 천자는 玉璽(옥새), 제후왕은 金璽(금새)이고 태사, 태부,
태보, 승상 태위, 열후는 모두 金印이었다. 기타 관직은 銀이나 銅製였
다.

平 2년(前 5)에 黃綬를 복원했다. 관리의 수는 佐史(좌사)에서 승상까지 모두 130,285명이었다.

※ 참고-九卿의 주요 업무 요약

○ 太常 - (奉常), 종묘제례. 博士 선발 관리. 국가 의례. 교육 담당.

○ 宗正 - 皇族 관리, 황족으로 선임. 종실 명부 작성, 황족의 嫡庶 親疎(친소) 구분, 동성제후 世系譜 작성, 宗室親貴의 범죄.

○ 少府 - 山澤, 稅政, 황실의 비용 조달 및 필요 물품 공급.

○ 衛尉 - 궁궐 수비군 지휘. 公車司馬, 衛士 등 속관.

○ 太僕 - 황실 車馬 관리, 馬政.

○ 廷尉 - (大理) 나라의 司法官, 刑政, 廷尉監, 廷尉平, 廷尉史 등 속관.

○ 光祿勳 - (郞中令), 궁문 관리.

○ 大鴻臚 - (典客, 大行令), 외교, 이민족 관리, 제후 빈객 접대.

○ 大司農 - (治粟內史, 大農令), 錢穀(전곡), 국가재정 담당.

# 백관공경표 (하)
## 百官公卿表 (下)

# 七. 百官公卿表 (下)

〈백관공경표〉 (하) 《漢書》19卷(下) (表 七)[727]

| 官職(職群) | 職 \ 年 | 西紀前 206년<br>高帝 元年 | 205<br>二 | 204<br>三 | 203<br>四 |
|---|---|---|---|---|---|
| 相國, 丞相,<br>大司徒, 太師,<br>太傅, 太保 | 1 | 沛相 蕭何爲丞相 | | | |
| 太尉, 大司馬 | 2 | | [728] | | |
| 御史大夫. 司空 | 3 | 內史 周苛爲御史大夫, 守滎陽 三年, 死 | | | 中尉 周昌爲御史 大夫 六年, 徙爲趙丞相 |
| 列將軍 | 4 | | | | |
| 奉常, 太常 | 5 | | | | |
| 郎中令, 光祿勳 | 6 | | | | |
| 衛尉, 中大夫令 | 7 | | | | |

---

**727** 漢 高祖부터 平帝 五年(西紀 5)까지 관직 변화를 모두 도표로 기록했다. 사실 이 표는 너무 방대하다. 그래서 본서에서는 高祖 – 武帝 後元 2年(前 87)까지 수록했고, 昭帝 始元 원년(前 86) ~ 哀帝 元壽 二年(前 1)까지는 생략했다. 그리고 漢의 마지막 모습이라 할 수 있어 平帝 元始 元年(서기 1)부터 五年(서기 5)의 〈백관공경표〉를 수록하였다.

**728** 《史記 韓興以來將相名臣列表 / 간칭 史表》에는 이 해에 長安侯 盧綰(노관)을 太尉로 기록했다.

| | | | | | |
|---|---|---|---|---|---|
| 太僕 | 8 | 滕令 夏侯嬰爲 太僕 | | | |
| 廷尉, 大理 | 9 | | | | |
| 典客, 大行令, 大鴻臚 | 10 | | | | |
| 宗正, 治粟內史 | 11 | 執盾襄 爲治粟 內史 | | | |
| 中尉, 執金吾. 少府 | 12 | 職志, 周昌爲中 尉, 三年遷. | | | |
| 水衡都尉, 主爵都尉 | 13 | | | | |
| 左內史, 左馮翊, 右扶風, 京兆尹 | 14 | 內史 周苛遷 | | | |

※ 表 읽기

    모든 표에 官職(職群)을 표기하지 않고 아라비아 숫자로(1, 2 ~ 13, 14) 표기한다. 관직명은 앞의 〈百官公卿表〉上을 참조해야 한다.

    서기 연도의 公元前(西紀前) 3字는 생략한다.

    表의 공란은 임명되지 않았거나 앞서 표기된 인물의 連續 勤務 (勤續)으로 이해해야 한다.

    공란의 각주는 本 表에 누락되었거나 相異한 내용에 대한 설명이다.


※ 表 국역의 예

    ○沛相蕭何爲丞相 – 沛國의 相인 蕭何(소하)가 丞相이 되었다.

    ○滕令夏侯嬰爲太僕 – 滕令은 滕縣의 縣令. 夏侯嬰(하후영)은 人名.

爲는 ~이 되다. 임명되다. 太僕(태복)은 職名.

○中尉周昌爲御史大夫六年, 徙爲趙丞相 - 中尉인 周昌이 御史大夫
가 되었고, 六年 뒤에 趙國의 丞相으로 자리를 옮겼다(徙).

○執盾襄 爲治粟內史 - 執盾(집순, 무관의 직명. 盾은 방패 순)인 襄(양,
인명. 성씨를 기록, 안함 또는 누락)이 治粟內史(치속내사)가 되다.

○職志, 周昌爲中尉, 三年遷. - 職志는 軍旗(군기)를 관리하는 직책.
관직명. 周昌은 人名. 中尉는 官職名. 三年遷은 3년 뒤에 다른
직책으로 옮겨갔다.

○汲侯公上不害爲太僕 - 汲侯(급후)인 公上不害(공상불해, 公上이 성
씨, 不害가 名)가 太僕(태복)이 되다.

대개 이런 식이라서 표의 내용을 모두 국역하여 수록하지 않았
다. 이를 다 국역하면 표가 번잡하여 볼 수가 없을 것이다.

| 西紀前 | 202 | 201 | 200 | 199 | 198 | 197 | 196 | 195 |
|---|---|---|---|---|---|---|---|---|
| 職＼年 | 高帝 元年 | 六 | 七 | 八 | 九 | 十 | 十一 | 十二 |
| 1 | | | | | 丞相何遷爲相國[729] | | | |
| 2 | 太尉盧綰後九月爲燕王 | | | | | | 絳侯周勃爲太尉,後官省 | |
| 3 | | | | | | 符璽御史趙堯爲御史大夫,十年,免 | | |

---

**729** 丞相何遷爲相國 - 丞相인 蕭何(소하)를 相國으로 옮기다.

| | | | | | | | |
|---|---|---|---|---|---|---|---|
| 4 | | | | | | | |
| 5 | | | 博士叔孫通爲奉常, 三年, 徙爲太子太傅 | | | | 太子太傅叔孫通復爲奉常 |
| 6 | 郎中令王恬啓730 | | | | | | 731 |
| 7 | | 將軍酈商爲衛尉 | | | | 衛尉王氏732 | |
| 8 | | 汲侯公上不害爲太僕 | | | | | |
| 9 | 廷尉義渠 | | | | | 中地守宣義爲廷尉733 | 廷尉育 |
| 10 | 廣平侯薛歐爲典客 | | | | | | |
| 11 | | | | | | | |
| 12 | 軍正陽咸延爲少府, 二十一年, 卒. 中尉丙猜. | | | | | 中尉戚鰓. | |
| 13 | | | | | | | |
| 14 | 殷內史杜恬 | | | | | | |

**730** 郎中令王恬啓 - 郎中令에 王恬啓(왕염계), 人名.

**731** 〈陳平傳〉에 의하면, 진평은 이 해에 郎中令이 되었다.

**732** 衛尉王氏 - 衛尉에 王氏. 王이 姓. 氏가 名.

**733** 中地守宣義爲廷尉 - 中地郡 郡守인 宣義(선의)가 廷尉가 되다. 高祖 9년에 中地郡이 廢郡되었으니 '故中地守'이어야 한다는 주석이 있다.

| 西紀前 | 194 | 193 | 192 | 191 | 190 | 189 | 188 |
|---|---|---|---|---|---|---|---|
| 職＼年 | 孝惠 元年 | 二 | 三 | 四 | 五 | 六 | 七 |
| 1 | | 七月辛未,相國何薨.七月癸巳,齊相曹參爲相國. | | | 八月己丑, 相國參薨 | 十月己丑,安國侯王陵爲右丞相,曲逆侯陳平爲左丞相 | |
| 2 | | | | | | 絳侯周勃復爲太尉, 十年, 遷 | |
| 3 | | | | | | | |
| 4 | | | | | | | |
| 5 | | | | | | | 奉常免.**734** |
| 6 | | | | | | | |
| 7 | 營陵侯劉澤爲衛尉 | | | | | | |
| 8 | | | | | | | |
| 9 | | | 長脩侯杜恬爲廷尉 | | | 士軍侯宣義爲廷尉 | |
| 10 | | | | | | | 辟陽侯審食其爲典客,一年, 遷**735** |
| 11 | | | | | | | |
| 12 | | | | | | | |
| 13 | | | | | | | |
| 14 | | | | | | | |

---

**734** 奉常免 – 奉常은 나중에 太常으로 명칭이 바뀐다. 免은 人名. 姓을 기록하지 않았다. 免職의 뜻이 아니다.

**735** 辟陽侯審食其爲典客 – 辟陽侯 審食其(심이기)는 고조가 野戰을 치루는 동안 高祖의 부모와 妻子를 보호하는 역할을 다했다. 典客은 외빈, 諸侯 접대. 遷(옮길 천)은 직책을 옮겨가다. 승진의 뜻이 있음.

| 西紀前 | 187 | 186 | 185 | 184 | 183 | 182 | 181 | 180 |
|---|---|---|---|---|---|---|---|---|
| 職＼年 | 高后元年 | 二 | 三 | 四 | 五 | 六 | 七 | 八 |
| 1 | 十一月甲子，右丞相陵爲太傅，左丞相平爲右丞相，典客審食其爲左丞相 | | | | | | 七月辛巳，左丞相審食其爲太傅 | 九月丙戌復爲丞相，後九月，免 |
| 2 | | | | | | | | |
| 3 | 上黨守任敖爲御史大夫，三年，免 | | | 平陽侯曹窋爲御史大夫，五年，免 | | | | 淮南丞相張蒼爲御史大夫，四年，遷 |
| 4 | | | | | | | | |
| 5 | | | | | | | 奉常根 | |
| 6 | | | | | | | | |
| 7 | | | | | | | | |
| 8 | | | | | | | | |
| 9 | | | | | | | 廷尉圍 | |
| 10 | | | | | | | 典客劉揭 | |
| 11 | | 上邳侯劉郢客爲宗正，七年，爲楚王 | | | | | | |
| 12 | | | | | | | | |
| 13 | | | | | | | | |
| 14 | | | | | | | | |

| 西紀前 | 179 | 178 | 177 | 176 | 175 | 174 |
|---|---|---|---|---|---|---|
| 職＼年 | 孝文 元年 | 二 | 三 | 四 | 五 | 六 |
| 1 | 十月辛亥, 右丞相平爲左丞相, 太尉周勃爲右丞相. 八月辛未, 免 | 十月, 丞相平薨. 十一月乙亥, 絳侯勃復爲丞相. | 十二月, 丞相勃免. 乙亥, 太尉灌嬰爲丞相 | 十二月乙巳, 丞相嬰薨；正月甲午, 御史大夫張蒼爲丞相 | | |
| 2 | 十月辛亥, 將軍灌嬰爲太尉, 二年, 遷官省 | | | | | |
| 3 | | | | 御史大夫圍 | | |
| 4 | 太中大夫薄昭爲車騎將軍. 代中尉宋昌爲衛將軍.[736] | | [737] | | | |
| 5 | | 奉常饒 | | | | |
| 6 | 郎中令張武 | | | | | |
| 7 | | 衛尉足 | | | | |
| 8 | | | | | | |
| 9 | 河南守吳公爲廷尉 | | 中郎將張釋之爲廷尉. | | | |
| 10 | | | 典客馮敬, 四年, 遷[738] | | | |
| 11 | | | | | | |
| 12 | | | | | | |
| 13 | | | | | | |
| 14 | | | | | | |

---

**736** 代中尉宋昌爲衛將軍 – 代國의 中尉였던 宋昌이 衛將軍이 되다.

**737** 〈文帝紀〉에 의하면, 이 해에 棘蒲侯 柴武(시무)가 大將軍이 된다.

**738** 典客馮敬, 四年, 遷 – 典客에 馮敬(풍경, 人名), 四年 뒤에 옮겨갔다(遷). 遷(옮길 천)에는 승진(去下之高)의 뜻이 있다. 貶秩(폄질)의 경우는 左를 붙여(左遷) 뜻을 분명히 한다. 귀양보내다의 뜻으로도 쓰인다.

| 西紀前 | 173 | 172 | 171 | 170 | 169 | 168 | 167 | 166 | 165 |
|---|---|---|---|---|---|---|---|---|---|
| 職＼年 | 七 | 八 | 九 | 十 | 十一 | 十二 | 十三 | 十四 | 十五 |
| 1 | | | | | | | | | |
| 2 | | | | | | | | | |
| 3 | 典客馮敬爲御史大夫 | | | | | | | | |
| 4 | | | | | | | | | |
| 5 | | | | | | 奉常昌閭 | | | |
| 6 | | | | | | | | | |
| 7 | | | | | | | | | |
| 8 | | 太僕嬰薨739 | | | | | | | |
| 9 | 740 | | | 廷尉昌廷尉嘉 | | | | | 廷尉宜昌 |
| 10 | 典客靚(근). | | | | | | | | |
| 11 | | | | | | | | | |
| 12 | | | | | | | | 中尉周舍 | |
| 13 | | | | | | | | | |
| 14 | | | | | | | | 內史董赤741 | |

739 太僕嬰薨 – 太僕인 夏侯嬰(하후영)이 죽다(薨). 하후영은 高祖, 惠帝, 高后, 文帝의 太僕으로 勤續했다.

740 《史記 淮南厲王列傳》에 의하면, 이 해에 丞相 張蒼, 典客 馮敬(풍경) 등이 회남왕의 죄상을 상주하는데 宗正臣逸, 廷尉臣賀, 中尉臣福 등의 직명과 人名이 보이나 本表에는 누락되었다.

741 內史 董赤 – 〈文帝紀〉에는 董赫(동혁).

| 西紀前 | 164 | 163 | 162 | 161 | 160 | 159 | 158 | 157 |
|---|---|---|---|---|---|---|---|---|
| 職＼年 | 文帝十六 | 後元年 | 二 | 三 | 四 | 五 | 六 | 七 |
| 1 | | | 八月戊戌, 丞相蒼免. 庚午, 御史大夫申屠嘉爲丞相. | | | | | |
| 2 | | | | | | | | |
| 3 | 淮陽守申屠嘉爲御史大夫, 二年, 遷 | | 八月庚午, 開封侯陶青爲御史大夫, 七年, 遷 | | | | | |
| 4 | | | | | | | 742 | |
| 5 | | | | | | | | 奉常信 |
| 6 | | | | | | | | |
| 7 | | | | | | | | |
| 8 | | | | | | | | |
| 9 | | 廷尉信 | | | | | | |
| 10 | | | | | | | | |
| 11 | | | | | | | | |
| 12 | | | | | | | 743 | |
| 13 | | | | | | | | |
| 14 | | | | | | | | |

---

**742** 中大夫令인 免(면)이 車騎將軍이 된다.

**743** 〈周亞夫傳〉에 의하면 周亞夫는 中尉가 된다.

| 西紀前 | 156 | 155 | 154 | 153 | 152 |
|---|---|---|---|---|---|
| 職＼年 | 孝景帝 元年 | 二 | 三 | 四 | 五 |
| 1 | | 六月丞相嘉薨. 八月丁未御史大夫陶青爲丞相 | | | |
| 2 | | | 中尉周亞夫爲太尉 | | |
| 3 | | 八月丁巳,左内史鼂錯(조조)爲御史大夫. **744** | 正月壬子錯有罪要斬. **745** | 御史大夫 介 | |
| 4 | **746** | | 故詹事爲大將軍 | | |
| 5 | | 奉常斿(유) | 故吳相袁盎(원앙)爲奉常 | 南皮侯彭祖爲奉常 | 安丘侯張歐爲奉常**747** |

---

**744** 鼂錯(조조, 前 200 - 154) - '晁錯', '朝錯'으로도 표기. 晁(아침 조)는 朝의 古字. 鼂는 아침 조. 錯는 둘 조. 《史記》와 《漢書》에는 鼂錯로 기록되었다. 조조는 法家의 학문을 하였고 太子家令으로 근무하였기에 景帝의 신임이 두터웠다. 〈削藩策〉을 주장하여 吳楚七國의 亂(前 154)의 원인을 제공하였다. 49권, 〈爰盎鼂錯傳〉에 입전.

**745** 正月壬子錯有罪要斬 - 鼂錯와 원앙은 평소에 사이가 나빴다. 袁盎(원앙)도 景帝 때, 제후왕에 대한 강력한 통제 정책을 주장했다. 吳楚 등 반군이 봉기하자, 원앙은 경제에게 조조를 죽여 吳楚를 설득하면 반란이 진정될 것이라 건의했다. 때문에 경제는 조조를 사형에 처한다. 要는 허리(腰와 同). 斬은 벨 참. 자르다. 49권, 〈爰盎鼂錯傳〉에 입전.

**746** 〈周亞夫傳〉에 의하면, 주아부는 車騎將軍이 된다.

**747** 張歐(장구)의 字는 叔(숙)으로, 高祖의 공신 安丘侯 張說(장열)의 막내아들이었다. 장구는 문제 때 刑名學을 공부하고 태자를 모시었는데 그 사람됨이 근실하고 정직하였다. 景帝 때 존경을 받으며 일찍이 9경의 한 사람이었다. 武帝 元朔(원삭) 중에 韓安國의 뒤를 이어 어사대부가 되었다. 관리들도 장구를 長者로 생각하였기에 속이거나 무시하지 못

| | | | | | |
|---|---|---|---|---|---|
| 6 | 太中大夫周仁爲郎中令,十三年老病免.食二千石祿.748 | | | | |
| 7 | | | | | 姚丘侯劉舍爲太僕 |
| 8 | | | | | |
| 9 | 廷尉歐 | | 廷尉勝 | | |
| 10 | | | | | |
| 11 | 平陸侯劉禮爲宗正,二年爲楚王 | | 德侯劉通爲宗正. 三年薨. | | |
| 12 | 中尉嘉 | | 河間太傅衛綰爲中尉. 四年賜告. 後爲太子太傅749 | | |
| 13 | | | | | |
| 14 | 中大夫鼂錯爲左內史,一年遷 | | | | |

했다. 옥사에 관한 문서가 마무리되어 올라올 경우 거부할 수 있으면 기각하고 어쩔 수 없는 것은 부득이 눈물을 흘리며 죄수를 차마 바로 보지 못하고 문서를 봉해 상주하였다. 그의 백성 사랑이 이와 같았다. 46卷, 〈萬石衛直周張傳〉에 입전.

**748** 周仁 – 경제가 태자로 있을 때 舍人이 되었고 연공을 쌓아 太中大夫가 되었다. 景帝가 즉위하면서 주인은 郎中令이 되었다. 주인은 사람됨이 입이 무거워 누설하지 않았다. 주인은 총애를 받아 궁궐 안채에 출입할 수 있었다. 景帝가 후궁에서 은밀한 놀이를 즐길 때 주인이 늘 곁에 있었지만 끝내 발설하지 않았다. 경제가 때로 다른 사람에 대해 물어보면, 주인은 "폐하께서 직접 살펴보십시오."라고 말했다. 그가 남을 헐뜯지 않는 것이 이와 같았다. 46卷, 〈萬石衛直周張傳〉에 입전.

**749** 衛綰(위관, ?-前 131) – 中郎將, 太子太傅, 御史大夫, 丞相 역임. 46卷, 〈萬石衛直周張傳〉에 입전.

| 西紀前 | 151 | 150 | 149 | 148 | 147 | 146 | 145 |
|---|---|---|---|---|---|---|---|
| 職＼年 | 六 | 七 | 中元年 | 二 | 三 | 四 | 五 |
| 1 | | 六月乙巳,丞相靑免.太尉周亞夫爲丞相. | | | 九月戊戌丞相亞夫免.御史大夫劉舍爲丞相. | | |
| 2 | | | | | | | |
| 3 | | 太僕劉舍爲御史大夫.三年遷 | | | 太子太傅衞綰爲御史大夫.四年遷 | | |
| 4 | | | | | | | |
| 5 | | 鄭侯蕭勝爲奉常 | | | 煮棗侯乘昌爲奉常.<sup>750</sup> | | |
| 6 | | | | | | | |
| 7 | | | | | | | |
| 8 | | | | | | | |
| 9 | | | 廷尉福 | | | | |
| 10 | | | | | | | |
| 11 | | | | | | | |
| 12 | | 濟南太守郅都(질도)爲中尉.三年免.<sup>751</sup> | | | | | |
| 13 | | | | | | | |
| 14 | | | | | | | |

---

**750** 煮棗侯乘昌 – 煮棗侯(자조후). 〈功臣表〉에는 乘昌이 아닌 革昌.

**751** 郅都(질도) – 中尉는 장안의 치안 유지하는 武官. 뒷날 執金吾로 개칭. 무제 때 酷吏(혹리)로 유명한 郅都(질도), 그전에 경제를 모시고 上林苑에 갔는데, 賈姬(가희)가 변소에 있을 때 멧돼지가 변소로 돌진하였다. 경제가 질도에게 눈짓을 했지만 질도는 움직이지 않았다. 경제가 무기를 잡고 가희를 구하려 하자, 질도가 경제 앞에 엎드려 말했다. "美人한 사람이 없으면 다시 한 사람을 채우면 되는데, 천하에 어찌 미인 하나가 없겠습니까? 폐하께서 이처럼 가볍게 처신하시면 종묘나 태후는 어찌 되겠습니까?" 경제가 돌아서자, 돼지도 가희에게 상처를 입히지 않았다. 竇(두)태후는 이를 알고 질도에게 황금 백 근을 하사하였다. 60권, 〈酷吏傳〉에 立傳.

| 西紀前 | 145 | 144 | 143 | 142 | 141 |
|---|---|---|---|---|---|
| 職＼年 | 五 | 六 | 後元年 | 二 | 三 |
| 1 | | | 七月丙午丞相舍免.八月壬辰御史大夫衛綰衛爲丞相 | | |
| 2 | | | | | |
| 3 | | | 八月壬辰衛尉直不疑爲御史大夫 | | |
| 4 | | | | | |
| 5 | 軑侯吳利爲奉常 | 奉常利更爲太常 | | | 柏至侯許昌爲太常 |
| 6 | | | | | |
| 7 | | 中大夫令直不疑更爲衛尉 | | | |
| 8 | | | | | |
| 9 | | 廷尉瑕更爲大理 | | | |
| 10 | | | | | |
| 11 | | | | 大農令惠 | |
| 12 | 少府神 | 濟南都尉甯(寧)成爲中尉,四年遷752 | | 中尉廣意 | |
| 13 | 主爵都尉直不疑753 | | | 主爵都尉奴 | |
| 14 | | | | | |

---

**752** 甯成(영성)은 남양군 穰縣(양현) 사람이다. 낭관과 謁者(알자)로 景帝를 모셨다. 다른 사람 위에 올라서기를 좋아하여 小吏이면서도 長吏를 꺾 어 눌렀으며, 다른 사람 위에 있으면 아랫사람을 심하게 다루었다. 그 는 교활했고 멋대로 위세를 부렸다. 60卷, 〈酷吏傳〉에 입전.

**753** 直不疑(직불의, ?－前 138)－《노자》를 즐겨 읽었고 '無爲의 治'를 구현하 려고 노력했다. 그가 가는 곳의 관청 업무는 늘 전과 같았고 남이 그의 치적을 알게 될까 걱정하였다. 그는 유명해지는 것을 좋아하지 않았기 에 長者라고 칭송되었다. 그가 죽자, 시호는 信侯(신후)라 하였다. 아들 을 거쳐 손자 彭祖(팽조)에 계승되었으나 酎金(주금)에 연좌되어 나라 가 없어졌다. 46卷, 〈萬石衛直周張傳〉에 입전.

| 西紀前 | 140 | 139 | 138 | 137 |
|---|---|---|---|---|
| 職＼年 | 孝武建元元年 | 二 | 三 | 四 |
| 1 | 六月,丞相綰免,丙寅魏其侯竇嬰爲丞相.**754** | 십월,丞相嬰免,三月乙未太常許昌爲丞相 | | |
| 2 | 武安侯田蚡爲太尉 | 太尉蚡免,官省.**755** | | |
| 3 | 齊相牛抵(우지)爲御史大夫. | 御史大夫趙綰有罪自殺**756** | | 武强侯嚴青翟爲御史大夫.坐竇太后喪不辦免. |
| 4 | | | | |
| 5 | | 南陵侯趙周爲太常.四年免. | | |
| 6 | 郎中令王臧(왕장),一年有罪自殺. | 郎中令石建,六年卒. | | |
| 7 | | | | |
| 8 | 淮南太守灌夫爲太僕.二年爲燕相. | | | |
| 9 | | 大理信 | | 廷尉遷,廷尉建 |
| 10 | 大行令光 | 大行令過期(人名) | | |
| 11 | | | 北地都尉韓安國爲大農令,三年遷. | |
| 12 | 中尉張歐,九年遷. | | | |
| 13 | | | | |
| 14 | 中尉甯成爲內史,下獄論.內史卬.**757** | 內史石慶 | 內史石遍 | 江都相鄭當時爲右內史,五年貶爲詹事.**758** |

**754** 竇嬰(두영, ?-前 131)은 7국의 난을 평정한 군공으로 魏其侯(위기후)에 봉해졌다. 나중에 武安侯 田蚡과 불화하여 결국 詔書를 위조했다는 죄로 처형되었다. 竇嬰과 田蚡 모두 52권, 〈竇田灌韓傳〉에 입전.

**755** 趙綰有罪自殺 - 官府의 省略. 폐지. 여기서는 太尉府의 폐지. 후임자를 임명하지 않음. 太尉 관직에 적임자가 없다면 任命하지 않았다.

**756** 趙綰有罪自殺 - 趙綰은 유생으로 무제 때 御使大夫가 되어 獨尊儒術(독

| 西紀前 | 136 | 135 | 134 | 133 | 132 | 131 |
|---|---|---|---|---|---|---|
| 職＼年 | 建元 五 | 六 | 元光 元年 | 二 | 三 | 四 |
| 1 | | 六月癸巳,丞相昌免.武安侯田蚡爲丞相. | | | | 三月乙巳.丞相蚡薨.五月丁巳,平棘侯薛澤爲丞相 |
| 2 | | | | | | |
| 3 | | 大農令韓安國爲御史大夫,四年病免. | | | | 九月,中尉張歐爲御史大夫,五年老病免,食上大夫祿.[759] |
| 4 | | | | | | |
| 5 | | 太常定 | 太常王臧[760] | | | 宣平侯張歐爲太常 |
| 6 | | | | | | |
| 7 | | | 隴西太守李廣爲衛尉 | | | |
| 8 | | 太僕賀,三十三年(遷)[761] | | | | |

존유술) 정책을 강력히 추진하였다. 建元 2년(前 139년)에 파직되었다가 옥중에서 죽었다.

**757** 下獄論.內史印 – 下獄되어 有罪로 판결나다(論). 內史 印은 人名. 나 앙, 오를 앙.

**758** 五年貶爲詹事 – 貶은 떨어트릴 폄. 직급이 낮아지다. 詹事(첨사)는 皇后와 太子家 관련 업무 담당. 질록 2천석, 中二千石도 있었다. 속관인 丞은 질록 6백석. 屬官으로 太子率更, 家令丞 등이 있었다. 皇后詹事의 속관으로는 中長秋, 私府, 永巷 등이 있었고 해당 궁의 宦官도 관리. 成帝 鴻嘉 3년 태자 詹事官을 생략. 大長秋에서 관리. 長信詹事는 皇太后宮을 관리했는데, 景帝 中元 6년 長信少府로 개칭했다.

**759** 食上大夫祿 – 上大夫에 해당하는 祿俸을 급여로 받다.

**760** 五王臧(왕장) – 明堂과 辟雍(벽옹) 설치를 주장한 유학자로 황제가 태황태후(文帝, 竇皇后)에게 政事를 상주하지 말라고 건의하였다.

**761** 太僕賀,三十三年(遷)? – 太僕인 賀(하), 33년에(?) 자리를 옮겼다.

| 9 | 廷尉武 | 廷尉殷 | | | | |
|---|---|---|---|---|---|---|
| 10 | 大行令<br>王恢 | | | | | |
| 11 | | 大農令殷 | | | | |
| 12 | | | | | | |
| 13 | | 東海太守汲黯<br>爲主爵都尉,<br>十一年徙.[762] | | | | |
| 14 | | | | 內史充 | | |

**762** 汲黯(급암, ?-前 112) - 汲은 물 길을 급. 黯은 어두울 암. 무제가 급암을 滎陽縣令(형양현령)으로 발령내자, 급암은 이를 수치로 여겨 병을 핑계대고 고향으로 돌아갔다. 무제가 이를 알고 바로 불러 中大夫에 임명하였다. 급암은 심한 간쟁을 자주했기에 內職에 계속 근무하지 못하고 東海郡 太守가 되었다. 50권, 〈張馮汲鄭傳〉입전.《史記 汲鄭列傳》참고.

| 西紀前 | 130 | 129 | 128 | 127 | 126 |
|---|---|---|---|---|---|
| 職＼年 | 元光 五 | 六 | 元朔 元年 | 二 | 三 |
| 1 | | | | | |
| 2 | | | | | |
| 3 | | | | | 左內史公孫弘爲御史大夫二年遷 |
| 4 | | | | | |
| 5 | | 太常司馬當時 | | 蓼侯孔臧爲太常．三年坐南陵橋壞衣冠道絕免 | |
| 6 | | | | | |
| 7 | | 中尉韓安國爲衛尉，二年爲將軍 | | | 衛尉蕭建 |
| 8 | | | | | |
| 9 | 廷尉翟公 | | | | 中大夫張湯爲廷尉五年遷 |
| 10 | | 大行令歐 | | | |
| 11 | 詹事鄭當時爲大農令十一年免． | | | | |
| 12 | 故御史大夫韓安國爲中尉，一年遷． | 中大夫趙禹爲中尉 | | | 少府孟賁 中尉李息 |
| 13 | | | | | |
| 14 | 右內史番系，博士公孫弘爲內史，四年遷． | | | | 左內史李沮，四年爲將軍 |

| 西紀前 | 125 | 124 | 123 | 122 | 121 | 120 |
|---|---|---|---|---|---|---|
| 職＼年 | 元朔五 | 五 | 六 | 元狩元年 | 二 | 三 |
| 1 | | 十一月乙丑,丞相澤免.御史大夫公孫弘爲丞相 | | | 三月戊寅丞相弘薨.壬辰御史大夫李蔡爲丞相 | |
| 2 | | | | | | |
| 3 | | 四月丁未河東太守九江番系爲御史大夫 | | 安樂侯李蔡爲御史大夫一年遷. | | 三月壬辰,廷尉張湯爲御史大夫六年有罪自殺. |
| 4 | | | | | | |
| 5 | | 山陽侯張當居爲太常坐選子弟不以實免. | 繩侯周平爲太常,坐不繕園陵免. | | | |
| 6 | | | 右北平太守李廣爲郎中令,五年免 | | | |
| 7 | | | | | | 衛尉張騫 |
| 8 | | | | | | |
| 9 | | | | | | 廷尉李友.廷尉安.<br>廷尉禹 |
| 10 | | | | 大行令李息 | | |
| 11 | 宗正劉奔 | | | 宗正劉受 | | |
| 12 | 少府產 | 中尉趙禹爲少府.中尉殷容 | | 中尉司馬安 | | 中尉霸 |
| 13 | 右內史貢 | 主爵都尉李蔡 | | 會稽太守朱買臣爲主爵都尉 | | 主爵都尉趙食其.二年爲將軍 |
| 14 | | 主爵都尉汲黯爲右內史.五年免. | | 左內史敞 | | |

| 西紀前 | 119 | 118 | 117 | 116 |
|---|---|---|---|---|
| 職＼年 | 元狩 四 | 五 | 六 | 元鼎 元年 |
| 1 | | 三月甲申.丞相蔡有罪自殺.四月乙卯太子少傅嚴靑翟爲丞相 | | |
| 2 | 大將軍衛靑爲大司馬大將軍.票騎將軍霍去病爲大司馬票騎將軍 | | 九月大司馬去病薨 | |
| 3 | | | | |
| 4 | | | | |
| 5 | 戚侯李信爲太常.二年坐丞相李蔡侵道免 | | 兪侯欒賁(난분)爲太常坐犧牲不如令免. | 盖侯王信爲太常 |
| 6 | | 郎中令李敢 | 郎中令徐自爲.十三年爲光祿勳 | |
| 7 | | 衛尉充國,三年坐齋不謹棄市. | | |
| 8 | | | | |
| 9 | | 廷尉司馬安 | | 廷尉霸 |
| 10 | | | | |
| 11 | 沈猷侯劉受爲宗正.二年坐聽請不具宗室論.大農令顏異,二年坐腹非誅. | | 大農令正夫 | |
| 12 | 河內太守王溫舒爲中尉.五年遷.763 | | | |

---

**763** 王溫舒(왕온서) - 왕온서는 조정에 상서하여 큰 범죄자는 멸족하고 작은 범죄자는 사형에 처하며, 가산은 모두 장물로 몰수하여 보상하겠다고 주청하였다. 상주하고 집행하는데 2일을 넘기지 않고 재가를 얻어 처결하니 피가 10여 리나 흘렀다. 12월이 지나자 河內郡에서는 도적이 없어 개가 짖지 않았다. 혹 부득이 잡지 못한 도둑은 이웃 군으로 도망

| 13 | 中尉丞楊僕爲主爵都尉 | | | |
|---|---|---|---|---|
| 14 | 定襄太守義縱爲右內史.三年下獄棄市. | | 右內史王晁(왕조) | 右內史蘇縱 |

| 西紀前 | 115 | 114 | 113 | 112 |
|---|---|---|---|---|
| 職＼年 | 元鼎 二 | 三 | 四 | 五 |
| 1 | 三月壬辰,丞相青翟有罪自殺.二月辛亥,太子太傅趙周爲丞相. | | | 九月辛巳,丞相周下獄死.丙申,御史大夫石慶爲丞相 |
| 2 | | | | |
| 3 | 二月辛亥,太子太傅石慶爲御史大夫. | | | |
| 4 | | | | |
| 5 | 廣安侯任越人爲太常坐廟酒酸論. | 鄲侯周仲居爲太常坐不收赤側錢收行錢論. | 睦陵侯張廣國爲太常 | 平曲侯周建德爲太常,陽平侯杜相爲太常.五年坐擅繇大樂令論 |
| 6 | | | | |
| 7 | | | | 衛尉路博德 |
| 8 | | | | |
| 9 | | 中尉王溫舒爲廷尉.一年復徙中尉. | 故少府趙禹爲廷尉.四年以老貶爲燕相. | |
| 10 | 中郎將張騫爲大行令.三年卒. | | | |

갔는데 체포하려 추격하였으나 봄이 되자 왕온서가 발을 구르며 탄식하였다. "아! 만약 겨울이 한 달만 더 있었으면 내 일을 끝낼 수 있었으리라!" 그가 살인을 좋아하고 위세를 부리며 사람 목숨을 아끼지 않는 것이 이와 같았다. 60권, 〈酷吏傳〉에 입전.

| 11 | 大農令孔僅 | | 宗正劉安國爲大農令客 | |
|---|---|---|---|---|
| 12 | 少府當.四年下獄死 | 關都尉尹齊爲中尉.一年抵罪. | 廷尉王溫舒爲中尉.二年免. | |
| 13 | 水衡都尉張罷[764] | | 水衡都尉豹 | |
| 14 | | | 右內史李信成.中大夫兒寬爲左內史,三年遷.[765] | |

**764** 水衡都尉張罷 – 張罷(장파) – 人名. 武帝 元鼎(원정) 2년에 처음 설치. 上林苑에 보관 중인 皇家의 재산을 관리. 鑄錢도 담당.질록 2천석. 水는 池苑, 衡은 山林之官, 都는 諸官을 主管하다. 尉는 卒徒가 武士라는 뜻. 水衡丞은 상림원 관리. 질록 6백석. 上林令(상림원 내 禽獸 관리), 均輸, 御羞(어수, 食資材 담당), 禁圃(금포, 園藝 담당), 輯濯(집탁, 선박 관리), 鐘官(鑄錢 담당), 技巧(전폐의 鎔范(틀) 담당), 六廐(養馬 담당), 辯銅(鑄錢 原料) 등 9관서에 각각 令과 丞이 있었다. 또 衡官(稅收 담당), 水司空(上林 詔獄의 죄수 관리), 都水(저수지 관리, 漁稅 담당), 農倉(식량 공급 및 비축)의 부서에 長과 그 아래 丞을 배치하였다. 成帝 때 기구 축소를 단행.

**765** 兒寬兒寬(예관, ?－前 103) – 兒는 倪(어린애 예)와 通. 성씨. 千乘郡 사람. 《尙書》를 전공하며 歐陽生을 모셨다. 郡에서 뽑혀 博士에 보내져 孔安國에게 배웠다. 집이 가난하여 學資가 모자라서 다른 제자들과 함께 일하며 취사도 하였다. 때로는 농사 품팔이를 나가 경전을 갖고 다니며 김을 매다가 쉴 때 읽고 외웠으니 그 정성이 이와 같았다. 武帝 太初 원년(前 104) 司馬遷과 함께 太初曆을 제정, 시행케했다. 저서로 《兒寬》9편이 있다. 58권, 〈公孫弘卜式兒寬傳〉에 입전.

| 西紀前 | 111 | 110 | 109 | 108 | 107 | 106 |
|---|---|---|---|---|---|---|
| 職＼年 | 元鼎六 | 元封元年 | 二 | 三 | 四 | 五 |
| 1 | | | | | | |
| 2 | | | | | | 大將軍青薨 |
| 3 | 齊相卜式爲御史大夫.一年貶爲太子太傅 | 左內史兒寬爲御史大夫.八年卒 | | | | |
| 4 | | | | | | |
| 5 | | | | | 酇侯蕭壽成爲太常,坐犧牲不如令論 | 成安侯韓延年爲太常,二年左留外國使人入粟贖論 |
| 6 | | | | | | |
| 7 | | | | | | |
| 8 | | | | | | |
| 9 | | | 御史中丞杜周爲廷尉十一年免.[766] | | | |
| 10 | | | | | | |
| 11 | 大農令張成 | | | | | |
| 12 | 少府豹爲中尉 | | 故中尉王溫舒爲少府.三年徙 | | | |
| 13 | | 水衡都尉閣奉 | | | 水衡都尉德遷 | |
| 14 | | 御史中丞咸宣爲左內史.六年免. | | | 少府王溫舒爲左內史.二年免 | |

---

**766** 杜周(두주, ?－前 94)－武帝 때 유명한 혹리. 杜周는 중간에 쫓겨났다가 뒤에 執金吾가 되어 桑弘羊을 체포하였고, 衛 皇后의 형제와 자식들을 철저하게 치죄하였는데, 무제는 두주가 국가를 위해 진력하고 私心이 없다고 생각하여 御史大夫로 승진시켰다. 두주가 처음에 廷史가 되었을 때는 말(馬) 한 마리뿐이었는데 오랫동안 근무하여 三公의 반열에

| 西紀前 | 105 | 104 | 103 | 102 | 101 |
|---|---|---|---|---|---|
| 職＼年 | 元封 六 | 太初 元年 | 二 | 三 | 四 |
| 1 | | | 正月戊寅丞相慶薨閏月丁丑太僕公孫賀爲丞相. | | |
| 2 | | | | | |
| 3 | | | | 正月膠東太守延廣爲御史大夫. | |
| 4 | | | | | |
| 5 | | 睢陵侯張昌爲太常,二年坐乏祠論 | | 牧丘侯石德爲太常,三年坐廟犧牲瘦入穀贖論. | |
| 6 | | 郎中令自爲更爲光祿勳767 | | | |
| 7 | | | | | |
| 8 | | | 侍中公孫敬聲爲太僕.十二年下獄死 | | |
| 9 | | | | | |
| 10 | | 大鴻臚壺充國 | 大鴻臚商丘成十二年遷 | | |
| 11 | | | | | |
| 12 | 少府德有罪自殺.右輔都尉王溫舒行中尉事二年獄族 | 中尉 | 少府王偉 | 搜粟都尉上官桀爲少府.年老免. | |

올랐고, 두 아들이 河南과 河內의 군수를 지내어 재산을 거만금이나 축적하였다. 두주의 治罪는 잔혹하고 포악하였지만 막내아들 杜延年(두연년)만은 그 행실이 寬大厚德했다고 한다.

**767** 郎中令을 光祿勳으로 개칭하다. 太初 원년에, 郎中令을 光祿勳으로 개칭했다. 황제 시종관의 우두머리. 궁궐 門戶의 宿衛를 담당, 황제의 고문에 응대. 아주 중요한 관직. 속관이 많았다. 모든 대부는 광록훈의 속관이었다. 光祿大夫는 中大夫를 개명(질록 比2천석), 광록대부는 여러 대부 중 가장 존귀한 자리. 給事中, 侍中의 가관을 받아 영향력 극대. 후한에서는 점차 閑散職化했다.

| 13 | | 故左內史咸宣爲右扶風,三年下獄自殺. | | |
|---|---|---|---|---|
| 14 | | 京兆尹无忌.左馮翊殷周. | | |

| 西紀前 | 100 | 99 | 98 | 97 |
|---|---|---|---|---|
| 職＼年 | 天漢 元年 | 二 | 三 | 四 |
| 1 | | | | |
| 2 | | | | |
| 3 | 濟南太守琅邪王卿爲御史大夫.二年有罪自殺 | | 二月執金吾杜周爲御史大夫四年卒.[768] | |
| 4 | | | | |
| 5 | | 新疇侯趙弟爲太常,五年坐鞠獄不實論. | | |
| 6 | | | | |
| 7 | | | | |
| 8 | | | | |
| 9 | | | 廷尉吳尊 | |
| 10 | | | | |
| 11 | 大司農桑弘羊.四年貶爲搜粟都尉.[769] | | | |

---

**768** 執金吾(집금오) – 武帝 太初 원년(前 104), 衛尉를 집금오로 개칭. 수도 (장안, 궁궐 제외)의 치안 유지. 황제 출행 시 호위 담당. 秩 中二千石 의 고관.

**769** 兒桑弘羊(상홍양, 前 152 – 80) – 武帝 때 財政 전문가. 鹽, 鐵, 酒 專賣를 주장. 후에 均輸法, 平準法 실시. 上官桀의 謀反에 연루되어 피살되었다.

| 12 | 故廷尉杜周爲執金吾一年遷 | | 弘農太守沛范方渠中翁爲執金吾.[770] |
|---|---|---|---|
| 13 | | | |
| 14 | | | 左馮翊韓不害 |

| 西紀前 | 96 | 95 | 94 | 93 | 92 |
|---|---|---|---|---|---|
| 職＼年 | 太始 元年 | 二 | 三 | 四 | 征和 元年 |
| 1 | | | | | |
| 2 | | | | | |
| 3 | | | 三月,光祿大夫河東暴勝之公子爲御史大夫,三年下獄自殺. | | |
| 4 | | | | | |
| 5 | | | 容城侯唯涂光爲太常,徙爲安定都尉 | 江都侯勒石爲太常,四年,坐爲謁問囚故太僕敬聲亂尊卑免. | |
| 6 | | | | | |
| 7 | | | | | |
| 8 | | | | | |
| 9 | 廷尉郭居 | | | | 廷尉常 |
| 10 | | | | | |
| 11 | 大司農[771] | | | | |
| 12 | | 少府充國 | | | 光祿大夫公孫遺守少府 |
| 13 | | 水衡都尉守 | 直旨使者江充爲水衡都尉. | | |
| 14 | | | | | |

---

**770** 沛范方渠中翁爲執金吾 – 沛縣人. 范方渠(범방거)는 人名, 范이 姓. 中翁 (중옹)은 字.

**771** 大司農 人名 未詳.

| 西紀前 | 91 | 90 | 89 | 88 | 87 |
|---|---|---|---|---|---|
| 職 \ 年 | 征和 二 | 三 | 四 | 後元 元年 | 二 |
| 1 | 四月壬申,丞相賀,下獄死.五月丁巳,涿郡太守劉屈氂爲左丞相[772] | 六月,壬寅丞相屈氂下獄,要斬. | 六月,丁巳,大鴻臚田千秋爲丞相 | | |
| 2 | | | | | 二月丁巳,侍中奉車都尉霍光爲大司馬大將軍 |
| 3 | | 九月,大鴻臚商丘成爲御史大夫.四年,坐祝詛自殺. | | | 二月乙卯搜粟都尉都尉桑弘羊爲御史大夫.七年坐謀叛,誅. |
| 4 | | | | | 侍中駙馬都尉金日磾爲車騎將軍.一年,薨.太僕上官桀爲左將軍.七年反,誅 |
| 5 | | | 繆侯酈終根爲太常,十一年,坐祝詛,誅 | | 當涂侯魏不害爲太常,六年坐孝文廟風發瓦,免 |
| 6 | 光祿勳韓說少卿爲太子所殺. | | 光祿勳有祿 | | |
| 7 | | 邘侯李壽爲衛尉 | | 守衛尉不害 | 守衛尉遺 |
| 8 | | | | | |
| 9 | 廷尉信 | 廷尉意 | | | |

---

**772** 涿郡太守 劉屈氂 – 劉屈氂(유굴리)는 武帝의 庶兄인 中山靖王의 아들인데, 처음에 어떻게 승진했는가를 알 수 없다. 종친으로 승상을 봉하는 선례가 되었다. 巫蠱(무고)의 禍가 일어났을 때 승상이었다. 66권, 〈公孫劉田王楊蔡陳鄭傳〉에 입전.

| | | | | | |
|---|---|---|---|---|---|
| 10 | | 高廟郎中田千秋爲大鴻臚,一年遷. | 大鴻臚戴仁坐祝詛誅.淮陰太守田廣明爲鴻臚,五年遷. | | |
| 11 | | | | | |
| 12 | | | | | 執金吾郭廣意免 |
| 13 | | | 右輔都尉王欣爲右扶風九年遷 | | |
| 14 | 京兆尹于己衍坐大逆誅 | | | 京兆尹建坐祝詛腰斬.773 | |

| 西紀 | 1 | 2 | 3 |
|---|---|---|---|
| 職\年 | 孝平帝 元始元年774 | 二 | 三 |
| 1 | 二月丙辰,太傅孔光爲太師.大司馬王莽爲太傅,大司馬車騎將軍王舜爲太保車騎將軍. | | |
| 2 | 二月丙辰大司馬莽遷. | | |
| 3 | | 二月癸酉,大司空王崇病免.四月丁酉少傅左將軍甄豐爲大司空 | |
| 4 | | 右將軍孫建爲左將軍光祿勳,甄邯爲右將軍光祿勳. | |

---

**773** 이후 昭帝 始元 원년(前 86) 이후, 哀帝 元壽 2년(前 1년)까지의 표를 생략함.

**774** 본서에서는 〈百官公卿表〉(下)에서 高祖 – 武帝 後元 2年(前 87)까지 수록했고, 昭帝 始元 원년(前 86)~哀帝 元壽 二年(前 1)까지는 생략했다. 그리고 漢의 마지막 모습이라 할 수 있는 平帝 元始 元年(서기 1)부터 五年(서기 5)의 〈공경백관표〉를 수록하였다.

| 5 | | 安昌侯張宏子夏爲太常, 二年貶爲越騎校尉. | 城門校尉劉岑子張爲太常,二年徙爲宗伯. |
|---|---|---|---|
| 6 | 侍中奉車都尉甄邯子心爲光祿勳. 三年遷. | | |
| 7 | | | |
| 8 | | | |
| 9 | | | 尙書令潁川鍾元寧君爲大理 |
| 10 | | 大鴻臚橋仁 | |
| 11 | 中郎將蕭成爲大司農. 一年卒. | 光祿大夫孫寶爲大司農, 數月免. | |
| 12 | 少府宗伯鳳君房. 中郎將任岑爲執金吾. 一年卒. | 右輔都尉尹賞爲執金吾. 一年卒. | 執金吾長安王駿君公. 三年遷. |
| 13 | 右輔都尉趙恢君爲右扶風一年免. | 中郎將幸成子淵爲水衡都尉. 大司馬司直沛武襄君孟爲右扶風, 三年爲冀州牧. | |
| 14 | 大司徒司直金欽爲京兆尹, 一月爲侍中. 光祿大夫左馮翊張嘉. | | 左馮翊匡咸子期 |

| 西紀 | 4 | 5 |
|---|---|---|
| 職\年 | 元始四 | 五 |
| 1 | | 四月乙未,太師光薨. 大司徒宮爲大司馬,八月壬午免. 十二月丙午,長樂少府平晏爲大司徒 |
| 2 | | |
| 3 | | |
| 4 | | 執金吾王駿爲步兵將軍 |
| 5 | | |
| 6 | | 太僕惲(운)爲光祿勳 |
| 7 | | |
| 8 | | |

| 9 | | |
|---|---|---|
| 10 | | 大鴻臚左咸 |
| 11 | 宗正容更爲宗伯,一年免. | 太常劉岑爲宗伯. 大司農尹咸. |
| 12 | | |
| 13 | 將作大匠謝堯爲右扶風. 年七十病免. 賜爵關內侯. | 尙書令南陽鄧馮君侯爲右扶風 |
| 14 | 京兆尹鐘義. 左馮翊沛孫信子儒. | 宰衡護軍武襄爲京兆尹. 數月遷. 中郎將南陽郝黨子嚴爲左馮翊. |

# 고금인표
## 古今人表

# 八. 古今人表
〈고금인표〉[775]《漢書》20卷(表 8)

原文

自書契之作, 先民可得而聞者, 經傳所稱, 唐,虞以上, 帝王有號諡. 輔佐不可得而稱矣, 而諸子頗言之, 雖不考虖孔氏, 然猶著在篇籍, 歸乎顯善昭惡, 勸戒後人, 故博采焉.

孔子曰, "若聖與仁, 則吾豈敢?" 又曰, "何事於仁, 必也聖乎!" "未知, 焉得仁?" "生而知之者, 上也, 學而知之者, 次也, 困而學之, 又其次也, 困而不學, 民斯爲下矣." 又曰, "中人

---

**775** 〈古今人表〉의 제목은 古今의 人物 평가에 관한 표이다. 실제로 班固가 漢 高祖를 上上에서 下下까지 9등급 중 어디에 배치할 수 있겠는가? 옛 인물에 대한 여러 경전에 대한 평가를 참고하여 배치한다 하였지만 그 평가가 어찌 쉬운 일이겠는가? 다만 옛사람의 행적을 今人의 거울(鑑)로 삼기 위한 참고 자료일 뿐이다. 顔師古는 古人에 대한 次序를 정했지만 今人에 대한 표를 만들지 않은 것은《漢書》가 班固의 손에 모두 완성되지 않았기 때문이라고 보충했다. 그러나 班固 以前 前漢 代 人物의 後孫이 여전히 살아 있는데, 어찌 中과 下를 구분하겠는가? 中의 下와 下의 上을 어떤 근거로 구분하겠는가? 반고가 아닌 누구라도 손을 댈 수 없을 것이다.

以上, 可以語上也.""唯上智與下愚不移."

## 〖국역〗

옛날 문자가 만들어진 이래로, 先世의 여러 인물에 관하여 (우리가) 알 수 있는 것은 여러 經傳에 걸쳐 기록이 남았으며, 唐, 虞(당우, 堯, 舜) 이전의 제왕일지라도 제호나 시호 기록이 있기 때문이다. 제왕을 보좌한 사람에 대하여 알 수는 없지만, 다른 여러 諸子書에서 많이 언급하였으며, 비록 공자의 평가를 고찰할 수 없더라도 여러 전적에 많은 기록이 있고, (그런 기록이) 선과 악을 드러내어 후인들에게 훈계하는 바가 많기에 여러 책에서 채택하였다.

孔子는 "내가 어찌 감히 聖과 仁이라 하겠는가?"라고 말했고,[776] 또 "어찌 仁人뿐이겠는가? 틀림없이 聖人일 것이다."라 하였으며,[777] "아직 잘 알 수 없지만, 어찌 仁이라 하겠는가?"라고 하였다.[778]

"태어나면서부터 아는(生而知之) 者는 上等이고, 배워 아는(學而知之) 사람은 그 다음이고, 모르는 것이 하도 답답하여 배우는 사람은(困而學之) 또 그 다음이지만, 몰라서 답답하여도 배우지 않는 사람(困而不學)은 하등이다."[779]

---

**776** 《論語 述而》子曰, "若聖與仁, 則吾豈敢? 抑爲之不厭, 誨人不倦, 則可謂云爾已矣." 이는 공자의 謙辭(겸사)라 할 수 있다.

**777** 《論語 雍也》子貢曰, "如有博施於民而能濟衆, 何如? 可謂仁乎?" 子曰, "何事於仁! 必也聖乎! 堯舜其猶病諸! 夫仁者, 己欲立而立人, 己欲達而達人. 能近取譬, 可謂仁之方也已."

**778** 《論語 公冶長》子張問曰, "令尹子文三仕爲令尹, ~ 子曰, "忠矣." 曰, "仁矣乎?" 曰, "未知, 焉得仁?"

**779** 《論語 季氏》孔子曰, "生而知之者上也, 學而知之者次也, 困而學之, 又

그리고 또 "재능이 中人 이상이면 재능 이상을 말해줄 수 있다(그러면 이해하려고 노력을 할 것이다)."[780] "上智와 下愚는 바뀔 수 없다."고 하였다.[781]

傳曰,「譬如堯,舜, 禹, 稷,卨與之爲善則行, 鯀,讙兜欲與爲惡則誅. 可與爲善, 不可與爲惡, 是謂上智. 桀,紂,龍逢,比干欲與之爲善則誅, 于莘,崇侯與之爲惡則行. 可與爲惡, 不可與爲善, 是謂下愚. 齊桓公, 管仲相之則霸, 豎貂輔之則亂. 可與爲善, 可與爲惡, 是謂中人.」

因茲以列九等之序, 究極經傳, 繼世相次, 總備古今之略要云.

〔국역〕

여러 경전의 기록에 의하면,「堯(요)와 舜(순), 禹(우), 后稷(후직), 卨(설) 같은 사람의 선행은 곧 (자연스런) 실천이지만, 鯀(곤)과 讙兜(환두)와 같이 惡을 행한 사람은 죽음을 당했다. 그래서 다른 사람과 함께 善을 실천하지만 함께 악행을 저지를 수 없으니 이런 사람은 上智이다. (夏의) 桀王(걸왕), (殷의) 紂王(주왕)에게 (걸왕의 충신) 關龍逢

---

其次也, 困而不學, 斯爲下矣."

**780**《論語 雍也》子曰, "中人以上, 可以語上也, 中人以下, 不可以語上也."

**781**《論語 陽貨》子曰, "唯上知與下愚不移."

(관용봉)과 (주왕의 신하인) 王子 比干(비간)은 선행을 실천하라고 忠諫(충간)했지만 誅殺(주살)당했고, 于莘(우신)과 崇侯(숭후)는 함께 악행을 저질렀지만 인정을 받았다.[782] 더불어 악행을 범했지만 선행을 하지 못했으니 그런 사람들은 下愚(하우)라 할 수 있다. 齊의 桓公은(환공, 五霸의 한 사람) 管仲(관중)의 보필을 받아 패자가 되었지만, 환관 貂(초)의 보필로 나라가 혼란하였다. 제 환공은 선행과 악행을 함께 하였으니 中人이라 할 수 있다.」

　이런 방식으로 9등급의 서열을 정했는데,[783] 여러 경전을 철저하

---

**782** 于莘(우신)은 桀王의 勇士. 崇侯(숭후)는 紂王에게 아첨한 佞臣(영신).

**783** 〈古今人表〉에서 上上 등급은 聖人, 上中은 仁人, 上의 하는 智人이라고 평가했고, 下下는 愚人(우인)이라 하였다. 上之上의 聖人에는 太昊帝宓羲氏, 炎帝神農氏, 黃帝軒轅氏, 顓頊帝高陽氏, 帝堯陶唐氏, 帝舜有虞氏, 帝禹夏后氏 등 三王, 그리고 周公, 공자를 배치하였는데 孔子 이후 성인은 없다. 上之中 仁人에는 屈原, 孟子, 子思, 顔淵, 閔子騫 등이 배치되었고 공자의 유명한 제자는 대개 上之下인 智人에 배치하였다.

《孔子家語 五儀解(오의해)》에는 魯(노) 哀公(애공)의 '어떤 사람이 聖人이냐?'라는 물음에 공자가 대답했다. "소위 聖人이란 그 德(덕)이 天地에 合一하며, 그 變化(변화)와 通達(통달)에 일정한 틀이 없으며, 세상만사의 終始(종시)를 철저히 알고, 만물의 자연 천성과 합치하며, 大道를 깨우쳤고 인간의 性情(성정)을 완성케 도우며, 그 덕이 日月처럼 밝고 神처럼 변화할 수 있지만, 백성이 (본래 그런 줄 알아) 그 德化(덕화)를 알지 못하고, 그런 분이 있는가를 이웃도 모를 경우에 그를 성인이라 합니다."

이럴 경우 聖人은 인간으로서 완벽한 지혜와 인격의 소유자이며, 모든 것을 다 알고 신통한 능력을 가진 사람이다. 그러나 이는 후세 사람의 지칭이고, 공자 자신은 성인이라고 생각하지도 않았으며, '태어나면서부터 모든 것을 다 아는 사람도 아니다.'라고 분명히 말하면서, 자신은 옛 법도를 좋아하면서도 부단히 노력하며 배우는 사람이라고 말했다. 《論語 述而》子曰, 我非生而知之者, 好古敏以求之者也.

게 조사하여 시대에 따라 배열하였으며,[784] 전체적으로 고금 인물의
대략을 갖춰 평가하였다.

| 上上<br>聖人 | 上中<br>仁人 | 上下<br>智人 | 中 | | | 下 | | |
|---|---|---|---|---|---|---|---|---|
| | | | 上 | 中 | 下 | 上 | 中 | 下 |
| 太昊帝 宓羲氏<br>(태호제 복희씨)[785] | 女媧氏 (여와씨)[786] | | | | | | | |
| | 共工氏 (공공씨)[787] | | | | | | | |
| | 容成氏 (용성씨) | | | | | | | |
| | 大廷氏 (대정씨) | | | | | | | |
| | 柏皇氏 (백황씨) | | | | | | | |
| | 中央氏 (중앙씨) | | | | | | | |
| | 栗陸氏 (율륙씨) | | | | | | | |

---

**784** 本表를 통하여 시대의 선후는 짐작할 수 있지만 생존 연대의 정확한
기록은 하나도 없다.

**785** 太昊(태호)는 龍을 토템(圖騰)으로 숭배하는 황하나 濟水 지역의 부족
장으로 알려졌다. 太昊帝는 伏羲(복희)와는 다른 사람이라는 주장도
있다. 그물을 만들어 고기 잡는 법을 가르쳐 주었다는 전설 속의 사람.
宓羲氏(복희씨). 宓의 音은 伏, 處과 同.

**786** 女媧(여와) – 媧皇, 女媧娘娘. 중국 전설 속의 인물. 人首蛇身(龍身). 진
흙으로 사람을 처음 만들었으며 터진 하늘을 꿰맸다고 한다. 笙簧(생
황)을 발명했고, 결혼제도를 처음 創設했다.

**787** 共工은 氏族名, 中國 古代神話 속의 水神이다. 《列子 湯問》에 의하면,
共工氏와 顓頊(전욱)이 서로 제왕이 되려고 다투었다. 공공씨가 화가
나서 不周山을 후려쳐서 하늘을 떠받친 기둥을 부러트렸고 땅을 묶어
맨 받줄을 잘라버렸다. 그래서 하늘이 서북쪽으로 기울었다. (중국의
서북쪽은 산이 높은 것이 아니라 하늘이 낮아진 것이라는 뜻). 그리고
땅은 동남쪽을 다 채우지 못해 강물이 동으로 흐르고 바다가 동남쪽에
생겼다. 또 共工氏는 黃帝 王朝 時代의 部落 이름이며 共工, 驩兜(화
누), 三苗(삼묘), 鯀(곤)과 함께 四凶의 한 사람으로 꼽힌다.

| | | | | | | | |
|---|---|---|---|---|---|---|---|
| | 驪連氏(여련씨) | | | | | | |
| | 赫胥氏(혁서씨) | | | | | | |
| | 尊盧氏(존로씨) | | | | | | |
| | 沌渾氏(돈혼씨) | | | | | | |
| | 昊英氏(호영씨) | | | | | | |
| | 有巢氏(유소씨)[788] | | | | | | |
| | 朱襄氏(주양씨) | | | | | | |
| | 葛天氏(갈천씨)[789] | | | | | | |
| | 陰康氏(음강씨) | | | | | | |
| | 亡懷氏(무회씨) | | | | | | |
| | 東扈氏(동호씨) | | | | | | |
| | 帝鴻氏(제홍씨) | | | | | | |
| 炎帝 神農氏[790] | 悉諸(실제)[791] | | | | | | |
| | 少典(소전)[792] | | | | | | |
| | 列山氏(열산씨) | | | | | | |
| | 歸臧氏(귀장씨) | | | | | | |
| 黃帝 軒轅氏[793] (황제 헌원씨) | 方雷氏(방뢰씨)[794] | 倉頡 (창힐)[795] | | | | | 蚩尤 (치우)[796] |

---

**788** 有巢氏(유소씨, 大巢氏, 巢는 둥지 소) – 전설 속의 인물, 사람들은 들판에서 땅을 파고 살았기에 늘 야수의 침해를 당했다. 나무를 얽어 둥지를 만들어 살게 가르쳤다. 이에 사람들은 穴居(혈거)가 아닌 집을 짓고 살게 되었다.

**789** 葛天氏(갈천씨) – 上古 傳說 속의 현명한 인물. 크게 다스릴 때, 백성들은 편안한 생활을 즐겼기에 갈천씨는 樂神으로 숭배된다. 그 마을이, 今 河南省 長葛市이며 葛國과 葛姓의 선조가 되었다.

**790** 炎帝 神農氏 – 火德으로 王이 되었기에 炎帝라고 한다. 쟁기를 처음 발명했고, 인간에게 농사를 가르쳤기에 神農씨라 부른다.

**791** 悉諸(실제) – 炎帝의 스승.

**792** 少典(소전) – 炎帝의 妃, 黃帝를 출산했다.

**793** 黃帝 軒轅氏(헌원씨) – 土德으로 王이 되었기에 黃帝라고 부른다. 중국인은 자신들이 黃帝의 후손이라 자처한다. 수레와 冠과 의복 제도를

| | 嫘祖(류조)[797] | | | | | | |
|---|---|---|---|---|---|---|---|
| | 肜魚氏(융어씨) | | | | | | |
| | 悔母(회모)[798] | | | | | | |
| | 封鉅 (봉거)[799] | | | | | | |
| | 大塡(대전)[800] | | | | | | |
| | 大山稽(대산계)[801] | | | | | | |
| | 力牧(역목) | | | | | | |
| | 風后(풍후) | | | | | | |
| | 鬼臾區(귀유구) | | | | | | |
| | 封胡(봉호) | | | | | | |
| | 孔甲(공갑) | | | | | | |
| | 岐伯(기백)[802] | | | | | | |
| | 泠淪氏(영륜씨)[803] | | | | | | |

만들었다.

**794** 方雷氏(방뢰씨) − 黃帝의 妃.

**795** 倉頡(창힐) − 黃帝의 史官. 文字를 만들었다.

**796** 蚩는 어리석을 치. 尤는 더욱 우. 멀리 떨어지다. 신화나 전설 속의 부족의 우두머리. 神農氏(炎帝) 후손의 한 갈래. 뒷날 黃帝(황제)와 크게 싸웠다. 이에 치우는 전쟁과 동의어로도 사용된다. 치우를 받드는 자에게는 전쟁의 신이지만, 배척자들에게는 재앙의 상징이다. 중국 苗族(묘족)의 조상. 呂刑(여형)은 西周 周 穆王(목왕)이 呂侯에 명하여 제정한 周의 형벌의 원칙이라 할 수 있다. 《尙書 呂刑》참고.

**797** 嫘祖(유조, 류조) − 黃帝의 妃, 昌意(창의)를 출산했다.

**798** 肜魚氏(융어씨). 悔母(회모) − 黃帝의 妃.

**799** 封鉅 (봉거) − 黃帝의 師.

**800** 大塡(대전) − 黃帝의 師.

**801** 大山稽(대산계) − 黃帝의 師.

**802** 岐伯(기백) − 黃帝의 太醫.

**803** 泠淪氏(영륜씨) − 黃帝의 樂官. 12律의 創始者.

| | | | | | | | | | |
|---|---|---|---|---|---|---|---|---|---|
| 少昊帝 金天氏<br>(소호제 금천씨)**804** | 五鳥(오조) | | | | | | | | |
| | 五鳩(오구)**805** | | | | | | | | |
| | 昌僕(창복)**806** | | | | | | | | |
| 顓頊帝 高陽氏<br>(전욱제 고양씨)**807** | 女祿(여록) | | | | | | | | |
| | 九黎(구려) | | | | | | | | |
| | 嬌極(교극) | | | | | | | | |
| | 吳回(오회) | | | | | | | | |
| | 后土(후토) | | | | | | | | |
| | 蓐收(욕수) | | | | | | | | |
| | 玄冥(현명) | | | | | | | | |
| | 熙(희) | | | | | | | | |
| | 柱(주) | | | | | | | | |
| | 帥眛(수미) | | | | | | | | |
| | 允格(윤격) | | | | | | | | |
| | 臺駘(대태) | | | | | | | | |
| | 窮蟬(궁선) | | | | | | | | |
| | 大款(대관) | | | | | | | | |
| | 栢夷(백이) | | | | | | | | |
| | 亮父(양부) | | | | | | | | |
| | 綠圖(녹도) | | | | | | | | |
| | 僑極(교극) | | | | | | | | |

---

**804** 少昊帝 金天氏 – 金德으로 王이 되었기에 金天氏라 부른다.

**805** 五鳥(오조) 五鳩(오구) – 少昊帝의 관리.《左傳》昭公 十七年 참고.

**806** 昌僕(창복) – 昌意의 妃, 顓頊(전욱)을 출산했다.

**807** 顓頊帝 高陽氏(전욱제 고양씨) – 전설 속의 인물. 五帝之一. 父親은 昌意 (창의). 黃帝의 손자. 高陽(今 河南 杞縣)에 봉해졌다. 黃帝 死後에 제 위에 올랐다. 帝丘에서 통치. 時年 20세.

| | | | | | | | |
|---|---|---|---|---|---|---|---|
| 帝嚳 高辛氏<br>(제곡 고신씨)808 | 姜原(강원)809 | | | | | | |
| | 簡逖(간탕)810 | | | | | | |
| | 陳豐(진풍)811 | | | | | | |
| | 娵訾(추자)812 | | | | | | |
| | 祝融(축융)813 | | | | | | |
| | 陸終(육종) | | | | | | |
| | 女潰(여궤)814 | | | | | | |
| | 廖叔安(요숙안) | | | | | | |
| | 丹人(단인) | | | | | | |
| | 赤松子(적송자)815 | | | | | | |
| | 栢招(백초)816 | | | | | | |
| | 句望(구망) | | | | | | |
| | 敬康子(경강자) | | | | | | |
| | 帝摯(제지) | | | | | | |

**808** 帝嚳 高辛氏(제곡 고신씨) - 傳說 속 人物, 五帝之一. 祖父는 玄囂(현효, 黃帝의 長子). 父親은 僑極(교극). 帝 顓頊(전욱)은 嚳(곡)의 堂伯父. 帝嚳은 어려서부터 德行이 있고 총명 유능했다. 顓頊(전욱) 死後에 제위에 올랐는데 時年 30歲였다. 毫(박, 今 河南 偃師市)에 도읍. 木德爲帝. 少昊氏(소호씨) 이전은 그 德으로 천하 통치자의 호칭으로 사용했다. 그러나 전욱제 고양씨 부터는 출신 지명으로 호칭을 삼았다. 高陽과 高辛(고신)은 모두 지명이다. 顓頊(전욱)과 嚳(곡)은 그 字를 호칭으로 함께 사용했다.

**809** 姜原(강원) - 帝嚳(제곡)의 正妃. 周弃의 시조인 族(기)를 출산했다.

**810** 簡逖(간탕) - 帝嚳의 妃. 殷의 조상인 契(설)을 출산했다.

**811** 陳豐(진풍) - 帝嚳의 妃. 堯(요)를 출산했다.

**812** 娵訾(추자) - 帝嚳의 妃. 摯(지)를 출산했다.

**813** 祝融(축융) - 神話人物, 號 赤帝, 火神. 남방의 神. 夏神. 神農氏의 輔佐神.

**814** 女潰(여궤) - 陸終(육종)의 妃. 彭祖(팽조)를 출산했다.

**815** 赤松子(적송자) - 又名 赤誦子, 左聖南極南嶽眞人, 又 左仙太虛眞人, 상고 시대의 仙人. 王子喬(왕자교)와 함께 장생한 仙人의 대표자.

**816** 栢招(백초) - 帝嚳의 師.

| 帝堯 陶唐氏 (제요 도당씨)[817] | 女皇(여황)[818] | | | | | 朱[819] | 共工 |
|---|---|---|---|---|---|---|---|
| | 羲仲(희중) | | | | | | |
| | 羲叔(희숙) | | | | | 闕伯 (알백) | 讙兜 (환두)[820] |
| | 和仲(화중) | | | | | | |
| | 和叔(화숙) | | | | | 實沈 (실침) | 三苗[821] |
| | 倉舒(창서) | | | | | | |
| | 隤敳(퇴애) | | | | | 鼓叟 (고수)[822] | 鯀 (곤)[823] |
| | 檮戭(도연) | | | | | 女志[824] | |
| | 大臨(대림) | | | | | | |
| | 尨降(방강) | | | | | | |
| | 咎繇(구요) | | | | | | |
| | 仲容(중용) | | | | | | |
| | 叔達(숙달)[825] | | | | | | |

---

**817** 帝堯 陶唐氏 – 堯. 陶唐氏, 名은 放勳(방훈). 陶에 봉해졌다가 唐(今 山西省 臨汾市)을 옮겼다. 唐堯라고도 부른다. 역사 전설 중 五帝의 한 사람. 道敎의 天官大帝. 탄생일은 정월보름 上元節이라고 한다.

**818** 女皇(여황) – 堯의 妃. 散宜氏 女이다.

**819** 朱(주) – 丹朱. 堯의 아들.

**820** 讙兜(환두) – 歡兜, 驩頭. 鯀(곤)의 孫子. 三苗族(삼묘족)의 首領.

**821** 三苗(삼묘) – 漢族의 전설 중 堯, 舜, 禹 在位 시절 長江 중 하류 일대의 이민족 집단. 有苗氏, 苗民 등으로 호칭. 漢族이 늘어나면서 河水 일대에서 長江 지역으로 밀려난 종족일 것임.

**822** 鼓叟(고수) – 舜(순)의 生父.

**823** 鯀(곤) – 鮌과 同. 禹의 父. 치수 사업의 실패로 방축되어 죽었다. 禹는 부친의 뒤를 이어 치수사업을 담당, 성공하였다.

**824** 女志 – 鮌(곤)의 아내. 禹(우)의 모친.

**825** 倉舒(창서). 隤敳(퇴애), 檮戭(도연). 大臨(대림). 尨降(방강). 咎繇(구요),

| | | | | | | |
|---|---|---|---|---|---|---|
| 栢奮(백분) | | | | | | |
| 仲堪(중감) | | | | | | |
| 叔獻(숙헌) | | | | | | |
| 季仲(계중) | | | | | | |
| 栢虎(백호) | | | | | | |
| 仲熊(중웅) | | | | | | |
| 叔豹(숙표) | | | | | | |
| 季熊(계웅)826 | | | | | | |
| 尹壽(윤수) | | | | | | |
| 被衣(피의) | | | | | | |
| 方回(방회)827 | | | | | | |
| 王兒(왕아) | | | | | | |
| 齧缺(설결) | | | | | | |
| 許繇(허요)828 | | | | | | |
| 巢父(소보)829 | | | | | | |
| 子州支父(자주지부) | | | | | | |

---

仲容(중용). 叔達(숙달) 등 8人을 八愷(팔개)라 칭한다.

**826** 栢奮(백분). 仲堪(중감), 叔獻(숙헌). 季仲(계중). 栢虎(백호). 仲熊(중웅), 叔豹(숙표). 季熊(계웅) 등 8人을 八元이라 호칭한다.

**827** 尹壽(윤수)는 堯의 스승. 被衣(피의)와 方回(방회)는 隱士.

**828** 許繇(허요) － 許由(허유) － 堯 시기의 高士, 堯가 그에게 禪讓(선양)하려 하자 箕山(기산)으로 옮겨와 농사를 지으며 살았다. 堯가 허유에게 九州長官을 맡아달라고 부탁하자, 허유는 潁水(영수)에 가서 귀를 씻었다 (洗耳). 이는 명예나 녹봉에 관한 말은 그의 귀를 더럽힌다는 뜻일 것이다.

**829** 巢父(소부, 소보) － 唐堯 시기의 隱士. 나무 위에 새 둥지 같은 집을 짓고 살았다. 堯가 제위를 소부에게 양위하려 하자 소부는 許由를 천거했다.

| | 娥皇(아황)[831] | 手敤(수과)[832] | | | | | 象[833] |
|---|---|---|---|---|---|---|---|
| | 女嬰(여영)[834] | 董父(동보) | | | | | 商均[835] |
| | 棄(기)[836] | 石戶之農(석호지농) | | | | | |
| | 姞人(길인)[837] | 北人 亡擇(망택) | | | | | |
| 帝舜 有虞氏 (제순 유우씨)[830] | 卨(설)[838] | 洛陶(낙도) | | | | | |
| | 垂(수) | 續身(속신) | | | | | |
| | 朱斨(주장) | 柏陽(백양) | | | | | |
| | 栢譽(백예) | | | | | | |
| | 栢益(백익) | 東不訾(동불자) | | | | | |
| | 龍(용) | 秦不虛(진불허)[839] | | | | | |
| | 夒(기)[840] | 昭明(소명)[841] | | | | | |

**830** 帝舜 有虞氏 – 舜(순) 上古時代 五帝의 한 사람. 名은 重華(중화). 姚姓, 뒷날 嬀水(규수) 가에 살아 嬀姓, 有虞氏. 도읍은 蒲阪(포판, 今 山西 서남부 永濟市). 堯의 禪讓(선양)을 받았다. 孔子는 舜에 대하여 '德으로는 聖人, 尊位로는 天子이다.'라고 하였다. 《中庸》참고.

**831** 娥皇(아황) – 舜의 妃.

**832** 手敤(수과) – 舜(순)의 여동생(妹).

**833** 象(상) – 舜의 이복 아우.

**834** 女嬰(여영, 女英) – 舜의 妃. 堯의 딸. 아황과 형제.

**835** 商均(상균) – 舜의 아들.

**836** 棄(기) – 后稷(후직). 姬姓, 名은 棄. 稷山(今 山西 서남부, 運城市 稷山縣)에서 출생. 농사를 잘 지었고, 백성에게 농사를 가르쳤다. 堯舜 시대의 農官. 周 部落의 姬姓의 始祖.

**837** 姞人(길인) – 棄(기)의 妃.

**838** 卨(설) – 殷 나라의 시조. 契와 동.(계, 설).

**839** 洛陶(낙도)에서 秦不虛까지는 모두 舜의 벗(友).

**840** 夒(기) – 堯, 舜 時代의 樂官.

**841** 昭明(소명) – 卨(설)의 아들.

| | | | | | | | | |
|---|---|---|---|---|---|---|---|---|
| | 女趫(여교)843 | 奚仲(해중) | | | | | | |
| | 啓844 | 相土845 | | | | | | 有扈氏(유호씨)846 |
| 帝禹 夏后氏(제우 하후씨)842 | 六卿 | | | 昌若(창약)847 | | | | |
| | 不窋(불줄)848 | | | 根圉(근어)849 | | | 太康850 | |
| | | | 胤(윤) | | 中康(중강)851 | 后夔玄妻852 | 義和(희화)853 | |

---

**842** 帝禹 夏后氏(前 2123 - 前 2055년?) - 姒는 姓, 夏后氏. 傳說에서 名은 文命, 보통 大禹라 존칭. 사실 神話的 人物이다. 黃帝 軒轅氏의 玄孫이며, 大禹 治水로 널리 알려졌다. 禹는 중국 최초 세습 왕조 夏의 건국자, 왕위를 아들 啓(계)에게 넘겨주었다. 安邑(今 山西省 남부 夏縣)에 定都했었다.

**843** 女趫(여교) - 禹의 妃, 塗山氏의 女. 啓(계)를 출산했다.

**844** 啓 - 禹의 子. 夏의 2代 君主.

**845** 相土 - 昭明의 子.

**846** 有扈氏(유호씨) - 王 啓(계)와 甘(감)에서 싸운 者.

**847** 昌若(창약) - 相土(상토)의 子. 殷의 先祖.

**848** 不窋(불줄) - 棄(후직)의 아들.

**849** 根圉(근어) - 昌若의 子.

**850** 太康 - 夏의 3代 王. 啓의 子, 그 형제 五人을 五觀이라 통칭.

**851** 中康(중강) - 太康의 弟.

**852** 后夔玄妻 - 后인 夔(기)의 玄妻(현처).

**853** 義和(희화) - 폐위될 때 해(日) 운행을 어지럽혔지만, 胤(윤)에게 정복

| | | | | | | | |
|---|---|---|---|---|---|---|---|
| | | | 有扔君<br>(유잉군) | 相(상)<br>854 | 逢門子<br>(봉문자) | | 羿(예)<br>855 |
| | | | 武羅<br>(무라)<br>栢因<br>(백인)<br>熊髡<br>(웅곤)<br>庬圉<br>(방어)<br>856 | 后緡<br>(후민)<br>857 | | | 韓浞<br>(한착)<br>858 |
| | | | | | | | 奡(오)<br>859 |
| | 少康860 | 靡(미) | | | 斟灌氏<br>(짐관씨)<br>861 | 殪(예) | |
| | 二姚<br>(이요)<br>862 | 女艾<br>(여애) | 虞后氏<br>(우후씨) | | 斟尋氏<br>(짐심씨) | 栢封叔<br>(백봉숙) | |
| | | 冥(명) | 杼(저)<br>863 | | | | |
| | 芬(분) | 垓(해) | 槐(괴) | | | | |

---

되었다.

**854** 相(상) – 中康(중강)의 子.

**855** 羿(예) – 有窮(유궁) 國의 主君. 名弓.

**856** 武羅(무라) 이하 四人은 모두 羿(예)의 賢臣이다.

**857** 后緡(후민) – 相(상)의 妃. 少康(소강)을 출산했다.

**858** 韓浞(한착) – 羿(예)의 相也.

**859** 奡는 오만할 오, 힘셀 오. 楚詞에서 보이는 澆(물댈 요. 人名).

**860** 少康 – 相의 아들. 夏의 6代 君主.

**861** 斟灌氏(짐관씨) 斟尋氏(짐심씨) – 二國은 夏의 同姓 諸侯이다.

**862** 二姚 – 少康의 妃.

**863** 杼(저) – 少康의 子.

| | | | | | | |
|---|---|---|---|---|---|---|
| | 芒864 | 微(미) 865 | | | | |
| | 泄(설) | 鞠(국) 866 | 報丁 (보정) 867 | | | |
| | 不降 (불강) | 扃(경) 868 | 報乙 | 孔甲869 | | |
| | 劉累 (유루) | | 報丙 | | | |
| | 公劉 (공유) 870 | 廑(근) | 主壬 (주임) | 皋(고) | | |
| | | | 主癸 (주계) | 發(발) | | |
| | | 關龍逢 (관용봉) 871 | | 韋(위) | 癸(계) 872 | |

---

**864** 芒(망) – 槐(괴)의 아들. 夏의 9代 君主.

**865** 微(미) – 垓의 子.

**866** 鞠(국) – 不窋(불줄)의 子.

**867** 報丁(보정) – 微의 子.

**868** 扃(경) – 不降(불항)의 弟. 夏의 12代 君主.

**869** 孔甲 – 姒(사)는 姓, 名은 孔甲. 夏朝 14대 君主, 재위 연도 미상. 昏君(혼 군)으로 鬼神으로 분장하기를 즐겼고, 國事가 淫亂하였다.

**870** 公劉 – 姬姓, 鞠(국)의 아들. 周에서 최초로 公의 칭호를 받은 부족의 대 표자. 周朝 王室의 始祖.

**871** 關龍逢(관용봉) – 夏朝 폭군 桀(걸)의 大臣. 直言 極諫(극간)으로 피살. 商朝(殷) 말년, 폭군 紂王(주왕)에 피살된 比干(비간)과 함께 忠臣의 대 명사.

**872** 癸(계, 履癸) – 發王의 子, 곧 桀王(걸왕). 桀(걸, 생졸년 미상) – 姒姓, 夏后 氏. 名은 履癸(이규), 夏桀로 통칭. 夏朝 17대 겸 마지막 왕. 發王의 아

| | | | | | | | |
|---|---|---|---|---|---|---|---|
| | | | | | 鼓(고) | 末嬉(말희) 873 | |
| | | | | | 昆吾(곤오) | 推侈(추치) | |
| | | | | | 于辛(우신) | 葛伯(갈백) | |
| 帝湯殷商氏 874 | 有藝氏(유신씨) 875 | 仲虺(중훼) 876 | 虞公遂(우공수) | 慶節(경절) | | 尹諧(윤해) | |
| | | | 逢公(봉공) | | | | |
| | | 老彭(노팽) 877 | 栢陵(백릉) | | | | |
| | | 義伯878 | 費昌 | | | | 辛(신) 879 |

들. 桀은 신체가 건장하여 赤手空拳으로 호랑이를 때려잡을 정도였다. 王后 妹喜(말희)를 총애했고, 정사에 전혀 뜻이 없었으며, 忠良한 신하를 대량으로 학살하였다. 酒池肉林의 잔치를 벌렸으며, 湯王에게 鳴條之戰에서 패해 南巢(남소, 今 安徽省 巢湖市 居巢區)로 방출되었다가 병사했다. 폭군의 대명사. 《史記》에는 桀의 아들 淳維(순유)가 북으로 도망가 匈奴가 되었다고 하였다.「匈奴, 其先祖夏后氏之苗裔也, 曰淳維.」

**873** 末嬉(말희) – 桀王(걸왕)의 妃.

**874** 湯(탕) – 禹(우)나 湯(탕)은 모두 字이다. 三代는 문채보다 질박을 숭상하였으니 호칭에서도 그 名보다 字를 호칭으로 즐겨 사용하였다.

**875** 有藝氏(유신씨) – 湯의 中妃.

**876** 仲虺(중훼) – 湯의 左相也.

**877** 老彭(노팽) – 殷의 현인. 《論語 述而》에 보인다.

**878** 義伯 義仲 – 湯의 二臣.

**879** 辛(신) – 殷 帝乙의 子. 紂王(주왕).

| | | | | | | |
|---|---|---|---|---|---|---|
| 大丁[880]<br>中. | 中伯. | 終古[881] | | 皇僕<br>(황복) | | |
| 伊尹<br>(이윤)<br>882 | 卞隨<br>(변수)<br>883 | | | | | |
| 咎單<br>(구선)[884]<br>太 | 務光<br>885 | 外丙<br>886 | | | | |
| | | 中壬<br>(중임) | | | | |
| 太甲[887] | | 沃丁<br>(옥정)<br>888 | | 差弗<br>(차불) | | |
| | | 大庚<br>(대경) | | | | |
| | | 小甲 | | | | |
| | | 雍己<br>(옹기) | | | | |

---

880 大丁 – 湯王의 태자. 未立而卒.

881 終古 – 夏의 太史令.

882 伊尹(이윤) – 湯王의 右相.

883 卞隨(변수) – 殷 湯은 夏 桀(걸)을 토벌하기 전에, 이를 隱士인 卞隨와 商量하였으나 변수는 대답하지 않았다. 湯이 商朝를 건국한 뒤 卞隨에 게 선양하려 하자 더러운 말을 들었다며 물에 몸을 던져 죽었다.

884 咎單(구선) – 湯王의 臣, 主 土地之官.

885 務光(무광) – 夏 말기의 고결한 은사. 商湯이 禪位하려 하자 廬水(여수) 에 몸을 던져 자살한 사람.

886 外丙 – 大丁의 弟. 殷 2代 군주.

887 太甲 – 大丁의 子. 湯의 孫子. 殷 4代, 太宗.

888 沃丁(옥정) – 太甲의 子.

| | | | | | | | | |
|---|---|---|---|---|---|---|---|---|
| 大戊<br>(태무)889 | 伊陟<br>(이척)890 | 孟獻<br>(맹헌) | | 毁隃<br>(훼유)891 | | | |
| 巫咸<br>(무함)892 | 臣扈<br>(신호)893 | 中衍<br>(중연) | | | | | |
| | | 中丁 | | | | | |
| | 外壬<br>(외임)894 | | | | | | |
| | 河亶甲<br>(하단갑)895 | | | 公非<br>(공비) | | | |
| 祖乙<br>(조을)896 | 巫賢<br>(무현) | | | 辟方<br>(벽방) | | | |
| | | 祖辛<br>(조신)897 | | | | | |
| | | 沃甲<br>(옥갑)898 | | 高圉<br>(고어) | | | |
| | | 祖丁(조정) | | | | | |
| | | 南庚(남경) | | 夷竢(이사) | | | |
| | 大彭(대팽) | | | | | | |
| | 豕韋(시위) | | | 亞圉(아어) | | | |

---

**889** 大戊(태무, 太戊) – 雍己의 弟. 殷 9代 中宗.

**890** 伊陟(이척) – 伊尹의 子.

**891** 毁隃(훼유) – 위 差弗(차불)의 子.

**892** 巫咸(무함) – 大戊의 臣.

**893** 臣扈(신호) – 湯의 臣.

**894** 外壬(외임) – 殷의 11代 군주.

**895** 河亶甲(하단갑) – 殷의 12代.

**896** 祖乙 – 河亶甲의 弟. 殷 13代.

**897** 祖辛(조신) – 殷 14代 군주.

**898** 沃甲(옥갑) – 殷 15代 군주.

| | | | | | | |
|---|---|---|---|---|---|---|
| | 陽甲<br>(양갑)899 | | | | | |
| 盤庚<br>(반경)900 | | | | 雲都<br>(운도) | | |
| | 小辛<br>(소신)901 | | | 公祖<br>(공조) | | |
| | 小乙<br>(소을)902 | | | | | |
| 武丁<br>(무정)903 | | 劉姓<br>(류성) | | | | |
| | | 豕韋<br>(시위) | | | | |
| 傅說<br>(부열)904 | 孝己<br>(효기)905 | | | | | |

---

**899** 陽甲 – 殷 18代 君主.

**900** 盤庚(반경) – 殷 19代 君主. 商朝 中後期 군주. 湯의 九代孫, 帝 祖丁의 子, 帝 陽甲의 아우.《史記》에는 在位 28년. 前 1300年경으로 추정. 쇠락하는 국위를 만회하려고 殷(은, 今 河南省 安陽市)으로 천도(盤庚遷殷). 선정. 百姓이 盤庚을 추모하여〈盤庚三篇〉을 지으니, 이것이 今文《尙書》의〈盤庚〉이다.

**901** 小辛 – 殷 20代 君主.

**902** 小乙 – 殷 21代. 小辛의 弟.

**903** 武丁(재위 前 1250 – 1192 / 高宗)이 이룩한 나라의 융성. 이 기간에 國勢는 强盛하고 政治는 淸明했으며, 백성은 부유하고 인구도 크게 늘었다. 商王 武丁은 인재를 널리 등용했고, 그의 衣食은 소박했다. 무정은 傅說(부열) 甘盤(감반), 禽比(금비), 그리고 女兒 小臣인 妥(온당할 타) 등 남녀 현신의 도움을 받았다. 土方, 西羌(서강), 工方, 鬼方(귀방) 등 81 개 소국을 병합하고 많은 제후를 分封했으며 殷 문화를 長江 유역까지 전파되었다. 甲骨文과 金文을 널리 사용했고 玉器의 銘文도 出現했다. 전설상으로 神農, 黃帝, 堯, 舜, 禹, 湯王 等의 공헌은 기록일 뿐 실증할 유물이 없는데, 武丁의 치적은 확실한 기록과 유물이 있다.

**904** 傅說(부열) – 傅岩(부암)이란 곳에서 勞役하던 奴隷였다가 武丁에게 등

| | | | | | | | |
|---|---|---|---|---|---|---|---|
| 甘盤<br>(감반)906 | | | | | | | |
| 大王亶父<br>(대왕단보)<br>907 | 祖伊<br>(조이) | 祖庚<br>(조경) | | | | | |
| 姜女<br>(강녀)908 | | | 甲(갑) | | | | |
| | | | 馮辛<br>(풍신) | | | | |
| 太伯<br>(泰伯) | | | | | | | |
| | | | 庚丁<br>(경정) | | | | |
| 中雍909 | | | | | | 武乙<br>(무을)<br>910 | |

용되었다. 무정이 꿈에 보았던 인물이라 하여 등용되었다. 《尙書 商書 說命(上, 中, 下)》에 무정과 부열의 대화가 기록되었다.

**905** 孝己(효기, 祖己, 생졸년 미상) - 殷王 高宗 戊丁(무정)의 嫡長子(적장자). 苦孝(고효)로 알려졌다. 효기는 모친이 일찍 돌아가셨는데, 事親하며 하룻밤에도 다섯 번을 일어나 부친의 옷이나 잠자리를 살폈다고 한다. 그러나 고종은 후처의 말에 현혹되어 효기를 방출하여 야외에서 죽게 하였다.

**906** 甘盤(감반) - 武丁의 師也.

**907** 古公亶父(古公亶甫) - 周 太王. 周祖의 王氣는 古公亶父에서 시작되었 다 하여 太王이라 추존했다.

**908** 姜女 - 大王(古公亶父)의 妃.

**909** 太伯(泰伯)과 中雍은 古公亶父의 아들.

**910** 武乙(무을) - 허수아비를(偶人) 만들고, 이를 神이라 부르면서 장난질 첬 다. 사람은 神으로 분장한 뒤 자신과 씨름을 해서 神을 이기지 못하면 죽였다. 동물의 피를 가죽주머니에 담아 높이 매달아 놓고 사람을 시켜

| | | | | | |
|---|---|---|---|---|---|
| 王季<br>(왕계)<br>911 | | | | | 太丁 |
| 大任<br>(태임)<br>912 | | | | | 帝乙 |
| 微子<br>(미자)<br>913 | | | | | |
| 箕子<br>(기자)<br>914 | | | | | |
| 比干<br>(비간)<br>915 | | | | | 妲己<br>(달기)<br>916 |

올려보고 화살을 쏘게 하면서, 이를 射天이라 했다. 뒷날 벼락과 천둥소리에(雷震) 놀라 죽었다. 또는 雷擊(뇌격, 벼락 맞아)으로 죽었다. 이 무을이 재위 중에 서방 周族의 수령인 古公亶父(고공단보)는 부족을 이끌고 邠(빈)을 떠나(去邠) 岐山(기산)으로 옮겨갔고 이후 점차 강성해졌다.

**911** 王季 - 周 文王의 부친.

**912** 大任 - 王季 文王의 모친.

**913** 微子(미자) - 紂王의 兄.

**914** 箕子(기자) - 子姓, 名은 胥餘. 商朝의 宗室, 帝 文丁의 子, 帝乙의 弟, 帝辛(紂王)의 叔父.

**915** 比干(비간, 생졸년 미상) - 子는 姓, 殷商의 宗室, 比는 그이 封邑(今 山西 汾陽). 商 紂王 時 宰相. 紂王의 叔父, 三大 忠臣의 한 사람. 《論語 微子》에 微子(미자), 箕子(기자), 比干을 '殷의 三仁'이라 했다. 《論語 微子》微子去之, 箕子爲之奴, 比干諫而死. 孔子曰, "殷有三仁焉." 周朝에서는 國神으로 추앙. 道教에서는 文曲守財藏眞福祿眞君(簡稱 守財眞君)으로 떠받드니, 곧 財神이다. 중국 林氏의 시조.

**916** 妲己(달기) - 紂王의 妃.

| 伯夷<br>(백이)917 | | | | | | | |
|---|---|---|---|---|---|---|---|
| 叔齊<br>(숙제) | | | | | | | |
| | 太師 摯<br>(태사 지) | 膠鬲<br>(교격) | | | | | 飛廉<br>(비렴)<br>918 |
| | 亞飯干<br>(아반간) | 微中<br>(미중) | | | | | 惡來<br>(악래)<br>919 |
| | | 商容<br>(상용)<br>920 | | | | | 左強<br>(좌강) |

**917** 伯夷(백이, 생졸년 미상) – 子는 姓, 墨胎氏(묵태씨), 名은 允. 商 紂王(주왕) 시기, 孤竹國 군주의 長子. 弟 仲馮(중풍)과 叔齊(숙제). 백이는 부친의 뜻에 따라 仲馮(중풍)에 양위했고, 숙제도 백이의 뜻에 따랐다. 伯夷와 叔齊는 西伯 姬昌(文王)이 賢者를 잘 대우한다는 말을 듣고 찾아가 의지했다. 문왕이 죽고 아들 發(발)이 紂王(주왕)을 정벌하려 하자, 藩國이 주군을 정벌할 수 없다며 叩馬(고마)하며 적극 諫言(간언)을 올렸다. 周 武王이 克殷(극은)하자, 두 사람은 周粟(주속)을 不食한다면서 殷商의 옛 근거지인 首陽山(수양산, 洛陽市)에 은거하며 〈采薇歌(채미가)〉를 불렀고, 결국 餓死(아사)했다. 《史記》七十列傳은 〈伯夷列傳〉으로 시작한다.

**918** 飛廉(비렴, 蜚廉) – 顓頊(전욱)의 후손. 嬴(영)은 姓, 商 紂王의 大將. 戰國 七雄의 秦의 始祖. 二子는 惡來(악래)와 季勝(계승).

**919** 惡來(악래, 惡來革) – 商朝 紂王(주왕)의 신하. 紂王에 충성을 다하였으니 蜚廉(비렴)은 달리기(跑步)를 잘했고 惡來는 힘이 장사였다. 惡來의 동생 季勝(계승)은 趙國의 祖先가 되었다. 周 武王이 紂을 정벌할 때 악래를 죽였는데, 惡來는 秦國의 祖先으로 始皇의 35世祖라고 한다.

**920** 商容(상용)은 紂王의 신뢰와 백관의 존중을 받은 殷의 원로. 紂王에 충간을 올렸지만 주왕은 따르지 않았다.

| | | | | | | | |
|---|---|---|---|---|---|---|---|
| | | 三飯繚<br>(삼반료) | 師涓<br>(사연) | | | | |
| | | | 梅伯<br>(매백) | | | | |
| | | 四飯缺<br>(사반결) | 邢侯<br>(형후) | | | | |
| | | 鼓方叔<br>(고방숙) | | | | | |
| | | 播鞉武<br>(파도무) | | | | | |
| | | 少師陽<br>(소사양) | 伯達<br>(백달) | | | | |
| | | 擊磬襄<br>(격경 양) | 伯适<br>(백괄) | | | | |
| | | | 中突<br>(중돌) | 伯邑考<br>(백읍고)<br>921 | | | |
| 文王<br>周氏922 | 大姒<br>(태사)923 | 虢中<br>(괵중) | 中曶<br>(중홀) | 楚熊麗<br>(웅려) | | | |
| | | 虢叔<br>(괵숙)924 | 叔夜<br>(숙야) | | | | |
| | 大顚<br>(대전) | | 叔夏<br>(숙하) | | | | |

---

**921** 伯邑考 – 周 文王의 子.

**922** 文王周氏 – 周 文王(前 1125-1051年) – 西伯昌. 姬는 姓, 名은 昌. 商朝 말기 제후국 周의 君主, 爵位는 西伯, 아들 周 武王 이 문왕으로 追諡 (추시). 儒家의 大道을 통달, 존숭받는 인물. 공자가 본받으려 했던 聖人 은 堯(요)와 舜(순), 그리고 禹王(우왕)과 湯王(탕왕)에 이어 周 文王과 武王, 그리고 周公을 꼽을 수 있다.

**923** 大姒(태사) – 文王의 妃.

**924** 虢中(괵중) 虢叔(괵숙) – 文王의 두 동생.

| | | | | | | | |
|---|---|---|---|---|---|---|---|
| 閎夭<br>(굉요)925 | 鬻熊<br>(죽웅)926 | 季隨<br>(계수) | | | | | |
| | | 季騧<br>(계왜) | 虞侯<br>(우후) | | | | |
| 散宜生<br>(산의생)927 | | | 芮侯<br>(예후) | | | | |
| 南宮适<br>(남궁괄)928 | 辛甲<br>(신갑) | | | | | | |
| | 周任<br>(주임) | | | | | | |
| | 史扁<br>(사편) | 成 叔武<br>(성 숙무)929 | 吳 周章<br>(오 주장) | 芮伯<br>(예백) | | | |
| 祭公<br>(채공)930 | 向摰<br>(상지)931 | 霍叔 處<br>(곽숙 처)932 | | 巢伯<br>(소백) | | | |

**925** 閎夭(굉요) – 周 文王과 武王을 보좌한 大臣. 散宜生(산의생), 太顚(태전), 鬻熊(죽웅)과 함께 西伯인 昌(周 文王)을 섬기었다. 周 文王이 紂王(주왕)에 의해 羑里(유리)의 옥에 갇히자, 그들은 姜尙(太公望)과 함께 定計하여, 有莘氏(유신씨)의 딸과 戎族(융족)의 얼룩무늬 말을 紂王(주왕)에 선사하고, 또 뇌물을 紂王의 寵臣 費仲(비중)에게도 보냈다. 紂王은 周 文王을 사면하였다. 殷을 멸망시킨 武王에게 굉요는 王子 比干의 묘를 封하라고 건의하였다. 閎夭는 賢臣으로 일컬어진다. 《荀子》에는 굉요가 수염이 많아 얼굴을 다 덮었다는 기록이 있다.

**926** 鬻熊(죽웅) – 文王의 師.

**927** 散宜生(산의생) – 散이 姓. 宜生이 名. 有 文德.

**928** 南宮适(남궁괄) – 大顚(대전) 이하 4인, 文王의 四友.

**929** 成叔 武(성숙 무) – 文王의 子.

**930** 祭公(채공) – 祭 音 側介反(채). 榮公의 誤?

**931** 向摰(상지) – 殷 太史.

**932** 霍叔處(곽숙처) – 文王의 子.

| | 師 尙父<br>(사 상보)934 | 邑姜<br>(읍강)935 | 檀伯達<br>(단백달)936 | | | | |
|---|---|---|---|---|---|---|---|
| | 畢公<br>(필공)937 | 大姬<br>(태희)938 | | 杜伯<br>(두백) | | | |
| 武王933 | 太師 庇<br>(태사 자)939 | 曹叔 振鐸<br>(조숙 진탁)<br>940 | 蘇忿生<br>(소분생)941 | 楚 熊狂<br>(초 웅광) | | | |
| | 少師 強<br>(소사 강) | 毛叔 鄭<br>(모숙정)942 | 滕叔 繡<br>(등숙 수)943 | 虞中<br>(우중) | 季勝<br>(계승) | | |
| | | 虞閼父<br>(우알보) | 原公<br>(원공)944 | 杞 東樓公<br>(기 동루공)<br>945 | | | |

---

**933** 周 武王〔생존, 재위연도 미상, 受命 11년 뒤 克殷(前 1046), 3년 뒤(1043
年) 붕어로 추정.〕─ 姬는 姓, 名은 發, 西伯 昌과 太姒(태사)의 嫡次子.
正妻는 邑姜(읍강). 시호는 武. 牧野之戰에서 殷을 타도(武王克殷). 西
周의 건국자. 堯─舜─夏禹─商湯─周文王으로 이어지는 道統의 계승
자. 儒家에서 받드는 先秦시대 첫째 明君. 西周 봉건제도 창시자.

**934** 師尙父─姜子牙─姜은 姓, 呂氏. 名은 尙. 字는 子牙. 周文王, 周武王
의 軍師. 史冊에는 姜尙, 姜望, 姜牙, 姜子牙, 呂尙, 呂望 등으로 기재.
姜太公, 呂太公, 齊太公, 太公, 太公望, 尙父, 師尙父 등은 모두 별칭.
武成王, 昭烈武成王으로 존칭. 齊國에 受封. 姜齊의 始祖. 공자의 文聖
에 비해 武聖, 兵家之聖으로 호칭.

**935** 邑姜(읍강)─武王의 妃.

**936** 檀伯達(단백달)─武王의 臣.

**937** 畢公(필공)─文王의 子.

**938** 大姬─武王의 女.

**939** 太師 庇(태사자)─武王의 師.

**940** 曹叔 振鐸─文王의 子. 武王의 弟.

**941** 蘇忿生(소분생)─武王 司寇(사구)인 蘇公.

**942** 毛叔 鄭─文王의 子.

**943** 滕叔 繡(등숙 수)─文王의 子.

| | | | | | | |
|---|---|---|---|---|---|---|
| | 陳 胡公 滿 (진 호공 만) 946 | 郜子 (고자)947 | 邢侯 (우후)948 | 秦女 妨 (진여 방) | | |
| | 衛 康叔 封 (강숙 봉)949 | 雍子 (옹자)950 | 韓侯 (한후) | | | |
| 成王 誦 (성왕 송) 951 | | | 齊丁 (제정) | 楚子 繹 (초자 역) 952 | | 祿父 (녹보) 953 |
| | | 酆侯 (풍후) 954 | 公 伋 師 尙父子 (공급사상 부자) | | | |
| 召公 (소공) 955 | 聃季 載 (담계 재) 956 | | 魯公伯 禽 (노공 백금)957 | 孟會 (맹회) | | 管叔 鮮 (관숙 선) 958 |

---

**944** 原公 – 文王의 子.

**945** 杞 東樓公 – 禹의 후손.

**946** 陳 胡公 滿 – 舜의 後孫.

**947** 郜子(고자) – 文王의 子.

**948** 邢侯(우후) – 武王의 子.

**949** 衛 康叔 封 – 文王의 子.

**950** 雍子(옹자) – 文王의 子.

**951** 成王 誦(송) – 武王의 子. 周公의 보필 받음.

**952** 楚子 繹(역) – 狂人.

**953** 祿父 – 紂子.

**954** 酆侯 – 文王의 子.

**955** 召公 奭(석) – 周 同姓. 周公의 弟. 燕에 被封.

**956** 聃季 載(담계 재) – 文王의 子.

**957** 魯公 伯禽(백금) – 周公의 子.

**958** 管叔 鮮(관숙 선) – 文王의 子. 周公의 弟.

| | 史佚<br>(사일)<br>960 | 君陳<br>(군진)<br>961 | 唐叔 虞<br>(당숙 우)<br>962 | 凡伯<br>(범백)<br>963 | 蔡中<br>(채중) | | | 蔡叔<br>(채숙)<br>964 |
|---|---|---|---|---|---|---|---|---|
| 周公959 | | 芮伯<br>(예백)<br>965 | | | 胡 | | | |
| | | 師伯<br>(사백)<br>966 | 應侯<br>(응후) | 蔣侯<br>(장후) | | | | |
| | | 毛公<br>(모공)<br>967 | 右史 | 邢侯<br>(형후) | | | | |

**959** 周公 - 周 武王을 도와 殷(은)을 정벌하고 周를 건국한 뒤, 국가제도와 문물을 이룩한 周公(姬旦)은 武王의 친동생으로 魯國의 시조이다. 孔子는 周公을 무척이나 존경했다. 공자는 周公의 道統을 계승하려 공부했고 노력했다. 공자는 만년에 "내가 너무 늙어 쇠약했구나! 오랫동안 꿈에서도 주공을 뵙지 못했다.(子曰, 甚矣吾衰也! 久矣吾不復夢見周公!)"라고 탄식하였다. 周公은 성심으로 마음을 열고 인재를 맞이하며 대우하였다. 周公은 한 번 목욕하는 동안 손님이 왔다는 말을 듣고 세 번이나 두발을 움켜쥐고 나와서 손님을 맞이했으며(一沐三握髮), 한 끼 식사를 하면서 세 번이나 입안에 든 밥을 뱉고(一飯三吐哺) 나와서 손님을 상대하였다. 주공은 이처럼 바빴고, 이처럼 할 일이 많은 재상으로 나라의 내정과 외교를 지휘하였다. 이는 周公의 미덕이며 진심이었다.

**960** 史佚(사일) - 文王의 子. 周朝 초기 太史, 尹國 建國者, 周 武王, 成王, 康王을 보좌했다. 〈藝文誌〉에는 《尹逸》2편이 있다고 했다. 太公(望), 周公(旦), 召公(奭)과 함께 四聖이라 칭한다.

**961** 君陳 - 周公의 子. 伯禽(백금)의 弟.

**962** 唐叔 虞(당숙 우) - 武王의 子.

**963** 凡伯 - 周公의 子.

**964** 蔡叔 - 蔡叔度. 文王의 子.

**965** 芮伯(예백) - 周의 司徒(사도).

**966** 師伯 - 周의 宗伯. 《尙書》에는 彤伯(동백)으로 기록.

| | | | | | | | | |
|---|---|---|---|---|---|---|---|---|
| | | | 茅侯<br>(모후) | | | | | |
| | | 祝雍<br>(축옹) | 胙侯<br>(조후) | | | | | |
| | 師氏<br>(사씨)<br>**968** | | 祭侯<br>(채후)<br>**969** | | | | | |
| | | 邗叔<br>(우숙) | | 衛 康叔<br>(위 강숙) | | | | |
| | 龍臣<br>(용신)<br>**970** | 商子<br>(상자) | 晉侯 燮<br>(진후 섭) | | | | | |
| | | | | 陳 申公<br>(진 신공) | | | | |
| | 中桓<br>(중환) | | | | | | | |
| | 南宮髦<br>(남궁모)<br>**971** | | 秦 旁皐<br>(진 방고) | | | | | |
| | | | 楚 熊艾<br>(초 웅애) | | | | | |
| | 康王 釗<br>(강왕 쇠)<br>**972** | | 宋 微中<br>(송 미중)<br>**973** | | | | | |
| | | | | 蔡伯<br>(채백) | | | | |

**967** 毛公 – 周의 司空.

**968** 師氏 – 周의 大夫.

**969** 祭侯 – 祭의 音은 채(側介反).

**970** 龍臣 – 周 武王 賁氏也. 《尙書》作 武臣.

**971** 中桓과 南宮髦(남궁모) – 二人 모두 周 大夫. 桓(환)과 髦(모)는 名也.

**972** 康王 釗 – 周 成王의 子.

**973** 宋 微中 – 宋 微子開(미자개)의 동생.

| | | | | 魯 孝公<br>974 | | 蔡侯 宮<br>(채후 궁) | 辛緜靡<br>(신유미) | |
|---|---|---|---|---|---|---|---|---|
| | | | | | 楚 熊亶<br>(초 웅단) | | | |
| | | | | 齊 乙公<br>(제 을공) | | 衡父<br>(형보) | | |
| | | | | | 宋公 稽<br>(송공 계) | | | 昭王 瑕<br>(소왕 하)<br>975 |
| | | | | 晉 武公<br>(진 무공) | | | | 房后<br>(방후)<br>976 |
| | | | | | 衛 孝伯<br>(위 효백) | | | |
| | | | | 秦 大幾<br>(진 대기) | | | | |
| | | | | | 陳 柏公<br>(진 백공) | | | |
| | | | 穆王 滿<br>(목왕 만)<br>977 | 齊 癸公<br>(제 계공) | 造父<br>(조보) | | | |
| | | | | 秦 大雒<br>(진 대낙) | 徐 隱王<br>(서 은왕) | | | |

---

**974** 魯 孝公 – 魯 考公.

**975** 昭王(소왕, 邵王. 約 前 1027-977年, 재위 연도 미상) – 姓은 姬, 名은 瑕(하), 西周 第 四代 天子. 周 康王의 子.《竹書紀年》에 의하면, 三次에 걸쳐 남으로 형주 지역을 원정했는데 돌아오지 못했다(昭王南征而不復). 전설에 의하면, 漢水에서 아교로 붙인 배의 아교가 녹아 익사했다고 한다.

**976** 房后 – 周 昭王의 后.

**977** 周 穆王(목왕, 재위 前 10세기, ?–前 922年) – 周 繆王. 姓은 姬, 名은 滿. 周 昭王의 子. 西周 5代 王.《穆天子傳》의 주인공. 遊歷(유력)을 좋아하여 8필의 준마가 끄는 수레를 타고 9만 리를 유람했고, 崑崙(곤륜)의 丘

| | | | | | | | |
|---|---|---|---|---|---|---|---|
| | | 呂侯<br>(여후)<br>978 | | | | | |
| | | 君牙<br>(군아)<br>979 | 楚熊盤<br>(초웅반) | 鉛陵卓子(연릉탁자) | | | |
| | | 伯熙<br>(백희)<br>980 | 衛嗣柏<br>(위사백) | | | | |
| | | | | 楚熊錫<br>(초웅석) | | | |
| | | | 衛倢<br>(위첩)<br>981 | | | | |
| | | 祭公謀父(제공모보) | | | | 魯幽公<br>(노유공) | |
| | | | 秦非子<br>(진비자) | 宋愍公<br>(송민공) | 共王伊扈(공왕이호) | 齊哀公<br>(제애공) | |
| | | 密母<br>(밀모)<br>982 | | | | | |
| | | | | 衛靖伯<br>(위정백) | 晉成后<br>(진성후) | 密康公<br>(밀강공) | |

에서 黃帝之宮을 관람했다. 또 瑤池(요지)에서 잔치를 즐기며 西王母와 함께 노래를 불렀다고 한다.

**978** 呂侯 – 穆王의 司寇(사구, 관직명).

**979** 君牙(군아) – 穆王의 司徒.

**980** 伯熙 – 穆王의 太僕(태복, 관직명).

**981** 衛倢 – 衛 建公.

**982** 密母 – 密國 康公 母親.《史記 周本紀》참고.

| | | | | | | | | |
|---|---|---|---|---|---|---|---|---|
| | | | | | | | | 宋 煬公<br>(양공)<br>983 |
| | | | | | | 陳 愼侯<br>(진 신후) | 懿王 堅<br>(의왕 견)<br>984 | 齊 胡公<br>(호공) |
| | | | | | 楚 摯紅<br>(지홍)<br>985 | | 詩作<br>(시작)<br>986 | |
| | | | | | | 蔡 厲侯<br>(채 여후) | | 魯 魏公<br>(위공)<br>987 |
| | | | | 秦 嬴<br>(진 영)<br>988 | | 魯 厲公<br>(여공) | 孝王 辟方<br>(효왕 벽방) | 楚 熊摯<br>(웅지) |
| | | | | | 衛 貞伯<br>(정백) | 晉 厲侯<br>(진 여후) | | 宋 厲公<br>(여공)<br>989 |
| | | | | 秦侯 | | 魯獻公<br>(헌공) | 夷王 燮<br>(이왕 섭) | |
| | | | | | | 衛 頃侯<br>(경후) | | 齊 獻公 |

---

**983** 宋 煬公 - 弑害당한 제후.《史記 宋世家》참고.

**984** 懿王 堅 - 周 穆王의 子.

**985** 楚 熊紅의 착오.

**986** 詩作 - 周의 政道가 쇠퇴하자, 怨刺(원자)의 詩를 처음 지은 사람.

**987** 魯 魏公(위공, 재위 ?前 973-924) - 魯國 五代 君主. 魯 幽公의 아우. 형을 죽이고 自立.

**988** 秦 嬴(영) - 非子의 子.

**989** 宋 厲公(여공, 재위 ?-前 859) - 西周 時 宋國의 國君. 子姓, 名은 鮒祀(부사). 鮒祀는 宋 緡公(민공)의 아들. 緡公이 죽고, 동생 煬公 熙(희)가 즉위했다. 鮒祀는 不服하여 숙부를 살해하고 나중에 자립하니 宋의 厲公

| | | | | | | |
|---|---|---|---|---|---|---|
| | 宋 弗父賀(불보하)990 | | 燕惠公(혜공) | | | |
| | | | | 趙熊延(웅연) | 齊武公 | |
| | | | 宋釐公(희공)991 | | | |
| | 芮良夫(예양부)992 | 共伯和993 | | 蔡武侯 | 杞題公(기제공) | 厲王胡.(여왕)994 |
| 周宣王靖(선왕정)995 | | 史伯(사백) | 曹夷伯(조이백) | 衛釐公(위희공) | 曹幽伯(조유백) | 衛巫(위무) |
| | | 宋父 | 魯愼公(신공) | 楚熊勇(웅용) | 陳幽公(유공) | |
| | | 秦中 | 齊文公 | 晉靖侯(정후) | 齊厲公(려공) | 楚熊嚴(웅엄) |

(여공)이다. 이 시기에 공자의 먼 윗대 조상인 弗父何(불보하)를 栗(율)에 봉하고 宋國의 國卿으로 삼았다.

990 弗父賀(불보하) - 宋 愍公(민공)의 아들. 弗父何는 孔子 直系 十一世祖. 弗父何 - 宋父周 - 世子勝 - 正考父 - 孔父嘉(공부가)를 낳는다. 孔父嘉의 曾孫인 孔防叔이 魯로 피난하고 防叔이 伯夏를 생하니, 이가 공자의 할아버지이다. 伯夏가 叔梁紇(숙량흘)을, 叔梁紇이 丘(孔子)의 아버지이다.

991 釐公(희공) - 厲公의 子. 釐는 僖(기쁠 희).

992 芮良夫 - 周 大夫 芮伯(예백).

993 共伯和 - 共은 國名. 伯(백)은 爵位. 和는 共伯의 名. 함께 다스린다는 共和의 의미가 아니라는 주석이 있다.

994 周 厲王(재위 前 877-828) - 第 十代 君王. 國人 폭동으로 방축.

995 周 宣王(靖, 재위 前 828-782) - 西周 11代 王, 周 厲王의 子, 在位 46년. 宣王 계위 뒤에 召穆公, 尹吉甫, 仲山甫, 程伯休父, 虢(괵) 文公, 申

| | | | | | | | |
|---|---|---|---|---|---|---|---|
| | | | | 魯 武公 | 邾顔<br>(주안) | | |
| | | | | 晉 釐侯<br>(이후) | 夏父<br>(하보) | 魯 懿公<br>(의공) | |
| | | 嘉父<br>(가보)<br>996 | 秦 嚴公<br>(엄공) | 楚 熊紃<br>(웅순) | 蔡 夷侯<br>(이후) | 叔術<br>(숙술) | 伯御<br>(백어)<br>997 |
| | | 譚 大夫<br>(담) | 楚 熊霸<br>(웅패) | | 楚 熊罕<br>(웅한) | | |
| | 召虎<br>(소호)<br>998 | 寺人 孟子 | | 衛 武公 | | | |
| | 方叔<br>(방숙)<br>999 | 伯陽父 | | | 陳 釐公<br>(희공) | | |
| | 南中 | | 宋世子 士 | 宋 惠公 | 晉 獻侯<br>(헌후) | | |

伯, 韓侯, 顯父, 仍叔, 張仲 등 賢臣의 보좌를 받으면서, 주변 이민족을 제압하여 소위 '宣王中興(선왕중흥)'을 이룩했다. 그러나 만년의 실정과 원정 실패 등으로 宣王 중흥은 물거품이 되었다.

**996** 嘉父 - 周의 大夫. 《詩 小雅 節南山》에 나오는 家父. 家는 氏. 父는 字.

**997** 伯御(백어) - 노국 군주 在位 前 807 - 前 796년.

**998** 召虎 - 召 穆公(목공), 姬는 姓, 召氏, 名은 虎. 諡는 穆. 보통 召穆公으로 통칭. 모친은 召姜(소강). 召公 奭의 16世孫. 周 厲王(여왕)의 포학으로 백성의 반란을 유발. 召穆公은 周王의 太子 靖(정)을 집에 감춰두고 자신을 아들을 대신 죽게 했다. 태자는 위험을 벗어났고 厲王이 죽은 뒤, 태자가 즉위하니, 이가 周 宣王이다. 召穆公과 周 定公은 周 宣王왕 보좌하니, 이를 '周召 共和(공화)'라고 칭한다.

**999** 方叔(방숙) - 周 宣王의 大臣. 獫狁(험윤, 흉노) 토벌에 有功. 前 823년, 方叔은 楚國 荊蠻(형만)을 정벌하여 大勝을 거두었다. 仲山甫(중산보), 尹吉甫(윤길보)와 함께 宣王中興을 이룩했다. 方姓의 始祖.

| | | | | | | | |
|---|---|---|---|---|---|---|---|
| | 仲山甫(중산보)1000 | 史伯 | | | | | |
| | 申伯 | 師服 | | 燕釐侯(희후) | 晉繆侯(목후) | | |
| | 尹吉甫(윤길보)1001 | | 蔡夷侯(이후) | 齊成公 | | | |
| | 韓侯(한후) | | | 魯孝公 | | | |
| | 蹶父(궐보) | | 奄父(엄보) | 宋戴公(대공) | 陳武公 | | |
| | 張中(장중) | 虢文公(괵문공) | 鄭桓公友 | | | 曹戴伯(대백) | 晉殤公(상공) |
| | 程伯休父1002 | | | 蔡釐侯(희후) | | | 幽王宮涅(유왕궁열)1003 |
| | | | | 燕頃侯(경후)1004 | | | 褒姒(포사)1005 |

---

**1000** 仲山甫(중산보) – 周 宣王의 신하.《詩經 大雅 烝民(증민)》의 詩에 중산보는 '小心翼翼하고, 旣明且哲하여 以保其身'했다.

**1001** 尹吉甫(윤길보, 前 852?-775) – 西周 尹國의 國君. 姞는 姓, 兮는 氏. 名은 甲, 字는 伯吉父, 周宣王을 도와 西周의 중흥을 이룩했다. 歷史上 유명한 政治家, 軍事家 겸 文學家. '中華의 詩祖'로 추앙받는 사람. 尹氏, 吉氏의 시조.

**1002** 程伯休甫(정백휴보) – 程國의 伯爵. 休甫는 그 후손의 이름. 夏朝의 祝融이던 重黎(중려)의 후손. 周朝의 大司馬 역임.

**1003** 周 幽王(재위 前 782-771) – 周宣王의 子, 西周 12代. 西周의 亡國之君. 시호는 幽. 유왕이 총애한 미녀가 유명한 褒姒(포사, ?-前 771年?)이다. 이후는 東周, 春秋時代이다.

**1004** 燕 頃侯(경후) – 재위 前 790-767년.

**1005** 褒姒(포사) – 幽王의 美人. 웃지 않기에 幽王은 포사를 웃기려고 烽火

※ 여기서부터 東周 時代(春秋, 戰國)

| 上上<br>聖人 | 上中<br>仁人 | 上下<br>智人 | 中 | | | 下 | | |
|---|---|---|---|---|---|---|---|---|
| | | | 上 | 中 | 下 | 上 | 中 | 下 |
| | | | | | | 齊 嚴侯 | 曹 惠伯 | 虢 石父<br>(곽 석보) |
| | | | | | | 陳 夷公 | | 皇甫卿士<br>(황보경사)<br>司徒 皮<br>(사도 피)<br>**1006** |
| | | | | | 楚 若敖<br>(초 약오) | 陳 平公 | | 太宰冢伯<br>(태재총백)<br>膳夫中術<br>(선부중술)<br>內史掫子<br>(내사추자)<br>**1007** |
| | | | | | 秦 襄公 | 魯 惠公 | | 趣馬 蹶<br>師氏 萬<br>**1008** |

를 피워 제후의 군대를 출동케 하자, 포사가 웃었다. 이후 봉화로 제후가 군대를 희롱했다. 제후는 군사를 동원하지 않았고 정작 夷犬(견융) 침입하자 구원을 받을 수 없었다. 最後에 幽王은 驪山(여산)에서 피살되었고 褒姒는 견융의 포로가 되었다가 목을 매 죽었다고 한다.

**1006** 司徒皮 -《詩經 小雅 十月之交》에 皇甫卿士(皇甫는 성씨)와 蕃維司徒 (사도인 蕃씨)는 幽王에 아부하며, 포사와 어울려 같이 놀던 신하.

**1007** 太宰冢伯(태재총백), 膳夫中術(膳夫인 中術), 內史掫子〔內史인 掫子(추자)〕 다음의 趣馬蹶〔趣馬인 蹶(궐)〕, 師氏萬(사씨인 萬)까지 5인 - 위의 황보 경사, 번유사도까지 포함한 7인은 모두 <十月之交> 詩에 나타나는 小人들. 膳夫(선부)는 요리사.

**1008** 趣馬 蹶(추마 궐), 師氏 萬(사씨 우) - 趣馬(추마)는 마부. 師氏는 樂師.

| | | | | | | |
|---|---|---|---|---|---|---|
| | | 文子 1009 | 晉 文侯 九 | 秦 文公 1010 | | |
| | | 辛有 (신유) | 趙 叔帶 (조숙대) | 楚 鬻敖 (영오) | | 申侯 |
| | | | 宋 武公 | 鄭 武公 | | 平王 宜臼 (의구)1011 |
| | | 衛 嚴公 | 陳 文公 | 燕 哀侯 | 晉 昭侯 | 曹 繆公 (목공) |
| | 宋 正考父1012 | | | 燕 鄭侯 | 潘父 | |
| | | | 宋宣公 | 蔡 共侯 | 曹 桓公 | 曲沃 桓叔 (곡옥 한숙) |
| | | | 楚 蚡冒 (분모) | | 蔡 戴侯 (대후) | |
| | | | | 齊 釐公 (희공) | | 晉 孝侯 |
| | | 宋 大金 | | 燕 繆侯 (목후) | 蔡 宣侯 (선후) | |
| | | | 宋 繆公 和 (목공) | 陳 桓公 鮑 (환공 포) | | 曲沃嚴伯 |
| | | | 蔡 桓公 封人 | 展亡駭 | | 魯 隱公 (은공) |

---

**1009** 文子 – 老子의 제자. 孔子와 同時代 인물.

**1010** 秦 文公(재위 前 766-716) – 영토가 황하에 이름. 秦의 强盛이 시작.

**1011** 周 平王 宜臼(의구, 재위 前 770-720) – 東周 第 一代. 周 幽王의 子. 母는 申后(申侯의 女), 後母 褒姒(포사)의 핍박을 피해 申國으로 피신. 幽王 死後에 즉위.

**1012** 宋 正考父(정고보, 생몰 연도 미상) – 周朝 春秋時期 宋國의 卿. 孔父嘉(공보가)의 부친. 孔子의 七世祖. 孔父嘉는 宋國의 司馬였다. 春秋 時期에 商朝의 후예인 宋國은 〈商頌〉 등이 거의 망실 상태였다. 正考父는 周 王室에서 많은 史的 자료를 얻어 이를 정리했다.

| | | | | | | |
|---|---|---|---|---|---|---|
| | | 臧釐伯<br>(장희백) | 邾儀父<br>(주의보) | | 鄭嚴公<br>寤生 1013 | 公子翬(휘) |
| | | 石碏<br>(석작) | 穎考叔<br>(영고숙) | 宋<br>司徒皇父 | 叔段<br>(숙단) | 衛桓公完 |
| | | | 鄭公子<br>呂 | | | 公子州吁<br>(주우) |
| | | | | 司空牛<br>父 | 晉鄂侯<br>(악후) | |
| | | 楚武王 | 曹嚴公<br>亦姑<br>(역고) | 公子<br>穀生<br>(곡생) | 宰咺<br>(재훤) | 芮伯<br>(예백) |
| | | | | 肜班<br>(내반) | 宋殤公<br>(상공) | 魯桓公<br>夫人文康<br>1014 |
| | 臧哀伯<br>(장애백) | 鄧曼<br>(등만)<br>1015 | | 桓王林<br>1016 | 華毒<br>(화독) | |
| 宋孔父<br>1017 | | 秦憲公<br>1018 | | | | |

---

1013 鄭嚴公寤生 - 鄭嚴公은 庄公(장공). 寤生(오생)은 名.

1014 魯桓公(환공, 재위 前 711-694) - 姬는 姓, 名은 允, 魯惠公의 子, 魯隱公의 弟. 魯國 15代 國君, 在位 18년. 《左傳》에 의하면, 魯桓公이 夫人 文姜(문강, ?733-前 673)과 함께 齊國을 방문했는데, 齊 襄公(양공)과 친동생인 文姜이 通姦했다. 그 4월은 齊 양공은 公子 彭生(팽생)을 시켜 魯 환공의 수레를 몰아 귀국케 하였는데, 팽생은 도중에 魯 환공의 목을 분질러 살해했다. 그 이전에 문강이 노 환공과 결혼한 이후 두 시동생과 음란행위를 했었다. 문강은 환공이 죽은 뒤에도 강국 齊를 배경으로 여전히 영향력을 행사했다.

1015 鄧曼(등만) - 楚武王 夫人.

1016 桓王 - 東周. 재위 前 719-697年.

1017 宋孔父 - 原 表에는 '宋孔父-大金子'로 되어 있는데, 이는 '宋 大金-孔父의 子'이어야 한다. 곧 世次가 바뀌었다.

1018 秦憲公 - 文公의 아들은 太子 靜公(정공)인데, 즉위를 못하고 죽었다.

| | | | | | | |
|---|---|---|---|---|---|---|
| 衛太子伋(급) | 魯施父(시보) | | 衛宣公晉 | 蔡哀侯 | 彭生(팽생) | |
| | | | 虞公(우공) | 晉哀侯 | 陳厲公(여공) | |
| 公子壽(수) | 鬪伯比(투백비)1019 | 宋嚴公馮(풍) | 虞叔 | 晉小子侯 | | |
| | 隨季良(수계량)1020 | 熊率且比(웅솔차비) | 燕宣公 | 楚瑕丘(하구) | 秦出公曼(만) | |
| | | | 觀丁父 | 隨少師(수소사) | | |
| | 鄭祭足(제족) | 蔿章(원장) | | 鄭厲公突(여공돌) | | |
| | 魯申繻(신유) | 楚文王 | 嚴王佗(타) | 魯嚴公(莊公)同1021 | 夫人哀姜(애강)1022 | 長狄僑如(장적교여)1023 |

坤公(정공)의 아들 곧 文公의 손자가 즉위하니, 이가 秦의 寧公(재위 前 716-704)이다. 憲公은 寧公의 착오다.

**1019** 鬪伯比(투백비, 생졸년 미상) – 羋姓(미성), 鬪氏(투씨). 名은 伯比(백비). 楚 若敖(약오)의 次子, 춘추시대 楚國의 重臣. 鬪氏의 始祖.

**1020** 隨季良 – 士會(사회, 생졸년 미상) – 祁(기)는 姓, 士氏, 名은 會. 隨에 피봉, 以邑爲氏. 士季, 隨會, 隨武子로도 불린다. 春秋시대 晉國의 中軍將, 太傅(태부).

**1021** 魯 莊公(장공, 재위 前 693-662) – 春秋 시기 魯國 16대 國君. 장공 부인은 齊 출신 哀康. 無子. 魯 桓公의 子. 장공 모친은 齊에서 시집온 文康. 魯 환공의 아들? 齊 襄公 아들? 미상.

**1022** 哀姜(애강, ?-前 660年) – 魯 莊公의 夫人. 齊 출신. 淫女.

**1023** 長狄(장적, 長翟) – 春秋 시대 부족 이름. 狄人(적인)의 한 갈래인데 그 부족은 특별한 장신이었다. 공자는 그들이 夏時의 防風氏(방풍씨), 商代의 汪芒氏(왕망씨)의 후손일 것이라 했다. 長狄은 齊, 魯, 宋, 衛 지역에 분포했다는 주석이 있다.

| | | | | | | |
|---|---|---|---|---|---|---|
| | 楚 保申 | 雛甥(추생) | 鄧 祁侯 (등 기후) | | | |
| | | 聃甥(담생) | 衛 惠公 朔(삭) | | | |
| | | 養甥(양생) | | | | |
| | | 謝丘章 (사구장) | 公子 黔 牟(검모) | | | |
| | | 辛甲 (신갑) | 左公子 泄(설) | 鄭 昭公 忽(홀) | 周公 黑肩 (흑견) | |
| | | | 潘和 (번화) 1024 | 高渠彌 (고거미) | | |
| | (上中仁人) 管仲 1025 | 齊 寺人 費(비) | 秦 武公 | 鄭子亹 (미) 1026 | 連稱 (연칭) | 齊 襄公兒 |
| | | 石之紛如 (석지분여) | 燕 桓侯 | | 管至父 | 公子 亡知 |

---

**1024** 潘和(번화) - 卞和(변화)? - 和氏璧(화씨벽) 原石을 껴안고 통곡했던 楚人?

**1025** 管仲(관중, 前 725-645年), 姬姓에 管氏. 名은 夷吾(이오), 字는 仲父, 謚는 敬, 齊 桓公의 相. 春秋 시대 法家의 대표 인물. 中國 역사상 宰相의 典範. 내정을 改革하면서 商業도 중시. 九合 諸侯하며 兵車에 의지하지 않았다. 《史記 管晏列傳》에 입전.

《論語》에는 공자의 管仲에 대한 언급이 많다. 곧 《論語 八佾》子曰, "管仲之器小哉!" ~. /《論語 憲問》問管仲. 曰, "人也. 奪伯氏駢邑 三百, 飯疏食, 沒齒無怨言."/《論語 憲問》子路曰, "桓公殺公子糾, 召 忽死之, 管仲不死." 曰, "未仁乎?" 子曰, "桓公九合諸侯, 不以兵車, 管 仲之力也. 如其仁, 如其仁."/《論語 憲問》子貢曰, "管仲非仁者與? 桓 公殺公子糾, 不能死, 又相之." 子曰, "管仲相桓公, 霸諸侯, 一匡天下, 民到于今受其賜. 微管仲, 吾其被髮左衽矣. ~. 管鮑之交(관포지교)의 주인공. 北宋 蘇洵(소순)의 〈管仲論〉이 유명하다.

**1026** 鄭子亹 - 亹는 힘쓸 미, 부지런할 미.

| | | 王青 二友 | | | 右公子職 | 雍人稟(품)1027 | |
|---|---|---|---|---|---|---|---|
| | 鮑叔牙(포숙아)1028 | 高傒(고혜)1029 | 齊桓公小白1030 | 魯公孫隱(은) | 齊公子糾(규) | 王子克 | 鮒里乙(부리을) |
| | 召忽(소홀) | | 蕭叔大心(소숙대심) | 顓孫(전손) | 紀侯紀季 | 宋愍公捷(민공첩) | |
| | | | | | 齊伯氏 | 南宮萬(남궁만) | |

---

1027 雍人 稟 – 齊 大夫.

1028 鮑叔牙(포숙아, ?-前 644) – 姒 姓에 鮑氏. 간칭 鮑叔, 鮑子. 春秋時代 齊國의 大夫. 潁上(영상, 今 安徽省 중부 阜陽市 潁上縣) 출신. 의리로 管仲을 도왔고 관중을 齊相으로 천거했다. 成語 毋忘在莒(무망재거)의 주인공. –《管子 小稱》桓公, 管仲, 鮑叔牙, 甯戚(영척) 4인이 술을 마셨다. 桓公이 鮑叔牙에게 말했다. "왜 일어서서 나에게 祝壽하지 않는가?" 그러자 포숙아가 잔을 들고 일어나 말했다. "公께서는 莒(거) 땅에 갈 때를 잊지 마십시오(勿忘在莒). 管子께서는 魯에 갇혀 있을 때를 잊어서는 안 됩니다. 甯戚(영척)은 牛車 아래서 밥을 먹던 때를 잊지 마십시오." 그러자 桓公이 辟席(피석)하고 再拜하며 말했다. "寡人과 二大夫(관중과 영척)가 夫子(포숙아)의 말씀을 잊지 않는다면 나라의 사직은 위태롭지 않을 것입니다." 포숙아는 환공과 관중에게 지난 날의 고난을 잊지 말라고 깨우쳐 주었다. 管仲은 "生我者는 父母이나 知我者는 鮑叔이다!"라고 말했다.(《史記 管晏列傳》). 孔子도 말했다. "齊의 鮑叔은 知賢하니, 이는 智이다. 推賢하니 이는 仁이며, 引賢하니 이는 義이다. 이 3가지를 갖추었는데 무엇이 더 있어야 하겠는가?"(《韓詩外傳》).

1029 高傒(고혜, 생몰년 미상) – 姜은 姓, 高氏, 名은 傒. 字는 仲, 諡는 敬(경). 齊國 上卿.

1030 齊 桓公 小白 – 재위 前 685-643年. 춘추 오패의 한 사람.

| | | | | | |
|---|---|---|---|---|---|
| 隰朋<br>(습붕)[1031] | | 石祁子<br>(석기자) | 曹鬈公夷<br>(희공 이) | 寺人 貂<br>(시인 초) | 子游(자유)<br>猛獲(맹획) |
| 甯戚<br>(영척)[1032] | 王子 成父 | 原繁<br>(원번) | 宋<br>桓公 御說<br>(환공 어열) | 易牙<br>(이아)[1033] | 南宮友 |
| 宋 仇牧<br>(구목) | 賓須亡<br>(빈수망) | | | 常之巫<br>(상의 무) | 鄭 子 嬰齊<br>(영제) |
| 魯 曹劌<br>(조귀) | 麥丘人<br>(맥구인) | | | 衛 公子<br>開方 | 傅瑕<br>(부하) |
| | 輪邊<br>(윤변) | | 秦 德公<br>[1034] | 鬈王 胡齊<br>(희왕 호제) | 晉 愍侯<br>(민후) |
| 楚 粥拳<br>(죽권) | 平陵 老<br>(평릉 노인) | | 秦 宣公 | 秦 宣公<br>杵臼(저구) | 曲沃 武公<br>(곡옥 무공) |
| | 愚公<br>(우공)[1035] | | | | 王子 穨(퇴) |
| | 陳 公子 完 | 息嬀<br>(식규) | | 息侯<br>(식후)[1036] | 蔿國<br>(위국) |

---

**1031** 隰朋(습붕, ?-前 645年) - 춘추 시대 齊國의 大夫. 桓公의 신하. 管仲은 습붕을 자신의 후임으로 천거했지만 관중이 죽던 해에 습붕도 죽었다.

**1032** 甯戚(영척, 생졸년 미상) - 甯氏, 名은 戚. 春秋 시대 衛國 출신. 齊國 大司田 역임. 齊 桓公의 經濟 참모. 중농정책 추진 수리사업 담당. 隰朋(습붕, 大行, 禮儀 外交 담당). 東郭牙(공곽아, 大諫臣, 言官). 王子城父(大司馬, 軍隊), 弦章(大理, 掌管法律) 등이 제 환공의 유능한 참모였다.

**1033** 易牙(이아, 생졸년 미상) - 雍人, 名은 巫(무). 雍巫[옹무, 狄牙(적아)], 春秋 시대, 齊國의 유명한 廚師(주사, 요리사). 桓公의 신임을 받았다. 제 桓公에게 자기 어린 아들을 삶아 바쳤다.

**1034** 秦 德公 - 재위 前 678-676년.

**1035** 愚公 - 愚公移山(우공이산). 《列子 湯問》의 文章. 저자는 戰國 시대 列御寇(열어구).

**1036** 息侯 - 息(식)은 國名.

| | | | | | | | |
|---|---|---|---|---|---|---|---|
| | | | | 燕嚴侯 | 惠王母凉(무량) | 邊柏(변백) | |
| | | 虢史嚚(괵사 은) | 虢叔(곽숙) | 鄭文公楗(접) | 鄭高克(고극) | 楚杜敖(두오) | |
| | | 周內史過 | | | 公孫素(공손소) | | |
| | | | 魯御孫(어손) | | | 陳太子御寇(어구) | |
| | 宰孔(재공) | | | 强鉏(강자) | 陳轅濤涂(원도도) | | |
| | | | 召伯廖(소백료) | | 楚申侯 | 魯公子牙(아) | |
| | 魯公子季友 | | | 秦成公 | | | |
| | | 楚屈完(굴완)1037 | | | 魯公子般 | 圉人犖(어인 락) | |
| | 魯公子奚斯(해사) | | 齊中孫湫(중손추) | 曹昭公班 | 魯閔公啓 | 公子敬父 | |
| | | | 許夫人 | | | 卜齮(복기) | |
| | | | | 衛戴公(대공) | | 衛懿公 | |
| | 衛弘贊(홍인) | | 先丹木 | 黔牟子 | | | |
| | | 卜偃(복언)1038 | 羊舌大夫(양설대부) | 趙夙(조숙) | | 晉獻公 | |

---

**1037** 楚 屈完(굴완) – 姓은 芈(미), 屈氏, 名은 完. 春秋 기대 楚國의 大夫. 前 656年, 齊 桓公을 상대로 한 齊 楚 會盟에서 주도적 역할을 수행했다.

**1038** 卜偃(복언, 생졸년 미상) –《國語》에서는 郭偃(곽언), 春秋時期 晉國의 占卜官. 晉의 국가 운명에 관한 예언을 많이 했다.

| 荀息<br>(순식) | 辛廖<br>(신료) | 史蘇 | 畢萬 | 史華龍滑 | 晉 驪姬<br>(여희)[1039] |
|---|---|---|---|---|---|
| 宋 公子<br>目夷<br>(목이) | 梁余子<br>養 | 魯 釐公 | 士蔿<br>(사위) | 奚齊<br>(해제) | 優施<br>(우시) |
|  | 罕夷<br>(한이) |  | 臣 猛足<br>(맹족) | 卓子<br>(탁자) | 梁五 |
|  | 申生<br>(신생)[1040] | 楚 逢伯<br>(봉백) | 井伯 | 趙 孟 ( 趙<br>盾)[1041] | 東關<br>五虞公 |
| 宮之奇<br>(궁지기)<br>[1042] | 狐突<br>(호돌) | 衛 甯嚴子<br>(영엄자) | 衛 文公 |  |  |

---

**1039** 晉 驪姬(여희, ?-前 651年) – 춘추시대 驪戎 國君의 딸. 晉 獻公의 총애를 받았다. 태자 申生을 모함하고 국정을 어지럽혀 驪姬之亂의 주인공.

**1040** 申生(신생, ?-前 655) – 姬는 姓, 春秋 시대 晉 獻公(헌공)의 嫡長子, 晉國의 太子, 헌공의 총희인 驪姬(여희)는 자신의 소생인 아들 奚齊(해제)를 太子로 삼으려고 優施(우시)와 通姦하며 신생을 모함하였다. 신생은 作亂을 원치 않아 自害하여 身亡했다.

**1041** 趙孟(趙盾, 조순, ?-前 601) – 趙 宣子. 晉國 大夫. 趙衰(조최)의 아들. 趙衰는 重耳(중이, 뒷날 文公) 따라 狄(적) 땅에 망명 중에 狄女 叔隗(숙외)한테서 趙盾(조순)을 얻었다. 前 621년에, 趙盾은 晉國 國事를 전담했다. 나중에 晉 成公이 즉위하자, 晉 太史 董狐(동호)는 '趙盾이 其君 夷皐(이고)를 시해했다.'고 기록했다. 조순은 자신이 시해하지 않았다고 말했다. 史官 狐(호)가 말했다. "子는 正卿으로 入諫했지만 主君이 不聽했다. 그래서 망명했지만 국경을 넘어가지 않았다. 주군이 시해당하자 당신은 돌아왔고, 叛賊을 토벌하지 않았다. 곧 같은 뜻이었다. 뜻이 같았으니 같은 죄이다. 당신이 시해하지 않았다면 누구겠는가? 그래서 '晉 趙盾이 其君 夷皐(이고)를 시해했다.'고 기록했다." (前 601년) 조순은 병사했다.

**1042** 假道伐虢(가도멸괵)은 魯 僖公(희공) 5년 前 655년의 역사적 사실이다. 晉國은 虞國의 길을 빌려 虢國(괵국)을 멸망시켰다. 虞國(우국)의 대

| | 百里奚<br>(백리해)<br>**1043** | 秦 繆公<br>(목공) | 富辰<br>(부진) | | 蔡 繆公<br>(목공) | 虢公<br>(괵공)<br>**1044** | |
|---|---|---|---|---|---|---|---|
| | | 秦 繆夫人 | 晉 冀芮<br>(기예) | 宋 襄公<br>**1045** | | | |
| | | | 慶鄭<br>(경정) | | 許 釐公<br>(희공) | 鄭 子華 | |
| | 奄息<br>(엄식) | 公孫枝<br>(공손지) | 韓 簡 | 蔡 嚴侯 | | | |

부인 宮之奇(궁지기)는 晉國이 출병한 김에 虞國을 병탄하려 한다는 晉國의 음모를 간파하고, 虞 惠公에게 苦諫(고간)하였다. 그러나 虞公은 虞와 晉이 모두 姬姓이고, 晉國에서 同姓兄弟國에 毒手를 뻗치지 않을 것이라 생각했다. 宮之奇는 '輔車相依(보거상의)'와 '脣亡齒寒(순망치한)'의 이치대로 괵국과 우국은 서로를 도와주고 지켜주어야 한다고 말했으나 虞公은 不聽했다. 물론 여기에 虞公에게 보내준 뇌물의 효과도 있었다. 晉은 길을 빌려 괵국을 멸망시킨 뒤, 돌아오면서 아무런 방비도 없는 우국도 멸망시켰고 우공을 생포했다. 이처럼 타국의 군대가 자기 나라에 들어오는 것을 兵家의 大忌(대기)이다.

**1043** 百里奚(백리해, 생졸년 미상) – 姜은 姓, 百里 氏, 名은 奚(해, 百里侯, 百里子) – 世人은 五羖大夫(오고대부)라 불렀다. 春秋時代 秦國의 政治家. 秦 穆公 5년(前 655), 百里奚는 晉 獻公이 딸을 시집보낼 때(晉秦之好) 딸려온 노비였는데, 도망갔다가 잡히자 秦 穆公이 검은 山羊의 가죽 5장으로 바꿔왔다(羊皮換相). 백리해는 秦 穆公을 도와 西戎의 여러 종족을 제패하고 영토를 넓히고 나라를 강성케 했다.

**1044** 虢國(괵국)은 西周의 제후국. 今 陝西省 寶鷄市 일대에 있다가 뒤에 山西省 平陸縣과 河南省 三門峽市 일대 황하 양안에 걸쳐 존재했던 나라. 前 655년에, 晉國에 병합되었다.

**1045** 宋 襄公(양공, 在位 前 650-637년) – 覇者가 되고 싶었던 인물. 前 638 年 宋은 강대국 楚와 泓水之戰(今 河南 柘城 서북)에서 仁義를 내세우면 적의 군사가 강을 다 건널 때까지 기다렸다가 공격했지만 대패했고 양공도 부상을 입어 그 때문에 죽었다.

| | | | | | | |
|---|---|---|---|---|---|---|
| | 中行氏 1046 | 繇余〔由余(유여)〕 | 鄭 叔詹 (숙첨) | | 襄王鄭 | 曹共公 |
| | 鍼虎 (침호) | 蹇叔 (건숙)1047 | 皇武子 | 燕襄公 | 惠后 | 王子帶 |
| | | 燭之武 (촉지무) 1048 | 釐負羈 (회부기) 의妻 | | 晉惠公 1049 | |
| | | 內史 叔興 | 曹 豎侯 獳(수후, 누) | 梁卜招父 | 里克 | 梁伯 |
| | | 卜徒父 (복도보) | | 衛元咺 (위원훤) | 虢射 (괵사) | 楚成王 惲(운) |
| | | 禽息 (금식) | 楚子玉 | | 宋襄公 1050 | 晉懷公 |
| 甯武子 (영무자) 1051 | | 王廖 (왕료) | 鬬宜申 (투의신) | 叔武 | | 潘崇 (반숭) |
| | | 晉 文公 1052 | 成大心 | 鍼嚴子 | 齊 孝公 1053 | 衛 成公 |

**1046** 中行氏(중행씨) – 子姓, 晉國의 世族, 六卿의 一. 逝敖(서오)에서 시작, 晉國 大臣. 荀氏(순씨)의 선조. 아들 荀林父(순림보)가 晉 景公 때, 中軍將 前 632年 성립, 前 490年 패망.

**1047** 蹇叔(건숙, 생졸년 미상) – 春秋 시대 秦國의 上大夫. 百里奚와 友善, 百里奚의 천거로 秦 穆公의 上大夫가 되었다. 蹇은 다리를 절 건, 괘 이름 건.

**1048** 燭之武(촉지무, 생졸년 미상) –《東周列國志》에서는 燭武(촉무). 春秋 시대 鄭國人, 前 630年 秦과 晉이 연합하여 鄭을 포위하자, 촉지무는 秦의 軍營으로 秦 穆公을 찾아가 利害를 설득하여 秦 穆公이 군사를 철수하면서 또 鄭을 保護하게 하였다.

**1049** 晉 惠公(재위 前 650-637년) – 姓은 姬. 名은 夷吾. 春秋 시대 晉國의 君主, 晉 獻公의 아들. 太子 申生과 晉 文公 重耳의 아우.

**1050** 宋 襄公 – 宋 成公의 子. 宋 昭公 杵臼(저구).

| | | | | | | |
|---|---|---|---|---|---|---|
| | 狐偃<br>(호언) | | 欒悼子<br>(난 도자) | | | |
| | 趙衰<br>(조쇠)1054 | 夫人 姜氏<br>(강씨) | 晉 李離<br>(이리) | 倉葛<br>(창갈) | | 曹 共公 |
| | 趙衰의<br>妻 | 魏犨<br>(위주) | 寺人 披<br>(피) | | 鄭子 臧<br>(장) | |
| | 介子推<br>(개자추)<br>1055 | 顚頡<br>(전힐) | | 鄭 繆公 蘭<br>(목공 란) | | 齊 公子<br>無詭 (무<br>궤) |
| | | 胥臣<br>(서신) | 曹 文公<br>壽 | | | |

**1051** 寧武子(寧兪, 영유, 생졸년 미상) – 姬는 姓, 寧氏, 名은 兪(유), 시호 武, 곧 寧武子. 春秋 時期 衛國의 卿.

**1052** 晉 文公(재위 前 636-628년) – 姬姓, 晉氏, 名은 重耳. 晉 獻公의 아 들. 춘추 오패 중 두 번째. 趙衰(조최), 狐偃(호언), 賈佗(가타), 先軫(선 진), 魏武子(魏國 先祖), 介之推(개지추)의 보좌를 받아 春秋 五霸의 한 사람. 晉 강성의 토대를 마련. 뒷날 三晉(趙國, 魏國, 韓國) 성립의 토대가 이때 형성되었다.

**1053** 齊 孝公 – 桓公의 아들.

**1054** 趙衰(조쇠 / 조최) – 전국시대 趙의 건국 시조. 公子 重耳(중이)를 따라 流亡했다가 重耳가 晉 文公으로 즉위하며 春秋 五霸의 한 사람이 되 었는데, 조쇠가 고위직에 올랐다. 일족의 영수로(趙康子) 재위(前 636-622년). 그 이후 趙盾(조순), 趙武(조무), 趙鞅(조앙), 趙無恤(조무 휼) 등이 모두 晉의 股肱之臣(고굉지신)이 되었다.

**1055** 介子推(개자추, ?-前 636년) – 一作 介之推, 介子, 介推. 春秋 시대 晋國 人, 介休綿山(개휴면산, 今 山西省 介休市 소재)에서 죽었다. 晋 文公 重 耳(중이)의 輔臣. 驪姬의 亂이 일어난 뒤, 重耳를 따라 망명한 이후 19 년간, 온갖 고생을 다하며 섬겼다[割股奉君(할고봉군)]. 重耳가 귀국하 여 즉위했고 패업을 이뤘다[晉 文公]. 그러나 개자추는 功名을 버리 고, 山林에(綿山) 歸隱하며 '不言祿' 했다. 문공은 綿山에 가서 개자추 를 찾았으나 나오지 않자 산에 불을 질렀고 끝까지 모습을 나타내

| | | | | | | |
|---|---|---|---|---|---|---|
| | 推母<br>(추모) | 賈佗<br>(가타) | 燕桓公 | 石㲉1056 | | |
| | 郤穀<br>(곡곡) | 董因<br>(동인) | | 陳繆公<br>(진 목공) | | 齊昭公 |
| | 舟之僑<br>(주지교) | 豎頭須<br>(수두수) | 秦康公 | | | |
| | 荀林父<br>(순림보) | 齊國嚴子 | | | 周頃王<br>王臣 | |
| | 先軫<br>(선진) | 周內史叔<br>服(숙복) | 晉襄公 | 陳共公 | | |
| | 狼瞫<br>(낭심) | | | | | |
| | 陽處父<br>(양처보) | 孟明視<br>(맹명시) | 邾文公<br>(주) | 魯文公<br>1057 | 夏父不<br>忌(하보<br>불기) | |
| | 甯嬴<br>(영영) | 西乞術<br>(서걸술) | | | | |
| | 臾駢<br>(유병) | | 宋子哀 | 周匡王班<br>(광왕 반) | 宋昭公 | |
| | | 士會 | 邾子貜<br>且<br>(주자확저) | | 胥申父<br>(서신보) | |
| | 鄭弦高<br>(현고) | 繞朝<br>(요조) | | | | |
| | | 石癸<br>(석계) | | 齊君舍<br>(사) | 狐射姑<br>(호야고) | |

지 않았다(至死不復見). 개자추는 그냥 버드나무를 껴안고 불타 죽었다. 진 문공은 개자추 죽음을 슬퍼하며 그날은 불을 피우지 못하게 했다(寒食).《史記 晉世家》참고.

1056 石㲉(석착) - 㲉은 짐승 이름 착. 토끼 비슷하나 사슴의 다리를 가진 짐승. 빨리 달아날 착.

1057 魯文公 - 재위 前 626-609년.

| | | | | | | | |
|---|---|---|---|---|---|---|---|
| | | 公孫壽 | | | | | 楚繆王商臣(목왕) |
| | 叔仲惠伯 | 蕩意諸(탕의제) | 魯公孫敖(공손오) | 單伯 | 魯宣公 | | |
| | 宋方叔 | 公冉務人(공염무인) | 蔡文公 | 魯叔孫得臣 | | 邴歜(병촉) | 齊懿公商人 1058 |
| | 樂豫(악예) | 卜楚丘(복초구) | 單襄子 | 秦共公 | | 閻職(염직) | |
| | 董狐(동호) 1059 | 晉趙盾 | 靈輒(영첩) | | | 晉趙穿(조천) | 晉靈公夷皋(이고) |
| | | 鉏麑(서미) | 祁彌明(기미명) | 晉成公黑臀(흑둔) | | | |
| | | 宋伯夏叔子 | | 秦桓公 1060 | | | |
| | 鬪伯比 | 鄭子良 | 衛穆公速(목공속) | 周定王楡 | | 鄭靈公 | 陳靈公 |
| | (楚)令尹子文 1061 | 楚嚴王 | 泄冶(설야) | | 宋文公鮑(포) | 公子歸生(귀생) | 夏姬 |
| | | | 孔達 | 逢大夫 | | 子公 | 孔寧 |

1058 齊懿公商人 - 齊懿公商人. 제 환공의 아들. 商人이 名. 재위 前612-609年.

1059 董狐(동호, 생몰년 미상) - 姒姓, 董氏. 名은 狐(호). 史狐로도 칭함. 春秋 晉國의 史官. 孔子는 동호가 '書法不隱하는 古之良史'라고 칭송.

1060 秦桓公(환공) - 在位 前604-577年.

1061 令尹 子文 - 令尹(영윤)은 楚國의 宰相, 관직명. 伊尹(이윤)에서 유래되었다고 한다. 楚武王 때 令尹을 처음 설치, 조정에서는 領政하고 밖에 나가서는 군사를 지휘했는데 楚가 秦에 멸망할 때까지 존속했다. 楚의 최고위 관직으로 楚 왕족 중에서 선임. 令尹子文 - 鬪穀於菟(투구어토. 생졸년 미상) - 芈(미)는 姓, 鬪氏(투씨), 名은 穀於菟, 一作

| | | | | | | | |
|---|---|---|---|---|---|---|---|
| | | 王孫滿 | 王子 伯廖 (백료) | 王札子 (왕찰자) | 翟豐舒 (작풍서) | | 儀行父 |
| | 楚 蔿賈 (원가) | 箴尹克黃 (잠윤 극황) | 晉 解陽 | 魯 公子歸生 | 召伯 | 晉 先縠 (선곡) | |
| | 申叔時 | 魏顆 (위과) | 荀尹 (순윤) | 申舟 | 毛伯 | 楚 子越 | |
| | 孫叔敖 (손숙오) 1062 | 五參 | 箕鄭 (기정) | 齊 惠公 | 少師 慶 | | |
| | | 陳應 | 公子 雍 (옹) | | 士亹 (사미) 1063 | | |
| | | 申公 申培 | 秦 景公 | 陳 成公 | 鄭 襄公 堅 | | |
| | | 樂伯 | | 燕 宣公 | 衛 繆公 (위 목공) | | |
| | | 優孟 (우맹) 1064 | 楚 郇公 (운공) | | | | |
| | | 鄭 公子 弃疾 (기질) | 鍾儀 (종의) | 曹 宣公 廬 (선공 려) | 周簡王 夷 (간왕 이) | | |

谷於菟. 字는 子文. 春秋 時代 楚國 令尹. 淸廉(청렴)으로 널리 聞名, 楚國의 有名한 賢相.

**1062** 孫叔敖(손숙오, 前 630년? – 約 593년), 芈(미)는 姓. 蔿氏(위씨). 孫叔은 字. 敖가 名. – 어렸을 때 들에서 兩頭蛇를 보았다. 당시에 양두사를 본 사람은 곧 죽는다고 생각했었다. 손숙오는 다른 사람이 또 보지 못하도록 뱀을 죽여 묻어버렸다. 前 601년, 孫叔敖는 楚國의 令尹이 되었다. 수리사업을 일으켜 농업생산을 크게 늘렸다. 司馬遷《史記 循吏列傳》의 첫 번째 인물이다. 손숙오는 三得相에 不喜했으니 知其材自得之也요. 三去相에 不悔했으니 知非己之罪也라.

**1063** 士亹 – 亹 면려할 미. 힘쓸 미.

**1064** 優孟(우맹, 생몰년 미상) – 春秋 時期 楚國의 유명한 弄臣(농신), 長 八尺(5척?). 多辨, 우스갯소리로 楚 莊王을 諷諫(풍간). (楚莊葬馬). 司馬遷의 《史記 滑稽列傳》에 立傳.

| | | | | | | | |
|---|---|---|---|---|---|---|---|
| | | 子反 | 楚共王 | | | 穀陽豎(곡양수) | |
| | | | 晉郤克(극극) | 吳壽夢(수몽) | 魯成公 1065 | | |
| | | 逢丑父(봉축보) | 辟司徒妻 | | 齊頃公 | | |
| | | 賓媚人(빈미인) | | 鄭悼公(도공) | 衛定公 | | |
| | | 范文子(범문자) 1066 | 荀罃(순앵) | 申公巫臣 | 衛子良夫 | 鄭公子班 | |
| | | 臧宣叔(장선숙) | 鄭賈人 | | | 曹成公負芻(부추) | |
| 曹郤時(조극시) | | | 伯宗 | 王孫閱(열) | 中叔于奚(중숙우해) | | |
| | | | 伯宗妻 | | 宋共公瑕(하) | | |
| | | 韓獻子厥(궐) | 秦醫緩(완) | 燕昭公 | 晉景公 | 屠顏賈(도안고) | |
| | | 程嬰(정영) | 桑田巫 | 趙朔(조삭) | | 宋蕩子 | |
| | | 羊舌(양설) | 呂相 | 郤犫(극주) | 宋平公 | 晉厲公(여공) | |
| | | 公孫杵臼(공손저구) | 郤至(극지) | 郤錡(극기) | 叔孫僑如(숙손교여) | | |
| | | | | 中行偃(중항언) | 公子偃(공자언) | | |
| | | 劉康公(유강공) | 姚句耳(요구이) | 胥童(서동) | | | |

---

**1065** 魯成公 - 재위 前 590-573년.

**1066** 范文子〔범문자. 士燮(사섭), ?-前 574년〕- 晉國 軍事, 정치가. 祁는 姓, 士氏. 封地가 范(범), 諱는 燮(섭). 시호는 文.

| | | | | |
|---|---|---|---|---|
| | | 欒書<br>(난서) | 長魚矯<br>(장어교) | |
| 單襄公 | | 羊魚 | | |
| | 呂綺<br>(여기) | 鮑嚴子牽<br>(포엄자견) | | |
| 苗賁皇<br>(묘분황) | 養由基<br>(양유기)<br>1067 | 向于<br>(향우) | | |
| 叔嬰齊<br>(숙영제) | 叔山舟 | 鄭成公<br>綸(윤) | | |
| 宋華元 | 匡句須<br>(광구수) | | 羊斟<br>(양짐) | 宋魚石 |
| 孟獻子 | | | 燕武公 | 慶克 |
| 樂正求 | 鮑國<br>(포국) | | | 國佐 |
| 牧中 | 晉解狐<br>(해호) | 鄭廖<br>(정료) | | |
| 晉 悼公<br>周 | 祁午<br>(기오) | | | |
| | 韓亡忌<br>(무기) | 楊干<br>(양간) | | |
| 鄭唐 | 銅鞮伯<br>華<br>(동제백화) | 子服佗<br>(자복타) | | |
| 楚 工尹<br>襄 | | 叔梁紇<br>(숙량흘)<br>1068 | | 楚 公子<br>申 |

1067 養由基(양유기, ?-前 559년) – 嬴(영)은 姓, 養氏, 名은 由基(유기), 春秋 시대 楚國 共王(재위 前 590-560년)의 장군. 名弓 神射. 1백 보 떨어 진 곳에서 표시해둔 버드나무 잎을 百發百中한 사람. 成語 百發百中 과 百步穿楊(백보천양)의 주인공.

1068 叔梁紇[숙량흘, 孔紇(공흘), 叔梁은 字]은 魯의 하급 무사였다. 孔子를 얻 기 전에 숙량흘은 본처 소생 딸 9명에, 후처 소생의 몸이 불편한 맏아 들 孟皮(맹피)가 있었다. 때문에 孔子는 次男이라서 伯仲叔季의 차서

| | | | | | | | |
|---|---|---|---|---|---|---|---|
| | | 祁奚<br>(기해) | | | 靈王泄心 | | |
| | | 羊舌職<br>(양설직) | 魯匠慶 | 秦董父<br>(근보) | 魯襄公 | 公子壬夫<br>(공자임부) | |
| | | 魏絳<br>(위강) | 衛柳壯 | 狄斯彌<br>(적사미) | | 鄭釐公<br>(희공) | |
| | | 張老 | | | | | |
| | | 籍偃<br>(적언) | | 士鞅<br>(사앙) | 齊靈公環 | | 程鄭 |
| | | 汝齊<br>(여제) | 吳諸樊<br>(제번) | 尹公佗<br>(타) | | 子駟 | |
| | | 宋子罕<br>(한) | 齊晏桓子 | 庾公差<br>(유공차) | 衛獻公衎<br>(간) | 孫蒯<br>(손괴) | 西鉏吾<br>(서서오) |
| | | 向戌<br>(상술)<br>1069 | 楚子囊<br>(낭) | 公孫丁 | | 朱庶其 | |
| | | 范宣子<br>(범선자) | 鄭師慧 | 無終子嘉父 | 衛殤公焱<br>(상공염) | 鄭尉止<br>(위지) | |
| | | 晉邢蒯<br>(형괴) | 衛大叔儀 | 姜戎<br>(강융) | | | |
| | | 齊殖綽<br>(식작) | 公子鱄<br>(전) | 駒支<br>(구지) | | 衛甯喜<br>(영희) | |
| | | 鄭游眅<br>(유판) | 曹武公勝 | 楚令尹子南 | 孫文子 | | |
| | | 齊杞梁 | 鄭簡公嘉 | 觀起 | 福陽子 | | |

에 의거 字가 仲尼(중니)이다. 숙량흘은 72세에 顏氏(안씨) 집안의 셋째 딸 징재(徵在, 微在(미재)가 아님)와 나이 차이가 많이 나는 결혼을 하였는데, 司馬遷(사마천)은 이 결혼을 野合(야합)이라고 표현했다.《史記 孔子世家》. ~紇與顏氏女野合而生孔子.

1069 向戌(상술, 생졸년 미상) – 向은 성씨 상. 子는 姓, 向氏. 春秋時代 宋國의 左師. 春秋 시기 晉弨과 楚가 쟁패할 때, 회맹을 주도하여 이름을 날렸다.

| | | | | | | | |
|---|---|---|---|---|---|---|---|
| | 魯 季文子 子 | 殖妻 (식처) | 晉陽 | 燕文公 | 楚 屈建 | | |
| 范武子 (범무자)1070 | 華州 = 華周 | 罕(한) | 魯 國歸父 | 魯 臧堅 (장견) | | | |
| | 樂王鮒 (부) | 祝佗父 (보) | 行人 子員 | 鄭 公孫夏 | 宋 華臣 | 巢牛臣 (소우신) | |
| | | 申蒯 (신 괴) | 子朱 | 燕 懿公 (의공) | 晉 叔魚 | | |
| 晉 叔向1071 | 楚 申叔豫 | 陳 不占 | 楚 湫擧 = 椒擧 | | 齊 崔杼 1072 | 宋 伊戾 (이려) | |
| 向母1073 | | 士鞅 (사앙) | 蒍奄 (원엄) | 楚 康王 | 慶封 | | |
| | 齊 大史 三人 | 衛 右宰 穀臣 | 趙武 | | 慶嗣 | 吳 餘祭 | |
| 蘧伯玉 (거백옥)1074 | 南史氏 | 厚成子 | 釁蔑 (종멸) | | 吳 遏 (오알) | | |
| 吳 季札1075 | 陳 文子 | 衛 公子 荊(형) | | | 晉 平公 彪 | 景王 貴 | |

**1070** 范武子(범무자) - 士會(사회, 생졸면 미상) - 祁(기)는 姓, 士氏, 名會. 晉나라에서 隋(수), 范(범)에 피봉. 食邑을 氏로 정했다. 시호는 武. 士季, 隋會, 隋季, 范子, 范會, 隋武子, 范武子 등으로도 불렸다. 士蒍의 손자. 晉國의 中軍將, 太傅 역임.

**1071** 叔向(숙향, ?-前 528年?) - 姬는 姓, 羊舌(양설)氏. 名은 肹(힐), 字는 叔向, 被封 於 楊(今 山西省 洪洞縣) 以邑爲氏하여 楊氏. 楊肹(양힐). 춘추시대 晉의 公族, 晉 悼公, 平公, 昭公을 섬기며 師傅, 上大夫 역임. 叔向과 齊 晏嬰(안영), 鄭 子産이 同時代 人物.

**1072** 崔杼(최저, ?-前 546年) - 姜은 姓, 崔氏. 名은 杼(베틀의 북 저). 시호 武. 春秋시대 齊國의 大夫.

**1073** 向母 - 向讀曰 嚮(향).

**1074** 蘧伯玉(거백옥)은 衛의 대부, 이름은 瑗(원), 伯玉은 字. 공자는 거백 옥을 君子라고 높이 칭송했다. 《論語 衛靈公》子曰, "~ 君子哉, 蘧伯 玉! 邦有道, 則仕, 邦無道, 則可卷而懷之."

| 鄭 子產 1076 | 卞 嚴子 (변 엄자) | 絳 老人 (강) | 鄭 子皮 | 晉 亥唐 | 齊 陳桓子 | 魯 昭公 稠 (조) | 齊 嚴公 光 |
|---|---|---|---|---|---|---|---|
| 晏平仲 (안평중) 1077 | | 史趙 | | | 衛 襄公 惡(양공오) | | |
| | | 臧文仲 1078 | 士文伯 | 秦 醫 和 | | | 楚 夾敖 (협오) 1079 |

---

1075 季札(계찰) - 姬는 姓, 名은 札(찰), 季는 막내라는 뜻. 吳王 壽夢(수몽)
의 4子. 延陵에 봉해졌기에 延陵季子(연릉계자)로 통칭. 吳王인 壽夢
(수몽)은 현명한 막내 아들 계찰에게 전위하고 싶었고, 수왕의 장자
諸樊(제번)은 부친의 뜻을 알고 숨어버렸다. 수왕이 죽은 뒤에 제번은
계찰에 양위하려 했지만 계찰이 끝내 거부하여 제번이 즉위했다. 제
번은 자신이 죽으면 계찰이 즉위한다고 미리 공표까지 했지만 계찰
은 끝내 사양하였다. 계찰은 장수하여 前 485년에 죽었다(애공 8년,
공자 68세). 魯 昭公 27년, 吳는 계찰을 齊(제) 보내 聘禮(빙례)를 수행
했다. (계찰이 돌아가는 길에) 그의 아들이 죽었다. 여행 중이라서
嬴博(영박)이란 곳에 장례했다. 孔子가 가보고서는 계찰이 여행 중의
장례로 幽明(유명, 生死)에 따른 예절을 잘 알고 있다고 칭찬하며 말
했다. "延陵季子는 예법에 맞게 장례했다."

1076 鄭 子產(자산, ?-前 522年) - 姬姓, 名은 僑(교), 字는 子產. 春秋 말기 鄭
國의 재상. 鄭國 백성의 존경을 받았다. 中國 宰相의 典範으로 추앙.

1077 晏平仲 - "晏平仲[안평중, 晏嬰(안영, 晏子)]는 교제를 잘했으니, 오래 교
제하면서도 늘 남을 공경하였다. 子曰, 晏平仲善與人交, 久而敬之."
《論語 公冶長》晏平仲은 齊나라의 大夫인데, 平은 그의 시호이고 仲
은 그의 字이다. 공자는 鄭나라의 子產(자산)과 안영을 유능한 정치가
로 공경하였다. 공자가 35세 전후에 齊에 머물면서 出仕하려 했지만
안영의 반대로 등용되지 못했다. 久而敬之는 장기간 교제하더라도 상
대에 대한 공경심은 여전했다는 뜻이다. 사실 이 점이 어려운 일이다.
交友以信의 경우 信의 바탕에는 공경심이 있어야 한다.《史記》62권,〈管
晏列傳〉은 짧은 문장이지만 안영의 고결한 인품이 잘 그려져 있다.

1078 臧文仲(장문중, ?-前 617년). 春秋 시대 魯國의 대부. 曾祖父와 부친은

| 仲尼<br>(중니)1080 | 太子 晉 | | 鄭 卑湛<br>(비심) | 晉 船人<br>固來 | 曹 平公 | 晉 昭公<br>夷 | 蔡 景侯 |
|---|---|---|---|---|---|---|---|
| | 左丘明<br>(좌구명)<br>1081 | 宰我<br>(재아)<br>1082 | | | | 燕 惠公 | 蔡 靈侯 |

---

魯 莊公, 僖公(희공), 文公(문공)을 섬긴 현명한 大夫였다. 공자는 "장문중은 자리나 차지하고 있는 인물이다! 柳下惠(유하혜)가 현명한 줄 알면서도 추천하지 않는다."고 평가하였다. 《論語 衛靈公》臧文仲, 其竊位者與! 知柳下惠之賢, 而不與立也.

**1079** 楚 夾敖(협오) - 康王의 子.

**1080** 仲尼 - 聖母인 顏氏(안씨)는 魯의 尼丘山(이구산)에 기도를 드렸고, 공자가 출생하였는데, 출생할 때 그 우묵한 정수리가 이구산과 비슷하여서 이름은 丘(구)라 하였으며, 字는 仲尼(중니)이다. 공자의 출생 연월일에 관해서는 상당한 논쟁을 거쳐 1952년 臺灣(대만) 中華民國(중화민국) 교육부에서 정한 '魯 襄公 22년 8월 27일(前 551년 9월28일)'이 일반적으로 통용되고 있다. 공자는 魯나라 23대 襄公(양공, 재위 前 572 - 542년) - 昭公(소공) - 定公(정공)을 거쳐 哀公(애공, 재위 前 494 - 468년) 16년, 서기 前 479년에 73세로 죽었다. 子貢(자공)은 공자 학문의 위대함을 마치 만 길 높은 담장으로 둘러싸인 궁궐과 같아서, 문을 열고 들어가지 않으면 그 화려 웅장함을 알 수도 없다고 비교했다. 자공은 또 공자의 위대함은 마치 日月과 같아서 산처럼 올라가거나 넘을 수도 없으니, 이는 마치 사다리로 하늘에 오를 수 없는 것과 같다고 비유하였는데, 그 비유가 매우 적절하며 동시에 자공의 뛰어난 언변과 지혜를 알 수가 있다.

**1081** 《左氏傳》 - 저자는 魯의 太史인 左丘明으로 인정된다. 左丘明(생졸년 미상)은 《左傳》과 《國語》의 作者로 《左傳》은 記事에, 《國語》는 記言에 중점을 두었다. 좌구명은 《論語 公冶長》에도 그 이름이 나온다. 孔子曰, "巧言, 令色, 足恭을 左丘明이 恥之러니 丘亦恥之라. 匿怨而友其人을 左丘明恥之러니 丘亦恥之라."라 하였다. 이를 본다면, 공자보다 약간 연상이거나, 또 박식하고 고상한 인품의 인물임을 알 수 있다. 또 左丘明이 공자한테 배웠다는 주장도 있다. 左丘明의 姓名에 대

| | | | | | | | |
|---|---|---|---|---|---|---|---|
| | 子貢1083 | 行人子羽 | | 舟人 清涓(청연) | 北燕伯款 | | |
| 顏淵1084 | 冉有(염유)1085 | 馮簡子 | | | | 陳公子招 | 陳哀公弱 |

하여 복성인 左丘에 名은 明, 또는 單姓 左에 名은 丘明이라는 주장이 있다. 그 직책이 左史라 하여 左는 존칭이고 姓은 丘, 名은 明이라는 주장도 있다. 또 盲人(맹인)이라는 주장도 있는데, 老年에 失明했는지는 알 수 없으나 失明한 상태로 관직을 수행할 수는 없었을 것이다.

**1082** 宰我〔재아, 宰予(재여), 前 522-458년〕- 宰가 姓, 名은 予, 字는 子我. 予我, 宰我(재아)로도 표기. 魯國人, 재여는 子貢과 함께 孔門 중 言語에 이름이 올랐다. 宰予는 孔子와 三年喪의 禮制나 仁의 問題를 함께 토론하였다.

**1083** 子貢 - 端木賜(단목사)는 衛(위)나라 사람으로, 字는 子貢이다. 공자보다 31세 어렸다. 자공은 말을 잘하고 언변이 교묘하였지만 공자는 그 언변을 늘 싫어하였다. 공자께서 "너와 안회는 누가 더 낫다고 생각하느냐?" 하고 물었다. 이에 자공은 "제가 어찌 안회를 따라갈 수 있겠습니까? 안회는 하나를 배워 열 개를 알지만, 저는 하나를 들어 겨우 두 개를 알 뿐입니다."라고 대답했다. 자공이 공자에게 배우면서 공자에게 물었다. "저는 어떤 사람입니까?" 공자는 "너는 그릇이다."라고 말했다. 그러자 자공은 "어디에 쓰는 그릇입니까?"라고 다시 물었다. 공자는 "너는 瑚璉(호련)과 같다."라고 말했다. 공자의 제자 중 가장 得意했고 유능했다. 孔子 學團의 실질적 후원자였다.

**1084** 顏回(안회, 前 521-481년) - 字는 子淵, 顏子, 顏淵(안연)으로도 호칭. 春秋 시대 魯國人(今 山東省 南部 濟寧市 관할 縣級 曲阜市). 孔子 72 門徒의 첫째. 孔門十哲 德行으로도 첫째. 漢代 이후로 안연은 72제자의 첫째 인물로 공자 제향 시에 늘 配享되었다. 이후 여러 추증을 받았는데, 明 世宗 嘉靖 9년(1530) 이후 「復聖」이라 존칭하였다. 안연은 孔子보다 30세 적었다. 顏淵(안연)이 仁에 대하여 묻자, 孔子는 "克己하여 復禮(복례)한다면 천하 사람들은 너를 仁德을 갖춘 사람이라고 칭송할 것이다." 공자가 안회에 대하여 말했다. "顏回의 덕행은 훌륭하도다! 한 그릇의 밥과 물 한 바가지를 마시며 좁은 골목에 살아도 다른 사람

| 閔子騫<br>(민자건)<br>1086 | 季路<br>1087 | 子大叔 | | | | 周儋桓<br>伯(주담<br>환백) | |
|---|---|---|---|---|---|---|---|
| 冉伯牛<br>(염백우)<br>1088 | 子游<br>(자유)<br>1089 | 衛 北宮<br>文子 | 劉 定<br>公 | 魯 謝息 | 陳 惠公 | 魯 南蒯 | 吳 餘昧 |

은 그런 고생을 감당하지 못하지만 안회는 道樂을 바꾸지 않는다." "
안회는 어리석은 것 같다. 그러나 안회가 물러난 뒤 그 행실을 살펴보
면 내 가르침을 착실히 지키니 안회는 결코 어리석은 사람이 아니다."

**1085** 冉有(염유) – 본명은 冉求(염구), 字는 자유(子有), 혼히 '冉有(염유)'로
표기. 孔門十哲 政事의 한 사람. 魯나라 실권자 季康子의 家臣이었
다. 德行, 言語, 政事, 文學을 孔門四科라고 하고, 顏淵, 閔子騫(민자
건), 冉伯牛(염백우), 仲弓, 宰我, 子貢, 冉有(염유), 季路, 子游, 子夏를
孔門十哲이라고 칭한다.

**1086** 閔子騫〔민자건, 閔損(민손), 前 536년-487년, 字는 子騫(자건)〕– 顏淵(안연)
과 冉伯牛(염백우, 冉耕), 仲弓(중궁)과 함께 孔門十哲 중 德行 과목에 올
랐다. 魯國人. 閔子騫은 큰 효자였다. 어려서 모친을 여의고 계모 밑에
서 생활하였다. 어느 해 겨울에 계모는 두 아들에게만 솜옷을 입히고
민자건에게는 갈대솜(蘆花, 蘆絮)을 넣은 홑옷(單衣)을 입게 했다. 민
자건은 아버지를 태우고 수레를 몰았는데, 너무 추워 실수를 하여 수
레가 구덩이에 처박혔다. 아버지가 크게 나무라며 매질을 하자, 홑옷이
터지면서 갈대 솜이 날렸다. 부친이 사실을 알고 계모를 내쫓으려 하자,
민자건이 울면서 말했다. "어머니가 계시면 저만 추위에 떨지만, 어머니
가 안 계시면 자식 셋이 고생하게 됩니다." 부친은 계모를 용서했고, 계
모는 잘못을 뉘우쳤다. 이를 〈二十四孝〉 중 '單衣順母'라고 한다.

**1087** 季路(계로, 子路 仲由, 前 542년-前 480) – 字는 子路, 보통 季路(계로)로
도 표기. 孔門 十哲의 한 사람(政事), 孔子보다 9살 아래이며, 공자를
가장 오랫동안 모셨으며, 공자를 따라 列國을 주유했다. 가정에서는
孝子로 〈二十四孝〉 중 '爲親負米'의 주인공이다. 공자의 제자 중 개
성이 가장 뚜렷하였으나 그 죽음은 비극적이었다.

**1088** 冉伯牛(염백우) – 본명은 冉耕(염경), 字는 백우. 孔門十哲 중 德行의

| | 子夏<br>1090 | | | 鄭定公 | 鄭孔張 | 莒子庚<br>輿(경여) | |
|---|---|---|---|---|---|---|---|
| 仲弓<br>1091 | 曾子<br>1092 | 魯叔孫<br>豹 | 公孫楚 | 燕悼公<br>(도공) | 周原伯<br>魯 | 晉頃公 | 宋寺人<br>柳 |

一人. 나쁜 병(나병)에 걸렸기에 공자가 문병을 하며 "이 사람이 이런 병에 걸린 것은 운명이다."라며 통탄했다.《論語 雍也》伯牛有疾, 子問之, 自牖執其手, 曰, "亡之, 命矣夫! 斯人也而有斯疾也! 斯人也而有斯疾也!" 거듭 말한 것은 너무 큰 슬픔을 표현한 것이다(痛之甚也).

**1089** 子游 － 言偃(언언, 前 506-443년). 吳나라 사람(공자 제자 중 유일한 남방 출신), 字는 子游(자유)이다. 공자보다 45세 연하이다. 자유가 공자에게 수업을 받은 뒤에 武城의 邑宰(읍재)가 되었는데, 孔子가 무성읍을 지나가다가 弦歌(현가) 소리를 들었다. 孔子가 빙그레 웃으며 "닭을 잡는데 어찌 소를 잡는 칼을 쓰겠는가!"라고 말했다. 이에 자유가 말했다. "예전에 저는 夫子께 '君子가 예악을 배워 알면 백성을 사랑하고, 소인이 예악을 알면 쉽게 부릴 수 있다.'고 들었습니다." 그러자 공자가 말했다. "제자들아! 자유의 말이 맞다. 내가 한 말은 농담이었다."

**1090** 子夏 － 卜商(복상)의 字는 子夏(자하)이다. 공자보다 44세 어렸다. 공자께서 말했다. "卜商은 함께 詩를 논할 수 있다." 子貢(자공)이 물었다. "顓孫師(전손사, 子張)와 卜商(복상, 子夏) 중 누가 더 현명합니까?" 공자께서 말했다. "자장은 넘치고, 자하는 미치지 못한다." "그러면 자장이 더 나은 것입니까?" "지나친 것이나 부족한 것은 모두 마찬가지이다(過猶不及)." 공자께서 자하에게 말했다. "너는 君子와 같은 유생이 되어야지 小人儒가 되지 마라." 공자가 죽은 뒤에 子夏는 西河(서하)에 머물면서 제자를 가르쳤고, 魏 文侯의 사부가 되었다. 자하는 아들이 죽자 심하게 통곡했고 그래서 失明했다.

**1091** 仲弓(중궁) － 본명은 冉雍(염옹), 자는 仲弓. 孔門十哲 중 덕행으로 유명. 분야에 뛰어났다. 그 아버지가 천민이었다고 한다. 공자는 염옹은 임금이 될 만한 덕행을 갖추었다고 칭찬했다(雍也 可使南面).

**1092** 曾子(증자) － 본명은 증삼(曾參, 前 505-435), 자는 자여(子輿), 공자보다 46세 연하. 아버지 曾晳(증석)과 함께 부자가 모두 공자의 제자였다. 공자의 학통을 이은 제자로 종성(宗聖)으로 추앙받고 있다. '하루

| | | 子張<br>1093 | 狐丘子<br>林 | 公孫黑 | | | | 魯豎牛<br>(수우) |
|---|---|---|---|---|---|---|---|---|
| | | 曾晳<br>1094 | 晉 趙文<br>子 | 韓宣子<br>厥(궐) | 薳啓彊<br>(원계강) | | 宋 元公<br>佐 | 楚 靈王<br>圍 |
| | | 子賤<br>(자천)<br>1095 | 孟釐子<br>(맹희자) | 魯 叔孫<br>昭子(숙<br>손소자) | 申子䵣<br>(미) | | 蔡 平侯 | 晉 邢侯<br>(형후) |
| | | 南容<br>(남용)<br>1096 | 孟懿子<br>(맹의자)<br>1097 | 楚 薳罷<br>(원파) | 左史 倚<br>相(의상) | | | 楚公子<br>比 |

에 자신을 세 번 살피는(日三省吾身)' 수양을 했다. 《大學》과 《孝經》
을 저술했으며, 효자로 널리 알려졌다. 또 曾參殺人(증삼살인)과 曾子
殺猪(증자살저, 猪는 돼지 저) 등 여러 故事의 주인공.

**1093** 子張 – 顓孫師(전손사, 前 503-447년)는 陳나라 사람인데, 字는 子張(자
장)이다. 공자보다 48살 적었다. 子張이 祿位(녹위, 관직)를 얻을 수 있
는 방법을 묻자(子張學干祿.~), 孔子가 말했다. "많이 배우면 모르는
것이 적을 것이고, 말을 조심하면 허물이 적을 것이다. 많이 보면 위
험한 일이 적을 것이니, 그런 다음에 행실을 조심하면 후회할 일이 적
을 것이다. 허물이 될 만한 말이 없고, 뉘우칠 짓을 하지 않으면 관록
은 거기에 있을 것이다."

**1094** 曾晳(증석) – 曾參의 父親.

**1095** 子賤(자천) – 宓不齊(복부제)의 字는 子賤(자천)이다. 孔子보다 30세
아래였다. 孔子는 "子賤은 君子로다! 魯에 君子가 없었다면 子賤이
어디서 배웠겠는가?" 라고 말했다. 자천이 單父(선보)의 읍재였는데,
돌아와 공자에게 복명하면서 말했다. "저의 임지에 저보다 현명한 사
람이 다섯 분이나 있어 제가 잘 다스리도록 가르쳐 줍니다." 이에 공
자께서 말했다. "애석하도다! 복부제가 다스리는 곳이 작은 곳이나,
큰 지역을 다스려도 아주 잘할 것이다."

**1096** 南容 – 南容(남용)은 공자의 제자로 《孔子家語》에는 南宮縚(남궁도)로
기록되었는데, 남궁은 複姓(복성)이다. 魯나라 대부 仲孫氏(孟懿子)의
손자로, 孟僖子(맹희자)의 아들인데, 《論語》에 南容으로 표기되었다.
《詩 大雅 抑(억)》에 '白珪(백규)의 하자(玷, 이지러질 점)는 오히려 갈아

| | | | | | 申亡字<br>(신무우) | 樊 頃子<br>(번 경자) | |
|---|---|---|---|---|---|---|---|
| | | 公冶長<br>(공야장)<br>**1098** | 南宮敬<br>叔 (남궁<br>경숙)<br>**1099** | 吳 厥由<br>(궐유) | 申亥 | 司徒 醜<br>(추) | 觀從<br>(관종) |
| | | 公西華<br>(공서화)<br>**1100** | 郯子<br>(담자) | 衛 史鼂<br>(위 사조) | 晉 籍談<br>(적담) | 子鼂<br>(자조) | |
| | | 有若<br>(유약)<br>**1101** | | | 子 鉏商<br>(서상) | 賓猛<br>(빈맹) | 周 悼王<br>猛(도왕<br>맹) |

(磨) 없앨 수 있지만, 말의 잘못은 어쩔 수 없네.(白珪之玷, 尙可磨也. 斯言之玷, 不可爲也.)'라는 구절이 있는데, 南容이 《詩》를 읽다가 이 부분을 3번이나 반복해서 읽었다. 이는 그 마음이 敬愼(경신)하는 것이다. 그래서 공자는 형의 딸(조카딸, 兄之子)을 아내로 주었다(妻之).

**1097** 공자는 여러 제자에게 효에 대하여 여러 가지로 다른 설명을 해주었다. 孟懿子(맹의자)에게는 부모 뜻을 어기지 말라(無違)고, 樊遲(번지)에게는 예를 다하여 모시기라고 설명했다.

**1098** 公冶長(공야장, 前 519-470년)은 齊나라 사람이고, 字는 子長(자장)이다. 孔子가 말했다. "공야장은 딸을 줄만한 사람이니, 지금은 갇혀있지만 그 사람의 죄가 아니다." 그리고는 딸을 시집보냈다. 公冶長은 공자의 사위 이름으로, 여기에 딱 한 번만 나타나기에 그 행적을 알 수 없다. 《論語》의 5번째 편명.

**1099** 南宮敬叔(남궁경숙) -《史記 孔子세가》에는 공자가 魯의 南宮敬叔과 魯君의 도움으로 周나라를 여행했고, 노자에게 禮에 대해 물었다는 기록이 있다. 이어 '주나라를 여행하고 노나라로 돌아온 이후 제자들이 조금씩 모여 들었다.'는 기록이 있으니, 이것이 공자가 제자를 모아 가르치기 시작한 것이라 볼 수 있다.

**1100** 公西華(공서화, 公西赤) - 字는 子華, 공자의 제자. 공자보다 42세 연하.

**1101** 有若(유약) - 공자보다 43세 연하. 효제(孝悌)를 강조하였음. 《論語》에는 有子(유자)로 나옴. 외모가 공자를 닮았기에 제자들 중에는 유자를

| | | | | | | | |
|---|---|---|---|---|---|---|---|
| | 漆彫啓<br>(칠조개)<br>1102 | 老子<br>1103 | 師曠<br>(사광)<br>1104 | 周史 大<br>祓(대피) | | 蔡 悼侯<br>(도후) | |
| | 澹臺 滅<br>明 (담대<br>멸명)<br>1105 | 南榮疇<br>(남영주) | 屠蒯<br>(도괴) | 蜎子<br>(연자) | 齊 景公<br>杵臼<br>(저구) | 梁 丘據<br>(구거) | |
| | 樊遲<br>(번지)<br>1106 | | 子 服 惠<br>伯 | | | 曹 桓公 | |
| | 巫馬期<br>(무마기)<br>1107 | | 晉 荀吳<br>(순오) | 孝成子 | | | |

스승처럼 모시기도 했다.

**1102** 漆彫啓(漆彫開, 칠조개)의 字는 子開(자개)이다. 漆彫는 복성. 이름은 啓(계), 字는 子開. 鄭玄(정현)은 칠조개를 魯人이라고 했다. 《孔子家語》에는 "蔡人이고 字는 子若이며, 공자보다 11세 연하이며, 《尙書》를 공부했고 出仕를 좋아하지 않았다."고 기록되었다.

**1103** 老子 – 孔子는 周의 老子를 존경했다.

**1104** 師曠(사광) – 春秋시대 晉國의 盲人 樂師.

**1105** 澹臺滅明(담대멸명) – 子游(자유)가 武城의 邑宰로 재직할 때 공자를 만났다. 공자가 자유에게 "너는 쓸만한 인재를 찾았는가?"라고 물었다. 이에 자유가 말했다. "澹臺滅明(담대멸명, 澹臺가 姓이고, 滅明이 이름)이란 사람이 있는데, 샛길로 다니지 않고(行不由徑, 徑은 지름길 경), 公事가 아니라면 저의 처소에 들린 적이 없습니다."라고 말했다.《論語 雍也》

**1106** 樊遲(樊遲, 번지) – 樊須(번수)의 字는 子遲(자지)이다. 孔子보다 36세 연하였다. 공자를 위해 수레를 모는 御者였다. 樊遲(번지)가 농사를 배우고 싶다고 말하자, 공자께서 말했다. "나는 늙은 농부만 못하다." 번지가 채소 농사를 배우겠다고 청하자, 공자는 "나는 경험 많은 노인만 못하다."라고 말했다. 번지가 仁에 대하여 묻자, 공자는 "백성을 사랑하는 것이라."고 말했다. 問智하자, 공자는 "사람을 아는 것이라."고 말했다.

| | | | | | | |
|---|---|---|---|---|---|---|
| 司馬牛 1108 | | 神竈(비조) | 齊虞人(우인) | | 南宮極(남궁극) | 敬王丐(개) |
| 子羔(자고) 1109 | 公伯寮(공백료) | 里析(이석) | | | 頓子(돈자) | |
| 原憲(원헌) 1110 | | | 越石父(월석보) | 裔款(예관) | 胡子髠(호자곤) | |
| 顔路(안로) 1111 | 公肩子(공견자) | 梓慎(재신) | | | | |

**1107** 巫馬期(무마기) – 巫馬施(무마시)의 字는 子旗(자기)인데, 공자보다 30세 연하였다.

**1108** 司馬牛 – 子牛(자우). 본명은 司馬犁(사마리). 司馬耕(사마경). 《論語》에서는 司馬牛.

**1109** 子羔 – 高柴(고시)의 字는 子羔(자고)이다. 孔子보다 30세 연하였다. 자고의 키는 5척이 안 되었는데, 공자에게 배웠지만 공자는 좀 어리석다고 생각했다. 子路가 자고를 費邱(비후)의 읍재로 삼자, 공자는 "남의 아들을 망쳐놓는다!"고 말했다. 그러자 子路가 말했다. "백성이 있고 社稷(사직)이 있는데, 하필 독서만 해야 학문을 한 것입니까!" 이에 공자께서 말했다. "이 때문에 말을 잘 둘러대는 자를 미워하게 된다."

**1110** 原憲 原憲(원헌)의 字는 子思(자사)이다. 子思가 恥辱(치욕)에 대하여 물었다. 孔子가 말했다. "나라에 道가 행해지면 관록을 받는다. 나라가 무도할 때 국록을 받는 것이 치욕이다. 《論語 憲問》은 '원헌이 恥에 대하여 물었다.'로 시작한다. 공자가 魯의 사구가 되었을 때, 원헌은 공자의 가신이 되었다.

**1111** 顔路 – 顔無繇(안무요)의 字는 路(로)이다. 顔路(안로)는 顔回(안회)의 부친인데, 부자가 다른 시기에 공자를 스승으로 모셨다. 顔回가 죽었을 때 안로는 가난하여 공자의 수레를 팔아 덧널[槨(곽)]을 만들어 장례를 치르게 해달라고 요청했다. 이에 공자께서 말했다. "재주가 있건 없건 모두 자식을 생각하는 것이다. 내 아들(鯉)이 죽었을 때 널을 썼지만 덧널을 써서 장례하지는 않는데, 내가 수레를 팔아 덧널을

| | | | | | | |
|---|---|---|---|---|---|---|
| 商瞿<br>(상구)<br>1112 | | 申須<br>(신수) | 栢常騫<br>(백상건) | 許男 | 沈子逞<br>(심자령) | 楚 平王<br>棄疾 (기<br>질) |
| 季次<br>(계차)<br>1113 | 子石<br>1114 | 林旣<br>(임개) | 燕 子于<br>(연 자우) | | 陳 夏齧<br>(진 하설) | |
| 公良<br>1115 | 隰成子<br>(습성자) | 北郭騷<br>(북곽소) | 魏 獻子 | | 魯 季平<br>子 | 費 亡極<br>(비 무극) |
| 顔刻<br>(안각)<br>1116 | 琴牢<br>(금뢰) | 逢於何<br>(봉오하) | | 燕 共公 | 宋 樂大<br>心 (안락<br>대심) | 曹 聲公 |

만들고 걸어 다닐 수 없었던 것은, 내가 대부의 뒤에서 걸어 다닐 수 없었기 때문이다. 鯉(리)는 공자의 아들. 아들이 죽었을 때도 수레를 팔아 장례에 덧널을 쓰지 않았다. 孔鯉는 나이 50에 공자보다 먼저 죽었다. 공자는 대부 반열에 올랐기에 다른 사람의 喪事나 日常에 걸어 다닐 수 없다는 謙辭이다. 안회가 공자의 수제자였고, 공자도 안회의 죽음에 몹시 애통했지만 안회 부친의 요구는 事理上 무리한 요구였다.

**1112** 商瞿(상구) – 魯人이고 字는 子木(자목)이다. 공자보다 29세 연하였다. 孔子는《易經》을 상구에게 전수했다.

**1113** 公晳哀(공석애)의 字는 季次(계차)이다. 孔子가 말했다. "天下가 道를 따르지 않고, 많은 사람들이 (諸侯나 卿大夫의) 가신이 되어 도읍에 출사하지만, 오직 계차만은 (지조를 지켜) 출사하지 않았다.

**1114** 子石 – 公孫龍(공손룡)의 字는 子石(자석)이다. 공자보다 53세 어렸다. 전국시대 공손룡이 아니다.《孟子》에서는 莊子와 「堅白同異之談」을 한 사람이라고 했다.

**1115** 《孔子家語》에는 공자 제자 중 37명의 이름만이 기록되었다. 이들 중 公良孺(공양유), 秦商(진상), 顔亥(안해), 叔仲會(숙중회) 등 4인은《孔子家語》에 행적기록이 있지만, 《史記 仲尼弟子列傳》에는 기록이 없으며 인명 수록 여부에 약간의 차이가 있다.

**1116** 顔刻 – 공자 제자. 행적 미상.

| | | | | | |
|---|---|---|---|---|---|
| | | 司馬穰苴(사마양저) 1117 | 司馬彌牟(사마미모) | | 季公鳥(계공조) | |
| | | | 司馬篤(사마독) | | 公叔務人 | 吳僚(오료) |
| | 楚 伍奢(오사) | 魏戊 | 楚太子建 | | |
| | 伍尙(오상) | 智徐吾(지서오) | | 寺人　僚 祖 (요사) | 曹隱公通 |
| | | 孟丙(맹병) | 燕平公 | | |
| | 魯師已(노사 이) | 成鱄(성전) | | 臧昭伯(장 소백) | |
| | 子家羈(자가기) | 閻沒(염몰) | 專諸(전저)1118 | 厚昭伯(昭厚伯) | |
| 楚子西(자서) | | 汝寬(여관) | 秦哀公 | 吳王闔廬(합려) | 吳夫槩(부개) |
| 公子閤(합) | 吳孫武 1119 | 楚司馬子期 | 楚昭王 | | 徐子 |
| 伍子胥(오자서) 1120 | 申包胥(신포서) 1121 | 沈尹戌(술) | 鍾建 | 楚郤宛(극완) | 章禹 |

---

**1117** 司馬穰苴(사마양저, 생졸년 미상) - 嬀(규)는 姓, 田氏, 名은 穰苴. 春秋 후기, 齊의 장수. 兵法家. 田完의 후손.

**1118** 專諸(전저, ?-前 515년) - 鱄諸, 春秋 시대 吳國 棠邑人, 그 當時 유명한 刺客.

**1119** 吳 나라의 孫武(손무, 前 545-470년. 字는 長卿) - 본래 齊國人. 孫武는 姑蘇城(今 江蘇 蘇州市) 밖 穹窿山(궁륭산)에 은거하며《孫子兵法》을 완성. 나중에 闔廬(합려)의 신하. 楚를 격파하고 吳를 강국으로 만들었다. 손무의 3子 중 장남은 전사했고, 차남 孫明(손명)이 富春侯에 봉해졌으니, 이 사람이 富春 孫氏의 시조이다. 뒷날 孫臏(손빈)은 孫武의 5世孫이었다. 後漢 말 孫堅(손견)은 富春 孫氏의 후예였다.

**1120** 伍子胥〔오자서, 伍員(오원), ?-前 484년)는 春秋 시대 吳나라의 장군. 본

| | | 江上丈人 | 蔡墨<br>(채묵) | 衛 彪傒<br>(표해) | | 越王 允常<br>(윤상) | 衛 靈公元 |
|---|---|---|---|---|---|---|---|
| | | 史魚1122 | 楚史 皇 | | 鄭 獻公禹 | 鬪且(투저) | 南子1123 |

래 楚의 公族. 박해를 피해 吳에 망명. 吳王 闔閭(합려)에 의해 重用되어
大破 楚國했다. 吳王 夫差(부차)가 繼位한 뒤에 참소를 받아 죽었다.

**1121** 申包胥(신포서, 생졸년 미상) – 楚의 國姓인 芈姓(미성)에 申氏, 名은 包
胥, 一作 勃蘇(발소), 또는 棼冒勃蘇(분모발소). 春秋 시기 楚國 대부,
申包胥哭秦庭(신포서곡진정) 고사의 주인공. 신포서는 내내 伍員[伍
子胥(오자서)]과 친구였다. 오자서가 楚에서 망명하며 신포서에게 말
했다. "내 기어히 楚를 복멸하리라!" 이에 신포서가 말했다. "맘대로
해라. 자네가 초를 멸망시킨다면, 나는 기어히 다시 일으키리라." 周
敬王 14년(前 506년 / 楚 昭王) 柏擧之戰(백거의 전투)에서 오자서가 거
느린 吳軍이 楚軍을 격파하고 도성을 점령했다. 오자서는 楚 平王의
묘를 파헤치고 그 시신을 꺼내 매질했다(鞭屍). 申包胥는 산속에 숨
어 있다 오자서에게 사람을 보내 말했다. "그대의 報仇는 너무 심하
지 않은가! 내가 알기로, 人衆者는 勝天하지만 하늘 역시 破人할 수
도 있다네. 자네는 옛날 平王之臣으로 몸소 北面하여 평왕을 섬기지
않았던가. 지금 죽은 사람을 도륙하니, 이 어찌 天道의 끝이 없다고
말할 수 있겠는가!" 그러자 오자서가 使人에게 말했다. "나 대신 말해
주시오. 나에게 날은 저무는데 길은 멀다오(日暮途遠). 그래서 나는
逆行하고 逆施(역시)했다오."
周 敬王 15년(前 505), 申包胥는 秦國에 가서 구원을 요청했다. 물론
일언에 거절당했다. 그러자 신포서는 秦의 성벽에 올라 7일 7야를 통
곡하니 나중에는 눈물도 흐르지 않았다. 그러나 秦 哀公을 감동시켜
楚를 구원했다. 楚는 復國했고, 昭王은 신포서를 포상했지만, 신포서
는 하나도 받지 않고 노소를 거느리고 산속에 은거하였다. 이후 신포
서는 중국 忠臣의 典範이 되었다.

**1122** 史魚[史鰌(사추). 생졸년 미상. 字는 子魚] – 春秋時期 衛國 大夫.《論
語·衛靈公》「子曰, "直哉史魚! 邦有道, 如矢, 邦无道, 如矢. 君子哉蘧
伯玉! 邦有道, 則仕. 邦无道, 則可卷而怀之."」

**1123** 南子 –《史記 孔子世家》에 의하면, 공자는 衛 (위) 蘧伯玉(거백옥)의 집

| | | | | | | | |
|---|---|---|---|---|---|---|---|
| | | 公叔文子 | 王孫由于<br>(왕손유우) | 萇弘<br>(장홍)**1124** | | | 蒯聵<br>(괴외) |
| | | | 鑪金<br>(노금) | 員公辛<br>(원공신) | 宋景公<br>兜欒(두란) | 魯定公<br>**1125** | |
| | | 中叔圉<br>(중숙어)<br>**1126** | | | | 宋昭公 | 宋朝**1127** |
| | | 祝佗<br>(축타)<br>**1128** | 屠羊說<br>(도양열) | 王孫章 | 宋中幾<br>(중기). | 郈嚴公 | 彌子瑕<br>(미자 하) |

에 머물렀다. 衛 靈公의 夫人 南子(남자)가 공자를 불러 공자와 만났다. 이를 자로가 좋아하지 않자, 공자가 맹서하며 말했다. "내가 예의에 어긋나는 일을 했다면 하늘이 나를 버릴 것이다. 하늘이 나를 버릴 것이다."라고 확실하게 말했다. 한 달 뒤쯤, 靈公이 夫人과 同車로 외출하는데 宦者(환자, 환관) 雍渠(옹거)가 參乘하고, 공자를 次乘(차승)케 한 뒤에, 손을 흔들며 큰 길을 지나갔다. 이에 공자가 말했다. "나는 好色하는 만큼 好德하는 사람을 보지 못했다." 공자는 이를 부끄러워하며 衛를 떠나 曹(조)나라로 갔다. 이 해에 魯 定公이 죽었다(前 495년. 공자 57세).

**1124** 萇弘(장홍, ?-前 492年, 長紅, 萇宏) - 字는 叔, 東周時 蜀人. 天文과 曆數에 밝았고, 音律과 樂理에 정통했다. 《史記 封禪書》에는 '萇弘以方事周靈王'이라 했다. 孔子도 장홍을 찾아 음악을 배웠다. 장홍은 나중에 晉國 范氏를 지지했다 하여, 晉國 趙氏의 핍박을 받아 살해되었다. 그의 피가 나중에 碧玉이 되었다는 전설이 있다. '萇弘化碧', '三年化碧'는 精誠과 忠正을 표현하는 成語가 되었다.

**1125** 魯 定公 - 재위 前 509-495년.

**1126** 中叔圉(중숙어) -《論語 憲問》子言衛靈公之無道也, 康子曰, "夫如是, 奚而不喪?" 孔子曰, "仲叔圉治賓客, 祝鮀治宗廟, 王孫賈治軍旅. 夫如是, 奚其喪?"

**1127** 《論語·雍也》子曰. "不有祝鮀之佞, 而有宋朝之美, 難乎免于今之世矣."

**1128** 祝佗(축타, 생졸년 미상) - 祝氏, 名은 佗(타), 字는 子魚. 祝鮀. 衛國太

| | | | | | |
|---|---|---|---|---|---|
| 王孫賈(왕손가) | 莫敖大心(막오대심) | 楚 石奢 | 齊 高張 | 夷射姑(이야고) | 雍渠(옹거) |
| 公父文伯母 | 蒙穀(몽곡) | 劉文公卷(권) | 榮駕鵝(영가아) | 楚 囊瓦(초 낭와) | |
| 衛 公子逞(위 공자령) | 陳 逢滑(진 봉활) | 季康子 | | 唐 成公 | 季桓子(계환자) |
| | 司馬狗(사마구) | | 秦 惠公 | 蔡 昭侯 | |
| 觀射父(관야보) | 顔讎由(안수유) | 公父文伯 | | 晉 定公 | |
| | 大夫 選(선) | 東野畢(동야필) | | | 曹 靖公路 |
| | 陳 司城貞子(사성정자) | | 鄭 聲公勝 | 陳 懷公(회공) | |
| | 顔燭鄒(안촉추) | | | 滕 悼公(등 도공) | |
| | 郵亡(우무) | | | 許幼(허유) | |
| | 卹(술) | 周舍(주사) | 趙 簡子 | 莒 郊公(거 교공) | 范 吉射(범 길야) |
| | 王良 | | | 邾 悼公(주 도공) | 中行寅(중항인) |
| 鳴犢(명독) | 伯樂(백락) 1129 | 田果 | | | |

祝. 위《論語 雍也》참고.

1129 伯樂(백락, ?前 680-610年, 原名 孫陽) - 春秋 中期 郜國(고국, 今 山東省 菏澤市 부근) 출신. 秦國의 富國强兵策에 의거 말을 잘 길러 秦 穆公(목공)의 신임을 받아 伯樂將軍이 되었다. 相馬學의 著作인《伯樂相馬經》을 저술했다. 唐代 文豪 韓愈(한유)의 〈馬說〉의 名句 '世有伯樂, 然後有千里馬라' - 이 名句는 재능을 알아줄만한 인물의 중요성을 언급했다. 懷才不遇(회재불우)한 사람은 '伯樂不常有'라고 탄식한다.

| | | 竇犫<br>(두주) | 陽城胥渠<br>(양성서거) | 行人 燭過<br>(촉과) | 韓 悼子 | 頓子<br>(돈자) | 杞 隱公<br>(기 은공) |
|---|---|---|---|---|---|---|---|
| | | 越 句踐<br>(구천)<br>**1130** | 扁鵲<br>(편작)<br>**1131** | 燕 簡公 | 齊 國夏 | 胡子 | |
| | | | 董安于<br>(동안우) | | 桑掩胥<br>(상엄서) | 薛 襄子<br>(설 엄자) | 杞 釐公<br>(기 희공) |
| | | 大夫 種<br>**1132** | 田饒<br>(전요) | 嚴先生 | | 小邾子<br>(소주자) | 曹 伯陽 |
| | 范蠡<br>(범려)<br>**1133** | 后膚<br>(후부) | 仇泹<br>(구사) | | | | |

**1130** 勾踐(句踐, 구천. 재위 前 496-464年) - 春秋 時代 後期 越國 君主. 臥薪嘗膽(와신상담)의 주인공.

**1131** 扁鵲(편작, 前 401?-310년) - 姓秦, 名은 越人(월인) 一名 緩(원), 扁鵲은 綽號(작호). 戰國 시대의 醫師이다. 姜齊의 勃海郡 莫州(今 河北省 任丘市 鄚州鎮) 사람이라 알려졌다. 扁鵲은 中醫學에서 脈을 짚어 진단하는 방법을 개척한 사람으로 알려졌다. 《漢書 藝文志》에는 《內經》과 《外經》을 저술했으나 失傳되었고 《難經》이 扁鵲의 저서로 알려졌다. 扁鵲이 秦國 武王(재위 前 310-307년)을 치료했으나, 太醫令 李醯(이혜)의 투기를 받아, 驪山(여산. 今 陝西省 西安市 臨潼區) 북쪽을 지나다가 자객에게 피살되었다고 한다. 黃帝 시대에는 神醫를 扁鵲이라 불렀다고 한다. 華佗(화타, 145-208), 董奉(동봉), 張仲景(장중경, 150-219년, 名은 機, 字는 仲景)을 '(後漢) 建安三神醫'라 칭한다. 또 전설상의 扁鵲(편작), 후한의 華佗와 張仲景, 明朝의 李時珍(이시진)을 古代 四大名醫라고 부른다. 宋代 이후 醫員의 스승을 보통 扁鵲이라 통칭했다. 司馬遷의 《史記 扁鵲倉公列傳》이 있다.

**1132** 大夫種(대부종, ?-前 472년) - 文種, 文仲, 一名은 會, 字는 子禽. 楚國 郢人(郢, 今 湖北省 남부 江陵市). 春秋 末期 저명한 謀略家, 范蠡(범려)와 함께 越國 句踐(구천)을 섬겨 吳王 夫差를 타격하여 멸망케 했다. 그 功이 높아 구천을 겁먹게 하여 결국 구천에게 賜死되었다.

**1133** 范蠡(범려, 前 536-448년, 字는 少伯) - 范은 풀이름 범. 蠡는 나무 좀먹

| | | | | | | | |
|---|---|---|---|---|---|---|---|
| | | 諸稽郢<br>(제계도) | 榮聲期<br>(영성기)<br>**1134** | | 魯哀公<br>**1135** | 齊悼公<br>陽生 | 公孫彊<br>(공손강) |
| | | 若成<br>(약성) | 楚芋尹<br>文 (우윤<br>문) | 秦悼公 | 齊晏孺<br>子 (안유<br>자) | 鮑牧<br>(포목) | 田乞 |
| | | 皐如<br>(고여) | 隰斯彌<br>(습사미) | 燕獻公 | 高昭子 | 田恒<br>(전항) | 齊簡公<br>壬 |
| 葉公 (섭<br>공) 子高<br>**1136** | | 計然 | 市南熊宜<br>僚(시남웅<br>의료) | 楚 白公<br>勝 | 楚 慧王<br>章 | 諸御鞅<br>(제어앙) | 子我 |
| | | | 大陸子方 | 屈固<br>(굴고) | 申鳴<br>(신명) | 衛 太叔<br>遺 (대 숙<br>유) | 子行 |
| | | | 嚴善 | 檀弓<br>(단궁) | 孔文子 | 衛 出公<br>輒(첩) | |
| | | | 魯 太師 | 公儀中子 | 大叔疾<br>(대숙질) | 渾良夫<br>(혼량부) | |

을 려. 陶朱公으로 통칭. 經商致富하였고, 중국 상인의 財神으로 숭
배된다. 越王 勾踐(구천)을 도와 吳를 멸망시킨 뒤에, 미녀 西施(서시)
와 함께 五湖를 떠돌았다. 司馬遷은 '范蠡 三遷에 皆有榮名'이라 칭찬
했다. 世人들은 '忠以爲國하고 智以保身하며 商以致富하여, 成名天下'
라 하였다. '千金之子는 不死於市'라는 속언이 있었다. 兵法書로《范蠡
(범려)》가 있었으나 지금은 不傳한다. 범려의 군사 관련 기본 사상은
'强하면 교만과 방종을 경계하며 안전한 곳에서 대비하고, 弱하면 은
밀히 圖强하며 待機하였다가 움직이고, 用兵에는 상대의 허점을 노
려 기습으로 승리하여 제압한다.'로 요약할 수 있다.《史記 貨殖列傳》
에 입전.《吳越春秋》참고.

**1134** 榮聲期 – 榮啓期.

**1135** 魯 哀公 – 재위 前 494-468년. 애공 16년(前 479년)에 공자가 죽었다.

**1136** 葉公(섭공) 子高 – 劉向이 편찬한《新序 雜事》中 '葉公好龍' 고사의 주
인공.

| | | 儀 封人 1138 | 公明賈 | 皐魚 (고어) | 陳 轅頗 (진 원파) 1139 | 孔悝 (공리) | |
|---|---|---|---|---|---|---|---|
| | 達巷黨人 (달항당인) 1137 | 長沮 (장저) 1140 樊溺 (걸익) | 陳亢 (진항) 1141 | 顔亡父 (안무보) | 蔡成公 | 石乞 | 狐黶 (호염) |
| | | | 子服景伯 | 顔險倫 (안유륜) | 齊平公 驁 (경) | 衛 簡公 蒯聵 (괴외) | |

1137 達巷黨人 – 공자는 넓게 배워 매우 博學(박학)하였다. 공자의 박학에 대하여 達巷黨人(달항당인)은, 공자가 "대단한 박학이지만 그것을 가지고 명성을 얻으려 하지 않는다."고 말했다. 《論語 子罕》達巷黨人曰, "大哉孔子! 博學而無所成名." 이런 말을 들은 공자는 "내가 수레몰기(御車)를 잘하는 것으로 명성을 얻을까?"라고 농담을 하였다.

1138 儀封人 – 공자가 魯를 떠나 천하를 주유하면서, 衛(위)나라에 오래 머물렀다. 衛나라 儀邑(의읍)의 관리가(封人) 그곳을 지나는 공자를 만나보고 나와서 공자의 여러 제자들에게 말했다. "여러분들은 사부가 뜻을 성취할 수 없다고 왜 걱정하시나요? 천하에 道가 실현되지 않은 지 오래라서 하늘은 夫子를 목탁으로 삼고자 하십니다(天將以夫子爲木鐸)." 《論語 八佾》

1139 轅頗(원파) – 春秋時期 陳國의 司徒인 轅頗(원파)는 封邑의 토지에서 거둬들인 부세로 陳 哀公의 딸 出嫁 자금으로 쓰고, 나머지는 私的으로 鐘鼎(종과 정)을 주조하는 데 써버렸다. 陳의 백성들이 원파를 축출하자(前 484年, 魯 哀公 11년), 원파는 鄭國으로 도주했다. 도중에 허기졌을 때, 부하가 맛있는 육포에 쌀밥과 술을 올렸다. 원파가 물었다. "이리 좋은 음식을 어찌 준비했는가?" "鐘鼎을 주조할 때, 음식물을 미리 비축해 두었습니다." "그때 종정 주조를 왜 제지하지 않았는가?" 그러자 그가 말했다. "당신보다 내가 먼저 쫓겨날 줄 알았습니다."

1140 長沮(장저)와 樊溺(걸익) 두 사람이 밭을 갈고 있을 때, 공자가 지나가면서 子路를 시켜 나루터(津) 가는 길을 묻게 했다(問津). 장저가 누구냐고 물었고 孔丘(공구)라고 말하자, 장저는 "그분이라면 길을 알 것이요." 하면서 일러주지 않았다. 걸익에게 묻자, 공자의 제자냐고

| 朱張<br>(주장)<br>少連<br>(소련) | 丈人<br>(장인)1142 | 林放1143 | 闕黨童子 ( 궐당<br>동자) | |
|---|---|---|---|---|
| | 何蕢<br>(하괴) | 顔夷<br>(안이) | 原壤<br>(원양)<br>1144 | |
| | | | 叔孫武叔 | |

물으면서 "온 천하가 도도한 물결처럼 흘러가는데, 누가 이런 풍조를 막을 수 있겠는가? 사람을 피해 다니는 분을 따라다니느니 세상을 피해 살고 있는 우리를 따르는 것이 어떻겠는가?"라고 묻고서는 밭일을 계속했다. 자로가 공자를 따라가 말했다. 공자는 시무룩하게 한숨지으며 말했다. "사람은 鳥獸(조수)와 함께 살수 없나니, 내가 세상 사람들과 함께 하지 않는다면 누구와 더불어 살겠는가? 만약 천하에 道가 통한다면 나 역시 세상을 바꾸려 하지 않을 것이다."《論語 微子》

1141 陳亢(진항) – 字는 子禽(자금)이다. 공자의 제자 여부는 확실치 않다. 《史記 仲尼弟子列傳》에는 이름이 나오지 않는다. 자금이 子貢(자공)에게 물었다. "당신의 사부는 어떤 나라에 가든 그 나라의 정치에 대해서 묻는데, 자신이 관직을 얻으려는 뜻입니까? 아니면 다른 사람을 통해서 알리려는 뜻입니까?" 그러자 자공은 "夫子께서는 온화(溫), 선량(良), 공경(恭), 검소(儉), 사양(讓)을 실천하는 분이십니다. 부자께서 얻으려는 것은 아마 다른 사람과 다르지 않겠습니까?"라고 말했다.

1142 《論語 微子》 자로가 공자를 수행 중, 일행과 떨어져 가다가 지팡이로 (杖) 망태기(蓧, 망태기 조)를 메고 가는(荷) 丈人(장인, 老人)을 만나 공자 일행을 보았느냐고 물었다. 그 노인은 "(당신들은) 四體(四肢)로 일도 하지 않고 五穀도 분별하지 못한다. 누구를 夫子라고 하는가?"라고 말했다. 그리고는 지팡이를 꽂아놓고 김을 매었다. 노인은 자로를 데리고 집에 가서 하루 재워주며, 닭을 잡고 기장(黍, 기장 서) 밥을 대접했다.

1143 魯나라 사람 林放(임방, 字는 子丘, 공자의 제자 여부는 논란이 있다.)이 공자에게 禮의 본질에 대하여 물었다. 이에 공자는 질문을 칭찬하면서 간단하게 본질을 짚어주었다. "禮가 사치하기보다는 차라리 검소

| | | 楚 狂人 接輿(접여) **1145** | 陳 司敗 | 陳 弃疾 (기질) | 革子成 (혁자성) **1146** | 衛 公孫 朝 | 衛侯 起 |
|---|---|---|---|---|---|---|---|
| | | | 陳 子禽 (자금) | 工尹 商陽 | | 尾生畝 (미생무) **1147** | 石國 |

해야 하고, 喪禮를 능숙하게 치루기보다는(與其易也, 易는 治也) 차라리 슬퍼해야 한다."

**1144** 《孔子家語 屈節解》에 의하면, 原壤(원양)은 공자가 어릴 적부터 알고 지냈으며(舊友), 그의 모친이 죽었을 때, 공자는 관을 만들어 부조했는데, 원양은 관을 받고 그 위에 올라 앉아 노래를 했다는 사람이다. 공자는 그냥 모른 체했다는 기록이 있다. 이 늙은이는 공자가 들어오는데도 벽에 기대 버릇없이 다리를 쭉 뻗어 벌리고 앉아 있었다(夷는 평평할 이. 다리를 뻗어 쫙 벌리고 앉다. 展足箕坐. 俟는 기다릴 사). 이에 공자는 원양이 "어려서부터 공손하지 않았고, 어른이 되어 칭찬받을 일도 없이, 늙어 죽지도 않으니 仁義를 해치는 사람이라."고 말하면서 들고 있던 지팡이로 원양의 정강이(脛, 정강이 경)를 때렸다(叩, 두드릴 고). 《論語 憲問》原壤夷俟. 子曰, "幼而不孫弟, 長而無述焉, 老而不死, 是爲賊." 以杖叩其脛.

**1145** 接輿(접여) –《論語 微子》에는 隱逸(은일, 隱者)이 몇 사람 등장한다. 여기에는 楚의 狂人(광인) 接輿(접여) 외에 長沮(장저)와 桀溺(걸익), 그리고 荷篠丈人(하조장인) 등이 등장한다. 楚의 광인 접여는 공자 곁을 노래하며 지나간다. "鳳凰이여, 봉황새여! 어찌 그리 德을 잃었나? 지난 일은 탓할 수 없지만 닥칠 일은 좇을 수 있단다. 그만, 그만두게나! 지금 세상에 벼슬하기는 위태로워라!" 이에 공자가 수레에서 내려 이야기를 하려 했으나 접여는 뛰듯이 피했기에 이야기를 나누지 못했다.

**1146** 革子成 – 棘子成(극자성).

**1147** 尾生(미생) –《莊子 盜跖(도척)》章에 나오는 고지식한 남자. 여자를 만나기로 한 다리(橋脚) 아래서 익사한 사람. 司馬遷은 그 守信을 칭송하여 '信如尾生'이라 했다. 그러나 適宜(적의)를 고려하지 않는 守信

| | | | | | | | |
|---|---|---|---|---|---|---|---|
| | | | 陽膚(양부) | | 周元王赤 | | 陽虎 1148 |
| | 孟之反(맹지반) 1149 | 師襄子 1150 | 尾生高(微生高) 1151 | 齊禽敖(黔敖) | 晉出公 | 互鄉童子(호향동자) | |
| | | 申根(신정) | | 餓者(아자) | | | |
| | 大連 | 師己 | 師冕(사면) | 陳子亢 | | 萠肹(불힐) | |
| | | 實车賈(빈모고) | 鄭戴勝之 | | 公之魚 | | 陳愍公(민공) |

은 癡愚(치우)가 아니겠는가? 信如尾生을 확실한 애정의 반증, 아니면 상징이라 미화할 수 있다.

**1148** 陽虎 - 陽貨(양화)는 人名이며, 《論語》의 편명이다. 본명 陽虎(양호)이고 貨(화)는 그의 字인데, 魯國 季氏의 家臣이었다. 계씨가 魯의 권력을 장악했을 때, 陽貨는 계씨 家內의 권력을 쥐고 있었다. 양화는 나중에 三桓(삼환)을 제거하려다가 실패하고 晉(진)으로 망명했다. 양화가 공자를 불러 만나려 했지만, 공자는 奸臣(간신) 양화의 평소 야망을 알기에 찾아가지 않았다. 그러자 양화는 공자가 없을 때를 틈타서 삶은 돼지를 예물로 보냈다. 공자는 예물을 받았기에 답례하지 않을 수 없었다. 공자도 양화가 집에 없는 틈을 타서 찾아가 禮를 표시하고 돌아오다가 하필 귀가 중인 양화와 만났다. 《論語 陽貨》참고.

**1149** 孟之反(孟之側) - 魯國 三桓 孟氏의 支子. 魯國과 魯國의 稷曲之戰에서 퇴각하는 군사의 후미를 지키며 가장 늦게 入城했다.

**1150** 師襄(師襄子) - 春秋 時期 魯國의 樂官, 擊磬(격경)을 잘했고, 공자에게 彈琴을 교수했다. 孔子가 일찍이 師襄子(사양자)에게 琴(금) 연주를 배웠는데, 열흘이 되어도 다른 곡을 연주하지 않자, 사양자가 말했다. "다른 곡을 더 배울 수 있습니다." 그러자 공자가 말했다. "아직 능숙하지 못합니다." 나중에 공자는 〈文王操〉를 제대로 터득할 수 있었다.

**1151** 《論語 公冶長》에 나오는 微生高. 子曰, "孰謂微生高直? 或乞醯焉, 乞諸其鄰而與之."

| | | | | | | |
|---|---|---|---|---|---|---|
| 顔丁<br>(안정) | 公肩瑕<br>(공견하) | 南郭惠子<br>(남곽혜자) | 陳尊己<br>(진존기) | | | |
| 顔柳<br>(안류) | | 姑布子卿<br>(고포자경) | | 宋桓魋<br>(환퇴)<br>**1152** | 公山不狃<br>(공산불뉴)<br>**1153** | |
| 周豊 | 衛視夷<br>(式夷) | 宋子韋 | 秦厲共公 | 匡人 | | |
| 采桑羽<br>(채상우) | | 公輸般<br>(공수반)<br>**1154** | | 周　貞定王 | 杞愍公<br>(기민공) | |
| | 史留<br>(사류) | 離朱<br>(이주) | | | | |

**1152** 桓魋(환퇴) ― 司馬牛(사마우)의 형 司馬桓魋(사마환퇴)는 포악한 자로 宋에서 亂을 일으키려 했고, 또 공자를 살해하려고 했었다. 《論語 述而》子曰, "天生德於予, 桓魋其如予何?" 참고.

**1153** 公山不狃(공산불뉴, 公山不擾(공산불요)〕 ― 公山弗擾(공산불요)는 公山이 성씨, 弗擾(불요)가 이름이다. 〈孔子世家〉에는 公山弗狃(공산불뉴)로 기록했다. 季氏의 家臣으로 費邑(비읍)을 근거로 배반하였고 명망 있는 공자를 초빙한 것은 자기 반역의 정당화를 위한 명분이었을 것이다. 자로가 공자가 응하려는 뜻에 반대했지만, 공자의 포부는 달랐다. 계씨나 공산씨나 魯에 불충한 것은 마찬가지이다. 그러나 "누구든 나를 등용한다면, 나는 周 文王, 武王의 道를 동쪽 魯나라에서 실현할 것이다."라면서 자신의 큰 꿈을 이루고 싶다는 굳은 의지를 표현하였다.

**1154** 魯班(노반, 前 507년-?) ― 姬는 姓, 公輸氏, 名은 班, 公輸盤, 公輸般. 春秋 末葉, 최고의 기술자. 중국 工匠祖師. 魯에서 출생, 활동, 만년에는 歷山(今 山東省 濟南市, 一名 千佛山)에 은거했다. 사다리, 톱, 목수용 먹줄통, 우산 등을 발명했다고 한다. 모든 목수, 미장이는 물론 광대들에게도 존경받는 최고의 기술자. 각지에 魯班殿 또는 魯班廟가 있다.

| | | | | | | |
|---|---|---|---|---|---|---|
| 樂正子春 | 豫讓(예양)1155 | 陳 太宰 喜 | | | 杞 釐公 (기 희공) | 吳王夫差 (부차)1156 |
| | 青荓子 (청병자) | 吳 行人 儀 | 鄭 共公 丑(추) | | | |
| 石讎 (석수) | 趙 襄子 | 鄭酈魁絲 (정준괴류) | 晉 定公 | 晉 哀公 忌(기) | 鄭 哀公 易(역) | 太宰 嚭 (태재 비) 1157 |
| 子服子 | 知過 (知果) | 燕 考公 桓(환) | | 智伯 (지백)1158 | 蔡 聲侯 産 | |

**1155** 豫讓(예양, ?-前 445년?) - 春秋末 晉國人. 晉國 中軍將 智伯(지백)의 가신, 의리를 지킨 刺客(자객). 《史記》五刺客 - 曹沫(조말), 專諸(전저), 豫讓(예양), 聶政(섭정), 荊軻(형가).

**1156** 夫差(부차) - 25대 吳王(재위 前 495-473년) - 부친 闔閭(합려)가 越王 勾踐에게 당한 恥辱(치욕)을 씻으려 부국강병에 힘써 夫差 2년(前 494년)에, 월왕 구천을 격파하였으나 죽이지 않고 돌려보냈다. 勾踐은 臥薪嘗膽(와신상담)하며 국력을 회복하였다. 그러는 동안 吳는 齊를 공격하면서 제후의 주도권을 잡아 前 482년에 부차는 제후의 회맹을 주도하였으나 구천의 공습으로 대패하였다. 쇠약해진 부차는 재위 23년(前 473年)에, 姑蘇城(今 浙江省 蘇州市)에서 句踐에게 포위되었고 나라는 멸망하였다. 부차는 구천의 용서를 받고 流放되었지만 치욕으로 自殺하였다.

**1157** 太宰 嚭(비, 伯否) - 吳王 夫差(부차)의 太宰, 太宰 否(비)로도 표기, 패망한 구천이 바치는 미녀를 받아들이자며 부차를 설득하여 구천을 살려준 사람. 부차가 패망하자 자결했다.

**1158** 知伯 - 知伯瑤〔知瑤(지요), ?-前 453년〕. 智氏(荀氏, 知氏). 名은 瑤(요). 知襄子. 晉國의 世族, 春秋 말기 晉國 4卿의 한 사람. 知宣子의 子, 韓康子, 魏桓子, 趙襄子에게 토지 분할을 요구했는데, 趙氏가 不給하자 知瑤는 大怒하며, 韓, 魏와 연합하여 趙襄子의 세력 근거지인 晉陽에 수공을 가했다. 그러나 韓, 魏 兩氏가 창을 거꾸로 잡아 공격하자 지씨는 멸망했다. 그 영지는 韓, 魏, 趙 三家에 의해 분할되었다. 豫讓(예양, ?-前 445년, ?) - 春秋 말기 晉國人. 晉國 中軍將 智伯(지백)의 가신,

| | | 惠子 | 鮑焦<br>(포초) | 魏 桓子 | | 齊 宣公 | 蔡侯齊<br>1159 | |
|---|---|---|---|---|---|---|---|---|
| | | | 墨翟<br>(묵적)1160 | | | | 杞 簡公<br>春1161 | |
| | | 公房皮 | 禽屈釐<br>(禽滑釐)<br>1162 | 韓 康子 | | 蔡 元侯 | | |

---

의리를 지킨 刺客(자객).

**1159** 楚에게 병합, 멸망.

**1160** 墨翟(묵적, 墨子, ?前 468-376년) - 子姓, 墨氏, 名은 翟. 春秋 시대 말기, 戰國 시대 초기의 인물. 宋國人(今 河南省 동쪽 끝 商丘市). 一說 魯國人.《史記 孟子·荀卿列傳》에 '蓋墨翟, 宋之大夫. 善守御 爲節用. 或曰並孔子時, 或曰在其後'라 하였기에, 宋人이라 했다. 묵자의 성명, 국적에 대해서는 여러 異論이 많다. 묵자는 형벌을 받아 손발이 굳었고, 얼굴도 墨刺(묵자)의 형벌로 검었다는 주장이 있다. 묵자는 非儒, 兼愛(겸애), 非攻, 尙賢, 尙同, 明鬼, 非命, 天志(天도 人格과 같은 의지의 소유 주체). 非樂(비악), 節葬(절장), 節用(절용), 交相利 등 儒家와 상반되는 주장을 내세웠고, 당시 영향력이 매우 커서 '儒墨'이란 말이 통했다.《千字文》의「墨悲絲染(묵비사염)」은《墨子 所染》에서 나왔다.

**1161** 杞 簡公 春 - 爲楚所滅. 杞國(기국)은 商朝에서 전국시대 초기까지 약 1천 년을 버텨온 작은 제후국인데, 前 445년에 楚에 병합되어 멸망했다.《史記》에 〈陳杞世家〉가 있지만 杞에 관한 기록은 3백 字가 안 된다. 그러면서「杞는 小微하여 其事는 不足稱述이라.」고 설명하였다. 기국은 멸망과 復國을 거듭했고 국도도 여러 번 옮겨 다녔는데, 최초 위치는 今 河南省 중동부 開封市 관할 杞縣에 해당하고, 영역은 河南省 중동부와 山東省 서부의 일부였다. 杞國이 소국이나 夏의 문물을 보존했는데, 공자는 그 문물의 散失을 아쉬워하여「夏禮를 吾能言之나 杞에서도 不足徵也라.」고 했다.《論語·八佾》. 우리가 흔히 쓰는 '杞人憂天〔杞憂(기우)〕'은 본래《列子 天瑞》에 나온다. 어리석은 사람의 쓸데없는 걱정이라고 웃어버리지만, 이 말에는 小國이 강국 사이에 끼어 생존하려면 고려할 일이 많을 수밖에 없다는 憂患 意識의 표현일 것이다.

| | | | | | | | |
|---|---|---|---|---|---|---|---|
| | | | 高赫<br>(고혁) | 田襄子 | 衛悼公 | 思王 叔襲(숙습)<br>1163 | |
| | | | 我子 | 原過 | 魯悼公<br>(도공) | 衛敬公 | 周 考哲王 崽(외) |
| | | | 田俅子<br>(전구자) | 任章 | | | |
| | | | 隨巢子<br>(수소자) | 中山 武公 | 燕成公 | 西周 桓公 | 秦懷公 |
| | | | 胡非子 | 韓武子 | 秦躁公<br>(조공) | 魯元公 | 衛懷公 |
| | | 段干木<br>(단간목)1164 | 魏文侯<br>1165 | 公季成 | | 周威公 | 周威烈王1166 |

**1162** 禽滑釐(금활리) – 子夏(자하)의 제자.

**1163** 周思王 – 周哀王의 동생. 周天子로 前 441년 재위 5개월에 피살. 周考王이 계승.

**1164** 段干木(단간목, 생졸년 미상) – 戰國 시대 초기, 본래 晉國 市場의 중개인이었다가 공자 제자 子夏(자하)에게 求學. 魏文侯에게 등용. 魏文侯가 단간목에게 治國之道를 물었다.

**1165** 魏文侯(재위 445-396년, 名은 斯) – 424년 稱侯. 威烈王 23년(前 403)에 晉國을 三分하고 정식 책봉을 받았다(이때부터 정식 戰國시대에 진입). 戰國七雄 중 맨 먼저 變法과 부국강병을 달성했다. 魏文侯는 司馬遷《史記 儒林列傳》에서도 '好學'의 군주로 칭송. 孔子의 弟子 子夏(자하), 再傳 弟子인 田子方(전자방)이나 段干木(단간목)에게 請教하여 儒家 思想이 확실했다. 法家의 李克〔李悝(이회)〕을 宰相에 임명. 吳起(오기)와 西門豹(서문표) 등 인재 등용했다. 戰國시대 강국으로 대두했다. 《史記 魏世家》참고.

**1166** 周威烈王(재위 前 425-402년) – 周考王의 뒤를 이어 즉위, 周威烈王 23년(前 403년), 晉國의 大夫 韓虔(한건), 趙籍(조적), 魏斯(위사)를 韓侯, 趙侯, 魏侯에 책봉했다(三家分晉). 三家分晉은 春秋 時代의 마감이며 戰國時代의 시작이었다. 이 해가 司馬光의《資治通鑑》의 기록, 기점이 되었다. 위열왕은 바로 그 다음 해(前 402) 병사했다.

| | | | | | | |
|---|---|---|---|---|---|---|
| | 田子方[1167] | | 司馬庚(사마유) | 趙獻侯 | | |
| | 蒿越(영월) | 李克 | 司馬喜 | 趙桓子 | 東周惠公 | 鄭幽公(유공) |
| | 太史屠黍(도서) | 魏成子 | | 楚簡王 | 秦靈公 | 宋昭公 |
| | 翟黃(적황) | 躬吾君(궁오군) | | 燕愍公(민공) | | 晉幽公 |
| | 任座(임좌) | 牛畜 | 趙公中達 | 樂陽(樂羊) | | |
| | 李悝(이회)[1168] | 荀訴(순혼) | 田太公和[1169] | 趙烈侯 | 衛慎公 | |
| | 趙倉堂(창당) | 徐越 | 秦簡公 | | 楚聲王 | |
| | 屈侯鮒(굴후 부) | | | | | |
| | 西門豹(서문표)[1170] | | 韓景侯虔(건) | 燕釐公(희공) | | 元安王駹(방) |

**1167** 田子方(전자방, 생졸년 미상) – 戰國 時期 初期 人物, 子夏, 段干木 등과 함께 魏 文侯의 스승이었다.

**1168** 李悝(이회, 前 455-395년, 悝 音 同 虧, 灰) – 李克으로도 표기. 魏國 安邑 人. 魏國의 相國. 變法을 추진, 重農과 法治를 강조, 商鞅(상앙)과 韓非 (한비)에게 큰 영향을 주었다. 일반적으로 法家의 시조로 알려졌다.

**1169** 田 太公 和田氏의 齊國 – 史稱 田齊. 田氏가 姜氏의 齊를 대신하였다. 田氏는 陳 厲公(여공)의 아들 陳完(진완, 田完)에서 시작되었다. 前 672년, 陳完은 避難하며 入齊하여 나중에 齊 桓公을 섬겨 齊國 大夫 가 되었다. 陳과 田의 古音이 相近하여 古書에서는 가끔 田이라 표기 하였다. 후손 중에 田和(전화, 太公 재위 前 386-383년)는 齊 康公을 방축 하고 자립하였는데, 前 386년에 周 安王은 田和의 즉위를 인정하였다. 이후 齊는 더욱 강성해졌다가 결국 前 221년에게 秦에게 멸망했다.

**1170** 西門豹(서문표) – 戰國時代 魏國 政治家, 水利 전문가. 鄴令으로 재직 중 '河伯娶婦(하백취부)'의 악습을 뿌리 뽑고 漳水에 12개 운하를 개통했

| | 公儀休 | 魯穆公 | 孫子[1171] | 秦惠公 | 晉列侯 | |
|---|---|---|---|---|---|---|
| 子思<br>(자사)<br>1172 | 泄柳<br>(설류) | 費惠公 | 南宮邊<br>(남궁변) | 趙武公 | | 鄭 繚公<br>駘<br>(요공 태) |
| | 申詳<br>(신상) | 顔敢<br>(안감) | 列子[1173] | | 宋悼公<br>(도공) | |

는데, 이를 西門豹渠(서문표거)라 했다. 《韓非子》, 《史記. 滑稽列傳》, 《論衡》, 《戰國策》, 《淮南子》, 《說苑》 등에 西門豹와 관련된 기록이 있다.

**1171** 孫子 - 吳 나라의 孫武(손무, 前 545-470년. 字는 長卿) - 본래 齊國人. 孫武는 姑蘇城(今 江蘇 蘇州市) 밖 穹窿山(궁륭산)에 은거하며 《孫子兵法》을 완성. 나중에 闔廬(합려)의 신하. 楚를 격파하고 吳를 강국으로 만들었다. 손무의 3子 중 장남은 전사했고, 차남 孫明(손명)이 富春侯에 봉해졌으니, 이 사람이 富春 孫氏의 시조이다. 後漢 말 孫堅(손견)은 富春 孫氏의 후예였다.

**1172** 子思(자사) - 孔子의 孫子. 孔子는 伯魚 孔鯉(공리)를 낳고, 孔鯉는 子思 孔伋(공급)을 낳았으며, 공급은 子上 孔帛(공백)을 낳고, 공백은 子家 孔求(공구)를 낳았으며, 공구는 子眞 孔箕(공기)를 낳고, 공기는 子高 孔穿(공천)을 낳았다. 공천은 孔順(공순)을 낳고, 공순은 魏나라의 승상이었다. 孔順은 孔鮒(공부)를 나았는데, 공부는 陳涉(진섭)의 博士가 되었다가 陳이 멸망할 때 죽었다. 공자는 至聖(지성)이다. 공자의 학문과 인덕에 가장 접근한 사람은 復聖 顔子(안자), 宗聖 曾子, 述聖 子思子, 亞聖 孟子(맹자)이다. 이상은 大成殿 四配(明 世宗 嘉靖 9년, 1530)이다. 述聖 子思는 공자의 손자 孔伋(공급, 前 483-402년)이다. 공자가 결혼 다음 해(20세)에 아들을 보았다. 마침 魯의 昭公(소공)이 인편에 축하의 선물로 잉어(鯉)를 보내 주었기에, 아들 이름을 孔鯉(공리, 前 532-483, 字는 伯魚)라 하였다. 공리는 나이 50에 공자보다 먼저 죽었고, 공리의 아들 급(伋은 子思)은 戰國 초기에 曾子에게 배웠고 魯 穆公(목공)에게 출사했다. 子思가 《中庸》을 지었다는 주장은 실증이 어렵다. 맹자는 子思의 門人에게 배웠다.

**1173** 列子 - 鄭人 列禦寇(열어구), 莊子보다 先代이다. 저서로서 《列子》는 일명 《沖虛眞經》. 저자는 〈天瑞〉, 〈黃帝〉, 〈周穆王〉, 〈仲尼〉,

| | | | | | | | |
|---|---|---|---|---|---|---|---|
| | | 王慎<br>(왕신) | | 韓烈侯 | 楚悼公<br>(도공) | | 鄭相駟<br>子陽<br>(사자양) |
| | | 長息<br>(장식) | | | | | |
| | | 公明高 | 魏武侯 | 吳起[1174] | | | 齊康公<br>[1175] |
| | | 嚴仲子 | | 韓文侯 | 韓相俠<br>絫(협루) | | |
| | | 聶政<br>(섭정)<br>[1176] | | 趙敬侯 | 宋休公<br>(휴공) | | |
| | | 聶政의<br>姉(누이) | 陽成君 | 魏惠王 | 晉孝公 | | |
| | | 孟勝<br>(맹승) | 大監突<br>(돌) | | | 韓哀侯 | |

〈湯問〉,〈力命〉,〈楊朱〉,〈說符〉等 8편. 寓言과 故事가 많다. 우리에게 잘 알려진 '愚公移山(우공이산)', '杞人憂天(기인우천)', '歧路亡羊(기로망양)', '男尊女卑', '朝三暮四' 등이 있다. 唐代에는《道德經》,《莊子》,《文子》,《列子 (沖虛眞經)》를 道敎 4部 經典이라 했다.

**1174** 吳起(오기, 前 440-381년) - 戰國初期의 兵法家. 兵家의 대표 인물. 衛國 左氏縣(今 山東省 定陶縣) 출신. 吳起는 魯, 魏, 楚 3국에 出仕(출사). 각국에서 능력을 인정받았다. 前 381년, 楚 悼王(도왕)이 죽은 뒤, 楚에서 兵變이 일어나며 피살되었다.《吳子兵法》6편만 존재. 곧 〈圖國〉,〈料敵〉,〈治兵〉,〈論將〉,〈應變〉,〈勵士〉 등이다.《孫子兵法》과 함께《孫吳兵法》으로 통칭. 北宋 시대에《吳子兵法》은《武經七書》의 하나였다.

**1175** 齊 康公 - 田氏에게 멸망(前 386). 이후 齊는 田齊라 하여 이전의 齊(姜齊)와 구분.

**1176** 聶政(섭정) -《史記》五刺客의 한 사람. 曹沫(조말), 專諸(전저), 豫讓(예양), 荊軻(형가).

| | | | | | | |
|---|---|---|---|---|---|---|
| | | 徐弱<br>(서약) | 徐子 | 齊 桓侯 | 秦 出公 | 鄭 康公<br>乙 1177 |
| | | 白圭<br>(백규) | | | 楚 肅王<br>(숙왕) | |
| 孟子 1178 | | 鄒忌<br>(추기) 1179 | 齊 威王<br>1180 | 趙 成侯 | | 晉 靖公<br>任伯 |
| | | 孫臏<br>(손빈) 1181 | | | 韓 懿侯<br>1182 | |

---

**1177** 鄭 康公 乙 - 韓에게 멸망.

**1178** 孟子(名은 軻. 前 372-289, 수레의 굴대 가) - 鄒邑人(추읍인, 今 山東省 鄒城市), 子思의 弟子, 戰國 時期 儒家의 대표 인물. '亞聖'의 尊稱. 孔子와 합칭하여 '孔孟'《史記 孟子荀卿列傳 十四》에 입전. 性善論을 주장, 仁政, 왕도 정치를 강조. 唐의 韓愈(한유)가 맹자를 아주 높게 평가했다. 孟子의 弟子 萬章(만장) 등이 《孟子》를 저술. 孔子의 思想을 계승, 발양했다. 저서로 《孟子》는 7篇 〈梁惠王〉上, 下. 〈公孫丑(공손추), 축이 아님〉上, 下. 〈滕文公(등문공)〉上, 下. 〈離婁(이루)〉上, 下. 〈萬章〉上, 下. 〈告子〉上, 下. 〈盡心(진심)〉上, 下로 구성되었다. 총 261章, 34,685字. 外篇인 〈性善〉, 〈辯文〉, 〈說孝經〉, 〈爲正〉은 후인의 僞作이라 인정한다. 南宋의 朱熹(주희)는 《論語》, 《大學》, 《中庸》, 《孟子》를 「四書」로 지칭하였다. 淸末까지 《四書》는 科擧의 科目이었다. 참고로 13經은 《周易》, 《尙書》, 《詩經》, 《周禮》, 《儀禮》, 《禮記》, 《左氏傳》, 《公羊傳》, 《穀梁傳》, 《孝經》, 《論語》, 《爾雅(이아)》, 《孟子》이다.

**1179** 鄒忌(추기, 騶忌, 생졸년 미상) - 戰國 時代 齊國人. 齊 威王 때 相, 號 成侯. 齊 宣王을 섬겨 齊의 국위를 크게 높였다. 鄒忌는 대단한 미남자였다. 妻妾 모두 추기가 城北의 徐公보다 더 미남이라고 말했다. 추기가 생각할 때, 자신은 徐公만큼 미남자가 아니지만 처첩은 자신을 두려워하기 때문에 그렇게 말한다는 사실을 깨달았다. 결국 齊 威王도 宮內의 후궁, 측근, 大臣들에게 둘러싸여 자신의 단점을 모른다고 설득하였다. 이후 威王은 言路를 廣開하며 많은 인재를 등용할 수 있었다.

**1180** 齊 威王 - 재위 前 356-320년.

| | | | | | | |
|---|---|---|---|---|---|---|
| | | | 章子 | 燕桓公 | 魯共公 | 周夷烈王喜 |
| | | 田忌(전기)[1183] | | 秦獻公 | 龐涓(방연)[1184] | |
| | | 太史儋(담) | 大成午 | 趙肅侯 | 宋辟公 | |
| | | | | 秦孝公[1185] | 衛聲公 | |
| | 趙良 | 商鞅(상앙)[1186] | | | 楚唐蔑(당멸) | |

---

**1181** 孫臏(손빈, 前 382-316, 原名 孫伯靈) – 孫武의 5世孫이었다. 齊 나라의 孫子. 臏刑(빈형, 종지뼈를 자르는 형벌)을 받았기에 孫臏(손빈)으로 통칭한다.

**1182** 韓 懿侯(共侯) – 統治 前 374-363年.

**1183** 田忌(전기, 생졸년 미상) – 陳忌, 田臣思, 田期思로도 표기. 齊國公子. 前 340년, 孫臏(손빈, 이 사람도 孫子라 칭한다)이 齊國에 망명했다. 田忌는 孫臏의 재능을 알아보고 門客으로 받아들였다. 손빈은 어느 날 전기와 말 경주를 하면서 자신의 下馬를 전기의 上馬와 上馬를 中馬와 中馬를 상대방 下馬와 시합하게 하였다(成語 田忌賽馬). 齊 威王 재위 중에 前 354년, 桂陵之戰이 일어나 魏國이 趙國을 침공하자, 齊國은 田忌를 대장으로 孫臏을 참모로 파병하여 '圍魏救趙'하는 병법으로 대승을 거두었다. 前 342년, 馬陵之戰에서 魏國이 韓을 공격하자 제는 韓을 구원하면서 전기가 대장, 손빈이 軍師였는데, 孫臏은 魏都 大梁으로 진격하면서 취사한 자릿 수를 줄여가는 '減灶之計(감조지계)'로 魏軍 大將 龐涓(방연)을 유인, 매복으로 대승을 거두었다. 전기는 나중에 빈간계에 걸려 자신의 결백을 입증할 방법이 없어 楚로 망명했다가 나중에 齊 宣王 때 귀국했다.

**1184** 龐涓(방연, 前 385-342年) – 魏國 將軍.

**1185** 秦 孝公 – 孝公 12년 前 350년, 咸陽에 처음 定都.

**1186** 商鞅(상앙, 前 390-338년) – 戰國 시대 정치가, 法家의 대표적 인물.

| | | 申子<br>(신자)<br>**1187** | 甘龍 | 韓 昭侯 | | |
|---|---|---|---|---|---|---|
| | | | 杜摯<br>(두지) | | | |
| | | | 子桑子 | 燕 文公 | 衛 成公 | 周 顯聖<br>王 扁(현<br>성왕 편) |
| | | 屈宜咎<br>(굴의구) | 被雍<br>(피옹) | 安陵纏<br>(안릉전)<br>**1188** | 楚 宣王<br>**1189** | |
| | | 鐸椒<br>(탁초) | 昭奚恤<br>(소해휼) | | | |
| | | 鄭 敖子<br>華(막 오<br>자 화) | 江乙 | 蘇秦<br>(소진)<br>**1190** | | 宋 剔成<br>君 (척 성<br>군) |

衛國 왕족 출신이라서 衛鞅(위앙) 또는 公孫鞅. 秦에서 전공으로 商
에 봉해졌기에 商君, 또는 商鞅으로 통칭. 商鞅變法으로 진국을 강국
으로 발전케 했다. 革法明教로 국가의 기강을 세웠고 盡公不私한 정
치인이었으며 군사적 능력을 발휘한 전략가였다. 秦 孝公의 相을 역
임. '徙木立信(사목입신)'의 故事가 유명. 그러나 人性이 각박했고 秦
에서 貧富의 차를 극대화 했으며 酷刑(혹형)을 남발했고, 愚民 정책에
儒家學說을 반대했다. 秦 孝公이 죽고, 아들 惠文君이 繼位한 뒤 참
소를 받았고 자신이 만든 법에 걸려 車裂刑으로 죽었다. 《史記 商君
列傳》에 입전. 그 저서《商君》29편 – 今 일부분 存.

**1187** 申子 – 申不害(신불해, 前 420-337년) – 申子는 존칭. 戰國 시대 鄭國
京邑人〔今 河南省 滎陽市(형양시)〕. 鄭國이 韓國에 멸망한 이후 法家
학설로 韓 昭侯의 宰相이 되었다. 法家 중 '術'을 강조.《史記 老子韓
非列傳》에 입전.

**1188** 安陵纏(안릉전) – 安陵은 封地. 纏은 名. 楚의 幸臣.《戰國策 楚策》에
기록.

**1189** 楚 宣王(선왕) – 재위 前 369-340년. 전국시대 楚의 전성기 王.

| | | | 沈尹華<br>(침윤 화) | 張儀<br>(장의)<br>**1191** | 魯 康公 | | |
|---|---|---|---|---|---|---|---|
| | | 史擧<br>(사거) | | 齊 宣王<br>田辟疆<br>(전벽강)<br>**1192** | 巖蹻<br>(암교) | | |
| | | | 馮赫<br>(풍혁) | | | | |

**1190** 蘇秦(소진, ?-前 284년, 字는 季子)은 東周 雒邑人. 鬼谷子(귀곡자)의 徒弟. 戰國 시대 縱橫家(종횡가). 蘇秦과 張儀(장의)는 鬼谷子 아래서 함께 縱橫(종횡)의 술수를 배웠다. 이후 몇 년 동안 제후를 찾아 유세했지만 인정을 받지 못했다. 다시 각고하며 《陰符》를 정독한 다음에 유세에 나서 燕 文公의 인정을 받고 사신으로 趙國에 나갔다. 소진은 6國이 合縱(합종)하여 抗秦(항진)해야 한다는 戰略을 유세하여 결국 6국의 연맹을 이루며 '從約長(종약장)'이 되어 六國의 相印을 지닐 수 있었으며, 이후 15년 간, 秦은 函谷關을 나올 수 없었다. 나중에 齊가 燕을 침략했고 소진은 齊에 점령한 땅을 돌려주라고 설득했는데, 결국 齊에서 보낸 자객에게 살해되었다. 소진이 성공한 동안 張儀의 연횡책이 설득력을 얻었다. 《史記 蘇秦列傳》에 입전.

**1191** 張儀(장의, 前 373-310년) - 魏國 安邑人(今 山西省 夏縣). 戰國 시기의 저명한 縱橫家. 蘇秦과 함께 鬼谷子(귀곡자)의 徒弟로 수학했다. 楚에서 도적으로 몰려, 수백 대를 얻어맞고도 '혀는 남아 있으니 괜찮다.'고 말했다. 秦과 和親하고 동맹하여 평화를 유지하자는 連橫策(연횡책, 連衡)을 주장하여 秦 惠文王에게 중용되었고, 蘇秦의 합종책을 해체시켰다.

**1192** 齊 宣王(선왕, 재위 前 319-前 301년), 本名 田辟疆(전벽강), 齊 威王의 子. 齊 宣王이 孟子(孟軻)에게 천하의 패권을 장악하는 방법을 물었을 때, 孟子는 勢利를 언급하면서 霸道를 버리고 王道 정치 실천을 권유했지만 선왕은 따르지 않았다. 나중에 제 선왕은 趙, 魏, 韓, 楚, 秦의 압력에 굴복했고, 선왕은 '吾甚慚於孟.'라고 탄식했었다. 前 312년, 齊

| | | | | | | | |
|---|---|---|---|---|---|---|---|
| | | 閭丘光<br>(여구광) | 淳于髡<br>(순우곤)<br>**1193** | 靖郭君<br>(정곽군) | 魯景公 | | |
| | | | 昆辯<br>(곤변)<br>**1194** | 於陵中子(어릉) | 唐尙(당상) | | |
| | | | 司馬錯<br>(사마착) | 秦惠王 | 楚威王 | | |

宣王은 王后를 죽이고 鐘离春(종리춘)을 왕후로 맞이했는데, 종리춘은 아주 못생긴 여인이었다. 鍾離春(종리춘, 鐘離는 복성)은 齊國 無鹽(今 山東省 東平縣 無鹽村)에 살던, 정말 못생겨 40이 넘도록 결혼도 못한 醜女(추녀)였다〔보통 無鹽女(무염녀)로 통칭, 추녀의 대명사〕. 당당하게 선왕을 알현하고 齊가 위기에 처한 4가지 이유를 설명했다. 선왕은 무염녀의 용기와 지혜에 감탄하여 왕후로 맞이하였다. 이 宣王은 竽(피리 우) 합주 소리를 듣기 좋아하여 300명이 연주하게 하였다. 南郭先生은 竽(우)를 불 줄 모르면서도 합주단원이 되었다.〔成語 濫竽充數(남우충수)〕— 선왕의 아들 湣王(민왕)은 竽(우)의 단독 연주를 좋아하자, 그 남곽선생이란 자는 도망갔다.

**1193** 淳于髡(순우곤, ?前 386-310년) — 齊國 黃縣人(今 山東省 煙臺市 관할 龍口市), 稷下學派(직하학파). 齊國 政治家. 滑稽多辯(골계다변)으로 유명. 杯盤狼藉(배반낭자), 樂極生悲(낙극생비), 一鳴驚人(일명경인) 등 成語의 주인공. 辯論에 뛰어나 다른 나라에 사신으로 자주 나갔다.《史記 滑稽列傳》에 立傳.

稷下學宮(稷下之學)은 왕립 학문 연구소와 같다. 稷下(직하)는 齊國 國都 臨淄〔임치, 今 山東省 淄博市(치박시)〕의 稷門 부근에 있었다. 田齊의 桓公(환공, 재위 前 374-357년)이 처음 설치. 齊 宣王(재위 前 319-301년)이 크게 확장하며 천하의 명사를 초치하니 儒家, 道家, 法家, 名家, 兵家, 農家, 陰陽家 등 百家之學의 學人이 모여들어 自由講學하고 著書하며 論辯하였다.

**1194** 昆辯(곤변) — 齊人. 靖郭君(정곽군, 田嬰. 孟嘗君의 부친)의 友人.《戰國策 齊策》에는 齊貌辨(제모변)으로 기록했다.《呂覽 知士》에는 劇貌辯

| | | | 犀首<br>(서수) | | | |
|---|---|---|---|---|---|---|
| | | 閭丘卬<br>(여구왕) | 公中用 | 魏 襄王<br>**1195** | 衛 平公 | |
| | | 顔歜<br>(안촉) | 史起<br>(사기)<br>**1196** | | | |
| | | 王升<br>(왕승)<br>**1197** | 蕩疑<br>(탕의)<br>(薄疑) | 韓 宣王 | 衛 嗣君<br>(사군) | 愼靚王<br>(신정왕) |
| | | 尹文子<br>**1198** | | | | |
| 屈原<br>(굴원)<br>**1199** | 番君<br>(파군) | 魏 哀王 | 燕 易王<br>(이왕) | 魯 平公 | 越 王 無<br>疆**1200** | |

---

(극모변)으로 기록했다.

**1195** 魏 襄王(양왕) – 재위 前 318-296년. 魏 文侯의 曾孫.

**1196** 史起(사기) – 戰國 시대 魏國人. 魏 襄王의 신하. 鄴(업) 縣令을 역임. 〈溝洫志〉에 西門豹(서문표)의 뒤를 이어 水利 사업에 공적. 《呂氏春秋》에 그에 관한 기록이 있다.

**1197** 王升 –《戰國策 齊策》에는 王斗로 표기.

**1198** 尹文子 – 宋銒(송견)과 함께 稷下(직하)에서 유학했다. 名家로 鄧析(등석)의 학맥을 계승하여 公孫龍(공손룡)에게 영향을 주었다. 저서《尹文子》1편 – 今存. 四庫全書에 子部 雜家類로 분류. 全書 1편, 상. 하 2권, 6천여 字. 尹文(윤문)의 形名 이론을 주축으로 政治之道를 논했다.

**1199** 屈原(굴원, 前 340 – 278)은 戰國시대 楚의 三閭大夫(삼려대부). 楚 懷王 (회왕)에게 충간을 했으나 방축되어 단오날에 湘水(상수)에 투신했다. 문학 장르로 楚辭의 元祖. 그의 작품으로는 〈離騷(이소), 2,490字의 大 作〉, 〈九章〉, 〈天問〉, 〈九歌〉, 〈漁父辭〉 등이 있다. 〈離騷〉는 天地간을 幻游하는 초현실적인 내용이나 修辭(수사)에 치중한, 이전에 는 볼 수 없던 새로운 시가 형식이었다. 〈離騷〉를 굴원의 작품으로 보지 않고, 武帝 때 淮南王이었던 劉安(?-前 122년)의 游仙詩(유선시)이

| | | | | | | | |
|---|---|---|---|---|---|---|---|
| | | 唐 易子(이자) | 韓 襄王(양왕) | 周 昭文君 | 燕王 噲(쾌) | | |
| | | 如耳(여이) | | 赧王 延(난왕 연) 1201 | | | |
| | | 西周 武公1202 | 蘇代(소대) | | 子之 | | |
| | | | 蘇厲(소려) 1203 | 馬犯(마범) | 楚 懷王(회왕) 1204 | | 夫人 鄭袖(정수) 1205 |

며, 굴원의 다른 작품도 漢代의 시가라는 주장도 있다. 굴원을 참소를 당한 충신의 모델로 만들었고, 〈離騷〉에 '經' 字를 붙여《離騷經》으로 부르게 한 장본인은 後漢의 王逸(왕일)이다. 王逸(왕일, 생졸년 미상)의 字는 叔師(숙사)로 安帝 元初 연간(서기 114-119)에 校書郎이 되었다. 順帝 때, 侍中이 되었고,《楚辭章句》를 저술하였는데, 세상에 널리 알려졌고 現存한다. 그의 賦, 誄(뢰), 書, 論 및 雜文 등 총 21편과《漢詩》123편이 있다. 屈原은《史記》84권, 〈屈原賈生列傳〉에 立傳.

**1200** 越王 無疆(무강) – 句踐의 十世孫. 楚에게 병합 멸망.

**1201** 赧王(난왕, 재위 前 314-256년) – 東周 마지막 天子. 秦에게 멸망한다.

**1202** 앞서 周 考王 元年(前 440年)에, 고왕은 자신의 동생〔名은 揭(게), 桓公〕을 王畿에 분봉하며 국명을 西周라 하였다. 王으로서 동주 왕실의 考王, 그리고 周王의 책봉을 받은 諸侯로 西周 桓公이 같은 영역 내에 존재했다. 제후국 西周 1代는 桓公〔환공, 名은 揭(게), 재위 前 440-415년, 26년간〕. 2代 – 西周 威公〔위공, 名 竈(조), 前 414-367년〕. 3代는 西周 惠公(혜공, 名은 朝, 一名 宰, 재위 前 366-미상?). 4代 – 西周 武公(무공, 名은 미상. 재위 연도 미상). 다음 5代 西周 文公(문공, 名은 씀(구) 즉위 연도 미상) 前 256년 멸망했다.

**1203** 蘇代(소대) 蘇厲(소려) – 蘇秦(소진)의 동생. 說客.

**1204** 楚 懷王(회왕, 在位 前 328-299年) – 佞臣(영신) 令尹 子蘭(자란)이나 上官大夫 靳尚(근상) 같은 자를 등용하고 鄭袖(정수)를 총애했으며 屈原(굴원)을 방축했다. 나중에 秦 昭王에게 속임을 당해 秦國에 갇혀있다

| | | | | | | | |
|---|---|---|---|---|---|---|---|
| | | 陳軫<br>(진진)<br>**1206** | | 周景 | | | |
| | 昭廷<br>(소정) | 占尹<br>(점윤) | 宋遺<br>(송유) | 令尹 子椒(자초) | 靳尙<br>(근상)<br>**1207** | | |
| | 漁父<br>**1208** | 應豎<br>(응수) | 上官大夫 | 子蘭<br>(자란) | 魏 昭王 | | |
| | | 秦 武王<br>**1209** | 烏獲<br>(오획) | | | | |

가 거기서 죽었다.

**1205** 鄭袖(정수, 생졸년 미상, 袖는 소매 수) – 戰國 時期 楚 懷王의 寵妃(총비). 그 아들은 楚 頃襄王(재위 前 298-263년)이다. 미모에 지혜롭고 총명했으며 질투심에 악독한 마음까지 겸비했다. 心計가 뛰어났고 兩子一女를 출산했다. 어느날 魏王이 懷王에게 한 美人을 보냈고, 회왕은 魏美人을 총애했다. 鄭袖는 失寵하게 되자 질투심이 불타올랐다. 정수는 위미인에게 王은 '너의 코를 싫어한다.'면서 될 수 있으면 손으로 코를 가리고 왕을 모시라고 말해 주었다. 위미인은 그대로 했고, 회왕은 정수에게 이에 대하여 물었다. 그러자 정수는 "大王의 體臭(체취)를 싫어한다."고 말했다. 楚王은 大怒하며 위미인의 코를 잘라버리라고 말했다. 정수는 屈原의 방출에도 한몫을 했다.

**1206** 陳軫(진진, 생졸년 미상, 軫은 수레 뒷턱나무 진) – 戰國 시대 齊國 臨淄人. 縱橫家. 秦國에 유세하여 惠文王의 예우를 받고 장의와 함께 경쟁하였다. 楚와 齊에서도 유세에 성공하였다. 초의 令尹(상)을 역임하고 穎川侯가 되었다. 畫蛇添足(화사첨족), 卞莊刺虎(변장자호) 등 고사를 만들어낸 사람.

**1207** 靳尙(근상, ?-前 311년, 靳은 가슴걸이 근) – 戰國時期 楚 懷王의 신임을 받은 上官大夫, 三閭大夫인 屈原(굴원)의 동료. 靳江 부근의 땅을 봉지로 받았기에 世稱 靳尙(근상)이라 했다. 굴원을 투기한 전형적인 小人. 나중에 仇人에게 피살되었다.

**1208** 漁父 – 굴원의 〈漁父辭〉의 漁夫.

**1209** 秦 武王(재위 前 310-307년) – 《史記 秦始皇本紀》에는 悼武王.

| | | | | 軋子<br>(알자) | 孟說<br>(맹열) | | 趙 武靈王 | |
|---|---|---|---|---|---|---|---|---|
| | | | | 之聚子<br>(취자)<br>(聚와 同) | | 魯 愍公<br>(민공) | | |
| | | 樗里子<br>(저리자)<br>**1210** | 任鄙<br>(임비) | | | | | |
| | | | 公羊子<br>**1211** | 沈子<br>(심자)<br>**1212** | 戚子<br>(척자) | | 李兌<br>(이태) | |

---

**1210** 樗里子(저리자, ?-前 300년) – 樗는 가죽나무 저. 樗里는 마을 이름. 嬴은 姓. 名은 疾(질), 秦國 宗室, 大臣. 秦 孝公의 아들. 惠文王 弟. 戰國時代 저명한 정치인 전략가. 秦惠王, 武王, 昭王 等을 보필. 우승상 역임. 甘茂(감무)와 협조. 秦爲 천하통일을 기초를 마련. 樗里(저리, 褚里. 今 陝西省 서남부 渭南市 일대)에서 생활. 秦 武王이 張儀(장의)를 방축한 뒤에 樗里子는 右丞相이 되어 韜略(도략)에 정통한 甘茂(감무)를 左丞相으로 천거. 2인이 협력하여 戰爭을 치루며 秦의 판도를 확장하여 秦 발전의 토대를 구축하였다. 司馬遷《史記 太史公自序》에서「秦이 동방의 제후 세력을 물리치는데 樗里와 甘茂의 방책에 힘입었다.」고 기록했다. <樗里子甘茂列傳 第十一>이 있다. 저리자는 足智多謀하여 '智囊(지낭)'이라는 별호가 있다. 傳說에 預言과 風水에 밝아 뒷날 풍수가의 시조로 추앙받아 '樗里先師'로 불렸다.《史記 樗里子甘茂列傳》참고.

**1211** 公羊子(공양자) – 公羊高(공양고). 高가 名. 齊人. 子夏의 弟子.《春秋公羊傳》저술.《公羊傳》의 성립 연대는 알 수 없다. 공양고의 저술은 아들 平(평)을 거쳐 家學으로 전수되다가, 漢 景帝 때 公羊壽(공양수)와 齊人 胡母子都〔호모자도, 胡母子都(호무자도)〕가 竹帛(죽백)에 기록한 것이라 한다.

**1212** 沈子(심자) – 魯人也.《春秋》에 밝았다.

| | | 穀梁子<br>1214 | | 根牟子<br>(근모자) | 楚 頃襄<br>王(경양<br>왕) | | 田不禮 |
|---|---|---|---|---|---|---|---|
| 肥義<br>1213 | | | 北宮子 | 申子<br>(신자)<br>1215 | | 代君 章 | |
| | | 萬章<br>1216 | | 慎子<br>(신자)<br>1217 | 衛 懷君<br>(회군) | | |
| | | 告子1218 | 魯子 | 嚴周1219 | | 齊 愍王<br>(민왕) | |

---

**1213** 肥義(비의, ?-前 295년) – 戰國 時代 趙國의 大臣, 趙 肅侯, 武靈王, 惠文王 3代를 섬겼고, 沙丘兵亂 속에 惠文王을 호위하다가 殉難(순난)했다.

**1214** 穀梁子(곡량자, 생졸년 미상, 名은 喜. 또는 赤.) – 《穀梁傳》을 저술. 魯人. 子夏의 제자. 孔子의 弟子인 子夏가 魯國人 穀梁子(곡량자)에게 구술한 것으로 곡량자가 기록한 것, 또는 구술로 전수되다가 漢代에 成書되었다는 주장이 있다. 《穀梁傳》은 문답식 서술로 되었고 漢 宣帝 때 성행했다.

**1215** 申子=申不害(신불해, 前 420-337년) – 申子는 존칭. 戰國 시대 鄭國 京邑人〔今 河南省 榮陽市(형양시)〕. 鄭國이 韓國에 멸망한 이후 法家 학설로 韓 昭侯의 宰相이 되었다. 法家 중 '術'을 강조. 《史記 老子韓非列傳》에 입전.

**1216** 萬章(만장) – 戰國시대, 鄒(추)人. 孟子의 弟子. 《孟子》의 편명.

**1217** 慎子=慎到(신도). 趙人으로 十二論을 저술했다는 기록이 있다. 그의 저서 《慎子》는 四庫全書에 子部 雜家類로 分類되었다. 《史記 孟子荀卿列傳》참고.

**1218** 告子(고자) – 名은 不害(불해). 孟子의 弟子. 《孟子》의 편명. 한때 墨子에게 배웠다. 口才가 있었고 仁義를 강조했다. 孟子의 性善說과 달리 인성은 '無善, 無不善'하며, 후천 환경에 따라 달라진다고 하였다. 또 食과 色도 性이라고 주장했다.

| 甘茂<br>(감무)<br>**1220** | 薛居州<br>(설거주) | 公尼子<br>(공호자) | 惠施<br>(혜시)<br>**1221** | | | |
|---|---|---|---|---|---|---|
| 滕文公<br>(등 문공)<br>**1222** | 樂正子 | 尸子<br>(시자)<br>**1223** | 公孫龍<br>**1224** | 齊襄王<br>**1225** | 淖齒<br>(요치)<br>**1226** | 宋君偃<br>(언)**1227** |

**1219** 嚴周 – 莊周(莊子). 莊周(장주, ?前 369-286년) 莊氏. 名은 周, 一說 字 子休. 孟子와 거의 동시대. 戰國 시대 宋國 蒙縣(몽현, 今 河南省 동쪽 끝 商丘市) 사람. 漆園吏(칠원리)를 역임. 老子 사상의 계승자, 뒷날 老 子와 함께 '老莊'으로 병칭. 唐 玄宗 天寶 연간에, 莊周를 南華眞人에 봉하고 그 《莊子》를 《南華經》이라 했다. 四庫全書에서는 子部 道家 類로 분류. '莊周夢蝶(장주몽접)' '莊周試妻 / 〔扇墳(선분)〕'의 故事가 유 명하다. 《史記 老子韓非列傳》에 立傳.

**1220** 甘茂(감무, 생졸년 미상) – 戰國 시기 楚國 下蔡邑(今 安徽省 중부 蚌埠 市 방부시 관할 鳳臺縣) 사람으로, 秦國의 명장이었다. 百家之說을 공부하였고 뒷날 張儀(장의)와 樗里疾(저리질)의 천거로 惠文王을 섬 겼다. 周 赧王 3년(前 312), 秦, 韓, 魏 3국이 攻楚했고 楚國은 大敗했 다. 秦國은 楚國의 漢中를 차지했고, 甘茂은 漢中 일대를 평정하였 다. 뒷날 秦을 떠나 齊國으로 옮겨갔고 齊國의 上卿에 올랐다. 나중 에서 魏國에서 죽었다. 감무의 손자가 12살에 秦國의 上卿이 되었다는 甘羅(감라, 前 247年-?)이다. 삼국시대 吳 손권의 부장 甘寧(감녕)은 감 무의 후손으로 알려졌다. 《史記 樗里子甘茂列傳》 참고.

**1221** 惠施(혜시, ?前 370-310년) – 戰國 시대 宋國人. 名家의 대표적 인물. 莊子와 같은 시대 인물. 《莊子》에 혜시의 담론이 많이 들어있다. 〈天 下篇〉의 '歷物十事' 〈秋水篇〉의 '濠梁之辯' 등이 그 예이다. 혜시는 魏 惠王(재위 前 369-319년)의 相이었다. 魏 惠王은 《孟子》에 나오는 梁 惠王이다.

**1222** 滕文公(등문공) – 戰國時代 滕國의 國君. 前 326년 繼位. 孟子의 학문 을 숭상. 치국의 가르침을 요청. 맹자는 '政在得民'을 주장. 등문공의 치적이 훌륭했다. 《孟子》의 편명. 대화 기록 많음.

**1223** 尸子는 尸佼(시교, 前 390-330년) – 尸는 주검 시. 戰國 시대의 晉國人

| | | | 捷子(첩자)**1228** | 魏 公子 牟(모) | | | | |
|---|---|---|---|---|---|---|---|---|
| | | 高子 | 鄒衍(추연)**1229** | | | | | |

(또는 魯國, 楚國人/《史記 孟子荀卿列傳》에는 楚人). 儒家 또는 雜家로 분류. 商鞅(상앙)의 門客으로 상앙의 변법에 참여. 상앙이 피살되자 蜀으로 망명했고 거기서 죽었다. '四方上下曰宇, 往古來今曰宙'라 하여 宇宙(우주)란 말을 처음 만들어낸 사람으로 알려졌다.

**1224** 公孫龍[공손룡, 前 320-250年, 字는 子秉(자병)] – 平原君의 門客. 名家의 대표 인물. '白馬非馬', 그리고 '離堅白(이견백)'의 논쟁으로 유명하다. 惠施(혜시) 또한 공손룡과 비슷한 명성을 누렸다.

**1225** 당시 燕將 樂毅(악의)가 군사를 이끌고 攻齊하여 도성 臨淄(임치)를 점령했다. 齊 湣王(민왕)은 도주하다가 나중에 楚將 淖齒(요치)에게 살해되었다. 湣王의 아들 田法章(전법장)은 신분을 속이고 莒城(거성)의 太史嗷의 집에 머슴이 되었다. 태사교의 딸은 전법장을 잘 모시다가 사통하였다. 나중에 淖齒(요치)가 齊를 떠나자 齊에서는 전법장을 찾아 옹립하니, 이가 齊 襄王이다. (재위 前 283-265년).

**1226** 淖齒(요치)는 인명. 淖는 진흙 뇨, 전국시대 楚將인데 齊를 구원하러 齊에 갔다가 나중에 민왕의 신하가 되었다. 당시 齊 閔王(湣王, 名은 地. 재위 前 300-284)을 잡아 양팔을 종묘 대들보에 매달아 다음 날 죽게 하였다. 周 赧王(난왕) 31년 前 284년.

**1227** 宋國 군주 – 齊에 병합 멸망.

**1228** 捷子(첩자) – 捷은 이길 첩. 《史記》에 接子(접자)라는 이름이 보인다. 첩자의 저서는 〈藝文志〉에 道家로 분류되었다.

**1229** 鄒衍(추연, ?前 305-240년)은 齊人. 燕 昭王의 사부. 稷下의 학궁에서 硏學. 號는 談天衍(담천연). 鄒衍(추연)은 戰國 시대 陰陽家의 創始者이고 대표적 인물이다. 추연의 주요 學說은 '五德終始說'인데, 이는 후대에 정말 큰 영향을 끼쳤고 논쟁거리를 제공하였다. 五德終始(5덕종시)의 歷史觀, 곧 모든 물질은 金, 木. 水, 火, 土로 구성되었고 사물

| | | | | | | | |
|---|---|---|---|---|---|---|---|
| | | 仲梁子 (중량자) | 田駢 (전병) | 狐爰 (호원) 1230 | | | |
| | 公孫丑 (공손추) 1231 | | 惠盎 (혜앙) | | | | |
| | | 孔穿 (공천) 1232 | 王孫賈 (왕손가) | | | | |
| | | 王歇 (왕촉) | 宋玉 1233 | 唐勒 (당륵) 1234 | | | |
| | | | 嚴辛 (엄신) | 景瑳 (경차) | | | |
| | | 燕 昭王 1235 | 范睢,(雎) 1236 | | 燕 惠王 | 騎劫 (기겁) | |

의 변화 발전 과정에서 5행이 相剋(상극)하고 相生하며 순환 발전하는데, 이는 必然이며 自然이라고 주장하였다. 《史記 孟子荀卿列傳》에서는 추연의 저서가 《終始》, 《大聖》 등 10여만 자라고 했다. 鄒는 나라 이름 추. 衍은 넘칠 연.

1230 狐爰(호원) – 狐咺(호훤, 서럽게 울 훤). 齊人. 《戰國策 齊策 六》에 이름이 보인다.

1231 公孫丑(공손추) – 戰國 시대 齊人. 孟子의 弟子. 萬章(만장) 등과 함께 《孟子》를 편찬. '天時는 不如地利하고, 地利는 不如人和라.'는 말은 公孫丑와 孟子의 대화이다.

1232 孔穿(공천) – 子思의 玄孫이다.

1233 宋玉(송옥, 생졸년 미상, 字는 子淵) – 戰國 후기 楚國의 辭賦 작가. 屈原 이후 楚辭 최고의 작가. 굴원과 함께 '屈宋'이라 병칭. 潘岳(반악)만큼 유명한 미남, 대표작은 〈九辯〉, 〈登徒子好色賦〉, 〈高唐賦〉, 〈神女賦〉 등.

1234 唐勒(당륵, 생졸년 미상) – 戰國 時代 後期 楚辭와 賦 作家, 楚國人. 宋玉(송옥), 景差(경차), 楚 頃襄王(경양왕, 재위 전 298-263)와 같은 시대. 〈大言賦〉가 다른 책에 전함.

| | | | | | | | |
|---|---|---|---|---|---|---|---|
| | 樂毅<br>(악의)<br>**1237** | 郭隗<br>(곽외) | 葉陽君<br>(섭양군) | | 秦 昭襄王<br>**1238** | 韓 釐王<br>(한 희왕) | |
| | | 白起<br>(백기)**1239** | | 穰侯<br>(양후)<br>**1240** | | | |

**1235** 燕 昭王(소왕) – 재위 前 313-279년.

**1236** 范雎(범수, ?-前 255年) – 字는 叔. 范은 풀이름 범. 거푸집, 청동기를 제작하는 틀. 鎔范(용범). 성씨, 晉의 옛 성씨. 睢는 우러러 볼 휴, 눈 부릅뜨고 볼 휴. 현 이름 수. 睢는 音 雖(수). 雎(물수리 저)와는 다른 글자. 應侯. 戰國시대 전략가. 秦 昭襄王의 宰相. 《史記 范睢蔡澤列傳》에는 본래 魏人이라 했다. 《韓非·外儲說》에는 范且(범저, 范且, 范睢也. 且는 睢와 同字).

**1237** 樂毅(악의, 생졸년 미상) – 燕國 명장. 齊의 70여 성을 탈취. 法家 代表 人物 중 한 사람.

**1238** 秦 昭襄王(名은 稷, 簡稱 秦昭王. 재위 前 306-251년) – 秦 惠文王의 子, 秦 悼武王(간칭 武王)의 아우. 在位 56이라는 대 기록. 재위 기간에 范睢(범수) 같은 名臣과 白起 같은 무장을 등용했다. 부국강병책 성공, 증손 진시황의 통일 기반을 닦아 주었다. 특히 前 260년, 長平 之戰에서 趙에 대승을 거두었다. 前 256年에, 昭襄王은 주 왕실 東周 를 멸망케 했다. 前 251년, 소양왕은 75세에 죽었다.

**1239** 白起(백기, 前 332-257) – 公孫起(공손기)로도 표기. 秦國의 名將, 兵家 의 代表 人物. 30여 년간 70여 성을 탈취했고, 적군 100만을 죽이면서 한번도 패배하지 않았다. 伊闕之戰, 鄢郢之戰(언영), 華陽之戰(화양), 陘城之戰(형성), 長平之戰(장평) 등의 전투가 대표적.《千字文》에 白起 와 王翦, 廉頗와 李牧을 戰國 四名將으로 기록(起翦頗牧, 用軍最精).

**1240** 穰侯(양후)는 魏冉[위염, 생졸년 미상, 一作 魏焻(위창)]. 戰國 시대 秦國 政治家, 宣 太后의 異父弟, 穰邑(今 河南省 서남부 鄧州市)에 봉해졌기에 穰侯라 칭한다. 秦 武王이 23歲에 죽으며 아들이 없자, 그 형제가 다투었다. 魏冉(위염)은 자신의 권력을 이용하여 秦 昭襄王(재위 前 306-251년)을 옹립했다. 이후 白起(백기)를 천거하여 자신의 戰功으

| | | | | | | | |
|---|---|---|---|---|---|---|---|
| | | | 田單(전단)**1241** | 涇陽君(경양군) | | | |
| | | | 趙奢(조사)**1242** | | 趙惠文王 | | |
| | | | 茂縮高(축고) | 安陸君(안륙군) | | 魏安釐王(안희왕) | |
| | | 廉頗(염파)**1243** | | 唐雎(당저)**1244** | 陳筮(진서) | | |
| | 魯仲連(노중련)**1245** | | 公孫弘(공손홍)**1246** | 孟嘗君(맹상군)**1247** | 雍門周(옹문주) | 燕武成王 | |

로 삼아 여러 차례 魏國과 趙國 등을 정벌하여 큰 성공을 거두었다. 그러는 동안 많은 賞賜를 받아 왕실보다도 부유했다. 穰侯 魏冄(위염) 등 당시 四大 列侯가 秦政을 장악했는데, 그들을 '四貴'라 하였다. 范雎(범저)가 入秦한 뒤에 秦 소양왕에게 유세하여 四貴를 국정의 장애물이라 설득하자, 소양왕은 위염을 파직하고 범저를 宰相에 임명했다. 위염은 函谷關 북쪽으로 방축되었다가 죽었다.

**1241** 田單(전단, 생졸년 미상, 陳單) - 戰國 시대 田齊의 宗室. 齊國이 軍事 戰略家, 卽墨之戰에서 火牛陣으로 燕軍을 격파하고 燕에 빼앗겼던 70여 성을 수복했다.

**1242** 趙奢(조사, 생졸년 미상) - 趙氏, 名은 奢(사). 戰國 말 趙國 將軍. 馬服君에 봉해졌다.

**1243** 廉頗(염파, 생졸년 미상) - 廉氏, 名은 頗(조금 파. 자못, 약간) - 戰國 末期 趙國의 良將. 藺相如(인상여)에게 負荊請罪(부형청죄)하고 刎頸之交(문경지교)를 맺은 사람. 《史記 廉頗藺相如列傳》참고.

**1244** 唐雎(당저) - 《戰國策 魏策》에는 唐且(당차). 魏人. 齊와 楚가 魏를 공격하자, 당저는 90세가 넘은 노인이었지만 秦王이 구원병을 보내도록 유세하였다. 《戰國策 魏策 四》에서는 진시황 앞에서도 당당했던 인물로 묘사되었다.

**1245** 魯仲連(노중련, ?前 305-245년) - 戰國時代 齊國 茌平人. 遊說 名士. 稷下 學宮에서 수학. 《史記 魯仲連鄒陽列傳》에 입전. 唐 李白이 마음으

| | | 虞卿<br>(우경)1248 | | 魏公子<br>1249 | 范座<br>(범좌) | 趙 孝成<br>王 | 趙括<br>(조괄)<br>1250 | |
|---|---|---|---|---|---|---|---|---|

로 존경했던 인물.

**1246** 公孫弘 – 齊人也. 孟嘗君(맹상군)의 식객. 《戰國策》에 실려있다. 전한
의 公孫弘(前 199-121년)이 아님.

**1247** 孟嘗君(맹상군, ?-前 279) – 田齊의 왕족. 嬀(규)는 姓. 田氏. 靖郭君
田嬰(전영)의 아들, 田文, 號 孟嘗君. 孟은 맏이란 뜻, 嘗은 薛縣(설현)
근처의 邑名이라는 주석이 있다, 靖郭君의 지위 薛公을 계승, 薛城(今
山東省 남부 滕州市)이 근거지, 그래서 薛文(설문)이라고도 호칭, 養士
를 잘했다는 戰國 四公子의 한 사람. 食客 三千으로 알려졌지만, 雞
鳴狗盜(계명구도)의 무리도 있었다. 狡兔三窟(교토삼굴), 焚券市義(분
권시의)의 故事가 알려졌지만, 그 평가는 그리 좋지 않았다. 荀子는 '上
으로는 不忠乎君했고, 下로는 백성의 칭송을 들었다지만 朋黨比周에
사익을 추구하였으니 簒臣(찬신)이라.'고 말했다. 司馬遷도 薛地에 暴
徒(폭도)가 많은 이유는 맹상군이 天下 任俠(임협)을 불러들이고 그에
따라 奸人(간인)이 한때 6만여 호나 있었기 때문이라고 말했다. 王安
石(왕안석)은 '孟嘗君은 雞鳴狗盜의 우두머리였으니 그가 어찌 得士
했다고 이름을 날릴 수 있는가?' 라고 말했다.

**1248** 虞卿(우경, 생졸년 미상) – 名은 信, 卿은 관직. 戰國 時期에 趙國의 재
상 역임. 《戰國策》에 자주 등장한다.

**1249** 魏公子 – 信陵君(신릉군) 無忌(무기, ?-前 243) – 姬姓, 魏氏, 魏 昭王의
아들. 魏 安釐王의 同父異母弟. 보통 魏公子로 통칭. 魏 安釐王 때 魏
國 上將軍 역임. 禮賢下士하고 廣招門客했다. 秦과 趙의 邯鄲之戰에
서 병부를 훔쳐 군사를 동원하여 趙를 구원하여 의리를 지켰다.

**1250** 趙括(조괄) – 長平之戰(前 262-260년) – 戰國 시대 秦國의 趙國에 대
한 대규모 침략. 양국이 국력을 다 동원한 대규모의 전투. 秦國 대장
인 王齕(왕흘)이 上黨郡을 점령하고 廉頗(염파)와 長平에서 對峙(대치)
하며, 쌍방이 4개월을 버티었다. 秦國은 反間計를 써서, 趙國의 젊은
장수 趙括(조괄, 명장 趙奢의 아들)이 염파를 대신케 했다. 그러면서 비

| | | 侯嬴<br>(후영) | 朱亥<br>(주해) | 左師觸龍(촉룡)<br>1251 | | 韓王 安 | |
|---|---|---|---|---|---|---|---|
| 藺相如<br>(인상여)<br>1252 | | | 平原君<br>1253 | 春申君<br>1254 | 龐煖<br>(방훤)<br>1255 | 燕 孝王 | |
| | | 毛遂<br>(모수)1256 | 秦 孝文<br>王 | | | | |
| | 朱英<br>(주영)<br>1257 | 蒙恬<br>(몽염)<br>1258 | | | 李園<br>(이원) | 趙王遷<br>(천)1259 | |

밀리에 大將 白起(백기)를 출전시켰다. 長平戰에서 秦軍의 大勝을 거두고 趙軍은 참패했으며, 40만 降卒은 모두 구덩이에 산채로 묻혔다. 이후 趙는 강국이 아니었다.

**1251** 左師 觸龍(촉룡) - 趙 惠文王(재위 前 298-266)과 孝成王의 신하.《戰國策 趙策 四》에서 趙 威太后를 잘 설득했다.

**1252** 藺相如(인상여, 생졸년 미상) - 戰國 시대 趙國 大臣, 上卿 역임. 完璧歸趙(완벽귀조)의 주인공.

**1253** 平原君(평원군, ?-前 251년. 嬴姓, 趙氏, 名은 勝) - 趙 武靈王의 아들. 趙 惠文王의 동생. 재상 역임. 養士로 聞名.

**1254** 春申君(춘신군, ?-前 238년) - 본명 黃歇(황헐), 戰國 시대 楚國人. 楚 考烈王 때 令尹 역임. 平原君 趙勝(조승), 孟嘗君 田文(전문), 信陵君 魏无忌(위무기, ?-前 243년)와 함께 戰國 四公子라 통칭.

**1255** 龐煖(방훤, 생졸년 미상) - 龐은 클 방. 煖은 따뜻할 난. 온난할 훤(煖音 許遠反이라는 주석이 있다.) 一作 龐煥, 龐援,《史記 廉頗藺相如列傳(염파인상여 열전)》의 馮煖(풍훤). 趙國의 將領, 縱橫家.

**1256** 毛遂(모수, 생졸년 미상) - 戰國 시대 趙國 邯鄲(한단)人. 平原君 趙勝의 門客. 毛遂自薦(모수자천) 고사의 주인공.

**1257** 朱英(주영, 생졸년 미상) -《戰國策, 楚策 四》에서 楚 春申君에게 忠言을 한 門客.

**1258** 蒙恬(몽염, ?前 250-210년) - 秦朝 名將, 흉노 방어, 秦始皇이 죽은 뒤

| 孫卿<br>(손경)<br>1260 | | | 華陽夫人<br>(화양부인)1261 | 楚 考烈<br>王1262 | 魯 頃公<br>(경공)<br>1263 | | |
|---|---|---|---|---|---|---|---|
| | | | 秦 莊襄王<br>(장양왕)1264 | 韓 桓惠<br>王 | 魏 景湣<br>王(경민<br>왕) | 楚 幽王 | 楚王 負<br>芻(부추)<br>1265 |

장자 扶蘇(부소)와 함께 趙高의 設計에 의거 죽음을 당했다. 蒙恬의 毛筆 개량은 大篆(대전)을 대신한 小篆(소전)만큼 혁신적인 변화였다. 몽염은 흉노인들이 짐승털에 염료를 찍어 그림을 그리는 것을 보고, 또 戰況을 신속하게 보고하기 위하여 모필을 개량했다고 한다. 때문에 制筆業에서는 蒙恬을 그 직업의 祖師로 받들고 있으며 聿(율), 不律 등의 명칭이 '筆'로 통일되었다.

**1259** 趙王 遷 – 秦에 병합. 멸망.

**1260** 孫卿 – 荀卿(순경, 名은 況. 約 前 316-237년?, 宣帝 이름을 피하여 孫으로 표시). 趙人, 齊의 稷下 學宮의 祭酒 역임. 齊人이 참소하자 荀卿은 楚에 이주. 春申君(춘신군)이 蘭陵令에 임명. 春申君 死後에 관직 사임, 蘭陵에 거주. 李斯(이사)는 荀卿의 제자였다. 漢代 儒學 사상과 政治에 큰 영향을 끼쳤고, 宋, 元, 明代三에는 孔廟에 배향. 순자는 性惡論으로 孟子 性善說과 대립각을 세웠기에 유학자의 비평을 받았고, 孔門의 이단으로 인식되거나 심지어는 法家 人物로 분류된다. 《史記 孟子荀卿列傳 十四》에 立傳. 劉向은 순자의 저술 32편을 묶어 《孫卿書》라 합칭했다. 지금 알려진 《荀子》는 대략 91,000字 정도이다.

**1261** 華陽夫人(華陽太后, ?-230년) – 秦 孝文王의 繼室로 莊襄王(子楚, 재위 前 249-247)이 즉위하자 華陽太后가 되었다. 秦始皇〔嬴政(영정)〕이 13살에 즉위하여 成年이 될 때까지 7년간 親政했다.

**1262** 楚 考烈王(名은 熊完) 재위 前 262-238년.

**1263** 魯 頃公 – 楚에 병합되어 멸망.

**1264** 秦 莊襄王(장양왕, 재위 前 249-247년. 名은 子楚) – 秦始皇 의 생부.

**1265** 楚王 負芻(부추) – 秦에 병합, 멸망.

| | | 王翦<br>(왕전)<br>**1266** | | 呂不韋<br>(여불위)**1267** | 衛 元君 | 趙 悼襄<br>王 | 燕栗腹<br>(연율복) | 燕王 喜<br>**1268** |
|---|---|---|---|---|---|---|---|---|
| | | | 韓非(한비)<br>**1269** | 淳于越<br>(순우월) | 秦始皇<br>**1270** | | 劇辛<br>(극신) | |

**1266** 王翦(왕전, 생졸년 미상, 翦은 자를 전) – 戰國 시대 秦國 명장. 燕과 趙를 멸망시킨 장군.

**1267** 呂不韋(여불위, 前 292 - 235)는 처음에는 大商人(奇貨可居의 故事), 13 년간 秦國의 相 역임. 門客을 모아《呂氏春秋》를 편찬했는데, 先秦 雜家의 대표적 인물(兼儒墨하고 合名法). 뒷날 嫪毒(노애) 집단의 견 제를 받아 相國에서 물러나 河南에 거처하다가 蜀으로 유배되자 三 川郡(今 洛陽)에서 자살했다.《史記 呂不韋列傳》참고.

《呂氏春秋》는 八覽, 六論, 十二紀로 총 20여만 言. 여불위는 책이 완 성되자,《呂氏春秋》는 天地 萬物과 古往今來의 事理를 모두 다 집대 성했다고 자부하면서 함양성 성문에 책과 함께 1천금의 상금을 걸어 놓았다(懸賞金). 그러면서《呂氏春秋》에 一字라도 가감하거나 고칠 곳이 있다면 1천금을 상으로 주겠다고 공표했다(一字千金). 그러나 아무도 고치겠다고 나서는 사람이 없었다. 권세는 그처럼 무서웠다.

**1268** 燕王 喜(희, 僖, 재위 前 254 - 222년). 燕의 마지막 왕. 秦에 병합 멸망.

**1269** 韓非(한비, ?前 281 - 233년) – 戰國 시대 말기 韓國(한국)에서 출생. 法家 思想의 대표적 인물. '法, 術, 勢'를 동시에 존중하는 이론을 세워 법가 사상을 집대성했다. 韓非는 戰國 七雄 중 가장 약소국인 韓國의 宗室 公子로 출생했다. 심하게 말을 더듬었지만 文筆은 유창하고 우수했다. 前 255 - 247년 사이에 同學 李斯(이사)와 함께 儒家의 大師인 荀子(순 자) 문하에서 帝王之術을 공부했지만 이사는 자신이 韓非를 이길 수 없 다는 것을 잘 알고 있었다. 韓非 자신은 학설의 바탕을 道家의 黃老之 術에 두고 老子《道德經》을 연구하여《解老》,《喩老》등의 저술을 남겼 다. 한비는《孤憤(고분)》,《五蠹(오두)》,《顯學(현학)》,《難言(난언)》및 《韓非子》를 저술했다. 한비는 秦에 사신으로 갔다가 秦王 政(정)의 마 음에 들지 못했고 결국 투옥되었다가 승상 李斯의 사주로 독살되었다.

**1270** 始皇帝 趙正(趙政) – 嬴(영)이 姓. 趙氏, 名은 政(정). 秦 莊襄王(재위

| | | | | | | | |
|---|---|---|---|---|---|---|---|
| | | 燕將渠<br>(거) | 李牧<br>(이목)**1271** | | | 代王 嘉<br>(가)**1272** | 魏王 假<br>(가)**1273** |
| | | 樂間<br>(악간) | 燕 太子丹<br>**1274** | 李斯<br>(이사)**1275** | | | |
| | | 高漸離<br>(고점리)<br>**1276** | 鞠武<br>(국무) | 秦 武陽 | | | 齊王 建<br>**1277** |

前 249-247)의 子. 唐代 司馬貞은 《史記索隱》에서 《世本》을 근거로 趙政이라 표기. 曹植(조식)은 〈文帝誄〉에서 始皇帝를 嬴政(영정)이라 최초로 호칭. 후세에 嬴政으로 통칭. 前 259년 출생. 前 247년(13세) 秦王으로 즉위. 嫪毐(노애)와 呂不韋(여불위) 제거. 李斯(이사), 尉繚(위료)를 중용. 前 221년(39세) 六國을 멸망시키고 황제로 즉위. 자칭 始皇帝. 前 210년(50세) 사망, 재위 37년.

**1271** 李牧(이목, ?-前 229년) - 牧은 字. 趙國 名將, 白起, 王翦(왕전), 廉頗(염파)와 함께 戰國 四大名將의 한 사람. 《千字文》「起翦頗牧, 用軍最精」이라 하였다.

**1272** 代王 嘉(가) - 秦에 병합되어 멸망.

**1273** 魏王 假(가) - 秦에 병합되어 멸망.

**1274** 燕太子丹(단, ?-前 226년) - 姬는 姓, 名은 丹. 燕丹이라 통칭. 戰國 末年 燕王 喜(희)의 太子. 秦國이 滅韓하기 전, 秦國의 인질로 갔다가 모욕을 겪었다. 燕王 喜 23년(前 232)에 탈출하여 燕으로 돌아왔다. 뒷날 자객 荊軻(형가)로 진왕 政을 암살하려 했으나 성공하지 못했다.

**1275** 李斯(이사, 前 284-前 208년) - 楚國 上蔡縣 출신. 西南方 政治家, 文學, 書法에 뛰어났었다. 秦朝 左丞相 역임. 《史記 李斯列傳》참고.

**1276** 高漸離(고점리, 생졸년 미상) - 戰國 시대 燕. 筑(축 현악기의 일종) 연주를 잘했다. 荊軻(형가)의 우인. 前 227년 荊軻가 秦王을 죽이러 갈 때, 易水(역수)에서 전별했다. 형가가 진왕 저격에 실패하고 죽자, 고점리는 성명을 바꾸고 생활했다. 나중에 고점리는 축에 납을 부어 무겁게 한 뒤 진시황을 저격했지만 실패하여 죽음을 당했다.

**1277** 齊王 建(건) - 秦에 병합되어 멸망.

| | | | | 荊軻<br>(형가)[1278] | 項梁<br>(항량)[1279] | | 秦二世<br>胡亥<br>(호해)[1280] | 趙高[1281] |
|---|---|---|---|---|---|---|---|---|
| | | | | 樊於期<br>(번오기)[1282] | | 衛君角<br>1283 | | |
| | | | | | 秦子嬰<br>(자영) | | | 閻樂<br>(염락)[1284] |

〔六國의 滅亡〕

| 연도 | 秦王 政 紀元 | 멸망 國家 |
|---|---|---|
| 前 230 - 229년 | 17 - 18년 | 韓國 |
| 前 229 - 228년 | 18 - 19년 | 趙國 |
| 前 226 - 225년 | 21 - 22년 | 魏國 |
| 前 224 - 223년 | 23 - 24년 | 楚國 |
| 前 222 | 25년 | 燕國. 代政權 |
| 前 221 | 26년 | 齊國 |

**1278** 荊軻(형가, ?-前 227년) - 戰國 末期 衛國人, 著名刺客. 荊卿(형경)으로
도 통칭. 燕 太子 丹(단)의 부탁으로 秦王 政을 척살하려 했지만 실패
하여 피살되었다. 형가의 기록은《史記 86권 刺客列傳》에 수록되었
다. '圖窮匕見(궁도비현)' 成語의 典故.

**1279** 項梁(항량, ?-前 208) - 項燕의 아들, 項羽의 叔父. 秦將 장한에게 전
사. 義帝를 擁立(옹립).

**1280** 秦 二世 胡亥(호해) - 진시황의 18子. 統治 前 210년 9월-207년 10월.

**1281** 趙高(조고, 前 258-207년)는 秦始皇, 二世, 秦王 子嬰(자영)의 신하이며
'指鹿爲馬(지록위마)'의 주인공이다.

**1282** 樊於期(번오기, ?-前 227년) - 전국 말기 秦의 장군. 秦王에게 득죄하여
燕에 망명. 태자 丹이 자객 荊軻(형가)가 入秦하기 전. 번오기의 목숨
을 요구한다. 번오기는 知遇之恩에 대한 보답으로 자결하고, 형가는
번오기의 목을 가지고 秦에 들어간다. 於는 감탄하는 소리 오(wū).

**1283** 衛君 角(각) - 秦에 병합되어 멸망.

**1284** 閻樂(염락) - 秦朝. 趙高의 女婿(여서, 사위). 秦二世 3년(前 207), 劉邦

| | | | | | | | |
|---|---|---|---|---|---|---|---|
| | | | 孔鮒<br>(공부)**1285** | 項羽<br>(항우)**1286** | | | |
| | 孔襄<br>(공양)**1287** | | | 陳勝**1288** | 董翳<br>(동예)**1289** | | |
| | | | | 吳廣**1290** | 司馬欣<br>(사마흔)<br>**1291** | | |

의 군사가 關中에 들어오자, 조고는 사위 염락을 시켜 2세를 望夷宮 (망이궁)에 유인했고, 염락을 시켜 2세에게 자결을 강요케 했다(望夷 宮之變). 조고는 시황제 아들 嬰(영)을 秦王으로 내세우며 유방과 협 상을 통해 위기를 벗어나려 했지만 子嬰에게 살해된다.

**1285** 孔鮒(공부) – 孔穿의 孫. 陳勝의 사부.

**1286** 項羽 = 項籍(항적, 前 232-202) – 字는 羽, 項羽라 통칭. 前 207년 秦朝 멸망의 결정적 전투인 鉅鹿(거록)의 싸움에서 秦軍을 격파하고 스스 로 西楚霸王이 되었다. 楚漢戰爭 중 垓下(해하)의 전투에서 漢王 劉邦 에게 패하자, 長江의 북쪽 지류인 烏江(오강)에서 자결하였다. 그의 용 기와 무예 힘은 천고에 최고였으며('羽之神勇 千古無二') 霸王(패왕) 은, 곧 항우를 지칭하는 고유명사로 통한다. 《史記 項羽本紀》참고.

**1287** 孔襄(공양) – 孔鮒(공부)의 弟子.

**1288** 陳勝(진승, ?-前 208) – 《史記》에서는 陳勝의 사적을 〈陳涉世家〉로 기록했다. 《漢書》31권, 〈陳勝項籍傳〉에 입전.

**1289** 董翳(동예, ?-前 204) – 秦 章邯(장한)의 副將, 楚軍에 투항한 뒤 翟王(책 왕)에 봉해졌고, 나중에 劉邦에게 패전해 전사했다.

**1290** 吳廣(오광, ?-前 208) – 陳勝과 함께 起義. 나중에 그의 副將에게 살해 되었다.

**1291** 司馬欣(사마흔, ?-前 203) – 項梁을 체포했다가 풀어주었다. 나중에 章 邯(장한)을 도와 陳勝을 멸망케 했고, 장한이 항우에 투항하자, 사마 흔은 항우에 의해 塞王(새왕)에 봉해진다. 漢王 유방이 三秦을 평정할 때 漢에 투항했다가 나중에 다시 項羽에게 갔다가 氾水(범수)에서 패 전해 자결한다.

부록

# 前漢 帝系
## 〔전한 제계〕

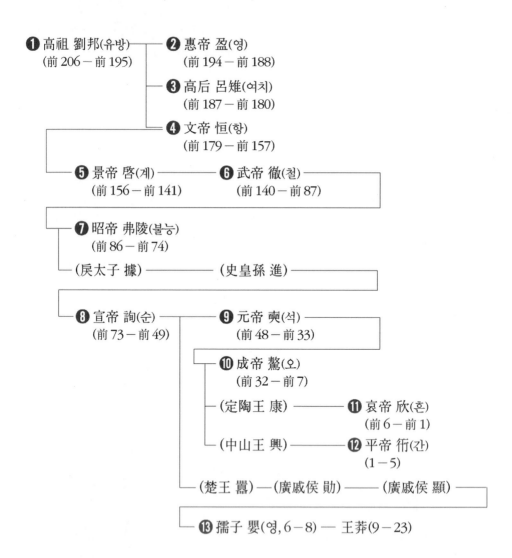

❶ 高祖 劉邦(유방)
(前 206 - 前 195)

❷ 惠帝 盈(영)
(前 194 - 前 188)

❸ 高后 呂雉(여치)
(前 187 - 前 180)

❹ 文帝 恒(항)
(前 179 - 前 157)

❺ 景帝 啓(계)
(前 156 - 前 141)

❻ 武帝 徹(철)
(前 140 - 前 87)

❼ 昭帝 弗陵(불능)
(前 86 - 前 74)

(戾太子 據)

(史皇孫 進)

❽ 宣帝 詢(순)
(前 73 - 前 49)

❾ 元帝 奭(석)
(前 48 - 前 33)

❿ 成帝 驁(오)
(前 32 - 前 7)

(定陶王 康)

⓫ 哀帝 欣(흔)
(前 6 - 前 1)

(中山王 興)

⓬ 平帝 衎(간)
(1 - 5)

(楚王 囂) ─ (廣戚侯 勛) ─── (廣戚侯 顯)

⓭ 孺子 嬰(영, 6 - 8) ─ 王莽(9 - 23)

# 前漢 年號
## 〔전한 연호〕

| 年號 | 帝位 | 順次 | 사용 기간 | 年號 | 帝位 | 順次 | 사용 기간 |
|---|---|---|---|---|---|---|---|
| 甘露 | 宣帝 | ⑥ | 前 53 – 50년 | 元狩 | 武帝 | ④ | 前 122 – 117년 |
| 居攝 | 孺子 | ① | 서기 6 – 8년 | 元壽 | 哀帝 | ② | 前 2 – 前 1년 |
| 建昭 | 元帝 | ③ | 前 38 – 34년 | 元始 | 平帝 | ① | 서기 1 – 5년 |
| 建始 | 成帝 | ① | 前 32 – 29년 | 元延 | 成帝 | ⑥ | 前 12 – 9년 |
| 建元 | 武帝 | ① | 前 140 – 135년 | 元鼎 | 武帝 | ⑤ | 前 116 – 111년 |
| 建平 | 哀帝 | ① | 前 6 – 3년 | 元平 | 昭帝 | ③ | 前 74 – 74년 |
| 竟寧 | 元帝 | ④ | 前 33 – 33년 | 征和 | 武帝 | ⑩ | 前 92 – 89년 |
| 本始 | 宣帝 | ① | 前 73 – 70년 | 地節 | 宣帝 | ② | 前 69 – 66년 |
| 綏和 | 成帝 | ⑦ | 前 8 – 7년 | 天漢 | 武帝 | ⑧ | 前 100 – 97년 |
| 始元 | 昭帝 | ① | 前 86 – 81년 | 初元 | 元帝 | ① | 前 48 – 44년 |
| 神爵 | 宣帝 | ④ | 前 61 – 58년 | 太始 | 武帝 | ⑨ | 前 96 – 93년 |
| 陽朔 | 成帝 | ③ | 前 24 – 21년 | 太初 | 武帝 | ⑦ | 前 104 – 101년 |
| 永光 | 元帝 | ② | 前 43 – 39년 | 河平 | 成帝 | ② | 前 28 – 25년 |
| 永始 | 成帝 | ⑤ | 前 16 – 13년 | 鴻嘉 | 成帝 | ④ | 前 20 – 17년 |
| 五鳳 | 宣帝 | ⑤ | 前 57 – 54년 | 黃龍 | 宣帝 | ⑦ | 前 49 – 49년 |
| 元康 | 宣帝 | ③ | 前 65 – 62년 | 後元 | 武帝 | ⑪ | 前 88 – 87년 |
| 元光 | 武帝 | ② | 前 134 – 129년 | 始建國 | 王莽 | ① | 서기 9 – 13년 |
| 元封 | 武帝 | ⑥ | 前 110 – 105년 | 天鳳 | 王莽 | ② | 서기 14 – 19년 |
| 元鳳 | 昭帝 | ② | 前 80 – 75년 | 地皇 | 王莽 | ③ | 서기 20 – 23년 |
| 元朔 | 武帝 | ③ | 前 128 – 123년 | 更始 | 劉玄 | ① | 서기 23 – 25년 |

## 저자 약력

陶硯 진기환 陳起煥

서울 대동세무고등학교 교장을 역임하였다.

주요 저서로는 《正史 三國志》 全 6권 (2019년), 《완역 後漢書》 全 10권 (2018‐2019년), 《완역 漢書》 全 10권 (2016‐2017년), 《十八史略》 5권 중 3권 (2013‐2014년), 《史記人物評》 (1994년), 《史記講讀》 (1992년)

《唐詩大觀》 全 7권 (2020년), 《三國演義》 원문 읽기 (2020년), 《新譯 王維》 (2016년), 《唐詩絶句》 (2015년), 《唐詩逸話》 (2015년), 《唐詩三百首 (上·中·下)》 (2014년. 공역), 《金甁梅 評說》 (2012년), 《上洞八仙傳》 (2012년), 《三國志 人物 評論》 (2010년), 《水滸傳 評說》 (2010년), 《中國人의 俗談》 (2008년), 《儒林外史》 (抄譯) 1권 (2008년), 《三國志 故事名言 三百選》 1권 (2001년), 《三國志 故事成語 辭典》 1권 (2001년), 《東遊記》 (2000년), 《聊齋誌異 (요재지이)》 (1994년), 《神人》 (1994년), 《儒林外史》 (1990년)

《孔子聖蹟圖》 (2020년), 《論語名言三百選》 (2018년), 《論述로 읽는 論語》 (2012년), 《중국의 神仙 이야기》 (2011년), 《아들을 아들로 키우기 / 가정교육론》 (2011년), 《三國志의 지혜》 (2009년), 《三國志에서 배우는 인생의 지혜》 (1999년), 《中國人의 土俗神과 그 神話》 (1996년)

E-mail : jin47dd@hanmail.net

原文 註釋 國譯

# 漢書(十一) {八表}
한 서

초판 인쇄 2021년 4월 12일
초판 발행 2021년 4월 20일

역  주 | 진기환
발행자 | 김동구
디자인 | 이명숙·양철민
발행처 | 명문당 (1923. 10. 1 창립)
주  소 | 서울시 종로구 윤보선길 61(안국동)
         우체국 010579-01-000682
전  화 | 02)733-3039, 734-4798(영), 733-4748(편)
팩  스 | 02)734-9209
Homepage | www.myungmundang.net
E-mail | mmdbook1@hanmail.net
등  록 | 1977. 11. 19. 제1~148호

ISBN 979-11-90155-76-2 (04910)
ISBN 979-11-85704-78-4 (세트)
30,000원